罗布淖尔考古记

黄文弼 著

广西师范大学出版社
·桂林·

罗布淖尔考古记
LUOBUNAOER KAOGU JI

出版统筹　罗财勇
编辑总监　余慧敏
责任编辑　罗财勇
责任技编　余吐艳
封面设计　@吾然设计工作室

图书在版编目（CIP）数据

罗布淖尔考古记 / 黄文弼著. -- 桂林：广西师范大学出版社，2023.3

ISBN 978-7-5598-5143-7

Ⅰ.①罗… Ⅱ.①黄… Ⅲ.①考古发掘－发掘报告－尉犁县 Ⅳ.①K872.454.5

中国版本图书馆 CIP 数据核字（2022）第 113373 号

广西师范大学出版社出版发行

(广西桂林市五里店路 9 号　邮政编码：541004)
　网址：http://www.bbtpress.com

出版人：黄轩庄
全国新华书店经销
广西广大印务有限责任公司印刷
（桂林市临桂区秧塘工业园西城大道北侧广西师范大学出版社集团有限公司创意产业园内　邮政编码：541199）
开本：787 mm × 1 092 mm　1/16
印张：28.25　　字数：370 千
2023 年 3 月第 1 版　　2023 年 3 月第 1 次印刷
印数：0 001~6 000 册　　定价：98.00 元

如发现印装质量问题，影响阅读，请与出版社发行部门联系调换。

黄文弼(1893—1966)

作者小传

黄文弼（1893—1966），原名黄芬，字仲良。湖北汉川人。中国著名考古学家、西北历史地理学家。

1915年，黄文弼考入北京大学哲学门，1918年毕业留校，历任国学门助教、讲师、副教授。黄文弼在帝制消亡及五四以来民主与科学思潮涌动的特殊时代背景里成长起来，很早就树立起追求新知的信念。在他求学与任教的时期，北京大学国学门人文荟萃，通过与李大钊、胡适、沈兼士、马叙伦、黄侃等人的交往与学习，黄文弼打下了牢固的传统学术根基，也培养了宏通开放的学术视野。

黄文弼最重要的成就和贡献，是对我国西北考古，尤其是对新疆考古事业的开拓与奠基。他一生曾四次至新疆考察。1927年，中国、瑞典共同组成"中国西北科学考查团"，黄文弼以唯一一名中国考古学者的身份加入考查团，在内蒙古和新疆地区进行了为期三年多的野外考察，取得了极大的成功，为处于起步阶段的中国考古学赢得了世界性的声誉。1933—1934年，黄文弼以国民政府教育部考察新疆教育文化专员的身份再赴新疆。1943年，黄文弼受西北大学委托，随"国父实业计划考察团"第三次赴新疆。新中国成立后，黄文弼于1957年率领中国科学院考古队又一次前往新疆进行考古工作，带动并培养了一批西北考古的后备力量。从1927年开始，黄文弼在新疆考古学领域耕耘了近40年，他的四次西北考察，仅在新疆境内的总行程就超过38000公里，从第一次穿越塔克拉玛干沙漠、第一次将足印留在罗布泊土垠遗址、第一次发现干涸的塔里木南河……天山南北几乎所有的古迹都留下了他的足迹。他是在新疆考察延续时间最长、范围最广、涉及遗址类型最多的中国学者，也因此被誉为"中国新疆考古第一人"。

除了考古工作，黄文弼在文化、教学、科研领域取得了多方面的成就。1935年，他以国民政府中央古物保管委员会委员的身份担任西安办事处主任，主持西安碑林的整理工作。抗战期间，先后担任西北联大、四川大学教授，1942年起担任西北大学历史、边政系主任。抗战胜利后，担任北平研究院史学研究所研究员。1949年以后，担任中国科学院考古研究所研究员，继续从事新疆考古资料的整理与研究工作。1965年，当选中国人民政治协商会议全国委员会第四届委员。

黄文弼因其深厚的传统学问功底，又受过新思潮与治学方法的陶冶，在他的西北史地研究中，往往包含着考古、历史、地理、民俗等多方面的综合内容，并且走出了一条守正出新的研究道路，即将考古学、历史学与地理学结合在一起，以考古学实物、传世文献与实地考察相印证的"三重证据法"，从而开创了中国西北史地研究的新格局。

1966年12月18日，黄文弼先生赍志以殁。幸运的是，他生前就已经把毕生研究的心得结集为"三记两集"，即《罗布淖尔考古记》《塔里木盆地考古记》《吐鲁番考古记》《高昌砖集》《高昌陶集》，后人又将他的西北考察日记、学术论文编为《黄文弼蒙新考察日记（1927—1930）》《西北史地论丛》《黄文弼历史考古论集》《西域史地考古论集》，成为新疆考古、西北历史地理研究领域的一笔宝贵遗产，焕发出永恒的光芒。

再版前言

一

《罗布淖尔考古记》《吐鲁番考古记》《塔里木盆地考古记》是我国著名考古学家、西北历史地理学家黄文弼先生的新疆考古报告，与他所著的《高昌砖集》《高昌陶集》合称"三记两集"，在学术界久负盛名。

"三记"的写作缘起，与20世纪二三十年代成立的"中国西北科学考查团"[1]有着直接关系。1927年春，瑞典地理学家斯文·赫定征得北洋政府同意，准备单方面开展他的第四次中国西北考察。中国知识界对这种有损国家主权的行为极力抵制，并组成中国学术团体协会，与斯文·赫定反复谈判，最终成立了由中外学者共同主持的"中国西北科学考查团"，自1927年至1935年，在中国西北地区开展了长达8年的科学考察活动，成就了人类科学探查史上的一个壮举。

时任北京大学国学门助教的黄文弼，出于知识分子的道义担当和对考古学的浓厚兴趣，主动请缨加入考查团，成为团中唯一一名中方考古学者。1927年5月9日，

---

[1] "中国西北科学考查团"时代的"考察"多作"考查"，此处在提及此专名时，均保留原出处使用的"考查"或"考察"，不做统一，其他一般性的行文叙述，则作"考察"。——编者注

他暂别"在故纸堆中讨生活"[1]，随队踏上西北科考的征程，在内蒙古，特别是在新疆地区进行了历时三年多艰苦卓绝的野外探查。擅长文物搜集、整理的他，在中国西北科学考查团这所"流动的大学"中，获得了难得的田野考察与发掘实践经验，并取得了许多重要成果，鼓舞了处于起步阶段的中国考古学，历来被当做中国学术界在新疆地区进行科学考古的起点。他此后的三次新疆之行，都可以视为本次考察的延续。就黄文弼个人而言，这次西北科考经历也成为其学术道路的重要转折点，以此为契机，他将一生精力都聚焦于新疆考古和西北史地研究，并完成了"三记两集"的名山事业，以及后来的《新疆考古发掘报告（1957—1958）》等论著。

《罗布淖尔考古记》于1948年作为"中国西北科学考查团丛刊"之一，由国立北平研究院史学研究所、中国西北科学考查团理事会印行，是"三记"中最早问世的一部。罗布淖尔古称盐泽、蒲昌海，今作罗布泊，汉代楼兰国就位于此地。19世纪俄国探险家普尔热瓦尔斯基的到来，打开了罗布泊名闻世界的大门，此后斯文·赫定、斯坦因接踵而至。1930年4月8日，黄文弼从吐鲁番出发，翻过库鲁克山，于1930年4月13日抵达罗布泊北岸，目睹罗布泊水向北回流的情况，验证了斯文·赫定称罗布泊是"游移湖"的假设。

黄文弼这次在罗布泊地区考察了20多天，但由于时间紧迫，很多调查未能充分展开，回来后一直对罗布泊念念不忘。1933年10月，为巩固边陲，开发西北，国民政府铁道部决定出资组建"绥新公路查勘队"，黄文弼在教育部资助下，以考察新疆教育文化专员的身份参加查勘队，二入新疆。1934年5月9日，黄文弼再次踏上闻名世界的"土垠"——在这个四年前由他发现的汉代驿站遗址，找到了军营、

---

[1] 黄文弼遗著，黄烈整理：《黄文弼蒙新考察日记(1927—1930)》，文物出版社，1990年，第1页。

古道、屯垦区遗迹，并采集到西汉《论语》残简及记"居卢訾仓"事简。《罗布淖尔考古记》就是黄文弼这两次罗布泊考察成果的汇集。

《吐鲁番考古记》1954年在中国科学出版社初版，1957年修订重印，是中国科学院考古研究所"考古学专刊丁种第五号"。该书与《塔里木盆地考古记》都是黄文弼首次新疆考察成果的结晶。

吐鲁番地区是黄文弼正式开启新疆考察的第一站，也是他日后转向新疆考古与西北史地研究的学术起点。在参加西北科学考查团期间，黄文弼曾三至吐鲁番：1928年2月，他由哈密赴乌鲁木齐时路过吐鲁番，仅在此稍作停留，访查了吐峪沟千佛洞；1928年4月19日，他对交河故城、高昌故城、柏孜克里克千佛洞进行了初步踏查；1930年2月19日，他带队对交河故城北部寺庙遗址、沟西墓地、南部古坟进行了为期一个月的全面发掘，成为第一个在吐鲁番地区进行考古工作的中国学者。

从今天保留下来的黄文弼《吐鲁番研究手稿》来看，他在考察途中就已经开始对吐鲁番地区古代文化进行研究。1931年和1933年，黄文弼根据考察所得，分别出版《高昌砖集》与《高昌陶集》[1]。而出土墓砖与陶器以外的文物、文书以及相关研究，都收录在《吐鲁番考古记》中，这三部著作又构成黄文弼的"吐鲁番三种"，内容各有侧重，相互补充。

1957年，黄文弼发表《塔里木盆地考古记序言摘要》一文，次年《塔里木盆地考古记》即由科学出版社出版，系中国科学院考古研究所"中国田野考古报告集考古学专刊丁种第三号"。

塔里木盆地周缘的大小绿洲，自古就是东西方文化传播与交汇

---

[1] 《高昌砖集》在1931年出版之前的同年2月，先期有《高昌》第一分本出版。1951年《高昌砖集》重版，也将《高昌》第一分本的内容合并其中。

的核心地带，特别是随着佛教东渐，更在古代塔里木盆地形成举世闻名的佛教文化。黄文弼于1928年5月19日自吐鲁番出发，穿越阿拉癸沟直奔焉耆，在七个星佛窟遗址、四十里城等地考察了40余天，采集到大量的泥塑佛像、石刻模型、木器、铜器。1928年9月中旬到11月中旬，他无论"沙漠湖滩，有古必访"[1]，将古代龟兹国所在的库车地区全部走遍，新发现古城遗址10多处。1929年4月5日，黄文弼沿和阗河一路南行，为了寻找"死亡之海"汉唐时期曾经存在过的繁华历史，完成了横渡塔克拉玛干沙漠的壮举。1929年11月8日，黄文弼结束对塔里木盆地周缘的全部考察，这段考古资料的精华均刊布在《塔里木盆地考古记》中。[2]

二

1929年冬季和1930年春末，考查团收获的考古文物由袁复礼两次组织东运，其中包括黄文弼的80余箱采集品。1930年秋季回到北平后，黄文弼立刻投入到新的研究工作中，他很早就明确了自己"首高昌，次蒲昌，次焉耆，次库车，次和阗，次佉沙"[3]的工作目标和规划。按照计划，在完成《高昌砖集》《高昌陶集》后，黄文弼即将开展对罗布淖尔考察的系统研究，并先期完成《楼兰之位置及其与汉代之关系》《释居卢訾仓》《罗布淖尔水道之变迁》系列论文。然而，接下来的研究工作却阻力重重：工作频繁调整，抗战爆发，经费紧缺，使得考古报告迟迟不得与世人见面。

1934年12月5日，黄文弼受中央古物保管委员会派遣，在安阳、

---

1 黄文弼：《塔里木盆地考古记》，科学出版社，1958年，第13页。
2 该书还以"附注"的形式，收入了他1957—1958年第四次新疆考察期间在塔里木盆地的主要收获。
3 黄文弼：《罗布淖尔考古记·自叙》，国立北平研究院史学研究所、中国西北科学考察团理事会印行，1948年，第1页。

洛阳、西安、南京等地进行考古工作，随后又担任中央古物保管委员会西安办事处主任。他将一部分考察采集品带在身边，白天全力进行西安碑林的修复工作，夜晚则继续投入采集品的整理与研究。1937年全面抗战开始，中央古物保管委员会撤销，西安办事处同时停止工作。当时，国立北平大学、北平师范大学、北洋工学院和北平研究院等机构迁往西安，成立了西安临时大学，随即又改为"国立西北联合大学"，校址迁到陕西城固。黄文弼也辗转离开西安，赴城固任国立西北联合大学历史系教授。一年后，西北联合大学分立为西北大学、西北工学院、西北农学院、西北医学院、西北师范学校五所院校，黄文弼又转任西北大学，同时受聘兼任四川大学历史系教授。

1939年至1942年间，黄文弼基本都奔波在川陕两地，一边承担着繁重的教学任务，一边利用中英庚款董事会资助，从事考察报告的撰写和西北史地研究。在城固无数个一灯如豆的夜晚，他抱定随身携带的少量采集品进行撰述；在四川峨眉，他一度"静居山中，重理旧稿"，笔耕不辍。据《罗布淖尔考古记·自叙》所说，该书正文部分实际在1939年底就已经完稿，黄文弼曾通过蔡元培联系商务印书馆出版，但由于大量文物实物照片要印制为彩色画及珂罗版，成本过高而没了下文。1944年初，顾颉刚帮助他向中华书局推荐此书，黄文弼也亲自与编辑金兆梓、姚绍华接洽出版事宜，但又因经费问题未能如愿。在1947年写给徐旭生先生的系列信件中，他也曾提及此书出版经费问题。一直到1948年，时任北京大学校长胡适以"西北科学考查团理事会"理事长名义，领衔给国民教育部递交呈文，向部长朱家骅申请经费，并多方努力周旋，寻求中美基金会的资助，才使《罗布淖尔考古记》历经波折，得以出版。

在全面抗战爆发前夕，黄文弼曾利用参加第二届全国美展之机，将部分西北科学考察的采集品带到南京，后来为躲避日军对西安的空袭，又在清华大学校长梅贻琦的协助下，把存放在陕西的文物转运到汉口。寄居川陕期间,黄文弼一直牵挂着这些文物的安危。抗战胜利后,他曾亲自去汉口英国洋行堆栈查访寄存文物,得到的却是大部分物品毁于战火的不幸消息,这些都对黄文弼的后续研究造成了难以弥补的损失。

新中国成立后,黄文弼由北平研究院史学研究所转入中国科学院考古研究所任研究员。沐浴在科学事业蒸蒸日上的氛围下,他再次全身心地投入到科学研究中。在新的历史条件下,学术著作出版困难的境遇一去不返,黄文弼对考古资料的整理与研究工作也终于厚积薄发,《吐鲁番考古记》《塔里木盆地考古记》相隔不到四年先后面世。

自1928年首次踏上新疆的热土,到1958年完成《塔里木盆地考古记》的出版,"三记"的写作整整经历了三十个寒暑。从烽火连天的旧社会,到百废待兴的新中国;从年富力强的中国西部考古拓荒人,到白发苍颜的老年学者;从踌躇满志的学术规划,到皇皇巨著的最终杀青:无论对于黄文弼本人,还是整个学术界来说,"三记"的写作和出版都可谓是一个漫长的过程。而这长达三十年的学术跋涉,以及迟到的"三记",也都成为黄文弼波澜壮阔的一生的缩影,成为中国早年新疆考察与研究史的见证,成为近现代中国知识分子乃至国家命运的回顾。其中饱含着以黄文弼为代表的一代学人的坚韧毅力,以及他们为追逐理想而终生奋斗的执着与热情。

三

早在中国西北科学考查团出发伊始,黄文弼就曾说过自己此行的目的:"一者为监督外人,一者为考察科学。"[1] 监督外人、维护国家主权的使命与责任,让他从最初与外方团长斯文·赫定互相"心存芥

---

[1] 黄文弼遗著,黄烈整理:《黄文弼蒙新考察日记(1927—1930)》,文物出版社,1990年,第1页。

蒂"的私人关系，终于在两人第二次新疆考察期间爆发。由于斯文·赫定在国际学术界的影响力，致使黄文弼的个人声誉及成果在国外学界一度受到抵制。不过，随着"三记两集"的渐次问世，黄文弼的新疆考古成就终究难掩其光芒，逐渐成为国际学界有目共睹的焦点。

《罗布淖尔考古记》《吐鲁番考古记》出版后不久，就受到日本学界的关注，藤枝晃、石田幹之助分别发表评介文章[1]。此后，日本京都大安书店于1968年影印出版《罗布淖尔考古记》。1984年，日本日中文化交流协会理事长宫川寅雄倡议组织翻译《黄文弼著作集》，经过四年的努力，由田川纯三翻译的《黄文弼著作集》第一册《罗布淖尔考古记》日译本在东京恒文社出版。1990年，土居淑子的日译本《黄文弼著作集》第二册《吐鲁番考古记》(包括《高昌砖集》《高昌陶集》《吐鲁番考古记》)继由恒文社出版。

《黄文弼著作集》的日译工作，因主持者宫川寅雄及诸位翻译家的离世而搁浅，但是其影响力已然形成。日人井上靖即认为："无论从斯文·赫定、斯坦因等人的业绩中正确汲取经验，对不明之处进行确定、补足，或加以修订，黄文弼的调查报告都是不可或缺的。……我认为这为我国的西域研究打开了一扇清新明快的大窗。"[2] 同一时间的欧洲也开始出现对黄文弼及其著作的评述，最有代表性的当属德国汉学家瓦尔德施密特1959年发表《中国考古学家在新疆的调查》一文，对《吐鲁番考古记》，特别是《塔里木盆地考古记》相关内容进行了介绍。

在中国，"三记"更是新疆考古与西北史地研究不可或缺的案头书，滋养了无数后辈学人。甚至有许多专家学者直言他们在新疆从

---

[1]《游牧民族の社会ユーラシア学会研究报告》，自然史学会，1952年；《海外东方学会消息·黄文弼の吐鲁番考古记》，《东方学》九辑，1954年。
[2] 井上靖等撰，谭皓译：《日译〈罗布淖尔考古记〉题跋》，朱玉麒、王新春编：《黄文弼研究论集》，科学出版社，2013年，第251页。

事考古工作时,都是背着黄文弼先生的著作在全疆各地跑,这些著作为他们提供了引路人的作用。

黄文弼哲嗣黄烈先生曾说:"黄先生经过大范围的考察,写出了系列的考古报告。由于他具有深厚的中国学问基础,结合实地考察所写出的几部巨著,其学术价值为其他单纯考察家所写报告难以企及。当然,当时的考察手段与技术远非今日所能比,其论断也受历史的局限,不一定尽皆妥当,但大部分内容至今仍不失其光辉。他的考察距今已有三分之二世纪,当时的遗址、遗物历经沧桑之变,有的已不复存在,有的已大为改观,他的记录作为第一手资料就显得分外珍贵。"[1] 这实际上已经道出了"三记"的学术里程碑价值:

首先,"三记"代表了中国学者在新疆自主的科学化考古之后,对该地区进行的全面系统的研究,不仅在学术价值上具有领先意义,更打破了长久以来中国学者在新疆考古与研究领域追随国际学界惯例的落后状态。例如黄文弼在土垠遗址采集到70余枚木简,是新疆所获汉通西域后最早一批文字记录。从这些木简的内容,能够看出汉代在西域的职官设置、驿传制度、屯戍仓储、往来交通等情况,打开了人们了解汉代西域经营的新窗口。

其次,"三记"中所刊布的丰富多彩的考古资料,包括文书写本、钱币、碑刻拓片、壁画和各类文物,其中很多实物今天已经不存,赖有"三记"才得以保存。这些一手资料的公布,改变了以往中国学者研究资料靠国外"恩赐"的局面,也给国际学界注入了新鲜血液。特别是黄文弼所获文书,包括汉语、梵语、龟兹语、粟特语、婆罗迷字母、中古伊朗语等各个语种,许多都具有独一无二的价值,时至今日,依然是世界各国研究者们的关注点与学术增长点。

---

[1] 黄烈:《日本编译〈黄文弼著作集〉记事》,朱玉麒、王新春编:《黄文弼研究论集》,科学出版社,2013年,第286页。

最后,"三记"熔铸了黄文弼的考古经验,发挥了实地考察与传世文献相结合的特点与优势,充分展示出考古学、历史学、地理学、民族学等多学科融汇的特点,是黄文弼学术研究"三重证据法"的直接体现,为今天的新疆考古事业及西北史地研究树立了方法论的标杆。

囿于时代和个人的局限,"三记"中难免存在一些错误。例如日译本《黄文弼文集》出版时,榎一雄就针对《罗布淖尔考古记》指出,其中对楼兰人与印度拜火教徒的关系的推测有所不确[1]。今人庆昭蓉也考证出《塔里木盆地考古记》中四件龟兹语文书出土地的记载系黄文弼先生误记[2]。今天,罗布淖尔、吐鲁番、塔里木盆地的考古与研究工作都取得了长足进步,但"三记"的筚路蓝缕之功,永远不会磨灭,其价值也必将经得住时间的考验,在新疆考古、丝路研究的殿堂中发挥出永恒的光热。

四

如前所述,20世纪四五十年代三部著作相继问世,一时洛阳纸贵,很快就供不应求。1984年宫川寅雄发愿翻译《黄文弼著作集》而驰书夏鼐先生索要"三记"时,作为黄文弼同事的夏鼐也无法购得此书,只好将中国科学院考古所中的藏书寄赠。除了1968年日本早期的影印版,日人榎一雄提及1988年香港无名记书店也曾出版《罗布淖尔考古记》影印版,但纸张、质量均欠佳,如今早已绝版。2009年,线装书局将"三记两集"策划为《中国早期考古调查报告》第二辑,按照初版原书影印出版,但是影印本数量偏少,市面仍寻

---

[1] 榎一雄撰,谭皓译:《评黄文弼著、田川纯三译〈罗布淖尔考古记〉》,朱玉麒、王新春编:《黄文弼研究论集》,科学出版社,2013年,第267—268页。
[2] 庆昭蓉:《略论黄文弼所发现之四件龟兹语世俗文书》,荣新江编:《黄文弼所获西域文献论集》,科学出版社,2013年,第304—307页。

觅不易。为了满足国内外读者的需求，也为了弘扬、传承优秀历史文化，广西师范大学出版社整理出版了《罗布淖尔考古记》《吐鲁番考古记》《塔里木盆地考古记》。

此次"三记"的整理再版工作，分别以《罗布淖尔考古记》（1948年版）、《吐鲁番考古记》（1957年版）、《塔里木盆地考古记》（1958年版）为底本，用规范简体字进行录排，并对图片进行现代技术处理，进一步提高了图片的精美度。为保证著作原貌，除就现行出版规范做出个别校订外，其余均一仍其旧。

"三记"的整理再版工作，得到了黄文弼先生后人黄纪苏先生等的大力支持。北京大学朱玉麒教授对整理再版工作提出了指导性意见。最后，受出版社委托，北京大学中国古代史研究中心朱玉麒教授领衔的"中国西北科学考查团文献资料整理与研究"（批准号：19ZDA215）课题组团队与新疆师范大学黄文弼中心，对再版工作给予了学术指导和支持。具体参加人员为：北京大学朱玉麒教授与博士生徐维焱、陈耕、袁勇；新疆师范大学教师吴华峰、刘长星、潘丽、徐玉娟。朱玉麒、吴华峰共同制定校勘原则，此后两校同时展开校勘工作，其中，徐维焱、刘长星负责校勘《罗布淖尔考古记》，陈耕、潘丽负责校勘《吐鲁番考古记》，袁勇、徐玉娟负责校勘《塔里木盆地考古记》，吴华峰负责统稿和审订，并编制《地名索引》。

谨以"三记"的重版，纪念黄文弼先生诞辰130周年。

吴华峰
2023年1月

凡 例

一、原书为繁体直排，本书改作简体横排。

二、作者行文风格及时代语言习惯，均不按现行用法、写法及表现手法改动原文。

三、书中涉及的专名（人名、地名、术语）及译名等均保留原貌。

四、书中引书，时有省略更改，倘不失原意，则不以原书文字改动引文；如确需校改，则出脚注版本依据，以"编者注"形式说明。

五、书中所引文献有简称的，统遵原书，不予改动。

六、原书篇末注改作脚注，其格式从其原貌。

七、书中如因作者笔误、排印舛误、数据计算与外文拼写错误等，则予径改。

八、为方便阅读、检索，特编制《地名索引》，附于书末。

自 叙

余于民国二十年《高昌砖集》出版时，附印赘言，略述在新疆考古报告编次之程序：首高昌，次蒲昌，次焉耆，次库车，次和阗，次佉沙六集。余甚幸运，余于民国二十二年秋，承中美庚款会协助经费，《高昌陶集》继续出版。依次当继续编辑蒲昌即罗布淖尔考古报告。适奉教育部令派赴新疆视察，并注意文化，在赴迪途中遭遇兵乱，余得乘机再至罗布淖尔工作，又有不少之收获。二十三年秋返平，着手编辑罗布淖尔即蒲昌海。综合第一、二两次所获，分类整理编次，并以研究所得，发表短篇论文，供献于学术界。二十四年冬，余又奉中央古物保管会之命，驻西安整理碑林。西北科学考察团亦因余故，在西安设研究分所，继续编纂工作。时中央古物保管委员会及碑林监修委员会事务颇繁，但余每日必抽出数小时作余之罗布淖尔考古报告。尤其晚间全部时间均为余有，故尚能顺利进行。在两年之中，完成余之初稿，所有器物之摄影画图，亦均次第完竣，按类编次成册。二十六年夏，因中美庚款会补助费用完，经费来源断绝，又适抗战军兴，一部分采集品因参加全国美术展览会之便即存南京。后西安时受空袭，又将存陕之采集品，由于清华大学梅校长之协助移存汉口，而余之工作遂完全入于停止状态矣。二十七年春，碑林工程告竣，余遂赴城固任西北联合大学教授，其年秋又接受中英庚款会协助，赴成都借四川大学工作。二十八年夏，川大迁峨嵋，余亦随校赴峨眉，静居山中，重理旧稿，图版重编次，论文重删订。其年年底全部完成，以较旧稿，则此稿详密多矣。二十九年春，又受西北大学之聘，赴城固讲学，秋返川，迁居川西崇庆县，补充绪言七万余字，至本年年底完成，即本书之第一篇也。六年工作，至此遂告一段落。抗战期中，印刷困难，此稿藏之笥中者，已三年于兹矣。胜利后，余辞去西大教职，去夏来平，接受北平研究院之聘，得有暇日重审订旧稿，又承教育部、中美基金会之补助，工作得以继续推进，此稿亦于今春交北大出版部付印，日夜雠校，历数月之久。十余年之苦心研究，终得与世人相见，何幸如之。

本书分本文与图版两部分，本文分四篇，第一篇为《绪论》。分五章，综论罗布淖尔水道之变迁及楼兰国历史与文化。由于余前后两次在罗布淖尔考古之发现，并参考东西学者实地研究之成绩，参以记载，作有系统之叙述。第一章明水道，根据民国十九年，第一次发现海水复故道之事实，再就考古之发现及记载，推论移徙之时代与原因，东西学者，关于罗布淖尔之争论，从此可得一结论也。末附河源问题，亦为中国两千年来所议论不决之问题，亦根据记载与地形，依次有所叙述。第二章述楼兰国历史，自《汉书》首立《西域传》，历代史书踵其成规，率有叙述。然传文简略，未能窥见楼兰区域之全貌。余此章根据出土遗物，参合记载，自两汉以迄近代，作一有系统之叙述。西域与汉文化之关系，亦由此可得其大凡也。第三章论交通。楼兰在西域交通线上，夙居重要地位。但世人仅知《汉书》所述之南北二道。南道起自鄯善，北道起自车师，但此两道皆宣元以后事，而汉初通西域之情形，及其路线为何，历来东西学者，考古之发现，未能证明。自余在古烽燧台，检拾汉宣帝时，黄龙元年之木简及古道遗迹，而汉初通西域之情形，由此可以确知也。第四章乃阐述汉代对于西域之经营，及文化之传播。第五章阐述佛教东来与文明。盖罗布淖尔居东西交通之咽喉，接近汉土，当然受汉文化较深，同时又为西域门户，西方文化东来，亦路经于此，则此地有西方文化之遗留，亦系事实。乃近来东西人士往新疆考察者，率同声一词，谓西域人文化原甚优秀，绝不受东方文化之影响，中国学者之未亲往考察者，亦随声附和其说，似若中国在西域毫无所建树者。关于此种谬误，余于《高昌陶集》出版时，已明切非之。今此书出版，复根据实地考察所得，及古物之发现，重复阐明。读者于此，关于东西文化混杂之现象，可益臻明确也。

第二篇为《工作概况》。余赴罗布淖尔考察，前后凡二次。第一次在二十三年春季。第二次在一九三四年秋季。工作时间虽有先后，而工作区域则大概相同，而采集什物之性质亦大体一致。故综合两次所获，分类说明，内分三章。第一章为石器遗址。包括英都尔库什及罗布淖尔所采集者，分别叙述，并推论相关之点。第二章为湖畔古冢。余一、二两次在罗布淖尔所检查之古冢，均在孔雀河北岸。由其埋葬之方式及出土之遗物，可分两种现象。一具衣冠葬，一为赤身葬，前者为受汉文化之影响，而后者则仍为本地人之遗俗也。第三章为古代遗址。包括古烽燧亭及人民住宅与河渠而言。尤其在古烽燧亭之发现，至为重要。除有汉简可决定其时代，并由此可知历代在西域之政治及军事之设施。而同时并出之铜、铁、漆、木器及丝织品，皆可表现汉代工艺之一斑。中国古代艺术品，内地流传者甚少。今因边陲气候干燥之故，两千年遗物尚能保存至今，殊可贵也。其他如柳堤古渠等等，汉人对于西域经营之情形及屯田政策之推展，皆由此可得其仿佛也。唯人民住宅，若LT地所发现之遗物，则表现人民生活之简陋而已。

第三篇为《器物图说》。内分石、陶、铜、铁、漆、木、草、骨、织品、杂类十章。余前后两次在罗布淖尔所采获之遗物，凡一千八百余件，就其精要者，约三百九十余件，摄影入图依类排比，而图说亦按图次叙述。每一名物，必详其形态，著其尺度，考其源流，与应用之方法。由其并存之关系，藉以推论其年代。每于一物之考订，一事之论述，尝苦心焦思，累十余日而不能写一字。或今日以为是，明日又改，往返删削，历七八次。每改一次，必留其底稿，而稿已盈箧矣。盖余在罗布淖尔所采集之物品，品质复杂，范围亦广，自金石以至草木，自军事文化以及日用饮食诸品，莫不备具。时值抗战期间，参考书既缺乏，又无法觅取师承，皆由余一人之思考，坚苦探求，其不免于简陋，固意中事也。然亦尽力之所能矣。

第四篇为《木简考释》，分为释官、释地、释历、释屯戍、释廪给、释器、释古籍、杂释八章。又总论简书制度为一章，共九章。余所获汉简，残整约七十余件，皆一、二两次在罗布淖尔北岸古烽燧亭遗址中获得者。因其有黄龙、河平、元延诸年号，则此简适在宣、元、成之际。此时楼兰国已南迁，而楼兰故墟情形如何，中国史书甚少记载。今有此简之证明，则汉通西域以后，在西域之军事政治情形，由此可得其大略也。在余之前，斯文赫定、斯坦因等在楼兰遗址均发现木简。由有咸熙、泰始年号，可证其为魏晋时西域长史之故墟。较余所觅得之遗址，由汉简作证明，当迟二百七十年也。故欲研究汉初罗布北部之情形，余简适为良好之资料矣。故余整理时，每简必详加考释，推论其在军事及政治上之关系，盖以补史书之缺遗。唯简文书写，多属草隶，且多漶漫，颇难读识。故此七十余简，虽经多人审校，删增削改至十数次之多，然未释出者，仍不在少数。拟俟余再版时，当加以修正或补充也。现影本、摹本均已付印，载之本篇，读者自可按原本研讨，而余之所释，不过粗示其轮廓而已。

其次述及图版。本书所附各图，分为三种。其一为设计图。例如第一篇第一章所附之罗布淖尔水道变迁之推测各图，皆根据旧时记载，参合现代地形，设计绘图，取便省览。第三章所附之西域交通路线图，其义亦同。其理论解释，均详于本文。但亦有本文所不及说明者，亦附注其出处，拟俟将来补述，附之后篇。其二为实测图，例如第二篇所附之第一次、第二次考察路线图与工作图皆是。盖余等第一次之赴新疆考察也，由团中之指示，凡所经行之地必有路线图，以记里程，同时有笔记、日记，以记工作。向余之旅行蒙新，第一次凡三年又六月。所工作踏查之地，遍南疆各地。所绘之路线图及工作图，约百余幅，照片千余帧，日记、笔记十余册。今所发表者，不过十九年春季三个月之工作，而地域仅限于罗布淖尔一带。其余皆藏之笥中，均待整理也。其三为器物图版及插图，共三十六版，为图三百九十三帧，插图一百零八图，内着色者，三十四图。余均为剖面图及复原图。余所采集各物，本非一地，本应以地为纲，依次排比。但各器物大小多少不一，种类亦杂，排比不易。故本篇以类为纲，分类排列，便于形态学之研究，而排比亦易于着手。在《工作概况》之中，则以地为纲，详其土层及并存之关系。再附一《器物分布总表》，以地为纲，下注类别，以便检查。附于本文之末。至图版与原物之比率，请参考《图版索引》与第三篇《器物图说》，读者可按图索骥也。至于木简图版，因原简黝暗，制版后更不清晰，乃根据原简临摹，附于照片印行，借以增加读者研究之兴趣也。

以上皆就本书编纂之大略，及工作概要，略为叙述，以为本书之叙例。其详仍请参阅本文。总之，此书编纂，适在抗战期中，流离转徙，生活既不安定，参考书又缺乏，而敌机之轰炸，住址之累迁，又时时足以危害余之生命，震撼其意志，然卒能完成余之大业，俾此书得与世人相见，亦尝私自庆幸者也。

余于此书之编纂，荏苒六载，经历时间既久，则与所发生之关系者亦多。关于余个人之经过，已略述如上。其次与本书有关之机关及参加之工作人员，亦应有所胪列。盖此书之材料，乃由一、二两次，在新疆所采获者，综合编辑而成。整个在新疆考察时间，前后凡五载，虽累经兵乱，而余之工作，仍照常进行，卒能完成余之使命。故余对过去之新疆省主席杨增新将军、金树仁将军、盛世才将军，表示敬意。尤其余所经过之处，各地方官吏，特别协助，使余之工作顺利进行，不受丝毫障碍，尤为余所感念不忘者也。其次为教育部，当余等初赴新疆考察，承教育部多方维护。余第二次赴新，又系奉教育部之命。返京后，又由教育部补助个人津贴，以研究所采集之材料，至三年之久。此次复员，恢复工作，又承补助工作费及此书之印刷费，使此书得以出版。故余对于前任大学院长蔡孑民先生，前任教育部长王雪艇先生，现任教育部长朱骝先先生，及历任各部长，均表示谢意。其次为北平各学术机关，自本团之组织，及赴西北考察，始终由北平各学术机关之支持与维护。尤其北京大学对本团之一切进行，特别关怀，余第一次赴新疆考察，亦由北大派往参加，及十九年返平，北大又给余生活费及工作地址。此书出版，亦由北大承印，所助实多。此次复员返平，又承北平研究院协助一切，借用院址，并给与个人研究员之薪资，得以整理旧稿，陆续付印。故余对于北大胡校长及研究院李院长，特别表示谢忱。至于经费方面，本团初由新疆返平，即由中美文化基金董事会，协助工作费用，得以出版《高昌砖集》《高昌陶集》，及编辑此书之初稿。此次本书出版，又承补助一部分印刷费。又中英文教董事会，在抗战期中补助余个人生活费二年，藉以完成此书之编纂。故余对于中美中英各位董事，特别感谢。至于协助工作方面，余最感谢西北科学考察团理事会诸位理事之热心倡导。对于工作之进行，多方策励。尤其马叔平先生、徐旭生先生、袁希渊先生、袁守和先生，对余之工作，特别关怀。此稿初成，马叔平先生为余校审汉简文字。袁希渊先生为余校定石器名称及质料。此次付印，又承徐旭生先生审校第一篇《绪论》及第四篇《木简考释》，均多所指正。其次为李济之、冯汉骥、贺昌群、容希白、徐中舒，及已故之滕若渠诸先生，时与检讨，多承匡正。而北平图书馆袁守和先生对于余等工作，始终热心维护，并借与西文参考书籍，均此致谢。至参加此书之工作人员，前者有张寅、耿振德抄录稿件，陈执中、梁荣秀、李国祥诸君绘器物图，及地形图；白万玉修理破损。校印此书时，又由汪纯明、陈执中、高兰轩君参加绘图工作，高准君及汤桂仙女士检校原书，清写稿件；高君并摹拟汉简，均深著劳绩，特此一一题名致谢。至此书之一切规划，属文述事，编排设计，主持一切工作之进行，余愿独任其责，不愿使助余者代余受过也。

中华民国卅七年九月十八日
黄文弼叙于北平研究院

目 录

第一篇 绪 论

第一章 罗布淖尔水道之变迁与沙漠之移徙 2

  一、罗布淖尔名称及位置 2

  二、水道变迁探查之经过 4

  三、水道变迁时代之推拟 6

  四、罗布沙漠之移徙 15

  五、附论：河源问题 19

   附图一 最近水复故道之罗布淖尔 28

   附图二 魏晋以后蒲昌海之推测 28

   附图三 唐蒲昌海之推测 29

   附图四 清初罗布淖尔形势图 29

第二章 楼兰国历史略述 30

  一、鄯善国之初起及最盛时期 31

  二、楼兰故地之复活与最后之放弃 34

  三、鄯善与中原王朝之交涉及其衰亡 37

   附论：鄯善与楼兰国都问题 39

四、吐谷浑之侵入与隋唐之经营　43

　　　五、康艳典东来与吐蕃之侵入　45

　　　六、罗布区域之荒废及罗布驿站　48

　　　七、清之改县　51

第三章　楼兰及鄯善在西域交通上之地位　52

　　　一、两汉至魏晋之南北道及新道　52

　　　二、北魏至隋唐之吐谷浑道　59

　　　三、宋高昌道及元之大北道与南道　62

　　　四、明清时之嘉峪关道　68

　　　附图五　西域交通路线图　69

第四章　楼兰文化与汉代之经营　72

　　　一、楼兰土著民族之推测及其文化　72

　　　二、汉代对于西域之经营　77

　　　三、汉文明之输入　88

第五章　佛教之传入与其文明　95

　　　一、佛教之传入　95

　　　二、西方文化之输入　105

第二篇　工作概况

第一章　石器遗址　119

　　　一、英都尔库什　119

二、罗布淖尔北岸 120

　　附图六　罗布淖尔第一次考察路线图 126

　　附图七　罗布淖尔第二次考察路线图 127

第二章　　湖畔古冢 128

　　一、Lろ古冢 128

　　二、Lヒ古冢 129

　　三、L万古冢 130

　　四、Lп古冢 130

　　五、L日古冢 134

　　附图八　罗布淖尔北岸之泥层 137

　　附图九　罗布淖尔北岸之大老坝 137

　　附图一〇　库鲁克河末流之溢水 138

　　附图一一　罗布淖尔远望 138

　　附图一二　L万地之古冢 139

　　附图一三　Lп地之古冢 139

　　附图一四　Lп古冢中之腊尸 140

第三章　　古代遗址 141

　　一、汉烽燧亭遗址 141

　　二、汉代古道及住宅 147

　　附图一五　土垠古烽燧亭遗址 151

　　附图一六　古烽燧亭发掘时之状况 151

　　附图一七　罗布淖尔北岸古址形势图 152

　　附图一八　罗布淖尔北岸古烽燧亭工作图 153

　　附图一九　罗布淖尔北岸古址工作图 A、B、C 154

3

第三篇　器物图说

第一章　石器类　158

 A. 打制粗石器　158

  一、石斧　158

  二、石刀　159

  三、捶石　159

  四、砺石　160

 B. 打制细石器　160

  五、尖状器　160

  六、曲首器　162

  七、刃片　163

  八、贝饰（附）　166

 C. 石核　167

  九、圆柱状　167

  一〇、矩状　169

 D. 石矢镞　171

  一一、四棱镞　171

  一二、扁状镞　171

  一三、三棱镞　172

 E. 磨制石器　173

  一四、玉刀　174

  一五、玉斧　174

第二章　陶泥类　176

 一、残陶片　176

二、泥杯　177

三、泥纺车　177

第三章　铜器类　179

A. 铜镜　179

一、汉花枝镜　179

二、汉十二辰镜　179

三、汉镜残件　180

B. 印章　181

四、韩产私印　181

五、钩状章　181

C. 钱币　181

六、五铢钱　181

七、藕心钱　182

八、筒状物　182

D. 铜矢镞　183

九、实体三棱镞　183

一〇、带刺三棱镞　183

一一、长柄三棱镞　184

一二、空首三棱镞　184

一三、广翼三棱镞　184

一四、复线三棱镞　184

一五、两翼扁状镞　184

一六、圆锥体镞　185

E. 饰具　187

一七、铃　187

一八、兽面　188

一九、带饰　188

二〇、耳饰　189

二一、指饰　190

二二、环　191

二三、钉　191

二四、扣　192

F. 杂件　193

二五、弩机残件　193

二六、剑首　194

二七、竿头　194

二八、铜残片　195

二九、熔注　195

三〇、钢凿（附）　195

第四章　铁器类　198

一、刀　198

二、钉　199

三、带扣　199

四、环　199

五、饰具　199

六、杂件　199

七、铅块（附）　200

第五章　漆器类　201

一、两耳杯　201

二、桶状杯　202

三、扁形匣　203

　　　　　四、漆木杆　203

　　　　　五、漆器残件　204

第六章　木器类　207

　　　　　一、圆底俎　207

　　　　　二、四足且　208

　　　　　三、圆底把杯　209

　　　　　四、食具　209

　　　　　五、残箅　210

　　　　　六、栉　211

　　　　　七、簪　211

　　　　　八、杂件　212

第七章　织品类　214

　　　　　一、青履　214

　　　　　二、素履　215

　　　　　三、赤履　215

　　　　　四、合裆裈　216

　　　　　五、禅襦袖　217

　　　　　六、衫巾　218

　　　　　七、衣饰　218

　　　　　八、帕　219

　　　　　九、丝棉方枕　219

　　　　　一〇、布囊　219

　　　　　一一、麻布残块　220

　　　　　一二、丝织残巾　220

　　　　　一三、油漆麻布残块　221

　　　　　一四、毛毯　221

　　　　　一五、毛织布　221

一六、方眼罗纱 221

一七、丝绵 222

一八、麻纸（附）222

第八章　草器类 223

一、桶形篓 223

二、绒线帽（附）224

三、帽缨（附）225

四、束苇 225

五、纺筵 226

六、蓑衣 226

七、棒状物 227

第九章　骨器类 228

一、簪 228

二、杂具 229

第十章　杂类 231

A. 耳饰 231

一、扁形耳饰 231

二、椭圆形耳饰 231

三、方形耳饰 232

四、珠粒状耳饰 232

五、石充耳 233

B. 冠饰 234

六、冠缨 234

C. 杂件 235

七、贝饰 235

八、方形石器　235

第四篇　木简考释

第一章　释官　238

第二章　释地　253

第三章　释历　261

第四章　释屯戍　263

第五章　释廪给　266

第六章　释器物　269

第七章　释古籍　271

第八章　杂释　273

第九章　释简牍制度及书写　276

　　一、简端之缺口及凿孔　276

　　二、简文中际之空白　277

　　三、判书简　278

　　四、简之尺度　279

　　五、简之写法及字数　282

附一　罗布淖尔出土器物分布表　285

附二　罗布淖尔出土器物分布总表　289

附三　《罗布淖尔考古记》器物图版索引　292

A.《罗布淖尔考古记》木简图版索引　309

B.《罗布淖尔考古记》正误表　311

图版

一、石器类

图版一： 图1—3，石斧；图4，石刀；图5，捶石；图6，砺石

图版二： 图7—20，尖状器；图21—26，曲首器；图27—35，刃片

图版三： 图36—56，刃片；图57，贝饰（附）；图58—66，圆柱状石核

图版四： 图67—78，矩状石核；图79，四棱镞；图80—84，扁状镞；图85—86，三棱镞；图87—88，玉刀；图89—90，玉斧

图版五： 插图1—4，尖状器；插图5—6，曲首器；插图7—12，刃片；插图13，四棱镞；插图14—17，扁状镞；插图18—19，三棱镞；插图20—21，玉刀

二、陶器类

图版六： 图1—6，残陶片；图7，泥杯；图8，泥纺车

图版七： 插图1—2，残陶片（着色）

三、铜器类

图版八： 图1，汉花枝镜；图2，汉十二辰镜；图3—10，汉镜残件；插图1，汉花枝镜；插图2，汉十二辰镜复原；插图3—7，汉镜残件

图版九：　图11，韩产私印；图12，钩状章；图13—14，五铢钱；图15，藕心钱；图16，筒状物；图17—30，实体三棱镞；图31，带刺三棱镞；图32，长柄三棱镞；图33，空首三棱镞；图34—35，广翼三棱镞；图36，复线三棱镞；图37，两翼扁状镞；图38，圆锥体镞；图39—42，铃；图43，兽面；图44—50，带饰

图版一〇：图51，耳饰；图52—57，指饰；图58—66，环；图67—77，钉；图78，扣；图79—80，弩机残件；图81—82，剑首；图83—87，竿头；图88—90，铜残片；图91，熔注；图92，钢凿（附）

图版一一：插图1，钩状章；插图2—5，实体三棱镞；插图6，带刺三棱镞；插图7，长柄三棱镞；插图8，空首三棱镞；插图9—10，广翼三棱镞；插图11，复线三棱镞；插图12，两翼扁状镞；插图13—16，铃；插图17—18，带饰；插图19—20，指饰；插图21—25，钉；插图26，扣；插图27，弩机残件；插图28—29，剑首；插图30—33，竿头

四、铁器类

图版一二：图1—4，刀；图5—6，钉；图7，带扣；图8—9，环；图10—12，饰具；图13—14，杂件；图15，铅块（附）

五、漆器类

图版一三：图1，两耳杯；图2—3，桶状杯
　　　　　插图1，桶状杯剖面
图版一四：图4，扁形匣；图5，漆木杆；图6—12，漆残件
图版一五：插图1，两耳杯（着色）；插图2—4，漆残片（着色）

六、木器类

图版一六：图1—2，圆底俎；图3—6，四足且

图版一七：图7—9，圆底把杯；图10—11，食具；图12，残箅

图版一八：图13—16，枛；图17—20，簪；图21—31，杂件

图版一九：插图1—2，圆底俎；插图3，四足几；插图4—5，圆底把杯；插图6—7，簪；插图8—10，杂件

七、织品类

图版二〇：图1—2，青履；图3，素履；图4—5，赤履；图6，履底

图版二一：图7，合裆裤；图8，禅襦袖；图9—11，衫巾；图12，衣饰；图13，帕

图版二二：图14，丝绵方枕；图15，布囊；图16，麻布残块；图17，丝织残巾；图18—19，油漆麻布残块

图版二三：图20—21，毛毯；图22，毛织布；图23，方眼罗纱；图24，丝绵；图25，麻纸（附）

图版二四：插图1，衣饰（着色）；插图2，帕（着色）

图版二五：插图3，油漆麻布残块；插图4—9，附织品类织纹（放大）

八、草器类

图版二六：图1—3，桶形篓；图4，绒线帽；图5，帽缨

图版二七：图6，束苇；图7，纺筵；图8—10，蓑衣；图11，棒状物；插图1，绒线帽（复原）

九、骨器类（锌版）

图版二八：图1—4，簪；图5—11，杂具

十、杂类

图版二九：图1—2，扁形耳饰；图3—5，椭圆形耳饰；图6—9，方形耳饰；图10—18，珠粒状耳饰；图19，石充耳；图20—23，冠缨；图24—26，贝饰；图27，方形石器（以上着色）

图版三〇：插图1—2，扁形耳饰；插图3—5，椭圆形耳饰；插图6—9，方形耳饰；插图10—18，珠粒状耳饰；插图19，石充耳；插图20—23，冠缨；插图24—26，贝饰；插图27，方形石器（以上剖面）

简版目录

简版一：简1—12，释官；简13—14，释地

简版二：简15—17，释地；简18—21，释官；简22—24，释地

简版三：简25，释地；简26，释历；简27—34，释屯戍

简版四：简35—39，释屯戍；简40—43，释廪给

简版五：简44—51，释廪给；简52—55，释器物；简56，杂释

简版六：简57—58，杂释；简59—60，释古籍；简61—77，杂释

第一篇
绪 论

第一章
罗布淖尔水道之变迁与沙漠之移徙

一、罗布淖尔名称及位置

罗布淖尔为蒙古语。蒙古呼"淖尔"为海,"罗布"是地名。源于唐之"纳缚波"。《大唐西域记》云:"由且末东北行千余里,至纳缚波故国,即楼兰地也。"据此,是"纳缚波"为国名,在唐初已灭亡矣,故称"故"。英国斯坦因氏(A.Stein)于公元一九〇七年,在密远古堡中发现藏文残纸甚多,内著录不少地名,中有名"大纳布城"(Castle of Great Nob)、"小纳布城"(Castle of Little Nob)者。"纳布"与玄奘之"纳缚波"(Na-fu-pa)译音相近,显然为中古及近古时用于罗布全区之名。[1]按"纳缚"据法国伯希和说,为梵语(Sanscrit)中"Nava"之对音,犹言新也。[2]是藏文中之"纳布"与梵文中之"纳缚"不能谓无关系。但近世之"罗布"及元初马可波罗

---

[1] 向达译斯坦因《西域考古记》八一页。斯坦因《西域考古记》(A.Stein: *On Ancient Central-Asian Tracks*),向达译,中华书局出版,文中简称斯坦因《考古记》,或《考古报告》。
[2] 伯希和说见《法国远东学校校刊》第六册,三七一页;又冯承钧译《马可波罗行纪》一八三页转引。

所经过之"罗不",是否与"纳缚"同一义意,为一问题矣。[1]又罗布淖尔在中国古代传记中,其名略异。首见于《山海经》者,称为"泑泽"。《西山经》云:"东望泑泽,河水之所潜也。"又《北山经》云:"敦薨之水,西流注于泑泽。"按敦薨之水,即今焉耆河,下流为孔雀河,流入罗布淖尔,是罗布淖尔古名泑泽也。泑音黝,黑色之义。郭注《西山经》云:"泑,水色黑也。"据此,是泑泽以水之色言。《史记》则称为"盐泽",《汉书》则名"蒲昌海"。

《史记·大宛传》云:"于阗之西,水皆西流注西海;其东,水东流注盐泽。盐泽潜行地下,其南则河源出焉。"又云:"楼兰、姑师邑有城郭,临盐泽。盐泽去长安可五千里。"按《史记·大宛传》,作于汉武帝时,所注于阗东流之水,即今塔里木河及车尔成河,均东入罗布淖尔。相传塔里木河为黄河初源,至罗布淖尔后即潜行地下,其南出积石山为中国黄河云。是罗布淖尔在汉武帝时名为盐泽也。后汉班固作《汉书》时,则又颇异其名。《汉书·西域传》云:"于阗在南山下,其河北流与葱岭河合,东注蒲昌海。蒲昌海,一名盐泽者也。"《水经注》则又有"牢兰海"之名。注引释氏《西域记》曰:"南河自于阗东于北三千里至鄯善入牢兰海者也。"

按《史记正义》引《括地志》云:"蒲昌海一名泑泽,一名盐泽,亦名辅日海,亦名牢兰海,亦名临海,在沙州西南。"是罗布淖尔在唐以前异名甚多。据《水经注》解释"盐泽"之义曰:"地广千里,皆为盐而刚坚也。"是盐泽因其水含盐质而得名。其解释牢兰海之义曰:"楼兰国在东垂,当白龙堆,乏水草,常主发导,负水担粮,迎送汉使,故彼俗谓是海为牢兰海也。"据此,是牢兰海以事言。余意此《水

---

[1] 按《河源纪略》云:"罗布为回语,汇水之墟也;以山南众水之所汇,故云。"与梵语义别,未知孰是。

经注》附益之辞。"牢兰"当为"楼兰"之转音。因泽在楼兰国北，故以国名名海，并非因迎送汉使之故也。蒲昌海、辅日海、临海未知其取名之由，疑皆以地名名海也。唯汉之"楼兰"或"牢兰"，与唐之"纳缚波"，元之"罗不"诸名称，是否有因袭之关系，其变化之程序若何，伯希和氏尝提此问题而未加解释。但据斯坦因在楼兰遗址及密远废墟所发现之文献，楼兰在罗布淖尔北部，为魏晋以前之地名。纳缚在罗布淖尔之南，疑为后期之地名。虽同属一国之地，而地点不同，时代亦异，其名称当不能一致。余意伯希和释纳缚梵语为新，极可注意。新与故对，必在一形势转变之后，另立一新名也。

　　罗布淖尔本为海水之专名，今则以之名地。凡库鲁克山以南，阿尔金山以北，古玉门阳关以西，铁干里克以东，在三面山丘围绕之中，有一片低地，完全为盐壳所覆盖。据斯坦因氏测量，自西南至东北一百六十英里，最宽处为九十英里左右[1]，即吾人所称之罗布区域也。在史前时代，本为一咸水海。当中亚气候尚未干燥时，容纳塔里木河水流；后渐干涸，仅存一小部分之咸水湖，其余均变成盐层地带或沙漠也。

二、水道变迁探查之经过

　　新疆南部塔里木盆地中间有一大河名塔里木河东流。在民国十年前与由博斯腾淖尔泄出东南流之孔雀河会合南流，经铁干里克，又南流会车尔成河东流入罗布淖尔，形成两湖：东曰喀拉库顺，西曰喀拉布郎库尔，在今婼羌之北，罗布庄之东。但中国旧

---

[1] 见向译斯坦因《考古记》十页。但据陈宗器所述罗布荒原之范围：东西长度达六百里，南北宽度亦达二百五十里。现淖尔面积九五〇〇方里，略作葫芦形。南北纵长一百七十里，东西宽度：北部略窄四十里，南部向东澎涨处九十里。其位置：海之南岸为北纬三十九度四十八分。

地图，则绘罗布海子于北岸，即在库鲁克山南麓。[1]清光绪间（公元一八七六——一八七七年）俄人蒲里兹瓦尔斯基（Prejevalski）来此考察，发现此湖在罗布区域南部，与中国地图所绘海之位置，纬度整有一度之差，遂谓中国地图上大误。德国地学家李希荷芬（Richthofen）不然其说，谓中国地图曾经调查，必非臆造，或另有一支流入罗布区域北部，而为蒲氏所未见也。遂引起地学上不少之争论。如俄国之科兹诺夫（Kozlov）、英国斯坦因（A.Stein）、美国亨亭登（Hungtington）均对于湖水有所推拟。一九〇〇年斯文赫定博士赴罗布淖尔考察，自库鲁克山南麓阿提米西布拉克南行，测量水准，在楼兰故墟附近发见有一片洼地，推论海水将来有恢复故道之可能。民国十六年余赴新疆考察时，在民国十九年春于吐鲁番工作完后，向罗布淖尔前进。四月二日，发自鲁克沁直穿库鲁克山。六日至阿提米西布拉克，南望罗布淖尔已水云相接，极目无际。余等大喜，知海水已返北矣。复南行，累过高仰层土阜地带，约三十里，即遇溢水，即库鲁克河之末流入海处也。时河未归道，溢水四出，形成若干小池，枯桐柽柳仍倒置水中，尚未复苏，而芦苇已有新生之象矣。余等循水东行，水势渐大，累阻余之行程；终乃达一较宽阔之水面，本地人称为大老坝（参考《第一次考察路线图》）。坝东北两岸剥蚀之土丘，重叠起伏若城郭，皆作东北、西南向，必为剧烈之东北风剥蚀所成无疑也。余等绕过大老坝，最后到达一三角洲，三面环海；一洲伸入海之中央，即余所发现之"烽火台遗址"，余定名

---

[1] 清乾隆《内府地图》绘罗布海于北岸；《西域图志》《西域水道记》皆从之。清末地图则绘海子于南岸，分为两湖。北岸后出一小海子，称为孔雀海。民国五年参谋部地图即如此。至民国二十二年申报馆所出之《中国分省新图》，根据本团所测改正。

第一篇　绪　论

为"土垠"（Tu-ken）者是也。[1] 东南望，海水无涯际，盖已至海之北端矣。土垠峙立于海中，鱼凫翱翔于水上，洵为海景奇观也。又绕海东岸南行，得一古烽墩。五铢钱散布极广。余因食粮缺乏，未及再沿海东行，为一遗憾耳。及民国二十三年余第二次复往探查，出库鲁克山之鲁戈斯特，直南行，抵孔雀河岸。河宽二十余丈，两岸柽柳丛生。水深可以行舟。复沿河东行，达余第一次所踏之地，则水已入河故道，无前次泛溢之患。而河岸之柽柳已欣欣向荣。前之剥蚀土丘渐已溶解于水中，化为泥滩。此第二次发现海水恢复故道之经过也。余两次考察，均困于经济与粮食，未能充分工作，作沿海之测绘。但余第一次考察完后，二十九年秋返平，即以发现罗布海水恢复故道之经过，及考察路线略图，报告于赫定博士及北平学术界。复经雷兴教授（prof.T.Lessing）译为德文，报告于本团其他团员，及欧洲学林。民国二十年春，本团郝勒博士（Dr.Hörner）及陈宗器君受赫定先生之命，根据余之报告，重往查勘；并确定余所发见遗址之经纬度。二十三年，赫定博士又躬往测绘地形，罗布淖尔新海之地形图遂益臻精密。因此世界之舆图家均按余等所测，改定罗布海之方位矣，何幸如之！（附图一）

三、水道变迁时代之推拟

古海恢复故道已如上述，但何时在北岸，又何时南迁，诚为研究罗布淖尔之切要问题。试检查中国古传记如《山海经》《史记》《汉书》所载，甚可相信古海确在北岸。现以地文学上之证据，亦相信涸海沿岸之泥层，为古海水之沉淀物。但古海何时在北岸，其位置

---

[1] 此处地名余因海边地形状况，定名为"土垠"（垠，古恨反），英文为"Tu-ken"，其后陈宗器、郝勒前往，称宜为"默得沙尔"，及余第二次复往，转询本地人，亦无定名。故余仍援用余所定名，特附志于此。

若何？在吾人发见水复故道以前，尚未得一真确之解答。自斯文赫定博士发见楼兰故址，并在附近发见一大片低地，较喀拉库顺为低（喀拉库顺海拔八一五米，属附近海拔八一〇至七七七米）。[1] 推论从前曾有湖泊，楼兰城在其北岸，证明中国地图绘海子于北岸为非误。以后美国亨亭登、英国斯坦因均在楼兰故墟有所考察，据其所发见之文书，皆在公元二六三—二六七年，相当于晋武帝时。又赫定所获文书中有"水大波深必泛"之语。[2] 是在楼兰兴盛时，孔雀河中尚有水，经流楼兰城附近入海也。又日人橘瑞超氏亦于一九一〇年在所获文书中有"海头"二字。由以上古物之证明，则海水在一千六百年前，即公元后三世纪时，积于楼兰遗址附近，可以确定也。但在汉初，即公元前后，水积何处？斯文赫定及斯坦因所得古物中，均不足以证明此点。盖楼兰遗址为纪元后三世纪所遗留，无一汉物。则汉时此地是否有居民，及河水是否经行楼兰以入海？未可定也。余于民国十九年除见海水复故道之外，又在海北岸发见古烽火台遗址，并掘获木简多支，有汉宣帝黄龙元年，及成帝元延五年年号，是在罗布古址中所得最早之文书，距今已一千九百六十余年矣。而此遗址适在海北头一三角洲之海湾中。不唯可以证明此地在西汉时之繁荣，而且可以证明在西汉时海水之位置。又由其附近之大道，更可窥见当时道路绕海北岸及沿河西行之情形。自有此古物之发现，则现所见海水之复故道，余等可说所复者为二千年前后之故道，即《汉书·西域传》所称之古蒲昌海之故道也。是不唯赫定先生所推论海水积北岸之假定实现，且提早四百余年，而其位置亦偏向东北矣。并

1　郝尔满《楼兰》[A.Herrmann, *Lou-Lan*, *China Inbien und Rom im Lochte der Ausgrabungen am Lobnor*（Leipzig 1931）Fig. 51]。
2　孔拉德《楼兰》[A.Conrady, *Die chinesischen Handschriften und Sonotigen kleinpunde Sven Hedin in Lou-Lan*（stockholm, 1920, P.119）]。

足以证明中国《史记》《汉书》及《水经注》所记真确无误也。

至海水何时南迁，其移徙之情形若何？余因未赴罗布南部考察，未能得一真确解答。但钩稽中国古载记所述，提出余之意见，以博读者兴趣。按以古物学上之证明，余检查余所发现之文书，终于汉成帝元延五年。时成帝仅元延四年，五年已改元为绥和元年（公元前八年）。由此亦可知汉与西域交通之隔绝，是余所发现之遗址在公元后似已被放弃。赫定先生所发现之遗址其文书止于永嘉四年（公元三一〇年）。据斯坦因所述，文书上有作"建武十四年"者。[1]建武为东晋元帝年号，仅一年，即位后，改元大兴。照推应为成帝咸和五年（公元三三〇年），西域不知，仍奉元帝年号也。虽赵石虎亦改元建武，但张氏并不援用后赵年号。如此，则楼兰遗址之放弃，应在公元后三三〇年或以后也（参考第二章第二节）。此两地放弃之原因，是否由于水道之变迁，固不能确定。但居民必与水有密切之关系。盖水道变迁：一方面由于自然之变化，或河流改道；但间接关于人为之力最多。如有居民之地，则人民谋水利之引导开淤启塞，多有裨益于水道之流通。且植树平沙，亦可以阻风沙之壅塞，而致影响水流。反之，若有水无居民，或有居民无水，均足以引起地理上之变化，使水道变方向或干涸。据此，是遗址被放弃以后，直接间接均可促使水道变迁或改道，此事理之必然也。据此，则海水之移徙，必与遗址之放弃同时，或在后，可以推知也。然则移徙于何处，其情形如何？次当论及。

按罗布淖尔所受水：在北者为孔雀河，即海都河之下流；在南者为塔里木河与车尔成河合流之水。在民国十年年以前，孔雀河至铁干里克南流入塔里木河会车尔成河后，东流入罗布淖尔。故淖尔

---

[1] 向译斯坦因《考古记》九九页。

在南，而北部干涸。民国十年以后，孔雀河水复故道，至铁干里克附近德门堡转东流入涸海。水既返北，故南部干涸，此最近时事也。在汉魏时，水积罗布北岸，是当时孔雀河水亦必径向东行，余上文已论及矣。然则自晋宋以后，河流之情形若何？为吾人所研究之问题也。考《汉书》所云："罗布入海之口，仅为一河。"《西域传》云："其河有两源：一出葱岭，一出于阗。于阗在南山下，其河北流，与葱岭河合，东注蒲昌海。"

据此，是和阗河会塔里木河东流入海，海都河与车尔成河虽未述及，疑亦与葱岭河会流东逝也。及《水经注》所述，则分南北两河入海。其述北河云："北河，自疏勒迳流南河之北。北河又东……径楼兰城南而东注。河水又东注于泑泽，即《经》所谓蒲昌海也。水积鄯善之东北龙城之西南。"又述南河云："河出葱岭自歧沙谷分流。南河又东与于阗河合，又东，右会阿耨达大水，会流东逝，通为注宾河，注宾河又东迳鄯善国北治伊循城，故楼兰之地也。其水东注泽，泽在楼兰国北（治）。扜泥城，其俗谓之东故城。"又引释氏《西域记》曰："南河自于阗东于北三千里至鄯善入牢兰海者也。"（并上节《水经注》卷二）综合郦道元所述，显示塔里木盆地有二大河东流入罗布淖尔：一为北河，一为南河。北河则称："迳楼兰城南，东注泽，即《经》所谓蒲昌海。"南河则称："迳流鄯善国北，东注泑泽。"叙北河所入之海，则曰："蒲昌海。""水积鄯善之东北，龙城之西南。"叙南河所入之海，则曰："牢兰海""泽在楼兰国北"。其所称之蒲昌海与牢兰海，是否同为一海，或为两海因地而异名，道元均未加以诠释。但如道元所述，罗布淖尔所受水，确系二道入海：一在北，即楼兰城南；一在南，即鄯善国北。其情形甚为显然。郦道元为北魏时人，所据材料必为当时之著述。如释氏《西域记》，余亦疑为晋、宋间作品，则所论之罗布淖尔情形，必为道元当时之情形无疑。由是言之，是罗布淖尔自东晋以后至北魏之末（公元三三○—五二八年），水分两道入海：南道之海在楼兰东故城之北，即在今密远县北；北道之海在龙城西南，若南北同注一海也。则北魏时之海水较汉时已南徙。北岸始于赫定楼兰遗址之东南，南岸伸张于密远之北矣。其形势当亦为南北纵长也。（附图二）

但由其受流海口之不同，影响于海水之伸缩与变迁至大。当其水大时，固可连为一海；及其干涸，或为风沙所阻塞，有截为两海之可能。如道元所述，是否能保持一海之原状，永久不变，固为一大问题也。故自隋唐以后，罗布淖尔情形如何，次当论及。

余尝怪中国旅行家之著述，详于神怪而略于环境。晋释法显由敦煌至鄯善，记沙河中之情形，不言有海。唐释玄奘由西域取经，回程经纳缚波故国，太宗使敦煌官司迎于流沙，亦不言有海；岂讳之而不言欤，抑实未尝见欤？实使吾人苦索不得之问题也。但据《新唐书地志》所载，则罗布淖尔又有著矣。《地志》附载贾耽《道里记》云：

> 又一路自沙州寿昌县西十里至阳关故城，又西至蒲昌海南岸千里，自蒲昌海南岸西经七屯城，汉伊循城也。又西八十里（当据《沙州图经》作"一百八十里"）至石城镇，汉楼兰国也。亦名鄯善，在蒲昌海南三百里。康艳典为镇使以通西域者。

按七屯城据《新疆图志·道路志》"密远"注云："此处有古城，周三里，北距罗布淖尔一百里。疑即汉鄯善国之伊循城也。"至于石城镇，疑即今之卡尔克里克。《沙州都督府图经》断片云："屯城西去石城镇一百八十里。汉遣司马及吏士屯田伊循以镇抚之，即此城也。城以西有鄯善大城，遂为小鄯善，今屯城也。"据此，是密远即汉之伊循城。唐之屯城又称小鄯善，石城镇又称大鄯善；康艳典所据者也。由蒲昌海南岸西经七屯城，是海之南岸在今密远东北。但又称石城镇在蒲昌海南三百里，是海水又在卡尔克里克以北三百里也。据其所述，若非所指者为两海，则隋唐时罗布淖尔之情形又大变矣。盖此时海之北岸达阿拉竿驿附近，而南岸将及于喀拉库顺矣。其形势则为西北向东南扩展之斜长也。至如何造成此种形势，贾耽虽未加解释，但亦必与河流有关。若使所推拟形势不误，则当时北岸之孔雀河，至铁干里克时，必已不复东入涸海，而转东南流与塔里木河会流入新海也。车尔成河则东北流入新海之南岸。水大则两海合而为一。《辛卯侍行记》"营盘海子"注云："周约三十余里，西南平沙宽广。相传此处原在泽中，为浣溪河（即孔雀河）淤沙所埋，疑古时此海与蒲昌海合也。"虽所述为清中叶情形，然甚可以之解释隋唐时之罗布淖尔也。据此，是隋唐时（即公元七世纪至九世纪之末）罗布淖尔水道较汉时不唯形势变异，亦且东西逆转矣。（附图三）

宋元以来罗布形势如何，有无变迁，记载缺乏，无可稽考。但马可波罗旅行西域，经过罗布镇以至沙州，并未提及有海子事，其《行纪》第五六章云：

> 罗布是一大城，在罗布沙漠边境，处东方及东北方间，此沙漠甚长，骑行垂一年。……沿途尽是沙山沙谷。若骑行一日夜则见有甘水，可供五十人或百人及其牲畜之饮。全沙漠可得水二十八处。

按罗布大城，疑即今之卡尔克里克附近旧城，或在其北之罗布村。据此，是元时卡尔克里克之东及东北，完全为沙漠，并无海水；则海水必仍在北岸如隋唐时之地位，尚未有南迁也。由沙漠中之甘水区可供五十人或一百人饮料之语，必指干河中之余水；而沿岸之"沙山沙谷"，表示为古河床，现已干涸，变为沙谷矣。据此，是宋元以来之车尔成河仍东北流，不入喀拉布朗库尔，可以推知也。

明清之际，碛路闭，交通隔绝。罗布淖尔情形如何，已无可稽考。清初康乾间，因军事之扩展，罗布淖尔复见记述。《河源纪略》卷九云：

> 罗布淖尔为西域巨泽，在西域近东偏北，合受西偏众山水，共六大支。绵地五千里，经流四千五百里。其余沙碛限隔，潜伏不见者无算。以山势揆之，回环纡折，无不趋归淖尔。淖尔东西二百余里，南北百余里，冬夏不盈不缩。极四十度至五分，西二十八度至二十七度。北有圆池三，无名；南方有椭池四：为鄂尔沟海图、巴哈噶逊弩奇图色钦、弩奇图杭阿、塔里木池，错列环拱。登山远眺，亦如星宿海。

按《河源纪略》为清乾隆四十七年命阿弥达往青海穷河源后所记，皆所亲历，想非臆造。据其所述，根据其经纬度，则当时罗布淖尔确在北岸；相当今阿拉竿以北以东，以阿拉克库尔、达雅克库尔、喀拉库尔、阿瓦鲁库尔及赤威里克库尔为中心。经度八七·三〇至八八·四〇，纬度四〇·〇五至四〇·四〇分（参谋部百万分一地图）东西浸漫，北岸达营盘西南小海子。今以《河源纪略》附图参以今地可见也。又据《河源纪略》卷二《图说二》附图，在罗布淖尔东南又绘一海，名噶顺淖尔。据《纪略》卷十一云：

> 噶斯淖尔（《图说二》作噶顺淖尔）周广三百余里。有三源，自西境碛中流出来注之。噶斯淖尔极三十九度六分，西二十六度五分。去罗布淖尔东南二百里。

今据其所述之经纬度，相当于今之喀拉库顺。在其西又绘有一不知名之圆池。推其位置比率，相当于今之喀拉布朗库尔。据此，是在清乾隆时罗布淖尔已南北分流：在北者水积于阿拉竿附近，疑仍为隋唐时之旧道；在南者水积于密远之北及罗布村附近，盖为新海，其移徙之时代，虽不可确知，疑当在明清之际也。但当时因南北河流之情形尚不清晰，故以后地图家多不注意喀拉库顺，并将南部东西两湖删除，仅将罗布淖尔绘于北部，如《大清一统图》《西域图志》《水道记附图》皆如此。此中国地图家之过也。及清之末叶，左宗棠平定回乱后，改省置县。光绪初，巡抚刘锦棠、魏光焘先后派刘清和、郝永刚探敦煌古道，而清末之罗布淖尔情形始大白。清光绪十七年（公元一八九一年）陶保廉据刘清和等探查图说，述其大概云："自敦煌西门渡党河，西北行约一千二百七十里，至黑泥海子。"注云："西北二十里咸滩，有废屋基。导者云：'咸丰时此地亦为水，回民渔于此，今淤为咸地。'又西南三十里，黑泥海子，即罗布淖尔东南隅也。水畔沮洳，人马难近；水咸有芦苇。四十里芦花海子，九十里阿不旦。"据其所述，是刘清和等所经行者正当罗布淖尔之南。"黑泥海子"疑即喀拉库顺湖之意译。"芦花海子"皆为喀拉库顺西之小海子。由引导者所云"咸丰时有水，后淤为咸地"之语观之，是在咸丰以前水势较大，至同光以后遂渐干涸耳。又陶氏转录刘清和云："罗布淖尔水涨时东西长八九十里，南北宽二三里或一二里不等。"据此，是较清乾隆间噶顺淖尔周三百里其情形已有不同。陶保廉又记由托克逊至婼羌道云：

……九十里和儿罕渡塔里木河，四十里七克里克庄，庄南涉水。[注云：于阗东之卡墙河（即车尔成河）东北流，至此会塔里木河]四十里罗布村。四境多沮洳，即蒲昌海之西畔，古称牢兰海，今回语曰喀喇布朗库尔（言黑风海子也），蒙古语曰罗布淖尔。

据其所述，是塔里木河水南流会车尔成河水，南积于婼羌之北，分为东、西两湖。陶氏记之甚详，并不因袭于西人之发见也。[1] 自陶氏之说出后，《新疆图志·道路志》均本此绘罗布淖尔于婼羌之北，民国初年参谋部之地图亦如此，北部仍绘一小海子名孔雀海，余尚未查出其根据，想为臆造。此中国清代及民国初年关于罗布淖尔记录及绘图变迁之大略也。盖当清人作《河源纪略》时，塔里木河水与孔雀河水俱东流，入北岸之罗布淖尔，即《纪略》所称"六大支水入淖尔"者是也。而南部之噶顺淖尔则西碛之水注之，虽不言车尔成河，而车尔成河亦当注入其中。故当时形成南北两海。此清乾隆以前事也。及刘清和前往调查时，则水道又变矣。时塔里木河与孔雀河水在阿拉竿会合后，不复东行；折而南流，又会车尔成河，会流东逝，形成两湖，如民国十年以前之形势。水既南行，故北部之淖尔遂日形干涸，又经风沙之侵袭，当时北部之淖尔，不得不截为无数小湖，即上文所举之喀拉库尔、阿拉克库尔，以及营盘西南之小海子，皆旧时罗布淖尔干涸后仅存之小积水池也。本地人相传"营盘西南宽广之平沙，本在泽中，为浣溪河即孔雀河淤沙所埋"，此语极可玩味。吾人检查中国旧图自阿拉竿之东北、营盘之西南、铁干里克之东，表见一大块东西横长之咸壳低地，尚保存有残余之积水池若干个（参考民国五年参谋部地图），或可拟为旧时罗布淖尔之遗迹也。近者营盘海子已完全干涸，虽阿拉竿附近亦有积水，但不南行，亦渐干涸。而所谓喀拉库顺、喀拉布朗库尔者，将来或亦有干涸之虞矣。据此，是清代之罗布淖尔其地位与形势颇类唐时。不过唐时或为一海，而清代则为两海耳。（附图四）

综上所述，是罗布淖尔此次变迁，乃自隋唐以后之大变迁，不

---

[1] 陶保廉《辛卯侍行记》卷五《汉玉门阳关路》；同书卷六附《吐鲁番歧路》。

唯海水恢复两千年前之故道，而河流亦复两千年之旧河床矣。沧海桑田，不其然欤。总之，吾人现时所述，半由于推拟，但对于罗布淖尔之工作，为一无穷尽之工作，尚待吾人探查之处甚多，则吾人现在之所述，其真确如何，待吾人第三次、第四次……之考察，必可得一证明或修正。读者请拭目俟之可也。

四、罗布沙漠之移徙

关于罗布沙漠问题，中国古传记数有记述，近来东西人士赴罗布考察者，对于罗布沙漠记载亦详。但吾人检查古记载所述沙漠之位置与现在情形，颇不一致。故吾人拟本载记所述，推测其移转之情形，藉为研究海水迁移之旁证，想为读者所乐闻也。兹缕述于下，以作参考。

吾人试检查英国斯坦因《西域考古记》及其附图，在楼兰遗址之西南，铁干里克以东，罗布村以北，一大片沙漠地带。据其所述，沿途为荒寂不毛之沙山沙谷。但同时在沙漠中间散布陶片铜钱及石器之类，显然古时为人类居住之地，而且干涸河渠纵横，则当时必有河水流行其间。吾人试检查记载，此一带为汉人屯田楼兰之区，且为孔雀河、塔里木河入海之孔道，不闻有沙碛。然则此沙碛何时移转于此，当为吾人研究之问题。

吾人试检《史记·大宛传》："（宛贵人）相与谋曰：'汉去我远，而盐水中数败，出其北有胡寇，出其南乏水草。'"宛贵人所称之"盐水"，当即今之罗布淖尔，汉时称为盐泽，又称为蒲昌海。由于吾人上面所述，汉时盐泽之位置，即在今楼兰遗址之东北，土垠遗址之南。即在今罗布低地北部，库鲁克山南麓。时匈奴右部，在今哈密镇西一带。吐鲁番为古车师国，时役属于匈奴，而均在罗布淖尔之北，故云"出其北有胡寇"。又罗布淖尔之南，正为南道所经行，虽"贵人"不云有沙碛，只云"乏水草"，但吾人甚可解释：因有沙碛，所以乏水草。在塞外风沙弥漫地带，凡无水草之区，可能即为沙漠之区。况鄯善东与三陇沙相接，则其南部之沙漠，可能与三陇沙一致。又余于民国十九年，发掘罗布淖尔北部，在古烽火台遗址中掘拾汉简若干枚。有一简云："敦煌去渠犁一千八百里，更沙版，绝水草，不能致。"同时拾有黄龙元年木简，则所述为西汉时情形可知。时汉代南北两道均须经过楼兰。楼兰以西为汉代屯田之所。则所指之"沙版"，应在楼兰东南。即在敦煌之西，过三陇沙，直至鄯善之伊循城，即今密远，皆为沙漠。由是言之，是汉魏时之沙漠在罗布盆地东南部。民国十年前之喀拉库顺湖当时疑亦在沙漠之中。故当时南道虽开，但通行者甚少，或因此也。至罗布洼地东北部如何，疑均为盐壳地带，古与今同。《水经注》云："龙城故姜赖之墟，胡之大国也。地广千里，皆为盐而刚坚也。……西接鄯善，东连三沙，为海之北隘矣。"现根据斯坦因地图及吾人所踏查者，在涸海即今新海之东及东北。皆为盐壳地带，与《水经注》所述之龙城情形无殊。所述龙城，并非实有其城，皆指淖尔东北部被风剥蚀之土丘而言，本地人称为"雅尔当"。土丘鳞比，如城郭宫阙，蜿蜒迤逦于涸海之东北边缘。其形如龙，其状如城，故名龙城。《水经注》释龙城曰："其国城基尚存而至大，晨发西门，暮达东门。浍其崖岸，余溜风吹，稍成龙形。西面向海，因名龙城。"则所述龙城即指剥蚀之土丘，在海之东北面，无可疑也。但若干土丘邻近山边者，固多属黄泥土层。但逼近海边，以余所见者，类分三层：上层为黄泥沙土，厚约二〇英尺至三〇英尺不等；中为沙粒层，外表僵结，内含流沙；下为盐层，《水经注》所谓"有大盐方如巨枕"是也。是由于古海之沉积物与沙泥僵结而成，或即冰河时期所遗留。至于最上层之黄土层，疑为后期之新沉淀物。由于吾人尝在土丘之平顶上检拾带绳纹之陶片及石器，且有若干墓穴，皆在黄土层与沙粒层之间。由遗物之证明，皆为两千年前所遗留，则土丘最上之黄土层在两千年前尚表现其活动能力，从可知也。及进入历史初期，因风水剥蚀而黄土层遂变为"余溜风吹"之龙城矣。此两汉以前之情形也。至于魏晋以后，地形当无较大变化。吾人根据历史所记及近来遗物之发现，楼兰故墟在魏晋时代，尚称繁荣。楼兰海虽渐南移，但亦无多大变迁。故其沙漠，当亦无迁移之迹，吾人根据法显所述可以知也。法显《佛国记》云：

> 沙河中多有恶鬼热风，遇则皆死，无一全者。上无飞鸟，下无走兽，遍望极目，莫知所拟，唯以死人枯骨为标帜耳。行十七日，计可千五百里，得至鄯善国。

据此，是自玉门阳关以西至鄯善即今密远，皆为沙碛之地，与两汉无殊。至隋唐以后，则罗布情形有一剧烈之转变矣。今次述之。

吾人根据上文所述，罗布海水在隋唐时当移转于罗布西部，北岸在铁干里克之西南，阿拉干驿附近，南岸达喀拉库顺边缘，是海水已西南移矣。然则楼兰涸海情形如何，无疑已变为沙漠。吾人根据塞外经验，沙漠河流与居民尝有相互之关系：凡有居民之地，必有水草；凡无居民之地，此地必为戈壁或沙卤不毛之地。反之，地无水草，或成沙卤，人民亦必迁徙而去，此定例也。楼兰遗址在公元三七六年被放弃以后，迄今尚未恢复其繁荣，放弃之原因为何，吾人虽未获明文记载，但必与人为之关系及自然环境之变迁有关。盖自沮渠氏占据西域，北魏隋唐继之，其至西域通途，均行南道，而以鄯善与车师为中心。且鄯善与车师之交通线，疑亦由营盘辛地横断库鲁克山而至车师，鄯善与龟兹之交通线，则疑循塔里木河向西北行，至库尔勒，转西行至龟兹。因此，汉魏以来以楼兰为中心之交通线久已不存在。则楼兰由北魏至隋唐是否有居民，成一问题。反之，鄯善、尉犁间则为孔雀河、塔里木河、车尔成河末流之所汇。则当时鄯善居民为水利之运用，迫使孔雀河、塔里木河南流溉地，因此而使两河水道改变其方向，转东南流，停积于阿拉干附近之低地，其势极可能。水既不复东流入楼兰海，则楼兰故海及其西南部变为沙漠，此必然之结果也。《史记正义》引裴矩《西域记》云：

> 盐泽在西州高昌县东，东南去瓜州一千三百里，并沙碛之地，绝水草难行，四面危，道路不可准记。行人唯以人畜骸骨及驼马粪为标验。

据此，则隋唐时蒲昌海东及东南即楼兰遗址附近，完全为沙碛之地，与现情形相同。至十三世纪时，有物搦齐亚商人马可波罗经行西域，由罗布至沙州，第五六章记罗布沙漠情形云：

> 罗布是一大城，在罗布沙漠之边境处东方及东北方间。此沙漠甚长，骑行垂一年，尚不能自此端达彼端。狭窄之处，需时一月，方能渡过。沿途尽是沙山沙谷，无食可觅。若骑行一日一夜，则见有甘水可供五十人至一百人暨其牲畜之饮。全沙漠可见此类之水至少有二十八处。

马可波罗为元世祖忽必烈时代人，所记当为宋元时事。罗布城据斯坦因推论，即今之卡尔克里克。若然，则自婼羌以东及东北完全为沙漠矣，较隋唐时沙漠又向西南漫延也。故在宋元之际，不特汉蒲昌海沦于沙漠，即唐之蒲昌海亦有一部沦入沙漠，迫而使海水改变其形式。故至明清之际，罗布淖尔截为南北两海，而南部复被截为两湖，迫向南徙。故海水之变迁虽一因于河流之改道，而沙漠之向西及西南移徙亦有重大原因焉。总之，现在罗布西部之沙漠，决为后起之情形，两千年来已经过几许变迁矣。现海水既复两千年故道，汉代罗布东部景物，吾人睹其地形，尚能领略于万一。但鄯善之白屋，楼兰之屯地，以及注宾河河床，尚淹埋于西部之流沙中，均有待于吾人考古上之探寻也。

五、附论：河源问题

按黄河流贯中国，与中国民族及文化之发展，关系极巨。但源始于何山，流经何地，因山川阻隔，交通不便，为历来学人及旅行者考索焦思未获之问题。虽近因地形学之进步，交通之开辟，对于前人考思之悬案，有以判明其是非，但学术无止境，待后人解决之问题尚多。且此问题关涉罗布淖尔水道问题。余叙述罗布地形之后，对于前人苦心探寻之河源问题，按其时代之先后，略述梗概，以为读者之助焉。

1. 西域初源说

按黄河初源之说，首见于《禹本纪》及《山海经》，《史记·大宛传赞》引《禹本纪》言："河出昆仑，其高二千五百余里，日月所相隐避为光明也。"按《禹本纪》，其书不传，今但见《史记·大宛传赞》所引数语而已，未能窥其全豹。《山海经·海内西经》云："昆仑墟在西北，帝之下都，河水出其东北隅以行其北，西南又入渤海，又出海外，即西而北，入禹所导积石山。"又《西山经》云："积石之山，其下有石门，河水冒以西流。"

按《山海经》，传为伯益所作，埋蕴岁久，编革稀绝，书策落次，难以缉缀。后人假合，复经窜益，故不尽可据也。但河水出昆仑，潜入积石，为汉初普遍之传说。《淮南子·地形训》亦言："河水出昆仑东北隅，贯渤海，入禹所导积石山。"则与《山海经》所述，大致相同。但考《史记》《汉书》所记，均言河水注泑泽，不云贯渤海。《山海经·西山经》又云"泑泽为河水之所潜"，与《海内西经》不无矛盾，则其所记必有一误。故述黄河初源，当以《史记》《汉书》为主也。

《史记·大宛传》云："于阗之西，水皆西流，注西海；其东，水东流，注盐泽。盐泽潜行地下，其南则河源出焉。"

按《大宛传》所述，为张骞使大夏还，具言于汉武帝者，今推张骞还汉路线，盖由大夏，并南山，欲从羌中归，而为匈奴所得。大夏在今阿姆河南巴尔克一带，由此东行，必沿阿姆河上溯，过葱岭，经扞采、于阗，而至罗布淖尔，不及青海，即为匈奴所获。则骞之所言，皆为及身所亲历者，当较可据。《大宛传》又云："汉使穷河源，河源出于阗，其山多玉石采来。天子案古图书，名阿所出山，曰昆仑云。"此虽不言为张骞语，然以河源出于阗南山，汉史所言，必皆相同。虽后人有訾议张骞"于阗之西，水皆西流，注西海"之语。但由实地考察所得，印度河与于阗河均发源喀喇昆仑山。于阗河出于其北，东北流。印度河出于其西，西南流。与张骞所言暗相符合。盖张骞使大夏还，过葱岭，传闻身毒等国，必已悉闻印度河源，与于阗河源之同出一山矣。故张骞使西域，虽非专为穷河源，而黄河初源之发见，则自张骞始也。故余叙述中国探察河源之历史，以张骞为第一次。然是时匈奴逼处于北，西羌间隔于南，时阻汉道，使张骞不能普遍考察，以明河水之所经行。说初源，仅及于阗河，说潜行，而不能实指其出于何地。非张骞之不智，盖亦环境迫使之然也。及李广利伐大宛，郑吉破车师，匈奴远遁，西域服从。宣帝为之设都护，元帝更置戊己校尉，西域之土地山川，道里远近，益近翔实。班固作《汉书》，为西域立专传，其叙述河源，亦较《史记》为精密。其说云：

> 西域南北有大山，中央有河。河有两源，一出葱岭山，一出于阗。于阗在南山下，其河北流，与葱岭河合，东注蒲昌海，蒲昌海一名盐泽者也。去玉门阳关千三百余里（原无千字依王

念孙说补），广袤三百里，其水停居，冬夏不增减，皆以为潜行地下，南出于积石，为中国河云。

按其所述，以较《史记》，则详实多矣。班氏承西域交通大开之后，又亲至私渠海，其弟班超久留西域，记其闻见，参以档册，故能言之确凿可据也。盖新疆南部，有一大河，曰塔里木河。会合南北支水，东流入罗布淖尔。在北者，为喀什噶尔河，出于葱岭，东流。阿克苏河、库车河、海都河，均入焉。在南者，为叶尔羌河，出于昆仑山，东北流。和阗河、且末河，均入焉。班氏虽仅举两源，一为葱岭河，一为和阗河，盖举葱岭河，则北路诸水皆属之。举和阗河，则南路诸水皆属之。揭其大纲，去其枝叶，并非有意遗漏也。唯河水潜行地下，南出积石一语，颇启后人訾议。但说"皆以为"三字，则班氏不过略述当时一般人之推测而已，非班氏私意也。自班氏之说出，而后人之言河源者悉宗之。虽王肃、郑玄之注《尚书》，均以河水出昆仑为言。而邓展之注《史记》，不信河源出昆仑，而本《禹贡》"导河自积石"语，以为河源出于金城河关，即今河州之积石山也。但《说文》《风俗通》《广雅》皆云："河出昆仑。"而高诱之注《淮南子》，郭璞之注《山海经》，所述皆同于《汉书》。以及应场之《灵河赋》，成公子绥之《大河赋》，所述亦同。是黄河初源在西域之说，已普及于一般注释家，及文人矣。自魏晋以来，中原和西域交通时断时续，而商贾之贩运，僧侣之往来，仍不绝于途。关于西域地形，耳闻目验，记载亦富。至北魏郦道元作《水经注》，囊括群书，征引详赡，其述西域河流，核以现势，直同目验。盖郦氏所取者精，故所用亦宏也。然推其所本，亦不出于《史记》《汉书》与《山海经》所述之范围，而更加详密耳。故西域河流之说，在南北朝以前，均无异词也。

2. 青海河源说

自隋唐以后，吐谷浑、吐蕃迭据青藏，侵掠西域，东与中原交通，西与西域接触。在西北地理上之情形，渐趋明晰。隋大业中，平吐谷浑置郡设县，据《隋书地志》："隋大业二年，于赤水城置河源郡，以境有积石山。"又河源郡下云："积石山河源所出。"是隋时已知河源在青海，但尚不知黄河之远源，而以河州之积石山，为河所自出矣。至唐贞观九年，诏李靖、侯君集讨吐谷浑，据《新唐书·吐谷浑传》云："君集与任城王道宗趋南路，登汉哭山，战乌海，行空荒二千里。阅月，次星宿川，达柏海上，望积石山，观河源。"柏海，据清人考证，谓即今之札凌、鄂凌两淖尔，丁谦并实指即今札凌湖。札，白也；凌，长也。柏，即白之转音。今云侯君集在札凌淖尔观河源，则黄河远源之发现，固始于侯君集也。又据《新唐书·吐蕃传》："唐贞观十五年，以宗女文成公主妻弄赞，弄赞率兵至柏海亲迎归国，为公主筑一城，以夸后世。"《唐会要》云："弄赞至柏海，亲迎于河源。"其所述方位与地形，大致与《吐谷浑传》略同。是黄河真源，出于札凌、鄂凌两淖尔东北之星宿海，唐初人已知之矣。故杜佑作《通典》取河源在吐蕃，力非西域初源之说，职是故也。但当时仅有口头之记述，而无河流经行之详细记载。故当时一般学人，犹持两端之见解，如张守节《史记正义》、李吉甫《元和郡县志》，一方面承认黄河经行大积石山，而以河州之山为小积石，但仍持由蒲昌海潜行地下之说。至唐长庆二年，穆宗遣薛元鼎使吐蕃盟会，并探河源，而黄河上源始得较详明之观念矣。

《新唐书·吐蕃传》云：

> 元鼎逾湟水，至龙泉谷，西北望杀胡川，哥舒翰故垒多在。湟水出蒙谷，抵龙泉与河合。河之上流，由洪济梁西南行二千里，水益狭，春可涉，夏秋乃胜舟。其南三百里，三山中

高而四下，曰紫山，直大羊同国，古所谓昆仑者也。虏曰闷摩黎山，河源其间。河源东北，直莫贺延碛尾，殆五百里。碛广五十里。北自沙州，西南入吐谷浑浸狭，故称碛尾。元鼎所经，大略如此。

据《河源纪略》考证，紫山，即闷摩黎山，当为今之枯尔坤山，乃巴颜喀喇山、阿克塔齐沁、巴尔布哈山，三山并峙之总名。按枯尔坤，即昆仑之转音。明僧宗泐《望河源诗》，以为河源出自抹必力赤巴山。其自记云："番人呼黄河曰抹处，牦牛河为必力处，赤巴者，分界也。其山西南所出之水，则流入牦牛河，东北之水，是为河源。"按宗泐之抹必力赤巴山，当即闷摩黎山，摩黎即抹必力之对音，为河源之所自出。又称紫山者，疑为汉人所命名，指山色言也。与回人因山色黑，而呼为喀喇昆仑山，用义相同。且黑与紫颜色亦近似也。据此，是唐薛元鼎所见之河源，已知出于巴颜喀喇山矣。此中国第二次所探之河源也。自薛元鼎之说出后，一般人之说河源者，情形大变。若欧阳忞《舆地广记》，及元之马端临《文献通考》，踵随杜佑之说，皆主吐蕃之河源，而非西域之河源。历宋至元，其说未变。信如《元史·地理志》所云，世之言河源者，皆推本二家之说也。但唐宋以来，道路未尽通达，信使所过，每迂回艰阻，不能直抵其处，而探其究竟。宋代幅员褊狭，凡河源经流之处，皆远隔西夏，非使节之所能通。故宋三百余年中，儒者所说河源，皆依据传闻，及唐人旧说，无所发挥。至元有中国，并及西疆，开道置驿，使骑往来，如行国中。自元至元二十七年，令笃实往穷河源，而黄河上源，遂臻详实矣。《宋史·河渠志》云：

元至元二十七年，令学士蒲察笃实西穷河源，河源在今西番朵思甘南鄙，曰星宿海者其源也。四山之间，有泉近百泓，汇而为海，登高望之，若星宿布列故名。流出复潴，曰哈剌海。东出，曰赤宾河。合忽兰，也里术二河，东北流，为九度河。其水犹清，贯山中行，出西戎之都会，合纳怜河，所谓细黄河也。水流色浊，绕昆仑之南，折而东注，复绕昆仑之北，自贵德西宁之境，至积石，经河州，入中国。

按此中国第三次所探之河源也。《宋史·河渠志》及《元史·地理志·河源附录》，皆出于潘昂霄《河源志》。盖自笃实穷河源后，潘昂霄从其弟阔阔出得其说，撰为《河源志》，故潘氏《河源志》，乃记笃实穷河源之实录也。《宋史》修于元顺帝时，在笃实穷河源后，故其所述《河渠志》乃一循潘氏《河源志》，及朱思本《图说》而著录也。据其所述，星宿海，即《潘志》之火敦脑儿，清人译作鄂登他腊。哈喇海，即《潘志》之阿剌脑儿，清人译作哈勒罕，谓即今鄂楞淖尔。赤宾河，清人指呼兰河（即《宋志》之忽兰河），额德凌特淖尔诸水，皆为元之赤宾河。《宋志》之九度河，《潘志》称歧裂八九股水，名也孙斡伦，译言九度之意。清人指八九股水，即海尔吉入河之处，言有八九股水入河，并非一股为八九支也。《宋志》之昆仑山，《潘志》称为亦耳麻不莫剌山，其山最高，译言腾乞里塔，即昆仑山也。山腹至顶皆雪，冬夏不消，故又云大雪山。在朵甘思之东北，清人改译为伊拉玛博罗，即清人所称之阿木奈玛勒占木逊山，即唐人所述之大积石山也。虽如清人之批评，止知有星宿海之河源，而不知星宿海以上始发之河源。但其叙述河源之所经行，已较唐人所记，更为详实矣。明代势力不及西陲，虽有一二僧侣关于河源之记载，然语不赅实，未可即据为典要。满清入主中夏，抚有西疆，及平准部，西北西南，悉归版图，乃又有第四次探河源之举。据《河源纪略》卷头语所云：

清康熙四十三年，命侍卫拉锡等，往穷河源，但至星宿海而止。及乾隆四十七年，后命阿弥达往青海穷河源。据称星宿海西南有一河，名阿勒坦郭勒。蒙古语，阿勒坦，即黄金，郭勒，即河也。实系黄河上源。水色黄，回旋三百余里，穿入星宿海，自此合流，至贵德堡，始名黄河。又阿勒坦郭勒之西，有巨石，高数十丈，名阿勒坦噶达素齐老。蒙古语，噶达素，北极星也。齐老，石也。其崖石黄赤色，壁上为天池，池中流泉喷涌，酾为百道，皆作金色，入阿勒坦郭勒，则真黄河之上源也。

据此所述，是较元人所探之河源，又上溯三百余里，而得其始源之所自出矣。清廷复令朝臣编为《河源纪略》一书，详记其事，而以御制诗文冠于篇首，世之言青海河源者，至清人而极矣。此中国第四次探河所得之结果也。

综观以上诸说，摄举大纲，不出二类。一以河源在新疆，塔里木河为其上源，至罗布淖尔，而潜行地下，南出积石，为黄河。此说出于《禹本纪》；《山海经》《史记》《汉书》及《水经注》等所述皆同，六朝以前，人悉主之。一以为河源在青海，源于巴颜喀喇山，穿星宿海，至积石。唐宋元明以来人悉主之。彼此争议，各执一词。但如《汉书》所述，潜行地下，其潜行之迹何如，《汉书》亦未详加解释。而元人之以星宿海为河源也，对于与西域河源有无关系，亦未加以料简。是皆元明以前人研究河源之疏略也。至清中叶，乘极盛之势，累遣专使探寻河源，乃于两者极端不同之中，觅出调和之法。以为河有两源：一为初源，在西域，出昆仑山；一为重源，在青海，出巴颜喀喇山之噶达素齐老峰。两者之如何联络，乃本《史记》《汉书》"潜行地下"一语，而求其经行之迹，此说俱详于《河源纪略·质实篇》所记。又罗布淖尔《东南方伏流沙碛图说》，叙述亦颇简明。今参酌其说，举其大要云：

河水自罗布淖尔伏流，以至阿勒坦郭勒重发之处，测其径度，约一千五百里，若以伏流，随山曲折，东南激荡，当不止二千里而赢。昔人言盐泽之水，散入沙碛。盖东以诸山，导以诸沙，凝荟潜流，似散而非散也。故自噶顺淖尔、察罕得勒苏水、察罕托辉水，以至库库塞水，诸泉仰发，不一而足。其最大者，达布逊淖尔一支（以上《图说》语），西北望盐泽，八九百里，无连山之隔，东南窜入，直至拉布拉克岭，与青海相去，仅三十余里。此亦南山中断，大河伏地，从此流入之明证。前人仅知蒲昌海伏流入中国，而不知所以伏流者，为众沙之故，又不知其伏而仍行者，亦以连山中断为沙碛，故河水得以潜入其间也。（并上《质实篇》按语）

据上所述，其解释罗布淖尔水潜行入青海之迹，颇为详明。尤其提出以沙碛伏流，证河流潜行之迹，比之前人纠缠于字纸堆中者，其方法较为进步矣。

自近五十年以来，世界交通日辟，新疆、青海并入内地，东西学者前往旅行颇不乏人。据其探测之结果，罗布淖尔高出海面约八五〇米。札凌海高出海面四二七〇米。河源之噶达素齐老峰，当然更高。故欧洲地学家，遂谓两者绝无相通之可能。但察清人叙述河流潜行之迹时，每谓"诸泉仰发"，是已知青海河源之高于罗布淖尔也。不过清人仍主张泉水可以仰流耳。盖清人所指黄河初源者，谓塔里木河，源于昆仑山。据斯坦因一九〇六年之探察叶尔羌河及支流发源于喀喇昆仑山，其通道之河谷，海拔在五五四七米以上。和阗河发源于昆仑主脉之最北部，海拔几达六〇九六米。昆仑山向东南绵延，平均高度为四五七二米至四八七七米。由是言之，是昆仑中支分出之巴颜喀喇山即为青海河源之所出者，仍较塔里木河河源之所出者为低。清人认塔里木河与青海河源有关，又须中经罗布低地，故有仰发之说也。但余于民国十八年赴新疆南路考察，历循塔里木河诸支水，由北道之海都河、库车河、阿克苏河、喀什噶尔河，以至南道之叶尔羌河、和阗河，探源竟委，咸入塔里木河，而归于罗布淖尔。尤其探叶尔羌河源之所出，深入山中，寻其源委，本地人名山为喀拉达格。又有地名库尔伦，想为昆仑之转音。崖岸耸峙，壁成文理。或奇石接空，中通行人。或高峰围绕，内显平野。奇石怪木，非可言宣。阆风玄圃，不过状其山形景色而已。现喀什噶尔河水流中断，和阗河水，与克里雅河水，中入流沙，而大河之主流，现仅恃叶尔羌河，及海都河而已。阿克苏河与库车河，虽间有余水灌入大河，但非主流也。在民国十年以前，塔里木河水南流，与车尔成河水会东流入罗布淖尔，形成喀拉布朗库尔、喀拉库顺两湖，《河源纪略·质实篇》称："罗布淖尔之南有噶斯淖尔，周广三百余里，为大河潜流伏见之第一迹。"按噶斯淖尔，《图说》作噶顺淖尔，当即今喀拉库顺之异名，实指一海。现海都河会塔里木河东流入涸海，不复南流。车尔成河水流亦不长，故旧时之喀拉库顺，现已成涸湖。是噶顺淖尔之水，由于塔里木河流之浸入。河流改道，湖水即涸。是河流影响于水道，形迹至为显然。清人不察河流之所经行，讹言和阗以东，无一河流，故以噶顺淖尔水，为罗布海水之伏见，何其诬也。达布逊淖尔，余虽未亲往查勘，但据地图，达布逊淖尔所受之水，中隔峻岭，实与罗布淖尔所受之水无关。札凌、鄂凌两淖尔，更无论矣。故清人重源之说，亦未必尽然也。

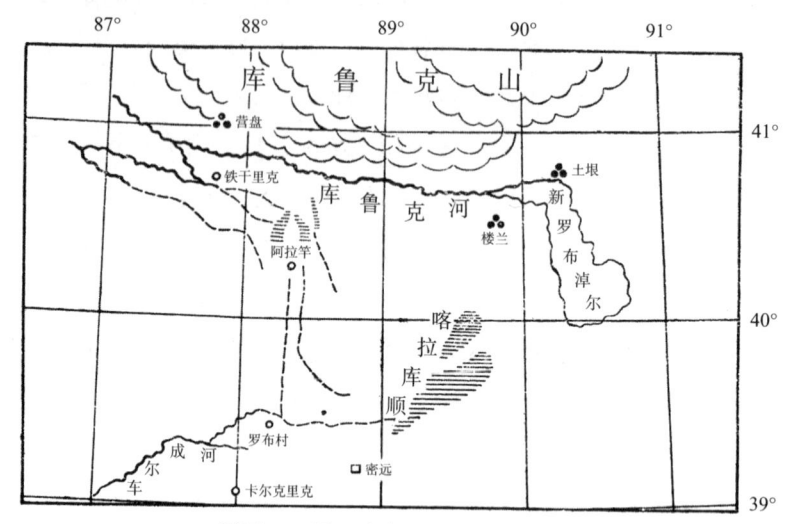

附图一　最近水复故道之罗布淖尔

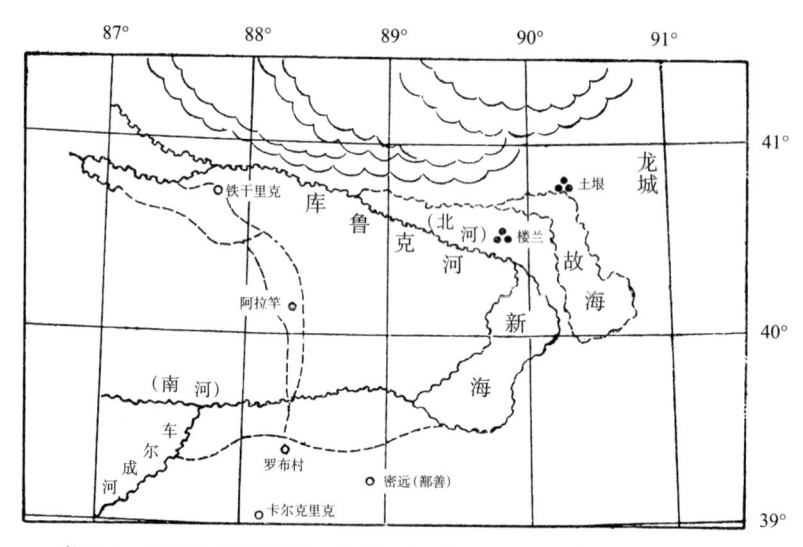

附图二　魏晋以后蒲昌海之推测（据《水经注·河水篇》拟绘）

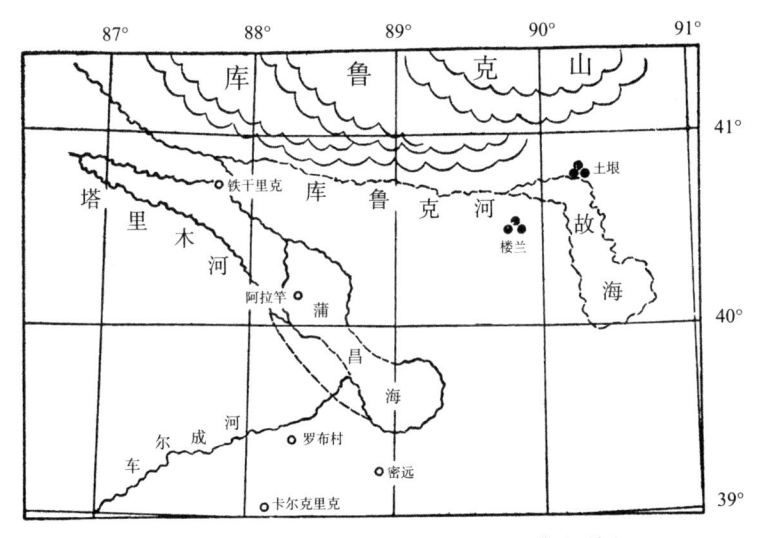

附图三　唐蒲昌海之推测（据《新唐书地志》拟绘）

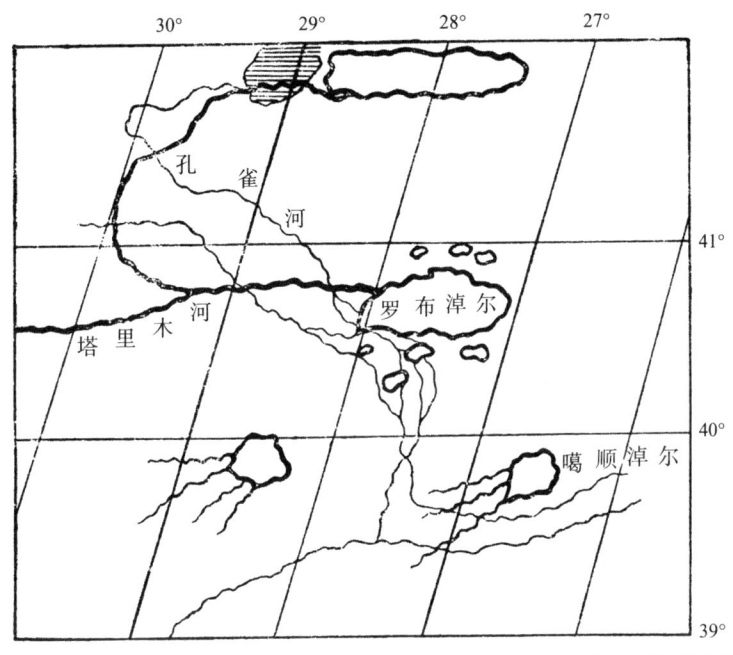

附图四　清初罗布淖尔形势图（参考《大清一统图》及赫定《楼兰》附图摹绘）

第一篇　绪论

第二章
楼兰国历史略述

楼兰国创始于何时，记载缺乏，无可征信。但其名称之初见于中国载记者，以汉司马迁《史记》为首。汉文帝四年（公元前一七六年），匈奴冒顿单于遗汉文帝书云："楼兰、乌孙、呼揭及其旁二十六国（按当作三十六国，'二'字恐误），皆以为匈奴。"此为记录楼兰名称之始。然此时汉朝对西域诸国情形尚不明晰。汉朝之首认识西域诸国始于张骞。张骞在汉武帝建元三年（公元前一〇四年）奉使西域，元朔三年（公元前一二六年）返汉，俱以所过及传闻西域各国情形，还言于武帝。司马迁著《史记》，据之以作《大宛传》。如云："楼兰、姑师，邑有城郭，临盐泽。"是为记录楼兰国之始。汉朝知有楼兰国，亦自司马迁始也。在《史记》以前，若《山海经》，虽述河水入泑泽事，然未提及楼兰。《水经注》引姜赖国之传说，语多虚诞，未足取信。故述罗布区域历史，当以《史记》所述楼兰为始［英国斯坦因于一九〇六年在楼兰遗址中所发现之佉卢文字（Karoushthi）中有"Kroraina"一词，想为本名，则《史记》"楼兰"二字，必为译音］。及武帝以后，宣元之际，汉朝和西域交流频繁，西域各国情形益臻翔实。后汉班固作《汉书》，西域各国别为一卷，而鄯善国即楼兰，特立专传，以志其事迹，后之作史者，均相沿不改，而楼兰国历史，差可考述。今本近世出土之文书，参稽古籍，述其历史如下。

一、鄯善国之初起及最盛时期

试读《汉书·匈奴传》，在匈奴冒顿为单于时，汉朝势力逐渐向西北发展。然在汉朝西北边外，东为东胡，西有月氏，北为匈奴，为汉朝边外三大相邻势力。时匈奴在阴山以北，今内蒙古一带；而月氏居于敦煌、祁连间，最为强大。乌孙等民族均为其役属。楼兰僻处蒲昌海西岸，与月氏为邻，是否服属月氏，或有亲属关系，虽无明文可考，然当与月氏有交往。月氏西迁，疑亦假道楼兰国境也。及秦二世元年，匈奴冒顿为单于，势渐强。北灭东胡，西走月氏，奠定西域三十六国。据汉文帝四年冒顿所遗文帝书称："楼兰、乌孙属匈奴。"则当时匈奴势力已达西域各国，即今新疆之西北隅矣。时月氏、乌孙已相继西迁。匈奴疆域右方，直至盐泽以东。[1]时楼兰居盐泽以西，国小兵弱，为匈奴役属，此必然之势也。故在西汉初年即自汉文帝四年至武帝元封三年（公元前一七六—前一〇八年），楼兰为匈奴属国时期。

西汉之初，匈奴奄有汉朝之西北边外，又置左右贤王，以左王将居东方，直上谷；右王将居西方，直上郡。又与氐、羌相通往，故汉时西北两面均被迫于匈奴，与氐、羌累为边境之患。自汉武帝元狩二年，遣骠骑将军霍去病击破匈奴右地，降浑邪休屠王，定其地，以置酒泉、武威、张掖、敦煌四郡，匈奴益西北徙，羌、胡交通，自是断绝。初张骞奉使西域还，言联络乌孙、大宛之利；武帝从其

---

[1] 见《史记·大宛传》。

言，甘心欲通大宛诸国，使者相望于道，一岁中多至十余辈。然汉由白龙堆过楼兰，至乌孙、大宛，必须经过极长之险道。时匈奴虽已西北徙，然与西域诸国相接，车师服事匈奴，共为寇钞。又匈奴西边日逐王置僮仆都尉，使领西域，尝居焉耆、危须、尉犁间。汉使至西域，必经过楼兰、尉犁，沿塔里木河西行，过龟兹以至乌孙，西通大宛。时楼兰与姑师均临盐泽，当汉道之冲，楼兰最在东陲近汉，当白龙堆。常主发导，迎送汉使。楼兰当道苦之，数为匈奴耳目，攻劫汉使王恢等。故武帝欲达到通西域之目的，则非取得楼兰地为根据不可。元封三年，武帝遣从骠侯赵破奴将属国骑及郡兵数万人出姑师，王恢将轻骑七百人先至，虏楼兰王，遂破姑师，楼兰降服，纳质子于汉，汉亦列亭障至玉门矣。太初三年，贰师将军西行，得以渡过盐泽，平行至大宛，皆由已取得楼兰，无后顾之忧故也。但楼兰虽一时震于汉之兵威，始役属于汉，但同时又被迫于匈奴，时离时合。例如楼兰尝遣一子质汉，一子质匈奴；又尝为匈奴反间以苦汉使，可为证也。武帝既崩，昭帝秉承父志，因楼兰王不恭于汉，立遣傅介子刺杀之，悬首北阙下，更立尉屠耆为王，迁都伊循城，置伊循都尉以镇抚之，更名其国为鄯善，是为鄯善得名之始。《汉书》立《鄯善传》而无《楼兰传》，盖从其后称也。伊循在罗布淖尔之南，当南道之冲；楼兰在今罗布淖尔之北，当北道之冲（详下章）。楼兰既已南迁伊循，则楼兰故地，汉得因之以为军事运输之重地。例如宣元之际，设都护，置军候，开井渠，屯田积谷，由盐泽以至渠犁，亭燧相望，皆为布置军事及运输之重要表见。由是言之，自昭宣以后，楼兰故地遂为汉有矣。

及前汉之末，哀平年间，内政不修，汉朝威力未能远播，西域诸国自相分割为五十五国。王莽篡位，贬易侯王，由是西域怨叛，与汉朝隔绝，并役属匈奴。光武初定，未遑外事。西域诸国复自相攻伐兼并。据《后汉书·西域传》所述：“明帝永平中，小宛、精绝、戎卢、且末为鄯善所并，渠勒、皮山为于阗所统。葱岭以东，唯此二国最为强大。"《魏略·西戎传》所述与此略同，唯戎卢属于阗，别有楼兰国属鄯善为异耳。是当后汉时，鄯善疆域，西达今之尼雅矣。一九〇一年，斯坦因氏考古西域，在尼雅北废墟中发现有佉卢文字，及封泥上刻篆文"鄯善囗记"四字，又一封泥刻有希腊式神像雅典娜（Pallas Athene），手执盾及雷电。斯坦因认为一世纪至三世纪之物。[1]适当中国汉魏之际，与《后汉书》及《魏略》所述相合。由其用佉卢文字，封泥上刻雅典娜神像，则大月氏人或已侵入新疆，携来其西方文化而与东方文化混合也。唯《后汉书》不为鄯善立传，其胜兵户口之数，无由确知。但合并前、后《汉书》所记，鄯善、且末、小宛、精绝、戎卢，兵户口之数，则户为二六七〇，口为七七七〇；兵为四二二〇；视西汉时几加一倍矣。疑尚不仅此数也。至于罗布北部，则后汉与前汉迥殊。前汉交通多取北路，由白龙堆取道楼兰，直诣龟兹（参考下节）。故宣元之际楼兰虽南迁，而汉朝仍设烽候以卫行旅。及至哀平，中原和西域交通隔绝，此路遂被放弃。由吾人在罗布北岸守望台中所掘拾文书，无一哀平以后者，可为证也。及至后汉情形当复相同。且又为风沙所侵袭，已非如西汉时屯田良地。故后汉通西域政策，不得不由敦煌通西域路中别觅一安全之道，故注意及伊吾。伊吾即今之哈密，居天山东麓，为西域诸国门户，匈奴尝资之以为暴钞。由伊吾至车师千余里，路平无险，可避白龙堆之厄，直由高昌西行沿天山南麓，经焉耆、龟兹至疏勒，为天赋良道。故明帝永平十六年令窦固出兵攻取伊吾，为北路之根据地者，此也。虽章帝不能守，退出哈密与吐鲁番二地，但和帝永元之初，再令窦宪攻匈奴，取伊吾卢地，班超因之以定西域，三十六国悉附

---

[1] 向译《西域考古记》六三页，又图四十四。

于汉。故终后汉之时，与匈奴争伊吾、车师，而不注意楼兰，与前汉情形迥殊。故楼兰径道遂日益荒废。虽安帝元初中，班超少子班勇上议："宜遣西域长史将五百人屯楼兰，西当焉耆、龟兹径路，南强鄯善、于阗心胆，北扞匈奴，东近敦煌。"然汉朝卒不从其计，令班勇将五百人出屯柳中。柳中即今鲁克沁地，与高昌为近。故就记载所述，终后汉之世，即对于楼兰故墟，即罗布淖尔北岸，不见有若何之措施也。至于南道在后汉之时，则为汉朝所注意。盖后汉既注意伊吾，但鄯善亦当南道冲要，若不取以为犄角，设鄯善与车师联合以阻汉道，亦足以威胁伊吾。故当明帝永平中，窦固攻伊吾卢地，即令班超收抚鄯善以为后援。班超以英勇之姿，率三十六人攻陷匈奴使节，威震西域，鄯善遂为藩属。班超因之以镇抚南道诸国，平定西域。安帝之初，阻于羌乱，而西域诸国一度被迫于匈奴，而鄯善未几亦降。据《后汉书·班超传》，班勇上议称："今鄯善王尤还，汉人外孙，若匈奴得志，则尤还必死。此等虽同鸟兽，亦知避害。若出屯楼兰，足以招附其心。"据此，是鄯善自永平以来，即为汉朝藩属，且尝与汉朝有婚嫁之谊。故鄯善王广及尤还二世，均尝以兵助超勇平定西域之乱也。然鄯善王虽属于汉，但仍拥有国土与名号。故终后汉之世，其势力与疆域特别强大。至三国时，本《魏略》所记，情形与后汉略同，唯戎卢属于阗，疆域较后汉略异耳。又据陈寿《魏志·乌丸传》所述，称龟兹、于阗、乌孙、康居、疏勒、月氏、鄯善、车师之属，无岁不朝贡，略如汉时故事。又称："文帝黄初三年二月，鄯善、于阗、龟兹王各遣使贡献，魏置戊己校尉以统之。"是鄯善在三国时仍服属于曹魏。至晋惠以后，中原势力不暨于西域，而中原与西域交通遂致隔绝矣。

二、楼兰故地之复活与最后之放弃

吾人研究西域历史，至魏晋以后，极感困难。一因中原扰攘，中原与西域交通隔绝；二因中土迭经伤乱，记载残缺或散失。据吾人推测，正值佛教东来，西域文明达到最高点之时，而内地除一般游僧冒险探寻外，学人尚困于灾乱，瞢然不知。自魏晋以来二百余年之间，不少可记之事。今参考近来考古学上之发现及略见于记载者，概述如次：

一九〇〇年，斯文赫定在罗布北区发见故楼兰遗址，探获文书中有咸熙、泰始、永嘉各年号之记载。按咸熙为曹魏最后之帝陈留王奂年号，泰始为晋武帝年号，永嘉为晋怀帝年号。是此地在公元二六五—三一〇年约四十余年之间，尚在活动时期。又一年号为"喜平四年"，孔拉德译为"熹平"。余按恐为"嘉平"之讹，即齐王芳年号。若然，则又早十余年矣。又查文书中所述，大概辟于屯田积谷事，如云"将城内田，明日之后，便当斫地下种"可证。又其官员中有"从掾""主簿""仓曹""兵曹"等官，则此地显然如魏晋在西域所设置之政治所在地。又一简云："长史白书一封诣敦煌府，蒲书十六封：十二封诣敦煌府，二诣酒泉府，二诣王怀、阚顾。泰始六年三月十五日，楼兰从掾马厉付行书。"[1] 据此，是此地为西晋时西域长史所居，与敦煌太守交往不绝。

按西域长史之官，初设于后汉安帝延光中，以班勇为长史屯柳中。魏黄初三年置戊己校尉于高昌。晋初仍之未改，此见于史书之可据者。但设西域长史屯田楼兰，史书均失载。由此文书之发见，可补正史之缺。又由发见有嘉平、咸熙年号，是西域长史在曹魏时即已设置，或与置戊己校尉同时，而晋初仍其旧也。如此是楼兰故地交通之恢复，始于魏黄初中。故《魏略》记通西域道路称：

---

1 A.Conrady，*Die Chinesischen Handschriften und Sonstigen Kleinfunde Sven Hedin in Lou-Lan*.P.156.

"前有二道，今有三道，多一中路。"盖以此也。至此地放弃时期据斯文赫定文书之记载为永嘉四年即公元后三〇〇年。但斯坦因氏于一九〇六年在此地发掘得一年代最后之文书，为建武十四年，即咸和五年（公元三三〇年）。日人橘瑞超氏又于一九一〇年又在楼兰故地拾"西域长史李柏书"字样。[1] 按据《十六国春秋·前凉录》，有"西域长史李柏请击叛将赵贞，为贞所败，骏赦不诛"等语，是为咸和五年事（辑补作四年）。又云："咸和六年，戊己校尉赵贞不附于骏，骏击擒之，以其地为高昌郡。今以《十六国春秋》所记，与斯坦因、橘瑞超氏所得之文书参较，则橘瑞超所得之李柏文书，当即《前凉录》中之李柏。又观下文白"赵贞不附骏"之语，是在咸和五年以前，高昌及西域长史尚称晋年号，故有"建武十四年"之记载。自咸和六年以后，乃并于张骏。时晋已东渡，命令不及于西域，而西域长史及高昌太守，尚能孤守臣节，远承正朔，其情形亦可悲也。故自魏黄初元年（公元二二〇年）至东晋成帝咸和五年（公元三三〇年）约百余年间，皆为中朝势力所及之时也。至张骏据有西域后，设戊己校尉与西域都护，仍沿魏晋旧规，分居于高昌及楼兰两地。《十六国春秋·前凉录》云："分敦煌、晋昌、高昌三郡及西域都护、戊己校尉、玉门大护军三营，为沙州。以西胡校尉杨宣为刺史。"西域都护，疑即魏晋时之西域长史，与戊己校尉、玉门大护军为三营。可证在咸康元年张骏假节凉王时，仅改名号，而驻地未改。故咸康元年沙州刺史杨宣伐西域，以张植为前锋，进至流沙，疑即白龙堆之沙碛也。《前凉录》又云："张植为西域校尉，以功拜西域都尉。"按"西域都护""西域都尉"与"西域长史"是否为一官之异名，虽不可

---

[1] 斯坦因文书，俱见《西域考古记》九九页。日人文书见《流沙坠简简牍遗文》及《观堂集林》卷十四《前凉西域长使李柏书稿跋》。

知，但相信其职位必相等。疑晋之称长史者注重屯田治民，盖沿曹魏之旧。张骏改为都护或都尉，注重治军，故称营。营，军垒之号也。若然，是咸康元年为西域长史或都尉者为张植。又据斯坦因所获文书中有"西域长史张君座前"之语[1]，是否即为咸康元年之张植，抑为天锡朝西域校尉之张颁，虽不能判定，但由咸康元年至前凉末王之天锡，西域仍继续设长史或都尉，似可确信。若然，是楼兰故地之放弃，当在前凉之末，即纪元后三七六年也。至苻秦灭凉，内地与西域接触移转于鄯善、车师，而此地遂荒废矣。

三、鄯善与中原王朝之交涉及其衰亡

自苻秦灭凉，拥有凉土，兼制西域，西域诸国亦相率朝秦。《晋书·载记苻坚传》云："建元十七年，车师前部王弥寊、鄯善王休密驮朝于坚，引见西堂，悉依汉法。并请依汉置都护故事。若王师出关，愿为向导"云云。又建元十八年，以骁骑将军吕光为持节都督西讨诸军事。十九年春，军发长安，加鄯善王休密驮使持节散骑常侍都督西域诸军事。车师前部王弥寊使持节平西将军西域都护。率其国兵，为光向导。是为鄯善与中原王朝复有交涉之始。及苻坚败于淝水，领土瓦解，不复能控制西域。以建初二年，鄯善王一度遣使贡献方物于西凉李暠，然亦无多交涉。玄始九年，沮渠蒙逊率众攻敦煌，灭西凉。鄯善王比龙又入朝于蒙逊，西域诸国皆相率称臣。当五凉之互据甘肃也，拓跋魏亦雄张于山陕，渐次向西北拓展。时沮渠蒙逊拥有凉土，史称北凉。在宋元嘉十六年，魏太武帝破凉州，沮渠牧犍被执，其弟无讳奔敦煌。《十六国春秋》云：

---

[1] 向译《西域考古记》七一页前四七图。

真君初（宋元嘉十八年），无讳谋渡流沙，遣其弟安周西击鄯善，鄯善王比龙惧欲降。会魏使者至，劝令拒守。安周与战，连旬不克，退保东城。明年无讳将万余家弃敦煌，西就安周。未至，鄯善王畏之，将四千余家西奔且末。其世子乃从安周，国中大乱，无讳因据鄯善。

时鄯善之北高昌为凉州人阚爽所据，鄯善之东敦煌为西凉后裔李宝所据，而柔然与魏又雄强于东北外围。鄯善当南道之冲，为历来野心家所必争。时魏已拥有凉土，势必扩展至西域，乃必然之势也。无讳与魏为敌，魏决不使无讳安据要冲，亦为必然之势也。故无讳亦谋向西北扩展，因阚爽之请，即率众从焉耆东北趋高昌，遂留屯高昌。无讳卒，其弟安周继据之。清光绪中，德国奈柯克在高昌故城中发现沮渠安周造寺碑及所写佛经[1]，可以为证；则沮渠氏之王高昌，盖已久矣。时无讳既去鄯善，魏遂乘机而入。《魏书·西域传》称："魏太平真君六年，鄯善王拥隔交通，魏太武帝遣万度归讨伐之，擒其王真达，以韩牧为假节征西将军领护西戎校尉鄯善王以镇之，赋役其人民，比之郡县。"鄯善遂为魏有。但魏虽平定鄯善，尚不及且末，故且末仍为鄯善王所据。及魏大统八年，其兄鄯善王米率众内附，而旧时鄯善领土遂全入于魏矣。按鄯善有国始于汉昭帝元凤四年（公元前七七年），至魏太平真君六年（公元四四五年）亡国，共有国凡五二二年也。

---

[1] 王树枬《新疆访古录》卷一。

附论：
鄯善与楼兰国都问题

楼兰国历史既如上述。至楼兰与鄯善之都城问题，因近数十年来罗布淖尔遗址续有发现，关于国都位置问题，遂引起东西学者之注意。今据考古上之材料，参稽古籍，为之疏证如下。

一、在南说

此为斯坦因等所主张，日人藤田丰八和之。据斯坦因《考古记》所述，在一九〇七年一月在密远西藏堡垒工作时，发现古西藏文书所记录之地名，有大纳布城、小纳布城。按大纳布城即婼羌，小纳布城即密远，可证密远遗址即为扜泥城旧址，中国史书称此为鄯善之古东城。[1] 按斯坦因氏所述，根据中国之史书，即指北魏时郦道元之《水经注》。郦注《河水篇》引释氏《西域记》云："且末河东北流，径且末北又流而左会南河，会流东逝，通为注宾河。注宾河又东径鄯善国北治伊循城，故楼兰之地也。……其水东注泽，泽在楼兰国北扜泥城，其俗谓之东故城。"按且末河即车尔成河，东北流与塔里木河会而东流，注宾河盖其末流也。其水由西而东，故先径鄯善国之伊循城，东至扜泥城注泽。斯坦因以卡尔克里附近之古迹当汉之伊循城，密远旧址当扜泥城。又以《水经注》有"楼兰国北扜泥城"之语，遂以扜泥城为楼兰旧都也。由是言之，是伊循城在扜泥城西而扜泥城在东也。如此，则与《新唐书地志》所述不合。《地志》引贾耽《道里记》云："又一路自沙州寿昌县西十里，至阳关故城。又西至蒲昌海南岸千里。自蒲昌海南岸西经七屯城，汉伊循城也。又西八十里至石城镇，汉楼兰国也，亦名鄯善，在蒲昌海南三百里。唐康艳典为镇使以通西域者。"又敦煌写本《沙州图经》云："石城镇东去沙州一千五百八十里，本汉

---

[1]《西域考古记》八一页。

楼兰国。唐贞观中，康国大首领康艳典东来居此城。亦曰典合城。"又云："屯城西去石城镇一百八十里，汉遣司马及吏士屯田伊循，以镇抚之，即此城也。胡以西有鄯善大城，遂为小鄯善，今屯城也。"如《图经》所述除"七屯城"作"屯城"，"西八十里"作"一百八十里"外，余与《唐地志》同。如上所述，是汉之伊循城即唐之屯城，当即今之密远。唐石城镇即汉之扜泥城，当即今之卡尔克里克。若然，是伊循城在东而扜泥城在西也。与《水经注》所说方位正全相反。近日人藤田丰八作《鄯善国都考》，赞同斯坦因之主张，并引《魏书·西域传》"沮渠安周退保东城"之语，谓即《水经注》之东故城，证明北魏时鄯善国都之伊循城在扜泥城之西。《地志》及《沙州图经》颠倒东西位置也。余按《沙州图经》及《地志》并无"石城镇为汉扜泥城"之语，"本楼兰国"一语乃泛指楼兰国境而言。楼兰即鄯善未迁时之名，故《地志》称"汉之楼兰国亦名鄯善"，明其本非两国，故互举以言之。细审《沙州图经》所云，石城镇为唐上元二年所改，其城初置于隋，未久即废。唐贞观中，康国康艳典东来重修筑，改名典合城，即今卡尔克里克附近之废墟是也。现本地人在此城中尝得陶器及开元钱，已证明为隋唐时遗址。若指为楼兰国之旧都扜泥城，或为鄯善新都伊循城，应有西汉遗物。今查无一见，则是否为西汉遗址，仍为问题。且《水经注》明言泽在楼兰国北扜泥城，是城临泽旁，与《史记》"楼兰、姑师临盐泽"之语相合。时泽在北岸，由今之地文学者，检查地形，及近今之水复故道，已可证明。则旧扜泥城亦应在北，不过尚未发现耳。若以扜泥城当今密远或卡尔克里克，相差数百里矣。至密远遗址据斯坦因发掘报告，皆为纪元后二世纪至四世纪遗物，正当鄯善隆盛时期，由上文所述鄯善历史，可以考见。《水经注》明言鄯善治伊循城，则以今之密远当汉之伊循城，至为适当。据此，则《沙州图经》与《地志》所述，并无不合，与《水经注》亦无违反。斯坦因欲以密远与卡尔克里克配合汉之伊循城与扜泥城，未免武断。而藤田丰八等又欲以《水经注》之伊循城与东故城配合唐之屯城与石城镇，亦陷于时空不兼容之谬误。两者皆非也。

二、在北说

此说初起于德人卡尔·希姆来（Herr Karl Himly）及孔拉特（A. Conrady）。盖斯文赫定于一九〇〇年赴西域探险，在罗布淖尔涸海之北部发现遗址一区，在经度八十九度四十分，纬度四十度三十分，掘获木简及文书甚多，交德人卡尔·希姆来及孔拉特研究。二氏据其所获文书印有楼兰字样，遂定此城为楼兰城。后斯坦因博士于一九〇六年再往考察，又发现不少遗物。法国沙畹博士研究遗物，亦赞同孔拉特之说，即今斯坦因考古路线图上所标识之"楼兰"是也。一九一〇年日人橘瑞超氏至此城，获得"西域长史李柏"二书，又有"海头"字样。我国王国维氏合并研究，以此地非古楼兰，其地当前凉之世，实名海头。[1] 余检赫定先生所获文书，有"泰始"字样，泰始为晋武帝年号，是其遗物，当在魏晋以后。王国维氏以此地非古楼兰，其说甚是。虽文书中有"楼兰马厉""楼兰国主均那羡"等语，然不能据此即指为古楼兰国所遗留。因楼兰国亡而楼兰之名未废，在中国载记中亦常称述"楼兰"字样，如上文所举《水经注》《唐地志》皆其例也。故不能以有"楼兰"字样即指为古楼兰国都。又查此地有西域长史李柏书，李柏为前凉张骏时人，则此地为晋宋时中原王朝之西域长史所在地。余上文已详叙述及矣。故以赫定所发见之晋宋遗址为西汉时楼兰国都扜泥城，似不尽然。然楼兰国都在何所耶？

余按研究楼兰国都，当有一先决问题，即时间与空间之配合，最为重要。盖鄯善国本名楼兰，近汉，当白龙堆。汉元凤四年，因楼兰王不恭于汉，大将军霍光遣傅介子刺杀之，立尉屠耆为王，更名其国

---

[1] 《观堂集林》卷十四《流沙坠简序》及斯文赫定《我的探险生涯》三〇四页。

为鄯善，都伊循城。欲论楼兰国都，当在元凤四年以前遗址求之；欲论鄯善国都，当在元凤四年以后遗址求之。两者虽同为一国，但论其都城，不可混为一谈也。其次汉通西域，原有二道：一为南道，一为北道。楼兰当北道之冲，由李广利出兵大宛之路线及《史记·大宛传》之记录，可为证明。皆为南迁以前之事。鄯善当南道之冲，由前后《汉书·西域传》及《汉书·冯奉世传》"奉世送大宛诸国客至伊循城"一语可为证明，皆既迁以后之事。因此知鄯善国都之伊循城在南道，楼兰国都扜泥城在北道，毫无可疑。余上文述及鄯善国都之伊循城，根据《沙州图经》及《唐地志》及考古上之发现，定为即今之密远废墟，大致可以确定。若楼兰国都在今何所，今尚无适当遗址可以当之，但决在北道上。又本《史记》"楼兰、姑师临盐泽"一语，决距罗布淖尔古海不远也。又按《水经注》叙述河水入罗布淖尔分为两道：一为南河，注引释氏《西域记》云："南河自于阗东于北三千里至鄯善入牢兰海。"一为北河，注云："河水又东径注宾城南，又东径楼兰城南而东注泽。"按南河最后所会之河为且末河，发源于阿耨达大山，流行于且末城之北。是南河当南道，东流入泽。北河最后所会之河为敦薨水，即今焉耆河。发源于焉耆山，流行于焉耆之野，东径墨山国，南为孔雀河，东流注泽，是北河当北道。河水流行，既分南北两道，则入海处亦当为南北两海口，则其所径行之城市，亦必在南北两岸可知。今按《水经注》以南河流行鄯善之北，则鄯善必在南河之南可知。北河流行于楼兰城南而东注泽，则楼兰城在北河之北可知。由此河流之经行可以推知也。密远既在且末河入海之南，是故以密远当伊循城，与《水经注》所述实有暗合。援例推之，则楼兰城当在北河之北，即今库鲁克河之北也，但尚未发现耳。以余考之，古楼兰之扜泥城必距余一九三一年所发现之烽燧亭遗址不远，或在其西，是故有待余第三次之探寻者也。

四、吐谷浑之侵入与隋唐之经营

约当公元五世纪之间，在中国西北部有一突起之民族，先吐蕃而侵入西域者，曰吐谷浑。后魏神龟元年，宋云往西域取经，过鄯善，称其城主为吐谷浑王第二子，则鄯善此时已为吐谷浑王所并无疑。又考《梁书·西戎传》略云："有吐谷浑者，避弟西徙上陇度枹罕西南至赤水而居之。地在河南，因以为号。其界东至叠州，西邻于阗，北据高昌，东北通秦岭，方千余里，以吐谷浑为国号。"按鄯善在于阗之东，高昌之南。今称北接高昌，西邻于阗，则鄯善、且末已为吐谷浑王领土可知。又《梁书·高昌传》亦有"南接河南"之语，"河南"为吐谷浑王号，是与《西戎传》所述相合，但吐谷浑自何时始侵入鄯善，则史无明文。《魏书·西域传》"于阗"条云："太武时，击吐谷浑，慕利延驱其部渡流沙、西入于阗，杀其王，死者甚众。"据《魏书·世祖纪》，为太平真君六年事；《宋书》亦有同样记载。《吐谷浑传》略云："宋元嘉十六年改封慕利延为河南王。十九年为拓跋焘所破，西奔白兰，因攻破于阗。"宋元嘉十九年，即魏太平真君三年。虽其年号微有差异，然必同记一事。按于阗在鄯善之西。白兰，据丁谦考证，在柴达木盆地，正当鄯善之南，与柴达木隔阿尔金山。然由柴达木至卡尔克里克有大路可通行，谅古与今同。若然，则慕利延攻于阗时必取道鄯善与且末，而西至于阗。《魏书传》中有"渡流沙"一语，其形迹至为显然。若然，则鄯善、且末之并入吐谷浑始于慕利延，即魏太平真君三年或六年事也。又按《魏书》太延五年平凉。太平真君二年沮渠无讳谋渡流沙，三年至鄯善，袭据高昌。六年魏遣万度归伐鄯善，擒其王真达，以其地为郡县。如慕利延在太平真君三年过鄯善，伐于阗，则适当无讳据鄯善时，无讳势力尚强，拥有鄯善、且末、高昌，未必让吐谷浑通过。如过鄯善在六年，则适当万度归伐鄯善时，吐谷浑亦不敢经过。故余对于慕利延之攻于阗，颇致怀疑。即令确有其事，亦必不在太平真君三年至六年之间也。因此鄯善之并入吐谷浑疑不在此时。又按《魏书》称，兴安元年，拾寅始居伏罗川。时魏太武被弑，国内乱，无暇顾及西陲，故吐谷浑得乘机扩充其势力。是吐谷浑之兼并鄯善、且末，疑在魏文成帝兴安元年以后也。以后魏与吐谷浑虽迭有攻战，然均不足以制吐谷浑之发展。至魏孝明帝正光元年，伏连筹之子夸吕立，渐强盛。永安三年，始称可汗，居伏俟城。史称夸吕所据"东西三千里，南北千余里"。故夸吕时为吐谷浑最盛时期，而鄯善、且末为其服役久矣。故宋云至鄯善时，为吐谷浑王第二子所统也。历周至隋，其境宇均未有变更。《隋书·吐谷浑传》略云：

> 隋炀帝时，伏允为铁勒所败，帝出兵掩之，伏允南遁，故地皆空。自西平、临羌以西，且末以东，祁连以南，雪山以北，东西四千里，南北二千里，皆为隋有。置郡县镇戍。大业末，天下乱，伏允复其故地。

按此为隋大业四年事也。是大业四年以前，鄯善仍为吐谷浑所有。炀帝灭吐谷浑，置鄯善郡，统显武、济远二县；且末郡统肃宁、伏戎二县，与西海郡、河源郡同隶雍州，此炀帝大业五年事也。隋并筑鄯善镇以镇抚之，所筑之城即今所见卡尔克里克之遗址也。是鄯善在隋时一度为隋所并。及大业末隋乱而伏允仍居故土，鄯善仍为吐谷浑所统。至唐初灭吐谷浑，而鄯善遂内属于唐矣。《新唐书·吐谷浑传》略云："隋末慕容伏允寇边，郡县不能御。太宗初，屡侵掠。贞观九年，诏李靖、侯君集等率六总管以讨之。伏允西走图伦碛，将托于阗。会追及，伏允遂自杀。"可证也。是吐谷浑拥有鄯善、且末，始于魏文成帝兴安元年（公元四五二年），灭于唐贞观九年（公元六三五年）约一百八十余年也。藤田丰八以鄯善属吐谷浑自正光元年至开皇十一年，凡七十二年，实不止此数也。

五、康艳典东来与吐蕃之侵入

据《唐地志》附贾耽《西域道里记》云："又西八十里石城镇亦名鄯善，在蒲昌海南三百里，康艳典为镇使以通西域者。西二百里至新城，亦谓之弩支城，艳典所筑。"欧洲人研究康艳典以为即康国人。法国伯希和教授（Prof，Pelliot）于一九〇九年搜获敦煌写经多种，得唐时《沙州志书》一卷，中有开元年号，盖为公元后八世纪前半期所写，罗振玉氏影印入《鸣沙石室遗书》中，定名为《沙州图经》。后伯希和氏又得一写本，卷末附有《沙州都督府图经》卷第三，并附有永昌元年所录歌谣诸门，可证《图经》所记，为七世纪至八世纪时事。其中所记大概为水道、堤防、驿站、学校、寺观、城隍、怪异等事，并附有蒲昌海石城镇将康弗耽延之弟地舍拨，所上之申请书。其申请书所记之年为天授二年（公元六九一年），伯希和氏作《蒲昌海之康居聚落》，推论康弗耽延为伊兰种人，姓康为古康居之简称，即今之撒马尔罕，与天宝二年入朝中国之石国王婿康染巅必有亲属关系。并推论蒲昌海之南，当时有一康居聚落居其地，五十年尚未归化于新疆者也。[1] 余按伯希和氏所称《唐书》中之康国即康居之简称。按唐之康国是否即汉之康居，近人多有怀疑，例如日人白鸟库吉《粟特国考》论康国，即持怀疑之论（《塞外史地论丛》页四二三）。至于称康国为伊兰种人，乃因沿于康国即康居之后而来。但据《隋书·西域传》"康国"条称："其王索发，冠七宝金花，衣绫罗锦绣白叠。其妻有髻，蒙以皂巾。丈夫剪发，锦袍。"服饰多与突厥同。又其王名代失毕，乃突厥语"石王"之义。"代失"读"Tas"，乃突厥语"石"也；"毕"读若"Bi"，乃突厥语"王"也。据此，是

---

[1] 伯希和《〈沙州都督府图经〉及蒲昌海之康居聚落》，载《亚洲报》，一九一六年一、二月刊；冯承钧转译入《史地丛考》七十三—七十八页。

撒马尔罕之康国乃突厥人，而非伊兰人也。最少，其君主当为突厥人，故其语言服饰亦与突厥同也。其后斯坦因氏于一九〇六年搜获敦煌千佛洞遗书，又得《沙州图经》断片，有云："石城镇本汉楼兰国，贞观中康国大首领康艳典东来居此城，胡人随之，因成聚落，亦曰典合城。其城四面皆沙碛，上元二年改为石城镇，隶沙州。"此本跋尾，记光启元年十月二十五日（公元八八五年），是亦写于唐之后半期。据此断片与贾耽所记，大致相同，当为贾耽《道里》所本。据此，是康艳典之来始于唐之初年有胡人与之同来。斯坦因写本又云："新城东去石城镇二百四十里，康艳典之居鄯善，先修此城，因名新城，汉为弩支城。又有蒲桃城，南去石城镇四里，康艳典所筑，种蒲桃于此城中，因号蒲桃城。"又云："萨毗城西北去石城镇四百八十里，康艳典所筑。其城近萨毗泽。山险阻，恒有吐蕃及吐谷浑来往不绝。"（并见伯希和《蒲昌海之康居聚落》引）由此言之，是艳典东来，共筑四城，自且末之东至蒲昌海，皆为康艳典所占据也。但其所居之人民，根据写本所云：有胡人（即泛指西域人）、有吐蕃人、有吐谷浑人，不尽均为康国人也。事实上在康艳典东来以前，有吐谷浑人占据鄯善一百八十余年，岂无余种遗留于鄯善耶。又斯坦因所获文书断片中有云："纳职县下，大唐初有土人鄯伏陁，属东突厥。以征税繁重，率城人入碛奔鄯善，至吐谷浑居住，走焉耆，又投高昌，不安而归。胡人呼鄯善为'纳职'，因从鄯善而归，遂以为号耳。"[1]按唐之纳职在今哈密附近，辟展之南。鄯伏陁疑为鄯善国之土人。又云属于东突厥。则其土人亦有突厥人可知也。斯坦因又于一九〇七年在西藏堡垒发现古突厥文字若干，后经汤姆生教授（Prof, Thomsen）研究，指出有许多人名，大概是发给突厥士兵护照及通行

---

[1] 斯坦因《亚洲腹部》（*Innermost Asia*）九一七页。

证之类。据此，是鄯善曾一度役属突厥，故突厥人在此作军事建设，而其士兵亦大抵皆突厥人也。又查《新唐书·突厥传》略云：

> 当隋大业中，曷萨那可汗降隋，国人不欲，乃共立达头孙，号射匮可汗，建庭龟兹北之三弥山，玉门以西诸国多役属之，与东突厥抗。射匮死，其弟统叶护嗣，是为统叶护可汗。统叶护勇而有谋，战辄胜。因并铁勒，下波斯、罽宾，控弦数十万，徙庭石国北之千泉，遂霸西域诸国，悉授以"颉利发"而命一"吐屯"监统以督赋入。

据此，是康国已役属于突厥。故其子咥力特勒（勤）为肆叶护可汗时，乃国人迎之康国者。及咥利失为可汗，与西部乙毗咄陆可汗相攻战，分主东西，以伊犁河为界。河东咥利失主之，及咥利失走死拔汗那，国人迎立毕贺咄叶护为可汗，建庭虽合水北，谓之南庭。据传所述，时龟兹、鄯善、且末、吐火罗、焉耆、石、史、何、穆、康等国皆隶属焉。时贞观十三年事也。正值康艳典东来时，《唐地志》及《沙州图经》既已明言。康艳典为康国人，康国既属西突厥，与鄯善同隶一庭，则康艳典东来亦必与突厥有关，或受突厥王庭之派遣东来鄯善作监统之官，且为驻屯军之首领者，故连筑四城以居之，但其统治者，则仍属突厥。故不能因康艳典为康国人，遂谓其地属于康居也。其次述吐蕃与鄯善之关系。

自唐贞观九年灭吐谷浑，十四年灭高昌，以其地为西州，置安西都护府于西州，西域复通。高宗初，破突厥，而西域诸国遂服属于唐，受唐之控制者约二十余年。则鄯善将亦必完全役属于唐，而康艳典之族人亦且归化于唐矣。但北方之突厥既去，而南方之吐蕃又来，据《新唐书·吐蕃传》所述，略云：

第一篇　绪　论

吐蕃本西羌属，原居河、湟、江、岷间，至弄赞时始强大。唐永徽初，弄赞死，钦陵当国。咸亨元年，残破羁縻十八州，率于阗取龟兹拨换城，于是安西四镇并废。诏薛仁贵等讨之，为钦陵所败。遂灭吐谷浑，尽有其地。

按吐谷浑在隋唐之际，包有汉之且末、鄯善，吾上文已述及。此云"尽有其地"，则鄯善自在其中。吐蕃之由于阗取龟兹，陷安西四镇，亦必经过鄯善、且末，方到于阗，是鄯善、且末在咸亨中已一度陷入吐蕃，故《新唐书·吐蕃传》称："仪凤永隆间，其疆域东接松茂，南接婆罗门，西取四镇，北抵突厥，幅员万余里，汉魏诸戎所未有也。"是新疆南路古三十六国地完全为吐蕃所有矣。武周长寿元年，王孝杰为总管，击吐蕃，复取四镇，更置安西都护于龟兹，新疆又入于唐人之手者六十余年。至天宝之末，安禄山反，哥舒翰悉河陇兵守潼关，边候空虚，吐蕃又乘隙暴掠，近迫京师，则西域故地又完全为吐蕃所有矣。自此以后，唐朝失统治西域能力者八十余年。虽会昌咸通间，吐蕃内乱，唐朝乘机收复失地，然唐势亦衰，未久亦被放弃。斯坦因一九〇七年在密远西藏保垒发现之西藏文书，必为吐蕃占据时所遗留，无可疑也。其西藏文书有大纳布城、小纳布城诸地名，以为纳布原于唐初玄奘所记之"纳缚波"。据伯希和氏之解释，纳缚波为梵语"Nava"之对音，犹言新也（《远东学校校刊》六册三七一页）。合言新城之义。故以罗布之名名鄯善全境，必始于唐初，而为吐蕃所采用，至近世尚沿用不绝。而鄯善或楼兰见于中国史书者至此已归于消失。

六、罗布区域之荒废及罗布驿站

余上文已述楼兰北部之放弃，在纪元后四世纪后半期，但南部尚继续活动，如上文所述，吐蕃为见于史书最后活动之民族也。但

《新唐书》称："咸通七年，北庭回鹘取西州。斩恐热。"吐蕃遂亡。其后中原多故，朝政不能播及西域。自唐末至宋，消息与中原隔绝，罗布区域如何，已不可考，或已近于荒废矣。《新五代史·四夷附录》"于阗"条云：石晋天福三年（公元九八八年）遣贡俸官张匡邺等往，册封于阗王。高居诲记其路程云："沙州西曰仲云，其牙帐，居胡卢碛，仲云者，小月支之遗种也。匡邺等西行入仲云界大屯城，仲云遣宰相四人候晋使者。自仲云界西始涉碱碛，无水，掘地得湿沙，人置胸以止渴。又西渡陷河，伐柽柳置冰（水）中乃渡。又西至绀州，为于阗所置也。"按胡卢疑即汉之伊吾卢，简称伊吾。大屯城疑即《唐地志》之七屯城（七当作大，因形近而讹）。陷河疑即且末河。绀州即今车尔成，是于阗东界，抵车尔成矣。故车尔成之东，哈密之西，为仲云领域。又仲云种姓为何，史无明文，《新五代史》称为小月支遗种，但同传又云："汉小月支故地有朱邪遗族居之。"按《新唐书》云："沙陀，西突厥别部，处月同种也。处月自居金婆山之阳，蒲类海东，有大碛名沙陀，故号沙陀突厥。后徙庭州东莫贺城。初沙陀臣吐蕃，吐蕃尝倚其兵力。其酋朱邪尽忠谋归汉，战败死。朱邪执宜收残众二千骑款灵州降，部众随之，吐蕃由此益衰。"按处月即沙陀，为沙碛之称。"仲云"与"处月""朱邪"皆一声之转，突厥语沙碛之义。[1]莫贺城当因莫贺延碛得名，正在哈密之东南。哈密即汉伊吾地也。据此，是仲云牙帐所居之伊胡卢碛正朱邪旧居之地。朱邪执宜归唐后，余众之不能去者，仍居故地。故称小月支遗种者，盖言小月支故地朱邪之遗种也。据此，是仲云为突厥族之处月部也。但《宋史·外国传》称："于阗国西南抵葱岭，东接吐蕃。"是于阗之

---

[1] 按突厥语称沙为"Kum"，突厥语族中之"Altoi"语，"Čagatar"语称沙为"Kumak"，蒙古语亦同。处月当为"Kumak"之对音。仲云读若处月，音有轻重耳。

东已频于荒废矣。宋太平兴国间，王延德使高昌，由肃州经镇西至哈密，经辟展东之十三间房而至高昌。则罗布区域之南北两道已无人行走。是时高昌已为回鹘所据。由近来东西考古者在吐鲁番旧城中所发现之回鹘文及经典甚多，可为回鹘人占据之证。于阗当五代之际，其王李圣天来贡，称"同庆二十九年"，则为汉人而建号于于阗者。至宋真宗大中祥符二年，则称"黑韩王"。仁宗嘉祐八年，封其王为"特进归忠保顺碡鳞黑韩王"。按"黑韩"为"可汗"之转音，则此时和阗已非李圣天之后矣。多桑《蒙古史》称："当耶律大石西奔时，和阗属突厥君主马合谋可汗。"则和阗在十一世纪初期已沦入回教徒之手矣。于阗在罗布之西，高昌在罗布之北，罗布杂居其间。今检出土文书，无一回鹘文，则西北回鹘势力不及罗布区域可知。宋王延德使高昌，称其地南接于阗，西南距大食、波斯。《宋史·外国传》亦云于阗东接吐蕃，则古之且末、鄯善早已统属于阗矣。及于阗沦入回教徒，而鄯善、且末当为其所统治而改奉回教也，但无甚多之居民与城郭耳。

元至元中，有物搦齐亚商人马可波罗兄弟东来，朝见元世祖忽必烈，由可失合儿、鸭儿看得、勿炭、培因、车尔成，而抵罗布镇，至唐古忒州。此道自唐初玄奘返自西域经行南道后，此为第二次。虽张匡邺亦曾旅行此道，但仅及于阗而未通过全线。据其所述："罗布是一大城，为罗布沙漠之边境，处东方及东北方间。此城臣属大汉，居民崇拜摩诃末。在此沙漠中行三十日，抵一城，名曰沙州，即唐古忒州。"据其所述，则自罗布镇东至敦煌完全为沙碛。由于此城居民之崇奉摩诃末，则宋元时回教势力遍及南路，而达于极东之罗布区域矣。时高昌在其北，仍为回鹘人所据，崇奉佛教，不为其所熏染，则亦足以证罗布区域衰落，不为当时人所注意也。自元时马可波罗记述此城后，又寂寥无闻。至清初，属准噶尔。及清平准噶尔，而罗布之名复显于世，以至于现时。

七、清之改县

据《河源纪略》卷二十八所述：

> 雍正元年二月，副将军阿喇枘奏报：罗布淖尔回人古尔班等率哈喇库勒、萨达克图、哈喇和硕等处户口千余人输城投顺。三年，诏与吐鲁番回众移居布隆吉尔、沙州、瓜州耕种。

据此，是雍正初年，罗布淖尔尚有千余户，但不久又为准噶尔所据。及乾隆二十三年二月大小和卓木之乱，户部侍郎阿里克率师追擒巴雅尔，道经罗布淖尔。据回人哈什哈所述："回民据处于此，凡数十年，有二千余户。数经迁徙，余数百人，以渔猎为生。前大兵平定吐鲁番时，曾遣使召抚。旋为准噶尔所据。"乾隆二十六年平定准噶尔，回民呈贡仙鹤，率其众六百余人来降，诏附于吐鲁番回王额敏和卓，凡一百八十三户，一千七十一口，岁纳哈什翎百枚，海伦九张。清同治间，南疆大乱，回民避乱者多杂集蒲昌海左右。流离转徙，死伤过半，抚远劳来安辑，至光绪初，有四百余户，二千余人，始设卡尔克里克县丞以统治之。光绪二十九年，升为婼羌县，属新疆省，而罗布区域遂比于内地矣。

第三章
楼兰及鄯善在西域交通上之地位

在海道开通以前，凡东西旅行人士，从陆路者，必须经过新疆。新疆如一水管，一方为水塔，一方为龙头，而新疆则司运输之责，居中西交通之咽喉。罗布淖尔处新疆之东南，与敦煌接壤，又为东西交通上所必经之地。罗布淖尔地形及历史已如上述，故次当按时代述其交通上之地位，便资考证焉。

一、两汉至魏晋之南北道及新道

在远古期中，中国内地与西域交通虽不无传说，但缺乏明确记载，难言究竟。故言西域交通史者，必以汉张骞为始。自汉武帝建武二年，张骞奉使月氏。元朔三年返汉，以其身至之国及传闻旁国，具为武帝言之。司马迁因其所述，录之于《史记·大宛传》中。吾人对于汉初西域各国之认识，以此为始。但骞所身至者，仅大宛、大月氏、大夏、康居四国，而传闻之国为奄蔡、安息、条支、黎靬、身毒五国，此属于葱岭以西者。葱岭以东，亦仅乌孙、扜罙、于阗、楼兰、姑师五国，共为十四国。虽于葱岭东西各国之轮廓，由此可得一仿佛，而于各国之远近距离，仍乏详实之记载。自宣元以后，匈奴称臣，西域服从，而各国信史质子，往来不绝于途。班固修《汉书》，特立西域各国专传。记录西域之国，凡五十有三，在葱岭以东者凡四十有八；在葱岭以西者五国。范蔚宗作《后汉书》，又增补七国。于是自里海以南，印度以北，地中海以东，东接玉门关，其各国之土地山川，王侯户数，道里远近，更得详确之记载。故吾人研究汉代西域交通者，必以两《汉书》所记为基础也。今据两《汉书》所记，参以实地考察所得，推论其路线如下。

（一）北道

《汉书·西域传》云："自玉门、阳关出西域，有两道。从鄯善傍南山北波河西行，至莎车，为南道。南道西逾葱岭，则出大月氏、安息。自车师前王庭，随北山波河西行至疏勒，为北道。北道西逾葱岭，则至大宛、康居、奄蔡。"据其所述，是汉通西域有二道："一为南道，自鄯善起；一为北道，自车师起。但吾人须知汉昭帝元凤四年，楼兰迁都伊循，改名鄯善。伊循即今密远，楼兰在罗布淖尔北岸。"（参阅第二章《楼兰国都》）此言"从鄯善傍南山北波河西行"，必为元凤四年以后之路线。然则元凤四年以前之路线为何，是一问题也。又按《西域传》所述，宣帝遣卫司马郑吉，使护鄯善以西数国，未能尽并北道。至神爵三年，匈奴日遂王降汉，乃使吉兼护北道，号为都护。元帝时，复置戊己校尉，屯田车师前王庭。是北道自车师前王庭始，为宣元以后事。然则宣元以前，通西域之路线为何，又为一问题也。今按《史记·大宛传》《汉书·鄯善传》及《魏略》所述，其汉初西域交通之情形，似不若西域叙传所述也。《大宛传》云："（大宛贵人）相与谋曰：'汉去我远，盐水中数败，出其北有胡寇，出其南乏水草。汉使数百人为辈来，而常乏食，死者过半。'"又云："贰师将军既西过盐水，当道小国恐，各坚城守，不肯给食。"又云："贰师复行，经仑头不下，攻数日，屠之。自此而西，平行至宛城。"又《汉书·鄯善传》云："楼兰国最在东垂，近汉，当白龙堆，乏水草。常主发导，负水担粮，迎送汉使。"按盐水即盐泽，《汉书》亦名"蒲昌海"，即今之罗布淖尔也。由今东西学者考察之结果，证明在两千年前后，水积北岸，而《大宛传》又有"楼兰、姑师临盐泽"之语，则古楼兰在罗布北岸可知。楼兰与仑头至龟兹平行一线，贰师将军伐大宛，过盐水，至仑头，是其路线乃由罗布北岸过楼兰西行也。贰师伐大宛，在武帝太初三年，时楼兰尚未南迁，适当大道之冲，故常主导发。今由楼兰遗址之发现及古道之获得，更可证明。是汉初通西域之路线，乃经盐泽北岸西行也。

今据《魏略》所述，推论其路线如下。鱼豢《魏略》云："从玉门关西出，发都护井，回三陇沙北头，经居卢仓，从沙西井转西北过龙堆，到故楼兰，转西诣龟兹，至葱岭，为中道。"（《三国志·乌丸传》注引）按鱼豢所述，虽指魏时事，但与汉初之路线相同，因此路开于汉初。至西汉末年遭一度封闭，至魏晋又恢复。余在第二章中已阐明其事，不复重述。故《魏略》所述之中道，正西汉初年之北道也。余于民国十九年春，考察罗布淖尔时，在海北岸古烽燧亭中发现西汉木简，有黄龙元年及元延五年年号。又一九三四年在距此地之北约五里许，又发见古道。则此地在西汉宣帝至成帝时，正在活动时期，可以确信。又此地临罗布淖尔北岸，为孔雀河入海处，东临咸滩，自此以东为盐水，以西为淡水。故凡东西人士往来必经过此处，负水担粮，备通过白龙堆险地。故此地适为北道之桥头。同团陈宗器君于一九三一年由玉门关北出，至罗布淖尔，抵余之遗址处。据其《罗布荒原》论文中所述，与《魏略》所载实多暗合。如云：

> 由玉门关西九十里，至榆树泉，疑即都护井也。由此西北行五十四里，入绵延三十里之迈赛群（无数奇怪小岛之谓）。出迈赛群五里，有沙丘，即《魏略》中所述之三陇沙。沙堆狭长，

向西北伸展三里。出沙不远有废墟，垣址可辨，即居卢仓遗迹也。十五里为五棵树。井已干涸，掘二三尺即可得水。由此沿孔达格边缘西行一百二十里，绕阳达胡都克，地原有井，但已腐朽，不可饮。折西北行一百三十里，稍可得水。复西行，沿陡坡戈壁，凡百里，入纯粹咸滩。转西北行一百三十里，经咸滩中之高地，作长条蜿蜒状东北走，当系汉之白龙堆也。蜿蜒如龙形，灰白色咸块则成鳞状，故有白龙堆之名。至此而达罗布泊之东岸，入古楼兰国境。如绕海西偏北行，即至孔雀河末流，即烽燧亭遗址也。

据陈君所述，益证余遗址确为西汉北道之要冲矣。此路自西汉末被放弃后，至曹魏又恢复。西晋时尚能通行，直至前凉之末，方被放弃也。

(二) 南道

据《史记·大宛传》云："初贰师将军起敦煌西，以为人多，道上国不能给食，乃分为数军，从南北道。"又《汉书·渠犁传》云："初贰师将军李广利击大宛，还过扜弥。"按扜弥东北与龟兹接，西北与姑墨接，西通于阗，是扜弥在南道上。李广利去时，分军两路，而自行北道，故屠仓台。还则由南道，故过扜弥也。是南道亦开于汉初。及汉昭帝以后，楼兰南迁，迄于汉魏之际，鄯善雄强，而南道遂在西域交通上居于重要之地位矣。但南道之路线为何，与北道分歧之地何在，亦为吾人所欲探考者也。《汉书·西域传》称南道起自鄯善，《后汉书》同，均不言鄯善以东之路。《魏略·西戎传》则言"从玉门关西出，经婼羌，转西越葱岭，经悬度，入大月氏，为南道。"《南北史·西域传》所记略同。《元和郡县志》则言："出阳关谓之南道，西趣鄯善、莎车。出玉门关谓之北道，西趣车师前庭及疏勒。"是历代史书记南北两道出发点各自不同。《汉书》混言玉门、阳关，《魏略》《北史》专言玉门，《元和志》言北道出玉门，南道出阳关。王国维先生则谓汉时南北两道分歧，不在玉门、阳关，而当自楼兰故城始。又言二道皆出玉门。若阳关道路，止于婼羌，往鄯善者，绝不取此。[1]余按楼兰扞泥城故址，今尚不知何在。但汉武帝时李广利伐大宛、自敦煌西即分南北两道进兵，似不始于楼兰。楼兰故城假定如余上文所考，在罗布北岸，则适当西诣龟兹径路。若由楼兰北至车师，再由车师南至鄯善，再西行，实绕道过甚，汉人当不出此。故余疑汉时玉门、阳关相距不远。自此西行，原只一路，出玉门关者由之，出阳关者由之，至沙西井后再分南北两路进行，故《汉书》混言玉门、阳关者，此也。若新道，则由玉门关折西北行，达车师，与南北两道不同路线，故《魏略》专言玉门关者，此也。至唐时，玉门关稍东北移，故唐时北道，由玉门关稍西即折西北行，穿噶顺沙碛，即莫贺延碛而至高昌，其路线与《魏略》所述之新道略同。南道微偏南，经阿尔金山西行，与汉初之南北二道，不同一途，故《元和志》分举者，此也。今王先生皆比而同之，故余以为未可。且以实地考察之路线证之，陶保廉《辛卯侍行记》卷六附《汉玉门阳关路考》，根据清同治间郝永刚、贺焕湘、刘清和等之实地探察，述其路线云：

> 北道出敦煌西门，渡党河，西北行戈壁，七十里咸泉，五十里大泉，四十里大方盘城（注云：汉玉门关故地也），四十里小方盘城，三十里西湖（注云：有敦煌旧塞）。七十里清水沟，折西北七十里芦草沟，西南行六十里五颗树，西南行六十里新开泉，西行七十里甜水泉，六十里沙沟，西南行八十里星子山，

---

[1] 王国维《观堂集林》卷十四《流沙坠简后序》。

八十里土山台，西北七十里野牲泉，西九十里咸水泉，九十里蚊山，九十里土梁子，七十里沙堆，八十里黑泥海子，五十里芦花海子。九十里阿不旦。即罗布淖尔西岸也。

余按陶氏所记之沙沟，疑则《魏略》之沙西井。斯坦因地图有"Kumkuduk"，即"沙井"之义，疑此地为南北两路分道处。从此西南行至密远，即古鄯善；从此西北行过涸海盐层到孔雀河末流，即古楼兰，与《魏略》所述，亦无违反。而南北两道之分途，始于沙西井，即库穆胡图克，或可信也。

（三）新道

以上所述南北两道，皆始于汉初。均须经过罗布淖尔低地西行，一傍南山，一傍北山而已。至后汉另有新道，直由玉门关折西北行，不经三陇沙及白龙堆，直达车师，即戊己校尉所治之高昌。《魏略·西戎传》云："从玉门关府西北出，经横坑，避三陇沙及龙堆，出五船北，到车师界戊己校尉所治之高昌。转西与中道合，至龟兹，为新道。"徐松补注云："五船，今小南路有小山五，长各半里许，顶上平而首尾截立，或谓是五船也。"又云："今哈密至吐鲁番，经十三间房风戈壁，即龙堆北边也。"余按徐松所述为自哈密至吐鲁番之路，唐玄奘、宋王延德之至高昌，均由此路，皆经过伊吾，即哈密。今细观《魏略》所云："出五船北，到车师界。"似不经哈密，故余疑《魏略》新道在今哈密道之西南。又今哈密道由安西转西北行，经马连井、星星峡、格子烟墩、南湖至哈密者，其出发点亦不由敦煌。故余疑新道与哈密道确为两路。新道取自玉门关，即今大方盘城，折西北行，自托胡拉克布拉克穿行噶顺戈壁，即行于罗布涸海之东北，直达鲁克沁南之得格尔，即至车师界。五船疑在此一带。再西北过鲁克沁至高昌，即今吐鲁番阿斯塔拉，此为捷径，不必东经伊吾，或西经三陇沙与涸海也。现得格尔尚有古土墩，疑为古道经行之迹。

据得格尔猎户云，由此往敦煌，水草尚不乏，但均为干山耳。再由得格尔转西，傍库鲁克山北麓及艾丁湖畔，而至库木什山。出山为乌沙他拉，即博斯腾淖尔之北边。转西南，至焉耆，即唐之银山道也。唐郭孝恪攻焉耆，尝取道于此。现由得格尔沿艾丁湖畔至库木什一带之古墩，为指示古道之途径。虽土墩疑为唐代建筑，但亦有汉代土筑基址，故余疑唐银山道即后汉新道之所由。至焉耆后，转西南行，过哈满沟而至库尔勒，转南至尉犁，与中道相合。盖中道到楼兰后，沿孔雀河西北行，即傍库鲁克山南麓西行，与北道会于尉犁，即古渠犁也。现由沿孔雀河畔之古墩，可为指示古道进行路线之迹。由是言之，是中道行于噶顺戈壁西麓，转西行于库鲁克山之南麓。北道行于噶顺戈壁之东边，转西行于库鲁克山之北麓。因北道须终库木什山，取道焉耆，方至尉犁，微曲，不如中道之直至尉犁。故中道又称为径道者，此也。西汉时，新道未开，虽在元始中，戊己校尉徐普欲开新道，终为车师王所阻。故当时之北道，即指《魏略》所述之中道，所谓径道也。及后汉明帝时，窦固破呼衍王，取得伊吾，重开新道，经由车师西行，故以新道为北道，即《前汉书》所记者是也。自新道行而中道遂废。故终后汉之世，均以车师与柳中即鲁克沁为中心。虽安帝时，班勇请屯田楼兰，而结果西域长史仍驻柳中，盖握新道之枢要故也。班固，后汉和帝时人，所记为后汉时事，故以新道为北道，而云"北道起车师"者，因此也。自魏至晋，径道复开，故《魏略》以径道为中道，以唐银山道为新道，实即后汉班固所记之北道也。《魏略》为鱼豢所作，鱼豢晋人，所言当系晋时事。（参阅附图《西域交通路线图南、北、新三线》）

综上所述三道，除新道不经罗布淖尔外，南北两道均经罗布淖尔之南北两岸，而楼兰与鄯善适当两道之冲，故后汉初尝与匈奴争楼兰者，此也。自楼兰南迁，鄯善转强，故后汉之世，又以北取伊吾，南服鄯善为其国策。盖两地为西域之门户，居交通之咽喉，如不占领，即不能巩固后方，谋行旅之安全故也。其详见余作《两汉通西域路线之变迁》(《西北史地》第一期)文中，兹不具述。

二、北魏至隋唐之吐谷浑道

以上所述三道，均先后开于两汉。历魏至东西晋，均未有变迁。尤其自曹魏以后，匈奴远遁，西域服从，高昌内属，比于郡县。西晋及前凉尝置太守以统之。中原流民，因乱播迁于西域者亦多。故中原与西域交通线，得以畅通。但上述路线，均须经过敦煌，取道玉门、阳关前进，故当时敦煌与鄯善，实握交通之枢纽。自北魏道武帝奄有中原，扩拓势力于西北。而当时又有一游牧民族吐谷浑突起西陲，兼向北进，故通西域路线除上述所举三道外，又有吐谷浑道，即吐谷浑人出入西域之道也。

关于吐谷浑历史，余于上章中已述及。唯其疆域若何，因与交通有关，故拟重述，以资参考。《梁书·西戎传》略云：

> 河南王者，其先出鲜卑慕容氏，有吐谷浑者，避弟西徙，上陇，度枹罕，西南至赤水而居之。地在河南，故以为号。(略)其界东至叠州，西邻于阗，北接高昌，东北(疑衍北字)通秦岭，方千余里，以吐谷浑为国号。(以上节引《梁书·西戎传》"吐谷浑"条。)

按《宋书·吐谷浑传》称，"宋元嘉十六年封慕利延为河南王"，则此所述盖慕利延时事也。于阗，今和阗；高昌，今吐鲁番。赤水即今发源于巴颜喀拉山之乌兰木伦河。如上所述，是当时吐谷浑疆域已有今青海全境及新疆之东南部，罗布淖尔自在其领域中，故《魏书·于阗传》有"太武时击吐谷浑，慕利延驱所部渡流沙，西入于阗，杀其王，死者甚众"之语。虽其时代余在上章中颇致怀疑，但于阗以东确为吐谷浑领域，则系事实也。然吐谷浑人由青海从何路入新疆，当为吾人所研究之问题。兹据北魏时，宋云所记概略言之。

《求经记》略云：

> 初发京师，西行四十日至赤岭，即国之西疆也。又西行二十三日，渡流沙，至吐谷浑国。途中甚寒，多风雪，沙砾满目，唯吐谷浑城稍暖。从此西行三千五百里至鄯善国，城主吐谷浑王第二子也，又西行一千六百四十里，至左末城。

按宋云原书久佚，今仅见《洛阳伽蓝记》中，无年月日。但记中有"神龟二年七月二十九日入朱驹波国"，则初发京师当在魏孝明帝神龟元年也。吐谷浑城当为其国都所在。据《魏书·吐谷浑传》言，其王夸吕，建都伏俟城，在青海西十五里。丁谦考证以为伏俟城在今布喀河南，和硕特北前旗境。余按赤岭疑今日月山，伏俟城当即今之都兰。宋云发自京师时，魏已迁都洛阳，则宋云所经行，必自洛阳经陕西西北行，过天水、陇西，上西倾山，西北绕青海之西，至都兰。自天水以西，皆山地，高寒，西倾山积雪，终年不消，故云"途中甚寒，多风雪"，又云"沙砾满目"者，此也。据此，是夸吕时吐谷浑牙帐，又由赤水东北徙矣。由都兰西行至鄯善，鄯善即今罗布淖尔南岸密远也。由此西行，必经柴达木盆地之北边，涉行沙碛，直穿阿尔金山，而至罗布淖尔南岸密远也。柴达木北之沙碛，与白龙堆之沙碛，隔岭相接，唐人称为碛尾，即莫贺延碛之尾也。《魏书》称慕利延驱其部渡流沙，西入于阗，疑指此沙碛言耳。昆仑山北阪，自和阗东北行，山势渐低落，至罗布低地南之阿尔金山，山势已不高峻，而与祁漫达格交错，中显一隘口，清人称为噶斯口（《河源纪略》卷二十八），为由柴达木盆地通婼羌之孔道。现新疆、内蒙古人赴西藏者，率由此道行。唐时吐蕃之出入新疆，亦经行此路。清人征准噶尔，尝驻军于噶斯口。故历来均视此地为青海与新疆交通之要冲矣。而其路线，则自吐谷浑人始开之，余之定为吐谷浑道者，因此也。至隋唐之际，其道犹通行。《隋书地志》称，大业初，平吐谷浑，置鄯善镇，即今卡尔克里克，则隋大业以前，罗布区域仍为吐谷浑所有。虽中经隋炀帝一度收复，及大业末，仍为伏允所据。是在隋唐之际，青海与新疆交通孔道未尝断绝也。故唐贞观初，征吐谷浑，仍由青海进兵，直西至且末。《新唐书·吐谷浑传》略云：

隋末，吐谷浑王慕容伏允屡寇边，郡县不能御。太宗贞观九年，诏李靖、侯君集率六总管讨之，破贼库山，伏允西走。靖分兵为二：自与李大亮、薛万钧趋北路，出其右；君集与任城王道宗趋南路，出其左。靖率诸将战曼都山、牛心堆、赤水源、赤海，皆破之。次且末之西，伏允走图伦碛，将托于阗，会追及，又破之，伏允遂自杀。

按丁谦考证云："曼都山在和硕特南右后旗境；牛心堆，今丹噶尔厅山南；赤水源，即乌兰乌苏河发源处；赤海即达布逊泊，此泊为红水河所归，故曰赤海。"又云："青海要路有二：一西北行，经青海湖，溯布喀河，至沙尔泊，再西顺乌兰乌苏河，至达布逊泊，再西北，经噶斯口，迤逦至罗布泊，此由西宁赴新疆之道；一西南行，至西宁边外二百余里，过雅玛图河南行，经都勒泊，折西至札凌泊，再西即河源，此由西宁赴西藏之道。李靖分军为二，即遵此二道行也。"(《〈新唐书·西域传〉考证》)按如丁谦所考证之古今地名，不尽可据，例如以达布逊泊位乌兰乌苏河所归，故称赤海。按乌兰乌苏河为金沙江上源，出端木乌拉山，与达布逊泊相去甚远，且李靖军北出，应在吐谷浑城之北，决不南行于吐谷浑城之南，与侯君集同道也。但余颇赞同李靖之南北二道，即现青海通新疆、西藏二路之说。但现青海通新疆道，行于柴达木盆地之南。余疑李靖出于柴达木盆地之北，由都兰西北行，沿阿尔金山南麓出噶斯口，而达新疆之婼羌县，与慕利延入于阗之路相同。侯君集则行于柴达木盆地之南，故能过"星宿川达柏海上，观河源"，与李靖军中隔柴达木盆地也。至唐咸亨间，吐蕃灭吐谷浑，尽有其地，又由于阗攻取安西四镇，则吐谷浑道又为吐蕃所有矣。近斯坦因氏在新疆密远西藏古堡中掘拾西藏文书甚多，皆记军事及屯驻事[1]，则当时吐蕃之出入新疆，仍由青海经婼羌，可以确定也。及至唐懿宗咸通间，北庭回鹘进取西州，斩恐热，吐蕃遂亡。而吐谷浑道至是亦淹没矣。（参考附图《西域交通路线图吐谷浑道线》）

以上专就吐谷浑道论述其原委，因此道开于北魏时之吐谷浑人，历隋唐数百年间，未曾荒废，而与西域之文化，民族关系甚大，故详述之。两汉时之南北二道，由魏至唐，始终不绝者，唯南道，即由敦煌至鄯善达于阗之道。北道，即伊吾道，亦通行。唐灭高昌，西州内属，其交通之便利，更无论矣。唯《魏略》所述之中道，则自苻秦灭前凉以后即已荒废，至最近仍未恢复，仅少数旅行家与猎户通行而已。

三、宋高昌道及元之大北道与南道

自唐之末叶，中原混乱，势力不能达西域，中原和西域交通情形如何，难考其详。史书所载，不过根据一二使臣所经行以见其一端而已。当五代之时，据《新五代史·四夷附录》称，石晋天福中，遣供俸官张匡邺往于阗册封，副使高居诲为记其行程，略云：

---

1 斯坦因《西域考古记》八一页。

> 出玉门关经吐蕃界，西至瓜、沙。又东南十里三危山。其西，渡都乡河，曰阳关。沙州西曰仲云，其牙帐居胡卢碛。……匡邺等西行入仲云界，至大屯城，仲云遣宰相四人候晋使者。自仲云界西，始涉碱碛，无水，掘地得湿沙，人置胸以止渴。又西，渡陷河，伐柽柳置冰（水）中乃渡。又西至绀州，于阗所置也。（《新五代史·四夷传附录》）

余在上章关于此记地名，略有考证。胡卢碛即莫贺延碛，大屯城即《唐地志》之七屯城（七当从《新五代史》作大），陷河为且末河。今仍保持上说。如所说不误，是张匡邺所行仍为古阳关大道也。沙海昂《马可波罗行纪》引 Huber 译《匡邺行纪》称，"匡邺偕沙门三百人入天竺求经，时未遵北道，其由沙州赴于阗，系取道伊吾、高昌，焉耆而至于阗，亦即波斯某著作家所言百日程之长道也"[1]，与余所见相左。盖 Huber 误认仲云牙帐居胡卢碛，即谓匡邺经伊吾。今按下文明云"匡邺等西行入仲云界大屯城"，乃经行仲云境域，并非经行仲云牙帐，疑当时仲云疆域直达且末以东也。下文又云："自仲云界西，始涉咸碛。"即指罗布附近之沙碛，由《史记正义》引裴矩《西域记》及《马可波罗行纪》，均可证明。若由伊吾至高昌，虽如玄奘所记涉南碛，然既至高昌，转西南至焉耆，似可由焉耆直达于阗，如法显所行者也。不必又东南行，绕道且末，即绀州，方至于阗。故余不取 Huber 之说，而仍以为匡邺所行即阳关古道也。

至宋室继兴，远隔辽夏，虽史载于阗、回鹘，尝遣使贡献，实则为商人之往来而已。路程所经，无可准记。今所得考见者，仅宋

---

[1] 冯译沙海昂《马可波罗行纪》第五十五章一七五页。

太宗雍熙间王延德使高昌一事而已。据《宋史·外国传》所载王延德《使高昌记》略云：

> 初自夏州历黄羊平，渡沙碛，凡二日，至都啰啰族，次茅女喝子族，族临黄河，以皮筏为囊而渡。次茅女王子开道族，行入六窠沙，沙深三尺，马不能行。次楼子山，无居人，行沙碛中。次卧梁劾特族。地有都督山，唐回鹘之地。次大虫太子族，族接契丹界。次屋地因族。次达于于越王子族。次历拽利王子族。有合罗川，唐回鹘公主所居之地。城基尚在，有汤泉池。次阿墩族。经马鬃山，望乡岭。次历格啰美源，西方百川所会。次托边城，亦名李仆射城。次小石川。次伊州。次益都。次纳职城，城在大患鬼魅碛之东南，望玉门关甚近。凡三日，至鬼谷口避风驿。凡八日，至泽田寺。次宝庄。又历六种，乃至高昌，即西州也。（节引《宋史·外国传·高昌传》）

余按王延德所记地名多不可考，举其可知者，夏州疑即陕北之东胜。茅女喝子族即今宁夏一带。楼子山疑即阿拉善北之沙碛。达于于越王子族疑在今甘州境。合罗川疑即张掖河。马鬃山在酒泉县北，今名同。格啰美源，丁谦谓即巴里坤，或是。托边城疑即今镇西。小石川，丁谦谓即今昭莫多河。伊州今哈密。纳职，今托和齐。避风驿今十三间房。泽田寺今七克腾木。六种即鲁克沁。高昌即今吐鲁番之哈拉和卓，汉名三堡也。据其所述，似由陕北东胜，即古夏州，西行，经宁夏，过阿拉善沙碛，而至甘州，转西北，渡张掖河，过马鬃山，直达巴里坤，即镇西。转南至哈密，即本文所称伊州也。再由哈密西北行，经十三间房风戈壁，至鲁克沁，达吐鲁番，即高昌也。据此，是北宋通西域道路，不特不经南北朝之吐谷浑道，且汉唐之南北二道亦不经过，而绕道于甘肃边外西行。故当时之南北二道是否通行，为一问题也。盖当时西夏据有宁夏及甘肃西北部，王延德所行均属西夏境域，亦即西夏通西域之路线也。

元太祖崛起朔漠，兼并西疆，东西通途，至是复开。但其路线所经，则又以内蒙古为起点矣。据《长春真人西游记》略云：

> 二月八日启行，宿翠帡口北，过抚州明昌，入大沙陀。出陀至鱼儿泺。起向东北，凡二十二日，至陆局河，并河南岸西行，凡十六日。河绕西北流，改行西南驿路。凡十四日程，达平野。山水秀丽，水草丰美，东西有故城基，或云契丹所建。六月十二日至长松岭，十七日宿岭西，朝暮有冰，霜已三降。二十八日泊窝里朵。东渡河，河水东北流，入营驻车。窝里朵，汉语行宫也。七月九日同宣使西南行，五月六日屡见山上有雪。又二、三日，历一山，南出峡，一水西流。又五、六日逾岭而南。逶迤南山，望之有雪，次至阿不罕山北。八月八日傍大山西行，复东南过大山，经大峡，中秋抵金山东北。复南行，其山高大，三太子出军，始辟其路。乃命百骑挽绳，悬辕而上，缚轮而下，连虞五岭，南出山前，临河止泊。渡河而下。经白骨甸，涉大沙陀至回纥城，酋长设蒲桃酒及果饼。乃曰：此阴山前三百里，即和州也。西即鳖思马大城，王官士庶咸具威仪迎曰，此大唐北庭端府。九月二日西行，宿轮台县东。重九日至回纥昌八剌城，并阴山而西，约十五日，宿阴山北，转南行，山中遇一大池，名曰天池。沿池南下，入峡，过四十八桥，九月廿日至阿力马城。……（以上引《西游记》）

按关于《西游记》地名考证，以王国维氏《西游录注》为最精详，不复具举。约其行程，似由克鲁伦河经土拉河过杭爱山南麓，西南过阿尔泰山，而达天山之北麓鳖思马大城，即今孚远北护堡子之旧城，即唐北庭都护府所在地也。又傍天山北麓西行，过伊犁即阿力马城，而达撒马尔罕。此路虽为长春所过，但成吉思汗西征、拔都西征、旭烈兀西征，均由此路，是元初与西域交通，又取大北道矣。

时辽、金、西夏，据有北方。宋人南渡，僻处江左，与西域交通隔绝数百年矣。至元世祖忽必烈平定南宋，混夷欧亚，置驿于途，而中原与西域交通，至是复开。据《马可波罗行纪》，略可知其梗概。其所经路程："由波斯至可失合尔、鸭儿看州、忽炭州、培因州、车尔成州、罗不城、唐古忒州、哈密州、欣斤塔剌思州、肃州、甘州、亦集乃城、哈喇和林城。"由其所述路线，沙州以西完全经行汉之南道。盖可失合儿即汉之疏勒，鸭儿看州即汉莎车，忽炭即于阗，已经东西学者考证无疑。唯培因汉无确地可指。斯坦因、玉耳均以为即玄奘之媲摩城，今策勒一带。唯沙海昂以为培因即《唐地志》之播仙镇，斯坦因《考古记》中之安得烈也。培因、播仙皆一声之转[1]，唯中国之考据家则以播仙即汉且末。陶保廉《辛卯侍行记》《新疆图志·道路志》均持此说，盖《唐地志》引贾耽《道里记》明云"播仙镇故且末城也"。现车尔成北有古城遗址，周十余里，疑即播仙镇遗址也。又安得烈《新疆图志》作安得悦，一名安多罗，即《大唐西域记》之覩货逻，《新唐书》作故都逻，与安得逻音近而变也。据此，是播仙不得谓即安得烈也。又培因后，又有车尔成州，车尔成即古且末，已为一般学者所公认。车尔成既为且末，应即唐之播仙镇，马可波罗之培因，当另是一地。余颇赞成斯坦因等以培因为唐玄奘媲摩城之说。斯坦因并指策勒北之兀宗塔迪遗址，即其故地。余按媲摩城与媲摩川有关。媲摩川应即今达摩戈之干河，在旧达摩

---

[1] 并见冯译《马可波罗行纪》一五九——一六三页。

戈北约十里，有古城遗址，街衢巷陌可辨，疑即唐之媲摩城。余曾在此掘拾汉五铢钱一枚，或即汉之扞弥城，亦即其地，兀宗塔迪尚在其西。陶片散布极广，皆宋元间物。又拾西域古钱币一枚，本地人言为古土耳其文，回教初来时所通用者。南有古坟，本地人称为力济阿特麻扎，为回教初来时之始祖，战死后即葬于此。旁卜拉克干河附近有城基遗址，即元之培因城也。唯马可波罗称河中产碧玉及玉髓甚丰，今虽不见河中有玉，但于阗山中出玉石，俗称岔子石，青玉亦出其中，古时由山上冲至河中，今仍埋于沙中，亦可能也。今由余与斯坦因实地所见，类皆一一吻合，不可怀疑。唯余以媲摩城尚在其东北，与培因州城非一地，为异耳。又关于忽炭至培因路程，沙海昂以为培因至忽炭八日程，距车尔成五日程。今按《新疆图志·道路志》，克里雅至和阗五日程，尼雅至克里雅三日程，安得悦至尼雅四日程，车尔成至安得悦五日程。沙海昂以里程计算，故不取斯坦因兀宗塔迪之说，而以安得悦当之。但安得悦距和阗十六日程，亦与马可波罗所述不合。如以里程计算，不如以尼雅为培因州较合，因尼雅至培因州适八日程也。但余考冯承钧转译沙海昂《马可波罗行纪》称"培因州广五日程，忽炭广八日程"，乃指培因疆域言，并非言马可波罗所经行之里程也。故忽炭疆域，虽为八日程，培因虽为五日程，而由培因州城至忽炭都城并不需八日程也。以上专就培因一地加以考证也。其次马可波罗所经行之地，如车尔成即汉且末，罗不城即汉鄯善，唐古忒州即古沙州，亦为一般人所认可。哈密即汉之伊吾。欣斤塔刺思，汉无其名。De Guignes《匈奴全史》以为即今鄯善（辟展），非也。或以为即肃州西之赤金卫，亦疑不然。余以为即哈密东之塔刺纳沁城，简称沁城。故肃州当即今肃州，亦集乃当即今额济纳，即汉居延地。哈拉和林即蒙古汗都也。按据其所经行之路线，自沙州以西，虽与汉阳关古道同，但自沙州以后，折北行，过额济纳，而达和林，此又由蒙古至甘肃之南北路线也。

盖自元世祖建都和林，而往西域交通之路线，较元初又变矣。(参考附图《西域交通路线图大北道及南道》)

四、明清时之嘉峪关道

顾炎武云：

> 明初革元命，统一寰宇。洪武五年，宋国公冯胜兵至河西，驱逐元守臣，置嘉峪关及甘肃等卫。洪武永乐中，因关外诸番内附，置沙州、哈密、赤斤、罕东、阿端、曲先、安定、苦峪等卫，授以指挥等官，俱给金印，羁縻不绝，使为甘肃之藩蔽。后因入关者众，皆取道哈密，乃即其地封元之遗裔脱脱者为忠顺王，赐以金印，使为西域锁钥。凡夷使入贡者，悉令哈密译语以闻。(《天下郡国利病书》卷一百十七)

据此，是明时以哈密为东西交通之咽喉也。自元灭西夏，兼并西域，太宗初于敦煌故地置沙州路总管府，而以瓜州隶焉。西北诸国如阿力麻里、别失八里设置新站三十。及元拔都平钦察，至元七年又于吉利吉思、谦谦州、益兰州等处设断事官，修仓库，置传舍，东西交通如行郡邑。明承元后，虽势力不及西域，但交通路线，犹存旧规，满清因之，以及近代，迤无多变动。盖自嘉峪关大道通行以后，而阳关古道荒废也久矣。今就明人所述出嘉峪关路线，参考今道述之如下，以征古今交通之变也。《天下郡国利病书》卷一百七十引《西域土地人物略》，记嘉峪关以西道路甚详。如云：

> 嘉峪关西八十里为大草滩，滩西四十里为回回墓，墓西二十里为扇马城，城西三里为三颗树，树西三十里为赤斤城，赤斤西四百五十里为苦峪城，苦峪西二十里为古墩子，墩西

六十里为阿丹城，阿丹西南三十里为哈剌兀速城，哈拉兀速西南百里为瓜州城，瓜州西六十里为西阿丹城，西阿丹西二百里为沙州城，沙州西三百里为哈密城。

按《西域土地人物略》不知作者姓氏。陶保廉云：盖前明人所记，地名多与今异，方向里数尤不足据，而传写脱误，掺杂失序，几难卒读。按余与陶所见亦同。自哈密以西诸地名尤为难读。蒙古地名与汉名掺杂其间，疑为本于往来商人之传述，好事者为之记也。故所述路程里数，多不可据。余颇疑此记出于元人所记，转相抄录，错讹滋多耳。盖哈密以东里程，较之今道，颇多吻合。例如赤斤城以东与《明史·西域传》相合，赤斤城以西各地与陶保廉《辛卯侍行记》所述嘉峪关至哈密里程，地名虽异，而路线大略相同，至赤金峡后微异耳。例如回回墓，陶记作惠回驿，扇马城陶记同，扇作骟。三颗树陶记作紫泥泉，赤斤城陶记作赤金峡驿，则明时与今地同也。出赤金峡，今道由玉门县西偏北至布隆吉城，达安西州，为明之沙州卫地。转西北过马连井、星星峡、格子烟墩、南湖，而至哈密。但故道则由赤金峡直西行，经苦峪、阿丹即罕东，而至瓜州，即安西州之西南三十里新瓜州。转西而至敦煌，即沙州。再西北行而至哈密。较今道微偏南也。

综上所述，中国历来之交通自汉至唐，均以玉门、阳关为门户，而鄯善、楼兰扼其枢要。虽唐人东移玉门关于疏勒河上，然亦不废阳关大道。自宋至清，则以北道为主，而哈密握其枢机。自明人防边，筑长城，起于嘉峪关，遂为明朝西边之门户，明朝与西域交通之锁钥。自嘉峪关道兴，而玉门、阳关古道遂废，所谓鄯善、楼兰者，久已沦于沙漠，徒为吾人考古之资料而已。沧海桑田，不其然欤。

第四章
楼兰文化与汉代之经营

在海道开通以前，凡东西人士往来，必须经过新疆。楼兰居东西交通之咽喉，又为东西人士所必经之地，必有遗留物供吾人之探考，已无可讳言。今之考古学者，专就属于西方遗物立论，谓西域绝不受汉文明之影响；余于二十二年《高昌陶集》出版时，其叙论中已再三辩论其事。今《楼兰》又届出版之时，故仍本前意，重为申述，藉资考究焉。

一、楼兰土著民族之推测及其文化

若论楼兰土著民族为何种型，此为一最艰窘之问题。一者古时居于此地居民之记载不全，二者汉文传记所载亦不明晰，且古时东西人种交互往来，迁徙无常，至为复杂，亦难得确实之推论。虽近今考古学家及人类学家，就地下出土之遗物及人类之遗骸，作有种种之推论。[1] 但亦不能有一真确之断语。故余兹篇所述，即欲避免此种繁难问题，专就楼兰民族之生活状况，加以推

---

1 郑译羽田亨《西域文明史概论》七页；又见向达译斯坦因《西域考古记》一一〇页。

测，研究其为何等民族，其文化若何。至来源问题，则非余所论之范围也。

近五十年来，东西考古学者赴罗布区域考察，有一共同而显著之事实，即在罗布淖尔海水周围沙漠滩中，采拾不少石器。就余所采集石器种类为言，大件者有石斧、石刀、捶石、砺石等类；小件者有石刃片及各种石矢镞等类，大概均为打制；尚有带彩陶片同出土，共约百余件。其详均具于下篇《器物图说》中，兹不赘述。在余之前后，尚有斯文赫定博士、斯坦因博士，均采获不少石器，在其报告书中印出。后余者有同团柏格孟君、陈宗器君，亦采集少许，其形式与制作，大致相同。有时尚能拾得磨制极精，以玉为质之精美石器，间杂以金属物。凡此石器所分布之区域，大概在涸海沿岸及盐层地带，即古楼兰国故地。因此凡旅行罗布沙漠之人，均有同一之感觉，即在金属文化输入楼兰以前，楼兰有一时期为新石器时代，或金石并用时代。至楼兰人应用此石器之时代，余最赞同斯坦因之说。斯坦因在其名著《亚洲腹部》(*Innermost Asia*)中叙述在 L.F. 高冈上之采获，觅得许多零铜件及石器，还有一件磨制甚精之玉质石斧（L.F.025）。斯坦因并为之综合论述云："楼兰地带的新石器时代，和汉通西域大路有关联。"据此，是在汉通西域以前，楼兰为新石器时期，大致可以确定。斯坦因又在 L.F. 高冈附近发现多冢古墓中死者尸体，干腊未腐，服装颇完整。据称："头戴棕色毡帽，有护耳翼作尖角状，帽左边装饰羽毛五支，有啮齿动物之皮围绕于帽上。周身以毛织物包裹，衣襟交合处，系一小口袋如球状，中盛碎细枝；腰际围一羊毛织裾带，露体不着衣裳；足穿红色鹿靴。死者之面貌：双颊不宽，鼻高而鹰钩，目直，显然为一长头种型。头发卷曲如波，须短而黑。"又云："如其面貌，暗示在兴都库什和帕米尔，阿尔卑斯人种型相似。"在其殉葬物中，有三只草编织篮子，上织出之字形条纹。除此外，尚有 L.F.4 古坟中死者及少女坟，其死者形貌及装饰，与殉葬物，大抵相同。其棺木构成，皆以两块木板掬空扣合，上覆以皮，则所有古冢皆同。[1] 余于民国十九年，在罗布淖尔湖畔 L.Π. 地发见一古冢，死者埋葬方法，其服装大致与斯坦因之 L.F. 冢相同。死者为女人，额窄颧高，眉际画绿线三道，帽具璎珞，唯裹身毛织物，不见盛细枝口袋为异耳（详下文《工作状况》）。民国二十三年同团伯格曼君在阿德克地发现同样古冢多起。[2] 死者服饰形貌及埋葬方式，与余及斯坦因所见，大致相同，不必赘述。唯在墓中除草篮外，尚有木制筹箭甚多。据柏格孟云：箭在腰际，现已被盗掘的人散露于坟外也。斯坦因氏根据死者形貌服饰，以为与《汉书》所记楼兰国人相似，而认为楼兰本地人，兼营牧畜渔猎，而度其半游牧生活也。虽汉人已踏进西域，而本地人尚仍保存其原始文化，尚未改变其生活方式；如今之罗布里克人同也。至墓中死者，是否与上面所述用石器之民族有无关系？但在古坟中确未发现石器，如认为两者同一时期，实无地层上之根据。但据斯坦因在 L.F 古堡附近所采拾之石器与铜器，与古坟距离甚近，其意义甚为重大。据其所述，是坟中死者与用石器之人，虽不能确定为同一时期，但暗示二者确有不可分离之关联，或前后相承，表见其生活进展之程序也。余于民国二十三年在罗布淖尔 L.T. 地发现一故址，内有泥杯、泥纺车、束草纺筵、草编蓑衣、泥棒状物及骨器多件。由其草制物，可以表明其为游牧人所居之故址。尤其束草为纺筵，外缠毛索，与柏格孟氏在阿德克古墓中所掘拾束红柳枝之纺筵，外缠毛索，其用义相同。则生者与死界履行其同一生活方式，由此可以证明也。又

---

[1] 斯坦因《亚洲腹部》(Stein: *Innermost Asia*, Fig.173)；又见向译斯坦因《考古记》一一〇页，六七图。
[2] 柏格孟《罗布淖尔新发现之坟群》(F.Bergman, *Newly discovered graves in the Lop-nor desert*)。

由其骨器中之骨具及骨刀，与 L.Ч. 所拾之玉刀及石镞，形式多相同（参考图版四，图82、88，及图版二九，图6、9）。据此，是用石器之楼兰人与用骨器之楼兰人，以及墓中死者，似有因袭之迹，不能谓其绝无关系也。若然，是楼兰本地人由新石器时代至渔猎时代，及汉通西域时，其生活习惯皆为一贯之方式，表示其生活之简陋与文化之低落而已。若如日人羽田亨氏在《西域文明史概论》中所述，称："住在鄯善附近地方及吐鲁番地方，依西域人骨骼，是属于伊兰人种型，经营其城郭生活，开展农工商业，而成为有意义之文化生活，自汉初直至唐代。"余非人类学家，未尝研究其骨骼。但就生活方式言，余与斯坦因、柏格孟所发见者，与羽田亨所述适相反也。

至于楼兰人种型问题，斯坦因在其《考古记》中，已显明表示楼兰人非雅利安人种，亦非蒙古利亚种，根据人种测量学，检查其头盖骨，是属于阿尔品种（Homo Alpinus），并与现居兴都库什山及帕米尔人民相似。在吾人尚未觅得其他新证据以前，当然赞同斯坦因之说，但为引起读者研究兴趣起见，再就楼兰人生活与服饰，略赘一词。吾人在罗布淖尔古坟中发见之死者，有同一之情形：即无论男女皆戴尖状毡帽，足穿皮鞋是也。柏格孟氏由库尔哦巴（Kul-oba）古坟中出土花瓶上所绘之西提亚人（Scythian）作短靴尖顶便帽，与罗布古坟中死者装饰相似，但西提亚人帽上无羽毛饰。又明斯所著《西提亚人和希腊人》（Minus, Scythians and Greeks）一书中，图十二至十四，有许多亚洲游牧人，是戴尖顶便帽，帽上常有护耳翼，帽缨垂颔下，可以系着。[1]余由伯格曼君所述，联想及塞种人之习俗。据希罗多德（Herodotus）《上古史》记录中，叙述塞种民族情形颇详。第七卷第六十四节云：

---

[1] 柏格孟《罗布淖尔新发现之坟群》五五页。

巴克脱里亚人赴战时，每依其习俗，执着藤弓及短枪。塞种人（Saka）即斯克泰人（Skythen）穿裤，头戴尖顶而又高又硬之帽；手携本国所制之藤弓与短刀，此外又携尖状斧兵。是名为 Amyrgiol 的斯克泰人（Skythen），波斯人呼之为 Saka。（白鸟库吉《塞民族考》引）

又大流士（Darius）碑文中列举各民族，有一塞种民族，为 Saka TigraKhanda。据士马显克氏（Tomaschek）解释称，Khanda 是古波斯语，指用羊皮所制之高帽。Tigra 是尖锐之义。合之即指"戴尖顶高帽之塞种"。游牧于药杀河之北，以迄里海北岸。（引同上）

据此，是希罗多德《史记》所记塞种人之习俗，与大流士碑文中所列举之一塞种人，情形相同。以之与古楼兰人相较，其生活方式与习惯由古坟中所见者，疑同出一源。故余疑楼兰人与塞种人不无关系。又梁荀济《论佛教表》云："《汉书·西域传》云：'塞种本允姓之戎，世居敦煌，为月氏迫逐，遂往葱岭南奔。'"（《广弘明集》卷七引）按此说不见今《汉书·西域传》，疑梁荀济别有所本。又按允姓之戎，又称姜戎，见《左传·襄公十四年》及《昭公九年传》。如荀济"塞种即允姓之戎"其言为可信，则塞种人西奔，必经过楼兰、且末，沿昆仑山西徙。《水经注》曾记一传说云："蒲昌海在龙城之西南。龙城故姜赖之墟，胡之大国也。蒲昌海溢，荡覆其国。城基尚存而至大。……"按古蒲昌海，即今罗布淖尔。古时水积鄯善之东北，龙城之西南。由余第一章所述，龙城或即涸海东部之土丘。由于地面时可检拾石器及彩陶片，或即为姜戎氏西迁时所遗留，故称姜赖之墟。若余所推论不误，则楼兰人必有一部或全部为姜戎即塞种人之裔胄也。现昆仑山中之 Galca 族中之塔奇克人（Tadgik）仍有操伊兰语者，或其遗种欤？

二、汉代对于西域之经营

按楼兰之文化及民族既如前述，则自汉通西域以后，楼兰之情形如何，当为吾人所论及之问题也。自纪元前一三八年，张骞奉使大月氏还，言通西域之利；武帝从之，甘心欲通大宛诸国，先之以军事，次之以政治，而汉文化故亦随军事与政治以俱入。兹就《史记》《汉书》所记，及实地考察所得，概略言之：自张骞第一次联结大月氏之谋失败后，因乌孙与匈奴接壤，复献联乌孙以制匈奴之策。元狩中，骞复奉使乌孙，图结为昆弟，迫之东迁，又分遣副使使大宛、康居、大月氏、大夏、安息、身毒、于阗、扜采（《史记索隐》"扜采音汗弥"，按《汉纪》作"拘弥"，疑"扜"当作"扜"，扜、拘一声之转也）及诸旁国。骞还，拜为大行，列于九卿。后岁余，骞卒；骞所遣副使通大夏之属者，皆颇与其人以俱来，于是西北诸国始通于汉矣；此武帝元鼎二年（公元前一一五年）事也；汉亦置酒泉郡以统之，然是时张骞已死，但开通西域之迹者，自张骞始也。自张骞死后，益发使抵安息、奄蔡、黎轩、条枝、身毒诸国，使者相望于道。一辈大者数百，少者百余，人人所赍操，大放博望侯时。使者既多，而外国亦厌汉币，不贵其财物；而楼兰、姑师当汉道之冲，负水担粮，迎送汉使，颇以为苦；常劫掠汉使王恢等。时匈奴日逐王盘踞天山东麓，即今哈密、镇西一带，中无高山间隔，匈奴骑兵出入为寇。设楼兰与匈奴相结，即可阻汉使之通行。故汉为防御北虏，保障汉道之安全，不能不对于楼兰加以注意。元封三年，乘平西南夷之威，遣从票侯赵破奴率属国骑及郡兵数万击姑师。王恢以轻骑七百人先至，虏楼兰王，遂破姑师，因举兵威以困乌孙、大宛之属，汉遂得由酒泉列亭障至玉门矣。此汉通西域后，对于西域之初次军事行动。自此以后，汉与乌孙联合，以宗女江都翁主妻乌孙王，而收夹击匈奴之效。初汉使之使安息者，安息亦发使随与俱来，观汉广大，及宛西小国欢潜、大益、宛东、姑师、扜采、苏薤之属，皆随汉使献见天子，则葱岭以东各国，均服属于汉。所谓通西域以断匈奴之右臂者，此也。唯宛以西，自以绝远，尚骄恣晏然，凭匈奴之势，未可诎以藩属之礼。汉为申大汉之声威于绝域，威服乌孙、仑头诸国，不能不从事大宛之征讨。太初元年，因大宛之攻杀汉使，掠取财物，即拜李广利为贰师将军，发属国六千骑及郡国恶少年数万人以伐大宛。适以兵少饥疲，为郁成所败。太初二年复出兵伐宛，益发恶少年及边骑，出敦煌者六万人，负私从者不与。益发戍卒十八万筑居延、休屠以卫酒泉。又发天下七科谪，载糒给贰师，转车人徒相连属至敦煌。于是贰师得以屠仑台、破宛城、擒杀郁成王。汉复发使十余辈，至宛西各国，风以伐宛之威德。于是西域震惧，多遣使来贡献。汉遂自敦煌西至盐泽，往往起亭，而仑台、渠犁皆有田卒数百人，置使者校尉领护，以给使外国者。此汉第二次出兵西域之经过也。

凡上所述，有为吾人不可不注意者，即每有一次之军事，即有一次边防之建设。例如第一次之攻楼兰即筑亭障至玉门；第二次之伐宛，即起亭至盐泽。至亭障与军事之关系若何，记文简略。今据东西考古学者赴西北实地考察，测量之结果，知汉时国防之严密，规模之雄伟，有为吾人惊叹不置者。试思自肃州以北，北抵外蒙，西至天山之东麓，皆为寸草不生之冈峦戈壁。自敦煌以西，经龙堆咸地，达孔雀河末流而至楼兰，北穿噶顺戈壁而至哈密，亦皆为干山沙岭。时匈奴正盘踞于阿尔泰山及天山一带，游骑南下，则至肃州；出噶顺戈壁，则至敦煌；偏西，则及楼兰。时汉通西域唯一孔道，自敦煌西行，经盐层地带而至楼兰，转西诣龟兹，为唯一之径道。宛贵人所言："汉去我远，而盐水中数败。出其北，有胡寇；出其南，乏水草。"并无大误。则汉为克服此自然之困难，防御敌人之奇袭，以保汉道之安全，为汉时军略家所苦思之问题也。自元狩二年，浑邪王降汉，金城、河西，西并南山，空无匈奴。元狩四年，汉复击匈奴，走之于幕北，汉始筑令居以西，初置酒泉郡，以通西北国。盖酒泉为西北之门户，为内地北通外蒙、西达哈密与罗布淖尔所必经之地也。又肃州境内有二大河伸入戈壁：一为额济纳河，经张掖、酒泉，北流经毛目额济纳旗而入索果淖尔、喀巽淖尔，即古居延海；一为疏勒河，经玉门、安西、敦煌之北，西入哈拉淖尔。汉之军略家视此为天然之防御线。故汉既得酒泉为长城线之据点后，因王恢等之破楼兰王，遂立展长城线至玉门，即今之安西。李广利伐大宛，又展至敦煌以西之古玉门关，即今之西湖附近矣。余于民国十七年赴西北考察，始自居延海，沿额济纳河南行，至毛目之北，沿途烽墩林立。余当时虽未作地形测量，但大概多耸立于额济纳河之西岸。每隔约十里或三十里距离，即有墩或堡垒（参考斯坦因《新疆与甘肃考古图》）。凡堡垒附近之处，必有一小城遗址，以为居人之所。其旁高地，炭渣遍地，为当时烽火之余烬无疑；间能得少许铜矢镞。南至天仓附近之古堡中，掘拾汉木简数枚，惜无年号，不能确定其时代，但决为两汉之故物。二十三年正月，复往踏勘，在居延海附近，又发见规模较大之堡垒群约八十余座，包含二小城，其详情及重要，余将另文记述，然余疑此地为居延都尉所治之地也。附近车行辙迹，宛然如新；上覆浮土，约三尺许。若非目睹，难以起信。在沿额济纳河旁，烽墩林立，复联以双墙，自居延至天仓皆如此，疑史书所称之居延塞城即指此。此一带城址，右临深河，间以沙碛，则所以防御匈奴之马蹄者，可谓至矣。据《汉书·武帝纪》，太初三年，遣路博德筑居延泽上，则此一带堡垒及烽墩必建筑于此时，正值李广利第二次伐大宛之岁也。故《史记·大宛传》称："北置居延、休屠以卫酒泉。"盖以此也。民国十九年，同团柏格孟君在额济纳河古堡中，发见汉木简甚多，有太初、征和等年号。则路博德筑城之岁，与李广利伐大宛同时。则此一带塞城建筑，为护卫李广利之伐大宛，益可信矣。又斯坦因于一九〇七年赴西北考察，在敦煌以东以西，发见古塞城遗址。据斯坦因地图，由东而西，与余所见之毛目北之塞城相接。西经金塔至玉门，沿疏勒河河床，至安西及敦煌之北，西至哈拉淖尔之小盐湖即巴什托乎拉克而止。[1] 其建筑形式，如斯坦因报告所述，与毛目北之居延塞城大致相同。斯坦因在此一带，掘拾汉简千余支，已由沙畹考释影印；复经王国维、罗振玉二氏重加考释，影印出版。其烽燧之次第，关城之方位，皆有精密之研究，无容吾人置喙。唯斯坦因氏所发现之木简，时代最古者，首推天汉三年之木简，距李广利伐大宛之岁，不过数年耳。则敦煌塞之建筑亦在李广利伐大宛之时或稍后，由此亦可以确定。且据斯坦因报告，在塞城之旁，有一古道，人行足迹，交错如新。又在托呼拉克布拉克其古道上之车迹，印泥甚深。[2] 凡此种种，均与余在额济纳河旁所见相同，由此可证边城与古道相互之关系。而《史记·大宛传》中所称，"转车人徒相连属至敦煌"，益信而有征矣。至托乎拉克布拉克以西，始不见烽墩之迹；直至罗布淖尔北岸孔雀河末流，又见烽墩，如余所发见者。然据其文献，似建筑于宣帝设都护之后，无与于武帝时事。故《史记》《汉书》所记，自伐宛之役后，"起亭至盐泽"，为追述武帝以后事也。

以上所述，皆就汉初军事行动，略为叙述。及武帝崩，昭帝秉

---

1 王静安先生《流沙坠简后序》，关于玉门关之迁徙有所考证，详见本文。略谓沙畹氏以九十三度三十分托乎拉克布拉克之塞城，为太初以后之玉门关，九十四度为太初以前之玉门关。王氏则以"九十四度为太初以后之玉门关，太初以前之玉门关在今玉门县，即汉之酒泉郡玉门县也。唯九十三度三十分之塞城，无可稽指。据《汉书·西域传》：往往起亭至盐泽之语，则以为后修筑至盐泽者"。余按九十三度之塞城与九十四度之塞城相差仅百余里，当为同时所筑，九十四度为关城所在，即玉门都尉所居之地；以西之塞城，乃烽候所在之地；皆为太初以后或即天汉年间所置。由于《汉书·西域传》"敦煌以西起亭至盐泽"一语可证也。至敦煌以东之塞城，则疑在元封四年后。由《史记·大宛传》叙"酒泉列亭障至玉门"于封恢为浩侯之下，可证也。
2 《亚洲腹部历史及其在地理上之影响》，孙守先译，载《地学杂志》第十七卷第二期。

承祖志，因楼兰王不恭于汉，迁其国都于伊循城。楼兰故地，汉人用为军事及运输之根据地。西域门户，遂全握于汉人之手。及宣帝遣卫司马郑吉使护鄯善以西数国，复破姑师，降日逐，匈奴远遁，西域南北两道诸国，全属于汉，此神爵三年事也。自此后，汉之于西域，遂由军事阶段而进入于政治之阶段矣。至后汉之时，虽明、和两帝，时向天山东麓进兵，其自的在攻匈奴，非为西域。但班超藉其声威，运用以夷攻夷之策略，次第收服西域诸国，使其内向。故后汉之于西域，不必全属于军事之发展，而由于运用高妙之政治手腕以取胜者居多也。兹就宣帝以后，关于政治之设施，略述于下。

按据《汉书·西域传》所记，汉初在西域政治组织，分为二类：一为汉官，为汉朝直接所派遣者，大抵皆为汉人；一为西域汉官，皆西域人而佩带汉印绶者。请先述西域汉官。据《汉书·西域传》云：

> 凡国五十，自译长、城长、君监、吏、大禄、百长、千长、都尉、当户、将、相，至侯、王，皆佩汉印绶，凡三百七十六人。

但细查《西域传》中所录各名，实不及此数。徐松补注称二百四十七人，以余统计，人数与之相同（详《西域各国汉官表》）。盖《汉书》列其总数而言也。例如《汉书》所举之"百长""当户"各官，传记中不录；则西域各国佩汉印绶而不录列于传中者，尚有一百二十七人。至于各国国王及夫人印绶，尚不在数中。至所置官员，以"侯""都尉""将""君"及"译长"为最普通，或各国皆具，盖专为征发士兵及粮荚之助也。亦有特设者，如"击胡侯""击车师都尉"，则因事命官，不必各国皆同。试以鄯善一国为例言之：鄯善官制，有一"辅国侯""却胡侯""鄯善都尉""击车师都尉""击车师君""左右且渠""译长"各官，除"辅国侯""译长"与各国同为普通官制外，若"鄯善都尉""左右且渠"则因鄯善所固有，而加印绶外，若"击车师都尉""击车师君"则因助军而受汉朝之官号者也。试查《西域传》中，设"击车师都尉"者二国：鄯善与龟兹；"击车师君"二国：鄯善与焉耆。按鄯善、焉耆，均与车师为邻。汉尝与匈奴争车师，每征邻国之兵为助。《西域传·后城长国》云："武帝天汉二年，以匈奴降者介和王为开陵侯，将楼兰国兵始击车师。"又云："征和四年，遣重合侯马通将四万骑击匈奴，道过车师北，复遣开陵侯将楼兰、尉犁、危须，凡六国兵，别击车师。诸国兵围车师王降服，臣属汉。"

此虽不言焉耆，但焉耆与危须、尉犁均为近邻，必参与是役无疑。故鄯善之"击车师都尉"及"击车师君"，疑设于武帝征和四年或天汉二年击车师之时也。时楼兰尚未南迁改国号，故传记中仍用楼兰国名号。以后虽不击车师，而官名仍存，故班固著录之也。至龟兹之"击车师都尉"，疑设于宣帝以后。《车师传》中称：地节二年，吉、熹发城郭诸国兵万余人，自与所将田士千五百人共击车师，攻交河城，破之。时龟兹已属汉，必参与是役。则龟兹"击车师都尉"之设，当在宣帝以后也。至于"却胡侯"亦疑设于汉宣帝元康间，与焉耆之"却胡侯"及龟兹、危须、焉耆、车师后王之"击胡侯"同置，皆因争车师与击匈奴而设也。由是言之，西域诸国之兵士受汉朝之调遣，统兵之军官受汉朝之命令与官号，则西域诸国之军权，完全集中于汉人之手矣；不特鄯善一国为然也。故自汉武帝伐大宛之役以后，历昭、宣、元、成，从未派遣大军至西域，而西域各国均降服于汉者，皆用西域之兵以制西域。其次则为汉派遣之汉官。在武帝时，仅置一"使者校尉"领护田卒。及宣帝神爵三年，因匈奴日逐王降汉，设置都护。据《西域传》所述："都护督察乌孙、康居诸外国动静，有变以闻，可安辑，安辑之；可击，击之。"是都护职权专制一方，为西域诸国之军政最高首领。《西域传》又称"屯田校尉"始属都护，是又兼摄屯垦事务。是不啻西域之军、政、财三大权，均集中于都护之手矣。据《汉书·百官公卿表序》云："西域都护副校尉秩比二千石，丞一人，司马、候、千人，各二人。"据《百官表》：戊己校尉之丞、司马、候秩比六百石，则都护之丞、司马、候、千人秩禄当与相同。是都护之秩禄等于汉之郡太守。故西域都护治乌垒，立幕府。《郑吉传》云："吉于是中西域而立幕府"，可证。汉制唯大将军有幕府；今郑吉于乌垒立幕府，是权侔大将军矣。故能征发兵马，征讨不服。而西域将、相、王、侯，亦统受其节制也。至元帝时，复置戊己校尉，屯田车师前王庭。以余之考证，戊己校尉直属中央（参考下文《木简考释》），专理车师屯田，非有朝命，不得调遣。故其权仅次于都护也。现乌垒故址，迄今尚未发现，难以考古学上之助，说明当时都护所在地之情形。但余于民国十九年春在孔雀河末流罗布淖尔北岸，发见古烽燧亭遗址，获得汉木简数十支。最早者为黄龙元年，汉宣帝年号，距设都护之岁已十一年；故此地之设烽燧亭，当为西域设都护以后事。在余所获简中，有一简上书："右部俊曲候丞陈殷十月壬辰为乌孙寇所杀。"（考释第三简）又一简云："永光五年七月癸卯朔壬子左部左曲候（下缺）。"（考释第二简）余在考释中已解释右部后曲候屯姑墨，右部右曲候屯龟兹。然则左部左曲候屯驻何地耶？今当论及。余第二次在余遗址中复发现前后兵营，及烽火台下所遗留之粮食，如胡麻之类，干结成饼状；在土台之上面为烽竿。是当时建筑，上为烽竿，而下为积谷之仓库，形迹至为显然。又在其西孔雀河北岸，有屯田沟渠、堤防遗迹（参考第二次路线图）及草屋聚落，可为当时在罗布淖尔即古楼兰故址屯田之证。汉为保护田卒起见，故在其东部设置烽燧亭以防敌寇之钞掠，且兼营护卫行旅之事；则此处必有一候官，或部校尉以统理之。故余据木简所写，疑此地为"左部左曲候"所驻者也。因在乌垒之东，故称左部，以别于乌垒西右部屯田之所也。又按左部左曲候既屯楼兰，则左部后曲候必屯交河，由余所获木简中有"交河曲仓"及"交河壁"等字样可证也。及哀、平以后，中原多故，西域隔绝，楼兰屯地，遂被放弃。后汉和帝永元中，复置都护，居龟兹；又置戊己校尉居车师前部"高昌壁"，置"戊部候"居车师后部候城。终后汉之世，楼兰故地，不设官守，与前汉异也。

附：

西域各国汉官表

国名				官级			人数
鄯善	辅国侯	却胡侯	鄯善都尉 击车师都尉	左、右且渠	击车师君	译长二人	余各一人共卅九人
且末	辅国侯			左、右将		译长	各一人共十四人
小宛	辅国侯		左、右都尉				各一人共三人
精绝			精绝都尉			译长	各一人共四人
扜弥	辅国侯		左、右都尉	左、右将	左、右骑君	译长二人	余各一人共廿九人
于阗	辅国侯		左、右都尉	左、右将	左、右骑君	东、西城长 译长	各一人共八人
皮山			左、右都尉	左、右将	骑君	译长	各一人共六人
蒲犁		侯	都尉				各一人共三人
莎车	辅国侯		都尉二人	左、右将	左、右骑君 备西夜君	译长四人	余各一人共廿二人
疏勒	辅国侯	疏勒侯 击胡侯	都尉	左、右将	左、右骑君	左、右译长	各一人共一〇人
尉头	辅国侯		左、右都尉		左、右骑君		各一人共八人
姑墨	辅国侯	姑墨侯	都尉	左、右将	左、右骑君	译长二人	余各一人共卅九人

第一篇 绪论 85

续表

国名	官级					译长	人数
温宿	辅国侯		左、右都尉丞		左、右骑君	译长	各二人共一〇人
龟兹	辅国侯	安国侯 击胡侯	大都尉丞 却胡都尉 击车师都尉 左、右都尉	左、右将	左、右骑君 左、右力辅君 却胡君	东西南北部千长各二人 译长四人	余各一人共二九人
乌垒			城都尉			译长	各一人共三人
渠犁			城都尉				一人
尉犁		尉犁侯 安世侯	左、右都尉	左、右将	击胡君	译长	余各一人共九人
危须		击胡侯	击胡都尉 左、右都尉	左、右将	左、右骑君 击胡君	译长	各一人共一〇人
焉耆	辅国侯	击胡侯 却胡侯	左、右都尉 击胡都尉二人	左、右将	击胡左、右君 归义车师君 击胡君二人	译长三人	余各一人共一八人
乌贪訾离	辅国侯		左、右都尉				各一人共三人
卑陆	辅国侯		左、右都尉	左、右将		左、右译长	各一人共七人
卑陆后国	辅国侯		都尉	将二人		译长	余各一人共五人
郁立师	辅国侯		左、右都尉			译长	各一人共四人
单桓	辅国侯		左、右都尉	将		译长	各一人共五人

续表

国名	官级					人数
蒲类	辅国侯		左、右都尉	左、右将		各一人共五人
蒲类后国	辅国侯		左、右都尉	将		各一人共五人
西且弥		西且弥侯		左、右将	译长	各一人共五人
东且弥		东且弥侯	都尉			各一人共三人
劫国	辅国侯		左、右都尉			各一人共三人
狐胡	辅国侯				译长	各一人共三人
山国	辅国侯		左、右都尉	左、右将	译长	各一人共六人
车师前国	辅国侯	安国侯	都尉 归汉都尉	左、右将	车师君 通善君 乡善君	余各一人共十一人
车师后王国		击胡侯	左、右都尉	左、右将	道民君 译长	各一人共七人
合计	二三人	一六人	五八人	四四人	四〇人	总共二三一人
乌孙	相大禄 左、右大将	侯三人	大将都尉二人	大监二人	大吏 舍中大吏二人	余各一人共十四人
大宛	副王 辅国王				骑君	各一人共二人
						连上共二四七人

三、汉文明之输入

以上所述，汉代经营，皆就军事政治两面申述。次即述汉文明之输入。试查《史记》《汉书》所记，自玉门关以西，皆为沙漠地带。楼兰、姑师为游牧民族，本不事田作。汉使所过，及军事行动，每因乏食绝邑，不能达到目的。故汉自通西域后，欲求军事之顺利进行，及政治势力之巩固，唯一急要，则为施行屯田政策。自李广利伐大宛后，轮台、渠犁均有田卒数百人。昭帝时，南迁楼兰于伊循城，置司马吏士，屯田积谷。自匈奴日逐王降汉后，车师、莎车亦为汉人屯田之地。其他如楼兰、龟兹、姑墨，亦无不有屯地；此皆有记载之可凭者也。试思新疆南部，沙漠大半，其可耕之地，亦属有限，而均有汉人垦区，则由屯田所发生之文明，亦必影响于本地人之生活而为之改善，此理之所必然也。兹举其要者言之。

1. 井渠及农作法

《前汉书·李广利传》云："宛城中无井，汲城外流水。"又云："贰师闻宛城中新得秦人，知穿井法，而积食尚多。"据此，是大宛之知穿井法，由汉人所传。大宛在西域称大国，与康居、安息相接；而穿井之法，乃得之于汉人，则葱岭以东之国，更无论矣。今吐鲁番、托克逊有以坎井灌地者，斯坦因、伯希和均以为出于伊兰；王国维氏则以为此中国旧法。据孟康注《汉书·乌孙传》云："卑鞮侯井，大井六通渠也。下流涌出，在白龙堆东土山下。"井名通渠，则确是井渠。[1] 据此，则凿井之法，出于汉人，而非出于伊兰人，可确信也。其次如开渠筑堤之法：新疆气候干燥，终年不雨，故引河水灌地，为农作必要之政策。然西域人初不知之。及汉通西域，推行屯田政策，而农作之法，遂输入于西域。例如《水经注》所记楼兰筑堤之

---

1 《观堂集林》卷十七，《西域井渠考》。

故事，及余在罗布淖尔孔雀河北岸所发见之柳堤及古渠，可以为证也（见下文《工作状况》）。鄯善王尉屠耆归国时，请汉遣将屯田伊循，汉为之遣司马一人、吏士四十人前往。据《汉书·西域传》称，鄯善原为游牧民族，随逐水草，寄田仰谷旁国。尉屠耆居汉最久，必深知农作之利，故其归国欲藉汉力推行农作以开发其国家。据此，则鄯善及楼兰由游牧生活而进入农业社会矣。其次如车师、轮台亦然。车师原亦为游牧民族，汉为屯田其地，累与匈奴战争。元康二年，乃尽徙车师国民令居渠犁，以车师故地给匈奴。《汉书》称车师王得近汉田官，与匈奴绝，亦安乐亲汉。时车师国民必已参加渠犁田作而转入农民生活，故以为安乐也。又《西域传》云：李广利征大宛还，以扜弥太子赖丹入京师。昭帝时，以赖丹为校尉，田轮台。轮台与渠犁，地皆相连也。后为龟兹贵人所杀。按校尉为田官之首领，赖丹为扜弥太子，亦可以为田官，则汉在西域屯田，不必尽为汉人，本地人亦可参加屯田工作。不特此也，《汉书·西域传》"温宿国"条下，唐颜师古注云："今雍州醴泉县北有山名温宿岭者，本因汉时得温宿国人，令居此地田牧，因以为名。"若师古之言可信，则汉时温宿国人且至内地营田牧生活，归化于汉人也。又如《汉地志》："安定郡有月氏道，上郡有龟兹县，皆因居西域国人而得名。则西域人移居内地田牧，又非仅温宿一国也。"由此可见汉之屯田政策，已伸入西域各地，由汉之屯田而改换本地人之生活状况，又事理之所必至也。至于所应用之农具及与耕作有关之什物，余不能一一指出，然相信必与中原为一系统也。

2. 陶器及漆木器

在汉通西域以前，日常之用具为何？尚乏实地之材料。就吾人在罗布淖尔古坟中所见，本地人所应用者，为骨器、草编品及未烧炼之泥具而已。余在《工作状况》及《器物图说》中，已分别举出。无疑的，皆为未受汉化之土俗用品也。反之，吾人踏查其他陶片散布地，间有汉铜小件及五铢钱为证明者，其陶片多作红色与青色两种，花纹多作水波纹、绳纹及回纹，显与内地之传统纹样相同，形式亦多趋一致。无论其为车旋法或手抟法制造，要皆为中原之作风，而与西来者迥殊。凡此种种，余于《高昌陶集》中已详加申述，此地不容再述。若轮台、库车、和阗瓦砾之散布及完整之陶器，其花纹形样，皆不出于上举之范围。尤其在天山北麓古坟中所出之黑陶壶，与内地壶形式纹样均同，是可证自汉通西域以后，陶工艺术之输入，极为广泛，竟遍及天山南北两路。盖西域各国因受汉朝屯田之影响，农业大为改进后，第一为人民所需用者即为陶器；盖制陶与农业有密切之关系也。虽和阗之约特干、莎车之图木舒克，时有彩绘及带兽形之陶器及木具，非自内地来，但以同时出土之其他物件为证，皆为隋唐时之产品，又属佛教入新疆以后之事也（俟下章当述及）。其他西域人所用陶器，均属于中原系统。楼兰最在东陲，与汉为近，其什物受汉文化之影响，更为深切，当无可疑。就吾人踏查所及，陶片分为二类：一为沙质，一为泥质。其泥质者，疑来自内地；花纹形式，均与内地相同。其沙质者，疑本地所造。盖罗布淖尔地多沙卤，不便作细陶；然为应用起见，故以本地沙土为质，加以烧炼，极不光平；然其式样，则属中原系统（图版六，图5）。此项陶片，多散布于孔雀河末流北岸古渠附近之古代村落遗址间，可证其为真正民间之用品矣。唯在孔雀河末流觅得陶片二：一朱绘纠绳纹，红泥质，中含石子；一刻绳纹，表面青灰色，里刷红色，虽为手抟法所制，然制作甚精（图版六，图1、3）。疑直接来自内地，或出于甘肃；因泥质中均含石子，与甘肃北部及内蒙古长城附近之古陶片为一致也。其次为漆木器：余在罗布淖尔古坟中，得漆桶状杯（图版一三，图2、3）二件，又在古烽燧亭遗址得漆两耳杯、漆木具之类（参考《器物图说·漆器类》）。《史记·大宛传》称："自大宛至安息，其地皆无漆"；则葱岭以东诸国，更无漆器，可以推知。今罗布淖尔古墓及遗址中，发见漆器，则必来自中土，毫无可疑。其漆杯形式，与乐浪出土者皆相同，而漆两耳杯其式样又见于陕西、河南出土之陶质与铜质。故是项用具，皆为中原所普遍通行之用具。尤其遗址中之漆木具，在木板上涂生漆，而用于器物及建筑上，则汉代工艺之进化，实使人欣佩不已。而余所获之两耳杯，中无木质，完全由干漆及纻麻布作成，元时名曰脱空。其后佛教东来，和阗、库车又用夹纻法以造佛像，见于《大唐西域记》卷十二所记。虽夹纻造像始于梁简文帝，但夹纻之法，实始于汉，由汉传入西域也。至若木器，余在古坟中发见有木碗及木几之类（《器物图说·木器类》）。据余之工作经过，皆为衣冠冢所出。同时出土者，尚有漆器，则必来自内地无疑。此就余所见者为言。其他关于日常用具，除含宗教性者外，疑多受汉人影响，不及备举。且有至今尚存汉时遗制者，如食具中之楢枸是也。是皆由农业之进展，而器物遂随之输入故也。

3. 钱币

试思农业发展之阶段中，彼此货物之交换，均持货币以为媒介物。西域诸国之钱币为何，亦可窥见其文明之所从来矣。试据《汉书·西域传》所述：安息之钱币，以银为质，文独为王面，幕为夫人面；条支之钱币，文为人头，幕为骑马；罽宾、乌弋山离均同。大月氏货币，虽《汉书》无记载，但以近今出土者为例，其式样颇与安息诸国相似；皆以金银为质，中无孔，唯文幕各异耳。又观现新疆故址所散布之钱币，类皆为五铢钱，为汉时内地所通用之钱币。但据中国载记称，龟兹国亦铸五铢钱。[1]但由余所发见者，其钱较小，圆廓方孔，上不铸字，散布极广，随手可拾；则为当时人民所通用

---

[1] 《晋书·食货志》。

之钱币无疑也。其次，高昌铸有"高昌吉利"钱，见于日人《西域考古图谱》。余亦采获其一，类皆方孔圆廓，取式于汉五铢钱无疑。又余在莎车拾方孔钱一枚，上有西域文字，幕有一蛇；然皆近于汉钱式，与安息、大月氏之货币非一系统。吾人虽在疏勒、莎车、高昌偶拾无孔钱，但皆为宋以后之钱币。疏勒、莎车在宋初已被回教徒所据有，则其无孔钱必为当时回教徒所通行之货币。高昌在宋元以后，亦属于畏兀儿，其所用之银币，上铸畏兀儿文，疑亦为当时本地人所援用。但此地以银为质，疏勒、莎车以铜为质为异耳。至于罗布淖尔本地用何种钱币，由今考古上之踏查，大多数皆为汉五铢钱，已详于各家考古报告中，无容再述。余于民国二十三年，在孔雀河沿岸，曾在一地方圆不及一里，拾五铢钱约六百余枚。其散布之广，由此可见。但此项钱币，皆为汉人所输入；楼兰本国是否铸有同样钱币，今尚无所发现，但亦不见无孔钱，是安息以西之货币，尚不达于此土也。

4. 丝织品

中国以产丝著闻于世界，初见记载于希腊历史家。希罗多德（Herodotus）《上古史》称中国为"Seres"，希腊语"绢"之义。又纪元前一五〇年，托拉美（Ptolemy）《地理书》中，亦记希腊商人实到过"绢国之都"[1]，此地据一般学者解释，相当于今日疏勒，为中国古时极西部之国际市场。《汉书·西域传》称疏勒有列市，亦指此地也。据此，是中国内地丝绢早已运至新疆之疏勒，再转运至欧洲。及汉武通西域，交通大开；汉使臣尝以财物贿赂西域各国，而西域各国亦贪汉财物、丝绢之类，尝居奇以为交易之媒介物。例如《后汉书·大秦传》云："安息欲以汉缯彩与之交市，故遮闭汉使，不得自

---

[1] 斯坦因《西域考古记》一八页；又二〇八页。

达。"则中国丝织品，由安息输入于罗马，益可信也。但当时贩丝之道，必经塔里木盆地，而楼兰扼其咽喉。斯坦因尝于楼兰遗址中发见一捆绢彩，为当时贩运所遗[1]，或楼兰人亦作贩丝之业也。余在楼兰虽未发见绢彩，但在孔雀河沿岸之衣冠冢中，死者衣文绮绢彩，甚为都丽；虽黄发小儿，亦皆披服锦绣（见《工作状况》L3冢）。则楼兰必早已接受汉丝织文明，毫无可疑。《大唐西域记》中，曾记和阗桑蚕故事称："于阗以国无蚕桑，向东国求婚，遂由东国女秘密运桑蚕至于阗。"此故事亦见于西藏文学中。后斯坦因在和阗旦当乌利克寺院板壁上，发见一故事画，即描写此事。[2] 据西藏文学称，"东国指中国一地方"。如然，是于阗蚕桑，直接由内地传入。但又据 Sten Konow《于阗研究》称："据藏文《于阗历史》，娶中国公主输入蚕桑者为尉迟舍耶（Vijaia-jaya），在纪元后二二〇年以前。"[3] 据其所述，是相当于东汉末季，此时汉朝无与于阗结婚之事。疑东国之君为鄯善王；盖鄯善西与于阗为邻，鄯善王尤还又为汉朝外甥，先有蚕桑，极为可能。又观斯坦因在旦当乌利克所获之故事画片，男女皆作西域人种型可证也。若然，是汉朝蚕桑传至鄯善，再由鄯善传至于阗；在传播路线上，亦复相合。故与其谓东国君指汉皇帝，不如指为鄯善王较为合理也。至今和阗蚕桑业甚盛，丝绸亦甚有名，而鄯善则久已废弃矣。

5. 兵器

按《汉书·婼羌传》云："山有铁，自作兵。兵有弓、矛、服刀、剑、甲。"《鄯善国传》云："能作兵，与婼羌同。"是鄯善、婼羌原有

---

1 斯坦因《西域考古记》四五页，插图三〇、三一。
2 见 Sten Konow《于阗研究》，方壮猷译，载女师大《学术季刊》第一卷第四期《所谓东伊兰语即于阗国语考》
3 同上。

兵器，不过弓、矛、刀、剑，以铁为质而已。其他各国兵器，亦不出婼羌所能之范围。《史记·大宛传》云："大宛不知铸钱（铁）器，及汉使亡卒降，教铸作其他兵器，得汉黄白金，辄以为器，不用为币。"按大宛为西域大国，其兵器且用汉法，其他各国，可以推知。盖汉朝兵器，以铜为质，再杂以锡。《考工记》云：

> 金有六齐：六分其金，而锡居一，谓之钟鼎之齐；五分其金，而锡居一，谓之斧斤之齐；四分其金，而锡居一，谓之戈戟之齐；三分其金，而锡居一，谓之刀刃之齐；五分其金，而锡居二，谓之削矢之齐。

《考工记》为先秦人所记，载入于《周礼》中，必为可信。现罗布淖尔出土之遗物，如铜镜、矢镞及小铜器，颜色淡黄，中皆杂锡，可以验其然也。今婼羌、鄯善，以铁为兵，不唯不知用铜，且不知杂锡；故以本土兵器与汉兵器较利钝，则以其五而当汉之一也。汉兵器，以弩弓为最强；汉初十石以上弩，皆禁止出关可证。《史记·大宛传》称："李广利伐大宛，兵弩盛设。及至宛城，宛兵迎击，汉兵射败之。"是汉之破宛，恃弩兵之力也。婼羌、鄯善，仅有弓矛之用，器不锋利。及汉通西域后，弓弩之法传至西域，西域人改进兵器，然犹三而当一。由《汉书·陈汤传》中所言，可以明其然也。

以上五者，就西域人受汉文化较大者而言。由此五者所发生之连带影响，当更较繁复。例如由内地丝织品之输入，则服御之制，必随之变更。例如晋隆安间，法显至鄯善，称："俗人衣服，粗与汉同。"《汉书·西域传》称"龟兹王绛宾乐汉衣服制度"可证也。服御既如此，则其他如由钱币及田作法之输入，而影响其权衡度量；由兵器之改进，而影响其战争之法，攻守之具；此皆可比推而知也。

第五章
佛教之传入与其文明

一、佛教之传入

佛教何时传入鄯善,史籍无考。其首见称述者,为晋释法显之《佛国记》。记云:

> 由敦煌行十七日,计可千五百里,得至鄯善国。……其国王奉法,可有四千余僧,悉小乘学。诸国僧人及沙门,尽行天竺法,但有精粗。从此西行,所经诸国,类皆如此。

按据法显所记,始于弘始元年,发迹长安。弘始为后秦年号,即东晋隆安三年也(公元三九九年)。但据斯文赫定博士在其楼兰古址所发现之佛教遗迹,有嘉平[1]、泰始年号之汉文字,是在魏晋之际,此地佛教已属殷盛,皆在法显至鄯善以前也。然则佛教究自何时始传入鄯善?

---

[1] Conrady: *Lou-Lan*, P.93, Fig.16. 原简"平"上缺一字,孔拉德解作"喜平",余查中国无"喜平"年号,唯汉灵帝曾改元"熹平"(公元一七二—一七八年),时代疑不相及。故余疑当作"嘉平",为魏齐王芳年号(公元二四九—二五四年)。同简又有"咸熙"年号(公元二六四—二六五年),相距不远,可证为同一时期物也。

欲讨论此问题，须先明佛教传播路线。试以中国僧侣往印度取经路线作证明，先以法显所经行者为例。法显由敦煌至鄯善后，复西行，到鸟夷国，转于阗。鸟夷据一般学者解释为即今之焉耆。如然，是由鄯善向北行，至高昌，再转西南行至于阗也。故其记中有"直进西南行，路中无居民，涉行艰难"之语，盖由焉耆横过大沙漠而至和阗也。如由鄯善直西行，须经且末、扜弥而至和阗，即北魏宋云之所经行者是也。到和阗后，分为两路：慧景等先至竭叉国，法显向经子合国南行入葱岭，到于麾国。安居已，转至竭叉国。按子合国即宋云之朱驹波国，玄奘之斫勾迦国，今莎车叶城南山谷中也。于麾国今地不详所在，疑属汉盘陀国境。宋云《求经记》称：八月初，入汉盘陀国，疑即其地，即今之蒲犁县属也。据《佛国记》："法显至竭叉后，再西行，向北天竺。在道一月，得度葱岭，有一小国，名陀历；顺岭西南行，其道艰阻，崖岸险绝；下有水，名新头河，渡河便到乌苌国。"按此即两汉通罽宾之大道。《前汉书·罽宾国传》云："起皮山南，更不属汉之国四、五。……又历大头痛、小头痛之山。盘石阪道，狭者尺六七寸，长者径三十里，临峥嵘不测之深渊。行者步骑相持，绳索相引，二千余里，乃到悬度。"《后汉书·德若传》云："自皮山西南经乌秅，涉悬度，六十余日，行至乌弋山离国。"

按陀历即前、后《汉书》之悬度。若较以今地，盘陀国疑即今之达许库尔干，汉蒲犁国地。乌秅今之乌杂特。悬度今之洪查山口。罽宾今白沙瓦。是法显由于摩国西南行，经乌杂特巴，过洪查山口，渡几尔几特河，西至达第斯坦，即乌苌国北境；与两《汉书》所记由子合经乌秅、难兜而至罽宾之路线相同。又竭叉国足立喜六解为今之喀什噶尔。[1]若然，是法显由子合西北行，至竭叉国，又南行至

---

[1] 《法显佛国传考证》，为日本足立喜六著，何健民译，商务馆印行，下同。

北天竺；与原文不合。故余颇疑法显之竭叉，即《汉书》之乌秅。《后汉书·西域传》"德若"条，唐李贤注云："乌秅，《前书音义》云：乌音一加反，秅音直加反，合读为鷃拏。"[1]据此，是竭叉为乌秅之转音，疑即今之乌杂提也。且法显称"竭叉在葱岭山中，被服毡褐，不生五谷"，均与乌秅情形相同。若喀什噶尔，则在葱岭以东，即《大唐西域记》中之佉沙国。据玄奘所述，称其"气候和畅，禾稼殷盛"，与法显所述竭叉国情形，迥然不同，故不能视为一地。如此，则法显路径，由子合至竭叉，即乌秅，与慧景等合，并不取道疏勒。至北魏神龟中，宋云入印度求佛经，取道较法显略偏西。《洛阳伽蓝记》卷五录其行程记云：

> 神龟二年七月二十九日，入朱驹波国。八月初，入汉盘陀国界。西行六日，登葱岭山；复西行三日，至钵盂城。三日，至不可依山；其处甚寒，冬夏积雪。自此以西，山路倚侧，长坂千里。……九月中旬，入钵和国。……国之南界，有大雪山，朝融夕结，望若玉峰。十月初，至嚈哒国，以毡为屋，随逐水草。十一月初，入波斯国境。十一月中旬，入赊弥；渐出葱岭。十二月初，入乌场国。……

据足立喜六解释："钵盂城在小帕米尔山中。钵和城在 Abi-panja 河沿岸。嚈哒国为缚刍河溪谷之强国，或名护密。"又按白鸟库吉解释："钵和，今瓦格萨（Waxan）溪谷，嚈哒在巴克脱利亚一带。"今据白鸟库吉所云是宋云由汉盘陀国即今达许库尔干，向西登葱岭，经小

---

[1] 乌秅，《汉书·西域传》作乌秅，颜师古注同。刘敞曰：秅当作秅。《后汉书》作乌秅，李贤注引《前书音义》，亦作乌秅，未知孰是，其音读均为鷃拏也。

帕米尔，沿瓦格萨溪谷，而达嚈哒即巴克脱利亚也。又《魏书·西域传》云："从莎车西行一百里，至葱岭，西一千三百里至伽倍为一道；从莎车西南五百里至葱岭，西南一千三百里至波路为一道。"又"钵和国"条云："在渴盘陀西有二道：一道西行向嚈哒；一道西南趋乌苌，亦为嚈哒所统。"两条合并观察，是北魏时在葱岭西有二道：一道从莎车经达许库尔干，即蒲犁，向西经瓦格萨溪谷而至巴克脱利亚；一道由达许库尔干西南行，经几尔几特河谷而达犍陀罗，即趋乌苌之路，前者为宋云所行，后者为法显所行也。以后玄奘由印度之回程，以及慧超往五天竺之回程，皆同于宋云之去程。其东面皆以莎车西之达许库尔干，即蒲犁为起点也。皆在《汉书》所述之南道上。然《汉书》尚有北道："北道西逾葱岭，则出大宛、康居。"由余之推论，北道亦有二道：一由喀什噶尔沿克子尔河至伊克斯塔木，北上达剌克岭至大宛，为北道中之北路，即大宛道也；一由伊克斯塔木西上阿赖高原，经喀喇提金，西南入苏儿格卜溪谷至巴克脱利亚，为北道中之西路，即大月氏道也。是北道以疏勒西之伊克斯塔木为起点也。西域胡商多经行北道，而至塔里木盆地。故《汉书》称疏勒有市列，西当大月氏、大宛、康居道者是也。据此，是大月氏又为南北道总汇之目的地矣。（参阅附图五，《西域交通路线图》）

然则鄯善佛教，遵何路线而传入耶？欲解答此问题，应先明于阗佛教之来源如何。盖鄯善西与于阗接，同在南道上；佛教传入，由西而东，必先至于阗，再由于阗至鄯善，播及中土，此必然之形势也。但于阗佛教之传入，初有种种传说。试举《大唐西域记》卷十二，记佛教最初传入于阗故事云：

> 王城南十余里有大伽蓝，此国先王为毗卢折那阿罗汉所建也。昔者此国佛法未被，而阿罗汉自迦湿弥罗至此林中习定。王往观其容止，罗汉语王曰："我如来弟子，闲居习定，王宜树

福，弘赞佛法，建伽蓝，召僧众。"王曰："既云大圣，为我现形，既得瞻仰，当为建立。"罗汉曰："王建伽蓝，成功感应。"王从其请，建僧伽蓝，远近咸集，而未有犍椎，扣击召集；忽见空中佛像下降，授王犍椎。因即诚敬，宏扬佛教。……

按此传说，又见于宋云、惠生《行纪》(《洛阳伽蓝记》卷五引)唯毗卢折那作毗卢旃，当为一人。又据罗克西耳所译《西藏传》，谓毗卢折那阿罗汉来于阗传佛教之时，在于阗建国以后百六十五年，即于阗王尉迟散婆跛（Vijayasambhava）治世之第五年也。[1] 据羽溪了谛氏考证，称于阗建国，由《西藏传》及玄奘所传，当为阿育王时代，即纪元前二四二年顷。此云建国后百六十五年，则佛教传入于阗，当为纪元前七十四年之际。来传教之高僧，即毗卢折那。又据阿育王石碑及善见律所述，阿育王即位之第十一年至十二年之间（纪元前二五九—前二五八年），曾遣派僧侣至四方传播佛教；入迦湿弥罗及犍陀罗者，为末阐提（Majjhantika，并引见羽溪了谛《西域之佛教》四一—四三页）。

如上所述，是在纪元前一世纪顷，于阗即有佛教。此时当前汉昭宣之际，西域内属，交通大开，汉朝与罽宾交涉，自武帝以至元成间，往来不绝。迦湿弥罗即今之克什米尔。克什米尔在罽宾之东南，同在汉通西域之南道上，盖由巴达克山经扬伽（Jangam）南下，越大雪山（Hindu-kush）而达克什米尔，其起点皆自莎车西之达许库尔干也。于阗在莎车之东，亦在南道上，为汉通罽宾所必经之地。罽宾既与中国有交通，迦湿弥罗较罽宾为近，则由克什米尔到于阗，极为可能（参阅《西域交通路线图南道线》）。由此以言，则

---

[1] 贺昌群译羽溪了谛《西域之佛教》二〇三页，文中或简称《西域之佛教》。

在纪元前迦湿弥罗人，遵南道来于阗传教，非不可能之事也。但吾人细检中西载记，有足供吾人注意者，即《西藏传》称于阗最初建立之寺院，为赞摩寺。以后七代之间，绝未再建一伽蓝。据此，是汉昭宣以后，二百余年之间，于阗王皆无传播佛教之事。又据挪威Konow著《东伊兰语考》称："据《西藏传》首来于阗传佛教之毗卢旃，即毗卢折那，适当于阗王尉迟散婆跋时代。散婆跋即《汉书·西域传》之于阗将反莎车自立之休莫霸。"（方壮猷译文，见女师大《季刊》）按休莫霸约当汉明帝永平时，即纪元后五八—七五年；距毗卢折那入于阗之岁，相差一百三十余年。故由年代之考证，与《西藏传》显有出入。又据《汉书·班超传》，当汉明帝至和帝时，班超均在西域。称于阗国俗信巫。并有遣使向汉使求马祭神之事。时虽休莫霸已死，广德嗣位，但相距亦不甚久。又《大唐西域记》"瞿萨旦那"条，曾记鼠壤坟故事，称：

> 昔者匈奴率数十万众寇掠边城，至鼠坟侧。……其马鞍、人服、弓弦、甲缝、带系，鼠皆啮断。兵寇既临，面缚受辱。瞿萨旦那王感鼠厚恩，建祠设祭，上自君王，下至黎庶，咸修祭祀，以求福祐。或衣服弓矢，或香华肴膳，亦既输诚，多蒙福利。

按此故事虽无稽，但匈奴伐于阗，据《后汉书·西域传》记，实有其事。"莎车国"条云："匈奴闻广德灭莎车，遣五将，发焉耆、尉犁、龟兹十五国兵，三万余人围于阗，广德乞降，以太子为质。"时后汉章帝元和间也（公元八四—八六年）。今以两书所记合并观察，必同记一事。但可注意者：瞿萨旦那王建祠设祭，祭以弓矢肴膳之事，此皆非佛教所宜有。综上诸例证，是自前汉昭宣以后，至后汉章帝之末（公元前七四—后八八年），于阗无流行佛教之事。又在此期间，汉势力扩展至西域，使臣来往，不绝于途。虽中间有一时期，政治上与西域断绝关系，而交通大道并未废弛。然汉之使西域者，从无一人提及佛教事。和帝以后，西域复内属，班超父子驻屯西域时间最久，而甘英且西至波斯海湾，亦无一语道及。则后汉明帝至安帝之初，佛教在西域为一般人所漠视，从可知矣。虽鱼豢《魏略》有"汉哀帝元寿元年，博士弟子景庐受大月氏王使伊存口授浮屠经"之记载；然以为老子西出关，过西域，之天竺，教胡浮图所云。其对佛教观念之不明确，由此可知。《后汉书·西域传》亦有"汉明帝夜梦金人，遂遣使天竺，问佛道法之事"；但范蔚宗首称"世传"，结论谓"桓帝好神教，祀浮屠，老子，百姓稍有奉者，后遂转盛"。是明明暗示中国佛教之流行，始于桓帝以后也。故其《西域传赞论》云：

> 佛道神化，兴自身毒，而二汉方志，莫有称焉。张骞但著地多暑源，乘象而战。班勇虽列其奉浮屠，不杀伐，而精文善法，导达之功，靡所传述。……自楚英始盛斋戒之祀，桓帝又修华盖之饰，将微意未译，而但神明之耶。

是当时以佛教列于鬼神之俦，僧侣比于方士之林，未尝认为特立之宗教，并含有高深之哲理：由蔚宗所云，概可知也。内地之情形既如此，则西域情形当亦相类。据此以言，则玄奘所记，西藏所传：毗卢旃始到于阗传佛教之事，无论其年代如何，然皆为一种传说。即令有一二外方僧侣，寄居于阗，信奉佛教，并未足以改变其风俗，影响于社会，而为于阗国人所崇奉，则可断言也。鄯善与于阗相接，于阗既如此，则鄯善亦可知矣。

然则于阗及鄯善国人自何时始信奉佛教；余按佛教传播历史，疑自贵霜王朝之迦腻色迦王始也。按《后汉书·西域传》"大月氏"条云：

第一篇　绪论

初月氏为匈奴所灭，遂迁于大夏，分其国为休密、双靡、贵霜、肸顿、都密凡五部翎侯。后百余岁，贵霜翎侯丘就却攻灭四翎侯，自立为王，号贵霜王；侵安息，取高附地，又灭濮达、罽宾，悉有其国。丘就却年八十余死，子阎膏珍代为王，复灭天竺，置将一人监领之。月氏自此之后，最为富盛。

据羽溪了谛《大月氏诸王之年代表》称，丘就却即位于公元四十年，在位三十五年。阎膏珍即位于公元七十五年，在位二十余年，约当中国后汉光武建武十六年，至和帝永元七年。据中国史书所记，在光武及明章两帝时，匈奴国势尚强，尝控驭西域诸国。及和帝之初，窦宪破匈奴，匈奴远遁，而西域诸国又为汉朝所抚有。在班超为西域都护时，势力扩展至葱岭迄于悬度（《后汉书·班超传》）。由是言之，在和帝以前，大月氏势力东迄罽宾而止，并未及葱岭以东也。丘就却时代，据其货币，尝刻佛像于其上。又记有"Sachadhavma Thida"等字，译言"正法之保护者"（《西域之佛教》一〇〇页，引堪林干氏语）。则丘就却确为佛教徒，疑此时或安息高附，罽宾之佛教，由丘就却时传入。但并不传播至葱岭以东。阎膏珍货币，刻湿婆神像，根本非佛教徒，更无传播佛教事。故余疑汉和帝以前，西域人不奉佛教，盖以此也。及安帝以后，朝威稍减，虽延光中一度恢复，但势力不能遍及西域。而当时贵霜王朝之势力，则反是。盖自伽腻色迦王继位以后，声威远播，恢复旧疆，并及葱岭以东。《大唐西域记》"迦毕试国"条云：

闻诸先志曰，迦腻色迦王，威被邻国，化洽远方，治兵广地，至葱岭东，河西蕃维，畏威送质……

此说与《后汉书·疏勒传》称"疏勒王安国以舅臣磐有罪，徙于月支，月支王亲爱之"之语，隐相符合，必同记一事。时安帝元初中也。下文又云：

> 月支乃遣兵送还，疏勒国人素敬爱臣磐，又畏惮月氏，共迎臣磐，立为王。后莎车亦叛于阗，属疏勒，疏勒以强故，得与龟兹，于阗为敌国。

据上所述，如月支王，即为迦腻色迦王。则此时迦腻色迦王势力，已伸张至葱岭以东。塔里木河盆地。疏勒、莎车皆为其势力范围所及，东与于阗、龟兹为邻也。吾人须知，佛教之隆兴，始于迦腻色迦王。在此以前，虽有阿育王传播佛教之事，而兵威不及，未能推动远播。迦腻色迦王袭祖父之余荫，拥有庞大之领土，兵马强盛，国内殷富。而纪元前希腊之文明，与印度之文明，移植于阿姆河流域，及印度河流域者，孕育滋长，至此时亦已成熟。故当迦腻色迦王时，名贤辈出。若乾陀罗国、迦湿弥罗国，已成为佛教文化之中心。而迦腻色迦王，复笃信佛教，宏扬佛法。在内为第四次佛教之大集结，赞研佛理。佛教中有名之《大毗婆沙论》，即于此时纂成。对外，则派遣僧侣赴四方，推行佛教。班勇在西域时，当已悉闻其事，故称"身毒奉浮屠道，不杀伐，因以成俗"。身毒，《史记索隐》音"乾笃"，即"乾陀罗"之转音也。据此，是迦腻色迦王之势力，已及于塔里木盆地，则其佛教之传播，亦必随之推进于塔里木盆地也。在安帝元初时，疏勒、莎车，既已为其势力所支配，则与疏勒、莎车为邻之诸国，即北道上之龟兹，南道上之于阗，次当受其影响，当可比推而知也。而汉自顺帝阳嘉以后至永和间，内困于羌乱，无暇顾及西域。《后汉书·西域传》亦称："阳嘉以后，诸国骄放，转相陵伐。元嘉二年，长史王敬为于阗所没，曾莫惩辜。"

据此，则月支势力，由疏勒、莎车以入于阗，必在是时。而佛教之传入，亦当于其时矣，时公元一三二年，至一五二年也。鄯善与于阗国境相接，《后汉书·西域传》称贤死之后，诸国更相攻伐，小宛、精绝、戎卢、且末，为鄯善所并，渠勒、皮山为于阗所统。是在明帝永平时，鄯善疆域，西包精绝，与于阗东之渠勒接界，疑以今之克里雅河为分界地也。又据斯坦因氏在尼雅古址中发现大量佉卢文文书，据斯坦因解释，此项文书，多属于各种公文和命令，及地方官之报告，以及书函、账簿、护照、申诉书之类。其国王敕令所用称号，及年代，完全为印度式。与公元初第一世纪统治印度极西北边阿富汗一带贵霜朝诸王之官称，异常符合。其中人名，并显示与贵霜朝之关系（斯坦因《西域考古记》六三—六六页）。按尼雅遗址斯坦因根据文书中地名，以为此遗址，即汉之精绝国地。又云，曾在其地发现许多中国古钱，皆为后汉之物。按据《后汉书》精绝在后汉明帝时，已为鄯善所并。斯坦因氏同时又发现一中式封泥，上刻篆文"鄯善印记"四字，则此地此时已属鄯善可知。据此，是公元一世纪至二世纪之间，贵霜王朝势力已由于阗东渐，而及于尼雅，即鄯善之西界，可确信也。斯坦因氏又于安得悦遗址中，亦发见少许佉卢文字之木牍。安得悦在尼雅之东，《大唐西域记》所称覩货逻故国地。然用佉卢文字时，亦即大月氏最盛时也。斯坦因氏又于一九〇六年，在罗布淖尔之南岸，密远遗址中，发见一彩幡，上书佉卢文字，与尼雅遗址中之木版，及羊皮上所写之文书相似。又于一寺院护墙壁上，绘画两尊人像，旁书佉卢文字，同印度语，由此可证明此寺院及壁画，为纪元后初几世纪之遗物。按密远为鄯善之伊循城，余在第三章已为证明。今于此地亦发见佉卢文字，及佛教寺院，则贵霜王朝势力，由鄯善西边，即尼雅，而东渐次推进，而及鄯善王国都也。斯坦因氏，又于楼兰遗址中，发见木版，及绢上所书之佉卢文字，由拉普孙（Rapson）教授研究考出有"Kroraiana"一词，皆可表示与尼雅为同一时期之物。不过楼兰有晋泰始五年年号之木简，为公元后第三世纪之遗物。由此言之，是贵霜王朝势力之东渐，与佛教之传播，始于公元后第二世纪之中期，至第四世纪之初期，亘二百余年矣。据此，是鄯善佛教非得之迦温弥罗，而为由大月氏人所传入，可以确定。时月氏势力北达里海、地中海，南及印度，居葱岭南北两路之中枢。月氏人之东来，亦必遵南北两路而入，可以推知。则安息人、康居人、印度人，随月氏路线东来，亦可确信。而最初来中国译《佛经》之安清，为安息国人。支谶为月支国人，可为证也。

二、西方文化之输入

关于佛教之传播，已如上述。则随佛教输入之文化，亦必因之增长。但关于西域文明，大多数由印度、波斯、罗马、希腊及汉文化参合而成者。在罗布区域，此例尤为显明。乃近一般人多谓西域佛教文明，完全属于由印度、希腊混合之犍陀罗艺术系统，而忽略其他。余颇不谓然。今就罗布淖尔及尼雅所发见之遗物，概略言之：

1. 文具类

斯坦因氏于一九〇六年，在尼雅遗址中，所发见之佉卢文木牍及函封甚多。其佉卢文为纪元初几世纪通行于印度西北部，及阿富汗一带之古文字。换言之，即贵霜王朝在其领地内所通用之文字。因贵霜王势力东渐，故其文字亦随之而东行。上文已略述及，但其书记制度，则颇可注意。据《史记》《汉书》所述安息等国之文字皆"画革旁行为书记"（《汉书》作书革，今从《史记》）。据此，是葱岭西域诸国，以皮质为书写之资料也。斯坦因在尼雅遗址破屋中，发见佉卢文体之羊皮书（斯坦因《西域考古记》四二页），显然尚保持葱岭以西原来式样。但大多数文字，均书于木牍上。其木牍之形式，及函封之状况（同书第三八、三九、四四各图），毫无疑问，来自内地。自汉武开边以后，即流传于西域也。其作函封之封泥，一方为中文篆书，同时又有数方作西方图像（同书第四四图）。据斯坦因氏解释，一方为雅典娜之像（Pallas Athene），执盾与雷电。又一方作希腊神像，如或立或坐之伊洛斯（Eros）、赫拉克里斯（Heracles）及其他之雅典娜，皆纪元初第一世纪与希腊或罗马作品风格极相似。余按以雅典娜神像作装饰，刻于玛瑙及铜戒子上，在库车、和阗沙漠中，不少发见。皆为西方文物之输入品，毫不足怪。唯以此神像印于中国式函封之封泥上，则颇饶兴趣。盖表示内地之函封制度，早已通行于鄯善及和阗。及贵霜王朝势力东来，遂构成中西混合之现象。但西方之羊皮书，除斯坦因在尼雅发见少数外，余均不见矣。斯坦因氏又于楼兰遗址之垃圾堆中，发见在木版纸片以及绢上之佉卢文书。又有一残纸片书写窣利语文（Sogdian，同书第九八页）。佉卢文书，已如上述，窣利语文，据斯坦因解释为纪元后初几世纪，通行于撒马尔罕、布哈拉一带，即古康居国地也。由此可证明在公元后之康居国人，贸易东来，亦习用中国第一世纪所发明之纸，书写文字。与月氏人以绢及纸，书写佉卢文字，皆表见对于中原文明，不唯无排斥之意，且尽量吸收也。然则中原文明，岂真不影响于西域乎？其次关于楼兰织品亦饶中西混合之趣味。

2. 织品

斯坦因氏一九〇七年，在楼兰古墓中，发见织品残片。据其所摹印之一部分，一为丝织品，花纹作云气奔兽之状，并有"韩仁绣宜子孙"题识。与云气奔兽相间杂（同书第六四图A）。由其风格与技术上之观察，完全为中国传统作风，吾人以之与战国铜器中之狩猎纹样比较，几无二致。其有角兽，与中国铜器中所称为夔龙者，似有因袭之迹。其边缘之三角纹，为战国至秦汉铜器上普遍之图案，汉石刻上应用尤广，其为中国所固有无疑。不特其题识与中国漆器及砖刻上题识，用意相同，而为中国之传统习俗也。虽关于铜器上之狩猎纹，吾人尝推论与西伯利亚，及高加索出品多相类似，疑其由早期之斯克泰人介绍至中国者。但至中国后，加以改造运用，故至秦汉时，又变为中国艺术中之主要题材矣。其他一块，为毛织品之地毯残片，两边缘作希腊、罗马式之图案，中有翼马，左右对称（同书第六四图 B）。据斯坦因解释有翼马，为汉代雕刻中所常见者，故称此为中西混合作品。但余则以此出于波斯萨珊朝之作品也。盖当公元三世纪之初期（公元二二七年）约当中国三国时（即魏明帝太和元年），安息王国为阿尔达西尔（Ardoshir）所灭，建立波斯萨珊王朝，势力西达地中海，北包美索不达米亚，与东罗马帝国为邻。故其艺术，实含有古代亚述及波斯之因素。又因安息而承继希腊、罗马式艺术系统。凭其艺术天才，而创造萨珊朝之新兴式样。以翼兽为题材之中心作风，为萨珊朝艺术之特点。故萨珊王朝之建筑雕刻及织物文样等等，皆称工巧。而狩猎纹尤为所常用者。其后又由波斯西传至东罗马，为拜占庭艺术基础。又东传至中国新疆及内地。时楼兰遗址，于魏黄初间恢复繁荣后，东西交通再开辟。直至公元四〇三年后凉为苻秦所灭，此地遂被放弃。但在放弃之前，又正值萨珊王朝强盛，势力向东西发展之时，则萨珊朝之毛织物东入中国内地及楼兰，为极可能之事也。在此以前，中国雕刻上虽已有翼兽作品，如河南宗资墓，四川雅州高颐阙，皆有翼兽，为墓前之饰物，但皆在后汉之末季，手法拙劣，线条不匀。及萧梁墓前之翼兽，姿势雄俊，线纹匀称，但近来一般学者，均以为出于波斯作风。中国人称石翼兽为"天禄辟邪"，"辟邪"为"Parthia"之对音，即波斯安息朝之本名，因其艺匠来自波斯，故举以为名也。在秦汉以前，中国艺术无有以翼兽为雕刻题材者，可证翼兽为受外来影响，非中国所固有也。斯坦因氏又同时发现一毛织物，据云，上有赫密士（Hermes）头部残片，则完全出于希腊、罗马作风矣。以上各件，据斯坦因所述，均出于距楼兰遗址四英里左右之古墓中，同时尚有带花纹之铜镜、木制兵器模型、家具、木版，及纸上所书之中国文字等等（同书第一〇八页，及六五图)。今据其各殉葬物品观之,如铜镜,及中国文书,本为中国所固有。以及有中文题识之丝织品,与上述各件同时并出于一墓中,楼兰文化之中西混交状态,不难由此窥其厓略也。

3. 建筑及雕饰

在楼兰强烈风蚀之下,当然无完整建筑物供吾人研究之资料。但自斯坦因氏、斯文赫定氏,由考古上所发见之残余物件,由雕刻纹样上风格,亦不难窥见艺术之一二。斯坦因氏于一九〇六年,在密远古废寺院遗址中,发见隐埋墙中柱子,柱头作旋云对称式。据斯坦因称,谓有百泄波里城(Persepolitan)作风。又在柱旁墙壁龛中,有几件泥塑佛头,及残坐像,其头部雕刻及衣褶之配置,完全同于希腊式。同时在坐像底部,发见用婆罗谜文字体写梵文贝叶书(同书第八三页,又第五一图)。据斯坦因作年代观察,最后不能出第四世纪。其他有木雕各种之装饰品,其艺术上之风格,几全为罗马、希腊式艺术系统,又掺杂波斯固有之风格,由月氏人,或波斯人,输入至新疆,再进而至内地者也。试举数例以明其然。一为卷草纹。日本人称为忍冬唐草。斯坦因氏于一九〇六年冬,在楼兰遗址一小佛寺中,发见若干木刻残片,有一件为浮雕连续不断之卷草纹,由中间之连环发卷,左右对称,其三叶花,适填满其空际,下部边缘略隆起,刻斜纹方格,两端作直角锐角形,似为四方镶边之一边(同书第一〇一页六二图9)。按斯文·赫定氏于一九〇〇年,在楼兰遗址,亦发见同样之木雕卷草作风,及边缘隆起之刻纹,完全与斯坦因相同。唯为直行连续回旋,不作左右对卷为异耳(格柏孟《楼兰》图版一,第一图)。后柏格孟根据斯坦因及赫定遗物,由其同端之薄梢,绘镶边全形于《楼兰》著述中(同书八〇页插图一)[1],并谓此乃

---

[1] Folke Bergman, *Lou-Lan Wood Carvings and Small Finds Discovered by Sven Hedin*, 文中简称柏格孟《楼兰》。

由科伊（koi）所得犍陀罗石浮雕所摹来。余按卷草纹样原出于希腊，以三瓣为中心，屈折回环，变化无穷。后由希腊传至东罗马及伊兰，故在波斯、罗马艺术中，亦尝引用为装饰纹样之主干。在中国西汉，自汉武通西域后，亦随葡萄纹样同时输入中国。例如汉代铜镜背面，间有雕镂卷草纹样，杂以异兽者。又余于民国三十年春在陕西城固汉墓中发见之铜盘，边亦作卷草纹。是在佛教入中国以前，中国艺术上，即已有与希腊式类似之卷草纹样，不必借助于犍陀罗之浮雕也。及至佛教传入，卷草纹又运用于佛教艺术中，例如北魏时之若干石造像，多用连续不断之卷草纹作图案，又如云冈石窟中部诸窟，如第二窟、第四窟、第六窟，均有卷草纹之装饰图案，而第六窟之卷草连续中间，且饰以走兽，为唐碑碑侧图样之先河。及至隋唐以后又遍用一切石刻及绘画中矣。然最初则疑为罗马人，或波斯人所传来者也。楼兰之木刻，其情形谅亦相同。其次为连环纹，及八瓣花纹。斯坦因又在上述之小寺院中，发见之小木雕中，有作连续之环状，中填八瓣花，花以八瓣共一蕊为一朵，填入环中，环与环间用索缠结，成一垂直平行线。又二分其花，填环间之空隙，分配颇为匀称，其一端又有斜十字纹样，有二分其花填于空际。斯坦因谓此为横墙上之装饰物，装饰于门楣较低处（斯坦因《考古记》一〇一页第六二图）。斯文赫定氏，在楼兰遗址中亦发见同样之木雕（见柏格孟《楼兰》PL.11）。柏格孟氏合并各件，摹拟原形，插于原书八三页第四图。据其解释，谓与斯坦因在尼雅故墟中所发见之彩画卷形花纹，极为类似。在犍陀罗美术中，更可得类似之物品。例如南俄罗斯里萨诺夫加（Ryzhanovka）斯克泰人墓中之金链，及克里米亚（Crimea）之金项链，均有与佛教雕刻之基本花纹相同者（同上由柏格孟《楼兰》八一页附注三转引），斯坦因在其报告中，则以"希腊式作风"一语概括言之。但余尝以之推比中国初期之佛教艺术，实鲜其例。云冈中部石窟中，亦有连续之环圈，作横条之装饰画，如第二窟、第五窟、第六窟皆然。自其环与环相连结之点言，意匠颇与楼兰之连环纹相近。唯其引用之题材，则各有主题。云冈石窟之连环纹，完全由卷草纹组织而成环状。环中由卷草之三叶填满，唯有繁简之别，如第五窟、第六窟，较第二窟为简是也。但其环与环之组织法，均由两端曲结向内卷，环与叶不可分离则一也。（以上引见梁思成《云冈石窟之北魏建筑》插图三十八）至于楼兰之连环纹，是以每一环为单位，中填八瓣花，其作风与题材，根本与云冈不同。盖楼兰连环纹，是由于连环及八瓣花两种题材混合组织而成。例如斯坦因又同时在楼兰发见一方木版，作莲花瓣，疑为房屋上之天花板，是环与花为两种题材，经过楼兰匠人之分合运用，可以确知也。至于论到两种题材之来源，为吾人最感兴趣之问题。有人以八瓣花解作莲花，实不然。莲花出自印度，但希腊有一种水草叶与莲花近似。及佛教北传至犍陀罗、大夏，及安息后，又与希腊之水草叶混合，而成"印度、希腊式"之莲花瓣纹。但在初期佛教艺术中，八瓣花与莲花各自分别引用。例如楼兰木刻中，连环内之八瓣花与方形天花板之莲瓣纹，及尼雅所发现木雕椅上所刻之莲瓣纹（斯坦因《考古记》第四十一图），皆各自为题材。其作风各别，虽有时两种同在一物上，如尼雅故址中之木雕托架梁，一端雕四瓣莲花，一端于四瓣莲花之中心，又生八瓣花（同书第四十三图）。但其两种混合之迹，至为显明，盖莲瓣作四瓣散开，上端尖锐，中部洼入，双层，确表示印度式之莲花形。天花板上者，虽叶片较多，而上端亦尖锐，与木雕椅所刻作风相同，故余名此为"莲瓣纹"，出于印度之莲花。至八瓣花为椭圆形，上不尖锐，由八瓣合组而成圆形，瓣与瓣紧接，而不散开，余名此为"八瓣花"。颇类似蔷薇花，中国旧时称为宝相花，出于伊兰，在伊兰艺术中应用颇广，尤其在宫殿建筑上甚见引用。传至新疆，除木刻外，又应用（在）方砖上。如焉耆、吐鲁番古寺庙中铺地方砖。甚多具此花纹。瓣作椭圆形。又传至内地，铺地之方砖，其纹亦同。例如敦煌千佛洞中其地多铺八瓣花之方砖可证。唯北魏石造像台座间有作四片之莲瓣耳。设余所论不误，连环中之八瓣花，出于伊兰式之佛教美术，益可信也。至于连环纹之来源，余颇疑为受斯克泰人艺术之影响。例如赫定氏在楼兰所拾遗物中，有一四环相连之残铜件（《楼兰》图版四十四），及一铜质平扣，在宽边缘中，满布乳点十二粒（同书图版四十五）。关于此类铜器，又发见于内蒙古长城一带，及西伯利亚南部，与俄罗斯南部，均认为与斯克泰人，或鄂都克铜器艺术有关。完整之铜连环，虽无发见，但赫定氏又在楼兰遗址中，发见一铁连环（同书图版十六第八图），作二环相连，虽已残缺，但由其环与环之结合作风，与斯坦因在楼兰所得之木雕连环纹作风相同。因此余疑木刻上连环纹，系受金属连环之影响而来，此铁连环与铜轮状物及铜扣，皆同出一地，上件既与斯克泰或鄂都克有关，则此件当亦同例。而受斯克泰艺术之影响者也。据此，是横梁上八瓣花纹，及连环纹，一出"伊兰式"，一出与伊兰艺术有关之"斯克泰式"由两种题材混合而成者也。吾人须知斯克泰人之艺术，在伊兰艺术中，如铜器及建筑雕刻上，时占重要地位。且帕提亚人即安息人，原居里海东南，与斯克泰人有亲属之关系，当然对于固有艺术，不能遗忘。波斯萨珊王朝，又继承帕提亚，西与东罗马为邻。希腊艺术，早已由东罗马输入波斯，故波斯人得因沿旧有，参酌新知，而造成伊兰式之特有作风。东传至楼兰，而为楼兰艺术家所采用也。其次为异兽纹。斯坦因氏于一九〇六年，在尼雅遗址破屋中，发见若干木雕托架梁，在架梁上左右两部雕奔兽相向，中雕一花瓶，花草生出，分披左右（斯坦因《考古记》第四十三图）。斯文赫定在楼兰遗址中，亦发见若干残木雕，据柏格孟氏《楼兰》图版二，中作花瓶，生出卷草，分披左右，与尼雅托梁所雕两兽中间之花瓶形式相同。唯尼雅所出，系浮雕于木梁上，楼兰所出，为透雕于方形镶版上为异耳。据柏格孟解释，谓此种纹样，与印度及犍陀罗浮雕上之莲花盆，极为类似。又引弗彻尔（Foucher）说，或与"佛陀诞生图"有连带关系（柏格孟《楼兰》八四页）。又赫定氏，同时发见木透雕镶版，为一动物像之残部后腿之弯曲状，及头部之啮腿状，尚可窥见（见同书摹图二）。又斯坦因在楼兰遗址亦得残镶版四片，作同样雕纹。如此则啮腿动物之镶版，当不止一个，同时必另有一个啮腿动物镶版，向花瓶左右相对。如此则必与上引尼雅发见二兽同花瓶对驰之托梁同一组织法也。余按以动物作中心题材之装饰画，尤其如奔兽啮腿等纹样，在犍陀罗美术中不常见，而在伊兰美术中则为习见之品。尤其在俄罗斯南部及高加索出土之斯克泰铜器用翼兽作装饰纹样者，为例甚多。在中国战国以后铜器，尤其狩猎纹铜器，亦常用以为镂刻之主要题材。故此种作风，绝非"印度式"亦非"希腊式"而为"伊兰式"。在上文及走兽纹毛织品中，已详为叙述矣。但中间又加入类似"佛陀诞生图"之花草瓶，此种体裁，据柏格孟及弗彻尔所论述，或系出于印度。今此两种不同来源之纹饰，同见于一木雕上，显示印度与波斯艺术上之混合性，实可玩味之问题也。及传至中国，则又变其形态矣。例如北魏正光六年，曹望憘造像上层左石刻两狮子相对，狮子作张牙舞爪状，中间刻一"佛陀诞生图"。佛陀立莲花盆中，头顶汉代最通行之"博山炉式"，两旁以朱雀及莲瓣补空隙。又孝昌三年比丘惠隽造弥勒像，设计与此相同。唯"诞生图"两旁加比丘像为异耳。又北魏永熙二年"五百人造像"，中间所刻之"诞生图"略异于曹望憘，"博山炉"易以佛塔状之花瓶，瓶下柱作莲花，以莲盘承之。下有两人像，分背鼎立，无莲盆。两旁狮子，仍作张牙舞爪状，与曹望憘造像同。狮子上面刻两僧像，一题"禅师慧训供养佛时"，一题"邑师慧刚供养佛时"。据上所述，由其组织方法或皆脱胎于所谓"佛陀诞生图"者。但曹望憘造像，佛顶博山炉，两旁缀以朱雀，显然以之代替中间之花瓶，及分披左右之花草。"博山炉"及"朱雀"，为中国固有之艺术题材。今与印度之莲盆，合组为一图像。中国、印度艺术之混合性，可以充分表露。而佛家庄严光明之情态，亦由此可见矣。至"五百人造像"中间之花瓶形式，与余在吐鲁番木头沟所采壁画中之花瓶相同。唯吐鲁番花瓶，分披花草，"五百人造像"无花草，另加中国式华盖为异耳。此又一混合之方式也。总之东方艺术，以印度、伊兰及中国为三大中心区。自佛教产生后，东传至中国，即与中国艺术混合。西传至伊兰，又与波斯艺术混合。而希腊、罗马之艺术，亦同时渗入。新疆适居中央，楼兰又当中西要冲，为各方艺术所交凑丛集之地。所谓"中国式""伊兰式""希腊罗马式"不难于楼兰一地中，推寻其根源矣。

4. 壁画

壁画为佛教美术中之主要题材，但余对此问题（拟俟整理吐鲁番库车报告时，再详为论述），今在此篇仅为楼兰壁画中与文化之来源有关者，概略述之。斯坦因氏于一九〇六年，在密远废院中发见从不经见之壁画数处，可为佛教美术来源之说明，特为举出，加以推论。

一为着翼天使。据斯坦因报告，一在小圆拱塔内部，距地面四尺左右之护墙壁上，一在塔旁过道墙上，距前地约六十码左右。又在一圆屋形过道墙壁上，又绘有带西方色彩之俗人。据斯坦因解释，谓："有翼天使，是'犍陀罗派''希腊式'佛教雕刻中，从有翼的爱罗神（Eros）抄袭而来。用以代表佛教中印度之传说。普通称此为犍达婆（Gandharvas）像，一称为'飞天'，在叙利亚、美索卜达米亚，及波斯西部寺院中亦所常见。"[1] 按据斯坦因发见天使之位置，或在墙之下部护墙壁上，或在过道中与供养人像同位置，是与佛教中

---

1 斯坦因《西域考古记》。

位置飞天之习惯不同。盖普通飞天，均在佛像后面背光上，作飞舞翱翔姿态，手中或承日月、宝珠或持乐器，均不见有翼。例如印度"Aianta"第十七洞，及"Elura"第六洞，均作婴儿状，不着翼，可证也。[1]再如中国之云冈、龙门石窟寺所刻之"飞天"，无一着翼者。是着翼人像，为另一来源，与印度佛教中之飞天，毫无关系。且此处天使像皆作半身像，置于墙壁之不紧要处，显明以之作装饰画，并非如佛家所述善财天像之重要也。至于着翼人之来源，据斯坦因解释，谓："由希腊、罗马神话中爱罗神变化而来。"又云："在基督教兴起以前，西亚一切宗教系统中，以天使为天上有翼之使者，故护墙壁上之有翼使者，或系受古基督教派中天使之暗示，发生亲属关系。"（斯坦因《西域考古记》八五页）余对于斯坦因见解，在未获其他证据以前，不敢有所可否。但为引起读者兴趣起见，再引中国有翼人像以作参考。例如《武梁祠石室画像》中刻许多有翼人像，翼着腰际，下身作卷云式，或不露足。又有画古帝王像，手执规矩，而两胁着翼者，相传为中国远古帝王伏羲、女娲神像。武梁祠虽建于后汉，但其所描写之题材，必因沿于古代神话，或传说，则可断言。此其一。又战国式铜器中，如"狩猎纹壶"亦有作有翼人像者。例如"蟠螭纹画像壶"，其纹样皆作人与兽搏斗之状。人或持盾矛，或持弓矢。兽像或作斑鹿及野牛之状，姿态生动飞跃。唯人像皆折腰，挂弓剑，小袖衣，长筒皮靴。间有胁间附翼者，亦有作鸟兽身首者（《战国式铜器》图版九二）。吾人由其人像姿态与服饰，充分表现其为游牧民族之情状，或出于古之斯克泰人。而人皆折腰或着翼，又为伊兰艺术中受希腊艺术之激荡而成者。后由斯克泰人传至

---

[1] 梁思成《云冈石窟中所表现之北魏建筑》，插图三十七，《中国营造学社汇刊》，第三、四期合刊本，文中简称《云冈石窟之北魏建筑》。

中国，又与中国传统之蟠螭纹混合，造成中国战国式之艺术也。但吾人所应注意者，即"斯克泰式"铜器中之着翼人，与汉武梁祠中之着翼人，是否同出一源，而与希腊、罗马神话中之"爱罗神"，及中亚古宗教中之"天使"是否有因倚，或亲属之关系，均为吾人所不可忽视之问题。然此问题，过于繁难，详为解答，请留以俟之异日。吾人总觉伊兰艺术中，尤其波斯萨珊王朝之艺术，每喜以怪异动物作题材，如上文所举之毛织品、木雕刻，皆可为例。斯坦因亦于密远废寺中发现半狮半鹰之壁画（Serindia L Fis 133）皆以为属于"伊兰式"作风。故余谓此有翼人像，亦与同例，不必过于深求也。

其次为佛本身故事画。斯坦因氏在同地圆屋形佛寺，西边弓形弄道入口处，发见墙壁下层之护墙版上，绘一连续不断成山谷状之宽条花带。据斯坦因所述，第一持花带之青年菩提像，戴"佛里家"（Phry Gian）帽，显然模仿波斯之太阳神（Mithra）神像。又当中空处，交互绘男女头部，及半身像。其中女像盛饰香花，手挈酒樽酒杯，亦有弹琵琶者。据斯坦因解释，女像在"希腊式"面容中，杂有地中海东部（Levantine）或赛卡兴（Circassian）式的美。其首饰又表示近东或伊兰风味。其他青年男半身像，据斯坦因解释，头部姿势，十分像罗马人，右手高举，左手屈指不一，类似希腊、罗马人作猜拳游戏。其他半身像，浓髯、厚发，衣饰富丽，当然描写从北方，或东方来之蛮族。又与此风度相反者，在花带中间，绘一印度王子半身像。珠宝装饰全身，颇为华丽，面貌清洁，眼膜半垂，表示柔和情态，头戴峰峦形头巾，显为"希腊式"佛教美术雕刻中，表示乔达摩王子未成佛前形式。又在东南面残余墙壁上，绘皮珊多罗王子（Prince Vessnnatara）本生故事行列。从进门左方起，绘王子出宫门像，至以白象送给四婆罗门为止。又在白象膈窝上，发见一段佉卢文题记，经研究为画家"Tita"名字，及所得报酬数目。据斯坦因所述，"Tita"名词，在西元初几世纪，通行于罗马东陲，当时一位装饰画家亦取此名（斯坦因《考古记》

八三—八九页，插图五四、五六、五七）。据上所述，由其人像作风及题词，是此壁画完全出于波斯西部，或东罗马一派艺术家之手，已毋庸吾人多言。自其白象臑窝中之题识观之，显然与修建密远寺院之工程师及画师有关系。疑当时或有安息人，或东罗马人东来，传播佛教，或表现其艺术，因题东罗马画师之名，证明壁画模仿之所自出也。吾人又检查中国记载，《汉书·西域传》称"安息以黎靬善眩人献于汉"。黎靬（Reken）即指今叙里亚地，后汉时属于东罗马，中国史书称之为大秦。善眩，即幻术也。又孝堂山石室所刻幻人形状，皆作西方人姿态，或即描写黎靬之幻人。由大眉眼之表情，与壁画上持花带人像略同。《汉书地志》张掖郡有黎靬县，据颜师古注，因居黎靬人而得名。是汉时东罗马人来汉者必多。至安息与中国交往最早，最初来中国传译佛教经典者，为安息人。如后汉桓帝时之安世高、安玄，是其例也。罗布淖尔居西域交通之咽喉，凡由西东来者，必过此地。则伊兰人，或罗马人来中国之艺术家，及传教士，因即逗留楼兰，表现其巧妙之艺术手腕，极为可能也。据此，则此一带寺院之壁画，或即为波斯人，或罗马人所作。最少其作风亦必模仿伊兰或罗马也。

综上所述，是佛教最初传入中国新疆及内地，为月氏人，及安息人。而佛教文明，由上所述，亦以受波斯或月氏人之影响为最多。月氏、安息均临妫水，即阿姆河。故中国新疆及内地之佛教文明，最初确遵妫水大路而来。即上述西域交通大道之北道中路，或南道之北路。所谓月氏道者是也。及逾葱岭，又分两支传播，一支至库车、焉耆、吐鲁番。一支至和阗、且末、鄯善。路虽有二，而佛教文明之来源则一也。至印度河文明之流入，疑起于晋宋以后。中国僧侣直至印度求经，而印度僧侣亦频东来。"犍陀罗派"艺术，从是流入。由以上所述，及新疆其他之佛教遗物，可以证明也。

第二篇

工作概况

余赴罗布淖尔考察，前后共二次。第一次在民国十九年春季。余等在吐鲁番工作完后，于四月八日发自鲁克沁南之得格尔，穿经库鲁克山，六日程抵达罗布淖尔海边。工作二十余日（详见下文），五月六日，返鲁克沁。往返共计一月。第二次为民国二十三，亦为春季。代表教育部赴新疆考察教育及文化。阻于兵事，乃南行，入罗布淖尔考察。五月初，仍出发自得格尔，至库鲁克山中之英都尔库什，改依西一道而至库鲁克河畔。往返共月余。余两次旅行，时间均甚短促，踏查未周。但吾人亦感幸运，时间虽短，而收获尚佳。尤其在汉代烽火台遗址中之发现，为吾人意外之收获；至于古冢及石器，犹其次也。今分石器、古冢、古代遗址三项，叙述于下。

第一章
石器遗址

一、英都尔库什

此地在库鲁克山中，北距得格尔约二百里，南距阿提米西布拉克约百五十余里，当得格尔与罗布淖尔中间。凡由鲁克沁直穿库鲁克山而至罗布淖尔，必经过此地。盖以南以北，均无良好水草，此地泉水虽咸，尚可为驼马饮料也（参看附图七，《罗布淖尔第二次考察路线图》）。在英都尔库什山沟之南口，突起平原，沙碛弥漫，柽柳丛生，猎户以此地为休憩之所；并叠石块及柽柳为室，以避风雨。有井一，位于芦苇丛中，胡桐交槎，风景颇优，同人誉为荒山乐园。而远古人类之遗址，亦分布于附近，盖求安居之念，古今人相差不甚远也。

余等于四月八日，由得格尔南行，穿库鲁克山，十日抵英都尔库什，时已下午七时矣。次早巡视有沙碛之区，在沙阜附近，检拾石刃片数十件，石核数件，多以石英碧玉为质，要皆取材于附近山中岩石也。停留一日，第二次旅行新疆时，复经行此地，停留二日，又在沟旁拾石刃片数十件。两次共拾一百二十余件。并在沙阜旁拾打制不规则之石斧二件，一横形，均为石英质（图版一，图2、3），与石刃片同出土，其为一时代之产物无疑。又图3，口部两角略圆,形成弧线,而左边复打制一缺口以便手握,其形制甚为精巧。又在此数十刃片中,亦有制作甚精之品,刃口部均加细工修凿(图版二、三,图29、55、56)。又图版二,图7、20两器,顶巅打制成肩状尖器,以为钻孔之用。同时尚拾有蛤壳饰物,半圆形,上刻小环圈,象征鱼目(图版三,图57),必为当时人民之装饰品,而当时人民之生活状况,亦由此可见也。

二、罗布淖尔北岸

罗布淖尔为海之名称,在库鲁克山南麓,《史记》称为"盐泽",《汉书》称为"蒲昌海",皆指今之罗布淖尔也。古时海水在北岸,后向南移,以此沿库鲁克山麓,留存古海岸之遗迹,其坚刚如石之泥层,皆为古海中之沉淀物也(附图八)。沿岸土阜重叠,鳞次栉比,如沟渠状,率西南向,要皆为东北风之剥侵所致。吾人试立于库鲁克山南麓阿提米西布拉克南望,则见累累高阜,如城阙崇楼,漂浮海面。实皆此剥蚀之土丘也。在库鲁克山南麓,有一河,名库鲁克达里雅,维语"干河"之义,中国旧图称为孔雀河、宽柴河或浣溪河,实为一河。古时河沿山南麓,由西而东入罗布淖尔。后因河水改道南流,河水干涸,故称旧孔雀河河床为干河。河水既改道,故海水亦向南移,旧罗布淖尔遂成为涸海。由近来考古之发现可知也。[1] 民国十年,河水复故

---

[1] 按焉耆河,本名海都河,自由博斯腾淖尔溢出后,曲流经尉犁之南,东南流,又名共奇达里雅(Conche-darya)。据《辛卯侍行记》卷六称:"回语共奇,古墓也。达里雅,河也。"中国旧图又译为孔雀河、浣溪河、宽柴河等名称,实皆一河,即指海都河下游也。一九二一年前,孔雀河水东南流,至铁干里克入塔里木河,南流入海。但孔雀河旧河道是沿库鲁克山南麓东行,直达涸海,本地人名此旧河床曰库鲁克达里雅(Kuruk-darya),维语"干河"之义。但中国地图多仍用孔雀河,或浣溪河、宽柴河诸名称。本书中亦常提及孔雀河,实皆指库鲁克河也。又柏格孟《楼兰》称库鲁克河为"Kum-darya",维语义为"沙河",询之本地人无是名。中央大学《河西新疆地图》又有"孔达里雅"或"孔河"之名,译音不确,均不可从。特并志于此。

道，海水亦北移。当余之赴罗布淖尔考察也，已大水横溢矣。

余于四月十四日，由库鲁克山南麓阿提米西布拉克出发南行，经过冈峦戈壁地带而抵咸滩。被风水剥蚀之土阜骈立于咸滩中，高约百英尺，宽广不一，咸滩泥层，坚结如石，驼行甚苦。复西南行，即遇孔雀河溢水，形成小池，方圆大小不一，红柳丛生，枯胡桐倒置水中，盖孔雀河末流之所汇也。转西南行，驻于水旁。（附图九）

当余等第一次之抵罗布湖畔也，意在南行访楼兰故墟。而溢水四出，终无得达。乃舍弃其渡河计划，而转从事于考古之工作。在十八日之中午，余等方工作河北岸之古坟，助手毛拉由向西之土阜上（第一次路线图L勹）拾二石器归：一为玉斧（图版四，图89），一为玉刀（同版，图87），均白玉质，磨制甚光。余因在此工作完后，即移棚帐于L勹地，傍河边而驻（附图一〇）。毛拉复在此一带之土阜上下，拾石矢镞数件，修凿极细（图版四，图82、83、86）。同时尚有红陶片，中含黑沙质，又有三棱铜矢镞，杂布其间。在河之南岸（L古）土阜上，及附近鱼鳞地带，又拾石矢镞数枚，打制极精。（图版三至四，图79—81）而图85亦为三棱状石镞，与图86形式相同。图83与图84作风及形式亦相似。同时拾三棱铜镞及铜件之类。由是知库鲁克河两岸L勹与L古之石器，为同一时代之产物。又西一平滩上，拾石核及大泉五铢等件，同时尚有汉铜镜碎片，及绳纹陶片等物。在此金石陶杂陈现象中，固无地层之根据，确实年代，颇难断定。不过暗示吾人一事，即罗布淖尔及库鲁克河沿岸，铜器时代文化冲入以后，而本地新石器时代之遗物尚与铜器并存也。

余第二次赴罗布淖尔，系由英都尔库什转西南行，过图和拉克布拉克，出鲁戈斯特而直抵孔雀河边。转向东北行，土阜迤逦。散布于盐壳覆盖之平滩上，吾人即在此拾石核十余件，并石刃片数枚。复东北行。五月八日之暮，抵一草滩（第二次路线图L丩），即在阿提米西之南。余第一次所驻L 孑之东也。土阜骈比如城郭，石核石块，散布四周。最可异者，土阜上有一古代遗址，叠咸块以为墙，苇草为衿被。吾人掘之，出草绳、泥杯各一件，及长方石剑（图版一，图4）等件；又在土阜上拾绿玉刀一枚（图版四，图88），磨制光平，无疑皆为先史人类所遗留。土阜下，复有捶石、砺石等物（图版一，图5、6），与石核杂陈地表。其土器为手抟法所制，尚未经烘烧之土坯。其时代吾人虽不能确定，然由磨制玉刀观之，其时代与 L分地之白玉刀相差当不甚远也。次日即到达目的地之古烽燧亭。工作完后，十四日复返西行，循古道前进，时行于山旁之戈壁滩上。十七日午，过一三角形之涸海湾，土阜重叠。仍西行，略有黑沙，散布地表。一土阜屹立咸滩上，余在其附近拾石核二十余枚，并刃片数枚（第二次路线图L尸）。此十七日下午二时也。自此而西，余所拾石器不多，而余在罗布区域关于远古文化之探查，亦因此终止也。

吾人在此尚须连带叙述一事，即吾人第一次来此时，库鲁克河水返故道未久，由西向东流至阿提米西布拉克之南，水即分散横溢以入海。故吾人初抵此，颇感水患。时余未有舟楫之准备，乃编洋铁筒为舟，系绳牵引，相为递渡。所采河南之石器，即用此方法取得者也。相信由此而南，必能多得石陶诸器，但以阻于积水，无法前进。第二次到此，水已归道，枯草发荣，前之沙堆，亦已渐溶解，而河旁之枯胡桐尚复倒置河旁，再无生殖之望。又吾人所采集之石器，其种类虽不一致，但有一同点，即所有石器遗址，必在淡水边，必为沙碛或鱼鳞地带。同时必有许多剥蚀土丘，骈比重叠，如沟渠状。或上为土层，而下为盐壳覆盖之沙堆，但在上在下，必有石器与古冢。因此吾人甚疑罗布北岸之剥蚀土丘，与古代人民居宅或有关系，而为吾人研究远古人类居住之心核。因以现在地形观之，绝非人类所能居。则当远古人类之定居时，其地形若何，是否与现在吾人所见相向，为一问题矣。

次述石器遗址在文化上之地位。当余之由内蒙古草地自东而西也，沿驼道按次西进，每站均有石器之发现，详细研究固有俟于异日。但其发现情形，有为吾人所应引以作参考者，即在内蒙古地所拾石器，自贝勒庙以西至额济纳河，其发现地形势均有同一现象，即或在山坡，或在河旁；在山坡者必向阳，在河旁者必在河之两岸，或平原，或在旧时河床之旁。无河流之处，绝少石器，此其一。凡有石器之地，必为柔土或沙碛，若戈壁或不毛之地，吾人亦绝少觅得，此其二。又吾人所采集之石器，除阴山南部及包头一带不计外，若内蒙古西部，则所发现之石器咸为一通类，即均属打制。以石刃片、石核或石块为最多，石斧亦采集少许，要皆属打制。至磨制石器，则余尚未发现。故内蒙古石器文化，据余所采集者，可云以打制细石器为中心，此则由于当时人民之生活状况与环境所造成者，无可惊异也，此其三。反之，内蒙古一带石器，无陶片及金属附品出现；虽贝勒庙间有红陶片或红底黑花陶片，然亦为少数，由此往西即绝迹矣，此其四。因此，吾人感觉内蒙古石器，即内蒙古西部石器时代之文化，似已自构成一系统，与磨制石器时代，不相混合。虽吾人未作发掘工作，在地层上之证据，颇感不足，但由吾人踏查之路线与石器之分布，由此亦可推其仿佛。即在某一时期中，内蒙古石器时代文化大抵相同，即均属打制石器也。

次述新疆石器文化。新疆在历史时代，处东西文化交通之枢纽，对于此点研究者颇多，但对于石器时代文化，一般人颇少注意，英国斯坦因在楼兰附近，亦曾觅得若干石器。但斯氏多注意关于历史与地理上之考察，对于石器未曾尽量工作。及吾人之至新疆也，亦多为历史文化工作之时间所占有，未能充分尽力于远古石器之探查。但为欲与内蒙古石器文化作比较，故对石器亦略有搜集。最感幸运者，余在库鲁克山中英都尔库什觅得一石器区域。此地在余前旅行新疆之探险家、考古家均未发见。虽吾人觅得之石器数量不多，但在文化之传播上，为一极有价值之成绩。盖吾人如欲由北部或吐鲁番至罗布淖尔，必须经过库鲁克山，故库鲁克山为吐鲁番盆地及罗布淖尔盆地中间之介山。而库鲁克山为一著名不毛之干山，现已无居民痕迹。吾人在此觅得远古石器，且其石器与内蒙古及罗布淖尔之细石器，即石刃之类，其形制作法相同。是不啻为内蒙古与新疆及南至罗布淖尔，觅得一交通线之联系。而古时文化传播之路线，由此可以证明也。又库鲁克山中之石器，虽吾人踏查未周，未能表明其一般现象，但就余所采集部分言，所有石器，除石刃及少数石核及打制之类似石斧外，再无他物；即与石器时代有关之陶器，毫无一见，此其一；又无磨制石器及打制极精之矢镞等类。但其石刃之作法，与内蒙古西部相同。因此，余疑库鲁克山之石器与内蒙古西部石器为同一系统，其时代之先后或亦相连续也。虽石刃由中石器时代至新石器时代之延长，乃至金石并用时期，均曾沿用。但内蒙古西部及库鲁克山均无陶片及磨制品。故可云与罗布淖尔前期石器文化相同。盖罗布淖尔石器时代，吾人拟分为两期。例如L5、L7石器，近山坡，以刃片及石核为最多，磨制石器及铜陶件未获一见，反之，L8、L6、L4等地石器，均沿河岸，磨制打制杂陈。且有铜陶件附出土。显然为先后两时期之产物。吾人虽无地层上之根据，但由其分布线观之，吾人不能不认后者较前者为进步也。因此，吾人称打制细石器及无铜陶件附品者为前期，反之金属物与石器并存者为后期；前期与英都尔库什相同，而后期则为英都尔库什所无矣。故吾人可说罗布淖尔石器，自新石器时代，或云英都尔库什时代，直延长至金石并用时期，尤为沿用也。又吾人检查罗布淖尔及库鲁克山两地之石器，种类极为简单要以石核，石刃，石镞为大宗；小型石斧及石捶、磨石亦略有一二，而具椭圆形之大型石磋及石皿、石棒，均未一见。是可证当时人民生活之简单，除渔猎牧畜所必需之用具外，而对于农田耕作，毫无注意。由此可知罗布居民在新石器时代之生活，完全为渔猎或牧畜生活，及至最近，有一部分居民仍旧未改。据此，是铜件或陶片必系借之他方，非本地人民之自身出产物。反之，则其邻国人民已入于农耕时期，其铜器时代文化已杂入罗布石器文化中，而成立罗布后期之金石并用文化也。又在内蒙古石器中，有石核、石刃同于罗布淖尔，而打制矢镞中，除一件三角形者外，而扁圆桂叶状之石器（图版四，图83、84），则为内蒙古所无也。因此，吾人对于内蒙古、新疆石器文化，可得一结论，即内蒙古西部之石器文化与英都尔库什之石器文化，在罗布淖尔初期石器文化时，为同一阶层，且属于同一系统。盖由库鲁克山为之桥梁，而司内蒙古与罗布交通之责也。但以后因罗布淖尔交通线之变更，冲入新兴之文明，即金属文明，与罗布前期遗留之石器并行，且时加改良，而成立后期之金石并用时期矣。（参照第三篇《器物图说》第一章《石器类》）

余写至此，并提及一事，即斯坦因氏在楼兰 LF 古堡斜坡上及高冈附近一带，曾拾许多铜件和石器，其碧玉制之磨制石斧，与余在 L夕 所拾者形式作法相同。但斯氏曾根据彼所检查之区域，而推论由楼兰遗址及喀拉库顺中间一带之宽阔地面，由西到东，在史前时代，有一长久时间为游牧民族所占据云云。[1]但余所拾，则越过库鲁克河北边而至涸海海湾之盐层地带，亦有同样发现，反之过涸海以东则无有。是当时人民完全居在涸海西岸，分布库鲁克河之南北平原，其分布路线，北与英都尔库什相接连。因此，余认为罗布石器文化路线，系由东北向西南，并非由西向东也。但斯坦因氏又根据石铜杂陈之现象，谓楼兰地带的新石器时代，和汉通西域时期，相距并不特长，此则为吾人所赞同；不过东方所传播至西域之金属时期文化，系由东而西，与西域本土之新石器文化交杂并存，而成一金石混合之现象，即为罗布淖尔后期石器文化所昭示者尔。

---

1 A.Stein: *Innermost Asia*, P.197.

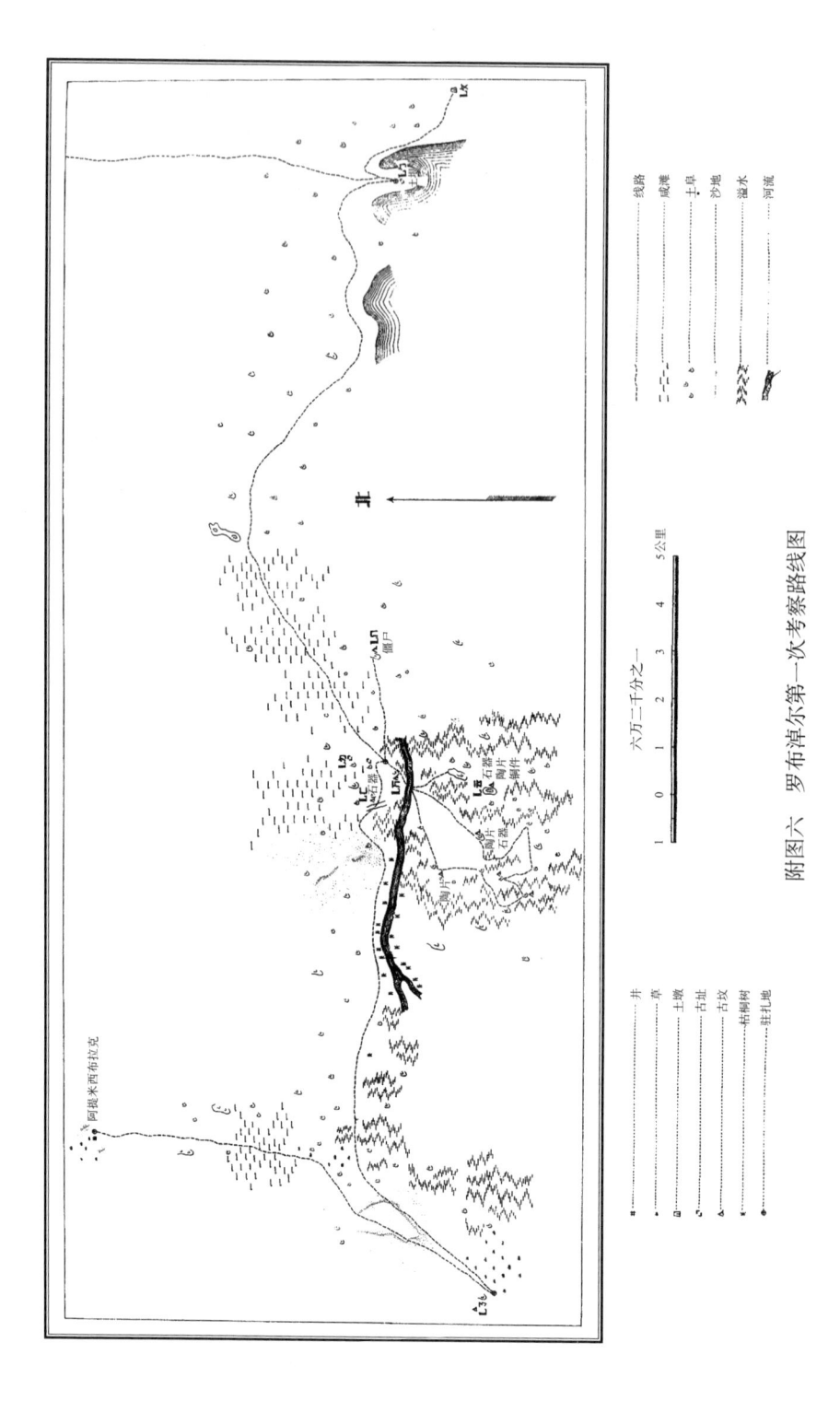

附图六 罗布淖尔第一次考察路线图

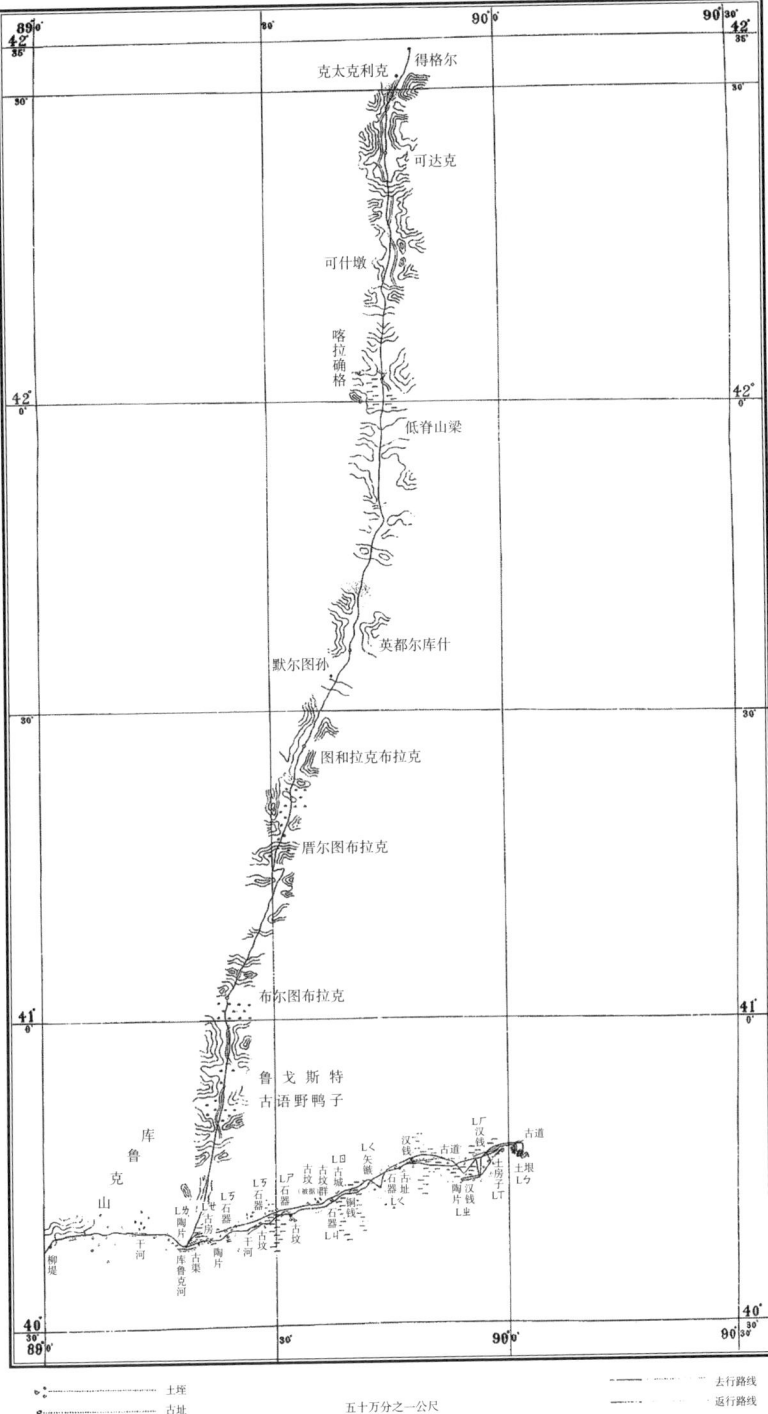

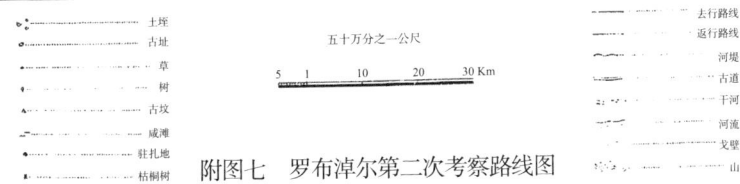

附图七　罗布淖尔第二次考察路线图

第二章
湖畔古冢

一、L3古冢

当余之赴罗布考察也,意在南行访楼兰故墟,阻于水,不得达。而余之助手早舍弃其渡河计划,转从事于探古之工作矣。在四月十五日之暮,小侯拾一美丽之蓝黄色残衿归。称距此西北约六七里土阜上有一古冢。试掘之,出女人头骨,髻发尚存,额前乱纸覆之,旁陈残绢帛及毛绳麻布之类,似为死者头部之饰物也。余于十七日复偕小侯往视其遗址,抵土阜旁,阜高百余英尺,宽约相当,长三百余英尺。阜中倾陷若沟渠,宽十英尺许,深亦十英尺许,长百余英尺。死者即藏于此倾陷处,覆以芦苇,以未经修凿之木料支持之。土阜上层为黄土,厚六七英尺,或十余英尺,下为干沙,凝结坚固,死者即埋藏于沙土层内,衣衿骨络,几与干沙胶结为一。掘现木把杯二,在头部旁(图版一七,图8、9)。又有羊骨二枚,以木板承之,木板形如芭蕉叶,说者谓蒙古风俗如此,然不必仅蒙古人始然也。死者衣服,均为丝织,约有五袭,衫、襌、纱、纩均备。袖口宽尺许,指骨外露。其颜色有谷黄及紫绛等色,惜迎风而碎,未能取出以飨读者为憾耳。又死者右手第四指,戴有戒指一,以薄铅为质，上刻环圈五，状类梅花（图版一〇，图56）。衣衿中，藏铁刀一，柄已碎断。综合观察，极类似一贵妇人之墓，惜无文字以为佐证耳。又左侧亦有古冢一，掘现木把杯及几各一件，形式略同于前。在此阜南半里许戈壁上，有木橛一行，环栽土中，复露出地面尺许，说者亦指此为古时冢墓之故居也。在其西南约七八里许。枯胡桐林中，时露古时陶片，则为当时居民居住之所，而埋其死者于山边耳。（参考《第一次考察路线图L3》）

二、LE古冢

在余等方工作L3古坟时，余之毛拉等则四出探寻古迹。据称：在东约十余里许，有古房及古冢遗址，乃决计东征。当日晚大风，次日仍未息，尘沙弥漫，白昼昏黑，石子飞扬如雨，不能张目。故决定休息一日。据余之猎户云，此地多大风，风多作西南向，每五日或十日必有一次。据此，是沙碛之迁移与海水之变迁，与风沙不无因果关系也。四月二十日，虽风力稍杀，而酷冷如严冬。吾人均衣老羊皮袍，犹不足以保温暖，沙漠天气转换之剧烈如此。余等于上午七时出发，向东北行，遵来时旧道。九点转东行，时有溢水。十一点东行微偏南，抵河岸。河宽约百余步，两岸枯胡桐横陈。沿河而进，溢水载道，时阻予之行程。十二点转东偏北行，抵古房遗址。在一大土阜上，顶颇平整，长约五六十步，宽约二三十步不等，遗址即在土阜之洼陷处。叠咸块为墙，芦苇覆之，方径丈许，有房十余间，羊粪骨角，散布地表。检亦无他物。余等即驻于其南傍水之平滩上，并在其附近作古物之探寻也。（附图一一）

在余住处西北有一土阜，前后宽广，中腰颇狭，形间葫芦。阜上坦平，面覆枯胡桐树六株，即为古坟井口所在。循迹发掘，深四尺许，发现尸骨四具，重叠而葬，衣服已腐朽矣。头部有漆木桶状杯，及木把杯（图版一三，图3；图版一七，图10），圆底木俎（图版一六，图1、2）之类。又有残块铜镜（图版八，图7）及耳饰等，由铜镜之边缘，可决定其为汉物无疑也。是此冢亦为两千年前后之遗址矣。又在土阜附近，拾铜三棱镞，及石矢镞之类，及土阜上红陶片内含灰陶，想与此墓中人之时代相距或不甚远。但四尸骨重叠于一穴为可异耳。（参考第一次考察路线图L匚）

三、L丙古冢

在余住处之南约里许，四周积水，有风化层之土阜一座，屹立中洲，上栽立木杆为标帜（附图一二）。发掘其下，有石柱作长方形，长约三尺许，直立穴中，或用以支持土块为墓室之架梁者。尸骨均已搅乱。同时墓中发现草篓一具（图版二六，图L），以藤为经，再以劲草编织之。两旁有耳，系绳之痕犹存。圆底豁口，形状椭圆。疑为死者生时盛食物之具，死后即以此殉葬焉。又有漆木桶状把杯一件（图版三，图2），外涂朱漆，但彩色已毁，形式与L匚冢中把杯相同。又有骨器六件（图版二八，图1—6），均作锥形。图1—4各器，一端尖锐，疑为古人搔发之簪。图6一端作柄状，用意不明，然以3、4两图言之，疑为女人头上饰物。疑冢中死者，或为一女人也。又有玉、石、骨等件（图版三〇）与之同时出土。其中有玉耳饰二枚（同版，图1、2），作椭圆形，中空。又有方形者，有圆粒形者，有薄叶状者，无疑的皆为耳上之饰物。又骨粒一串，形同冠缨（同版，图20）。又一长方石块（同版，图27），三面磨制甚光，一面为天然石状，底凿一横槽，用意不明。但亦疑为本地人装饰之具也。（参考《图说》第十章《杂类》）

四、L丌古冢

当余之工作L彐古冢也。余之助手毛拉告余云：在此地之西土阜上有一古冢，尸骨尚未腐化，采归草篓二枚为证，余甚异之。及余移驻于L万也，急使导余往观。累越高仰层之土阜，至一三面有水之三角洲。其高阜，四周风化，显露其泥层绉折之迹。在沙土岩处，有木桩一（附图一三），犹以为偶置之也。审视其沙土倾陷处，露毛织品之一角。余乃大异，去其沙土，即露以木钉锋合之木板，形如扁叶，以黑牛皮覆之。木板刨制甚光，显为长久工作水中者。长五尺，宽三尺许，缺处另以木片补之，疑为死者之舟。旁树立之木杆，盖为拨船之具也；一端颇尖，形类今之撑篙，死后其亲族即以其具殉焉。次揭去木板，即显露以毛织物包裹之腊尸。头戴毡帽，高十英寸，上形尖锐，帽系骨粒帽缨六七股，垂络唇颚。毡帽内，尚有红毛索编成之里帽，冠戴不正。头发截断，下披两肩。额部及两眉间，有红绿色所绘之横纹三道，极类本地女人之画眉。两耳穿孔，尚有毛索遗痕，以备系耳珠之用。两眼微陷，两颧耸起，鼻陷而唇斜，似负痛苦以死，而表现忧戚之容者。在其头部，有草篓二个，一外涂朱漆，死时即以此殉葬焉（图版二六、图2、3）。次除去其包裹之毛织品，即呈露其身体，经盐硝之浸灸，皮肉坚结，尚保存其原形，毫未腐化。两手下垂，下围以棕黑色毛线织成之长带，带绥下垂至足，足履皮靴，毛里而皮外。身作绛色，骨骼坚结为僵质，击之作木声，直立转侧皆可如意。头长二五厘米，额宽一〇厘米，面宽一一厘米，下腮突出，显现尖削之状，通高一六〇厘米（附图一四）。据医学家言，凡腊尸皆由盐水之浸灸，积久遂成腊形，永久不坏。然非有两千年之浸灸，不能成功也。据其所述，参合此处有水之时代，及同时发现之遗物，当亦在两千年前后。盖以后海水南徙，当无此腊尸之造成。头部之草篓与L万家中之草篓形式质料相同，当为同一时代之产物。而L万同时发现之骨器、漆、木器，余已订为两千年前后之故物，彼此互证，则此腊尸有两千年历史之说益可信也。

其次言及死者种型问题。余对于人种学，毫无研究。且亦未加科学测量。但以由死者埋葬之方式及其殉葬物品，推测死者确为本地人，与汉通西域时之楼兰国人，或为一致。盖其所表现，完全为游牧人及渔猎人之生活，与中原人久孕育于东方文明者，决然不同。故吾人在第一编第四章中，已略有论述。但为引起读者兴趣起见，再补述末意，以备参考。斯坦因氏在 L.F.4 古冢中，发现死者头畔衣襟中，系二小口袋，中盛小麦粒，及其他细枝。[1] 纳恩德博士（Dr.A.B.Rendle）认此细枝为在西藏至波斯一带繁殖的胡麻，据伯格曼君称印度跛希人（Parsees）现仍用麻黄细枝代替能产生浩玛或所玛（Haoma or soma）之某种植物。（所谓浩玛或所玛，在古印度、伊兰人祭祀中，曾占重要地位。）[2] 余在 L.C. 古冢中，发现纡麻质口袋一，亦有同样盛物，但当时不注意，遂致遗失。在此地僵尸中则未之见也。但以麻黄细枝为殉葬品，确可代表此一带一部分墓葬之习俗。换言之，即为本地人墓葬之习俗。若然，则楼兰人，或即与印度跛希人，有密切之关系也。至此，余当另引中国记载所述一事，以助研究之兴趣。按斯坦因氏所述之跛希，与中国记载所述之白题西音相近似。杜氏《通典·西戎传》云："且末国，汉时通焉。北接尉犁丁零。东与白题西接波斯精绝，南至小宛可三日行。地有葡萄诸果。人皆剪发。着毡帽。小袖衣。为衫，则开颈而缝前。"按《通典》所述与《梁书·末国传》字句微异。如云："末国北与丁零，东与白题，西与波斯接。……"按此处均有脱误。其云"东与白题，西接波斯、精绝"义意不可通。波斯在葱岭西，如何可接。故此处当云："东与白题西接，西接精绝。"波斯疑为白题西之小注，表明其为波斯人。后人遂将小注录为正文，而又删去"西接"二字，义意遂不明了。《太

---

1 向达译斯坦因《西域考古记》一一〇页，又插图六六、六七两图。又 A.Stein: *Innermost Asia*，Figs，172,173.
2 柏格孟《罗布淖尔沙漠中新发现之坟群》图五 D1。

平寰宇记》，引作"东接白题，西接波斯精绝"，错落同上。盖波斯仍当为白题西下之小注也。使余之解释不误，则且末东为白题西人，即波斯种人所占据也。又据中国史书所记，且末在三国时，已为鄯善所并。故《通典》所云且末人，亦当即汉时之鄯善人。所述之且末人之习俗，亦当即鄯善国人之习俗。剪发着毡帽，小袖衣，开颈而缝前，且末人既如此，则汉时鄯善国人亦当如此。由余等所发现僵尸之形态，即其剪发戴毡帽事，更可证明其然也。彼此互证，则汉时楼兰人种型不难推知，或即属于印度伊兰人种型也。现昆仑山中，有操伊兰语之噶尔喀族人（Galca），或为其遗种欤。

以上皆为余第一次所考察湖畔古冢之经过也。第二次之赴罗布淖尔考察也，适值战乱，且准备未充实，不能尽量考察。但亦略有所见，兹略述如次。

当余等于五月初间，由鲁戈斯特南抵孔雀河畔也，由余一驼病足，放置于此。即率其余驼东行，沿一干河岔，枯桐红柳，迤逦如带，时有土阜间之，阻余行程。傍晚驻一咸滩中，一面派毛拉赴辛吉尔购办米面，余等则作古坟之探查。在余等驻地旁有一风蚀土阜，上竖枯胡桐三株，作交叉状。以余等第一次探查之经验，凡类此者上必有古人墓室，即攀登察看：上颇平坦，作椭圆形，有井穴二，南北对峙，穴口有枯胡桐六株，长丈许，骈比横陈，二穴相同。余等掘其南穴，深至三尺许，发现见棺一，作长方形，四围板壁已遗失，仅存底部。冢中土层搅乱殊甚，出木几二，已腐朽倒置其中，又几足四，作屈腿状，显系早为他人盗掘，而留其遗弃物于冢中。故余亦不欲尽取之。八日转东行，在戈壁上见一地室，屋架犹存，以枯胡桐作檩条，覆以芦苇，涂以泥浆。据本地人称述，在室中曾发现古棺木数具，现已无存。复东行戈壁上，时见以木桩栽立之椭圆形建筑，数冢相连，组合为群，据猎户云，此亦为死者之居室。其栽立之木桩，长二尺许，一端尖锐，入土不深。因余忙于行路，未加工作，殊可惜耳。

五、L□古冢

当余等于古烽燧亭工作完后，五月十四日复返西行，路遇毛拉于途，并携米面而归。庆幸之余，复谈及往西约十余里土阜上，有一古冢，衣巾外露，乃使导之前往。试作发掘，出小头骨一，黄发尚存，作黄金色，审视为七八岁之姣童，所谓黄发小儿是也。冢中绸绢衣巾，尚未腐朽，有枕头一，四方形，头枕之迹犹存。手帕一，亦为长方块，一端具带，疑为缀系于衣巾之用。袖口缥骧，均崭然如新。一袖口黄绢为底，绿绸为边缘。图版（二一、二二）虽属小儿，亦副戴满身文明，供吾人之鉴赏，与裸体葬者，有文野之别矣。（参考《第二次考查路线图L□》）

综上一二两次所获，由其埋葬方武，及装殓物，显有两种不同之现象：前者为赤身葬，后者为衣冠葬。在汉通西域以前，楼兰人民之生活如何，吾人在《汉书·西域传》中不难窥其一二。《西域传》云："鄯善地沙卤少田，寄田仰谷旁国，民随畜牧遂水草，有驴马，多橐驼，能作兵，与婼羌同俗。"又云："自且末以西，皆种五谷，土地草木畜产。能作兵，略与汉同。"是楼兰本为行国，不事耕作，至为显然。及楼兰迁都伊循，改国号为鄯善，汉遣司马一人，吏士四十人，屯田伊循以镇抚之，楼兰至是始有田作。然皆在汉通西域以后，田作者亦多为汉人，非本地人也。据此，楼兰文化，可分两阶段，即汉末通西域，在纪元前一世纪以前，为前期，完全为本地土著文化；自一世纪以后为后期，盖受东方文化之影响，渐变其习俗也。前在《石器遗址》章中，已由石器部分略有阐述。今据湖滨古冢，其情形亦大抵相同。由余之L□冢言之，露体埋葬，断发文面，革履、裹毡，皆非东方之习俗。而东方文明，以丝绸为大宗。凡在西域之被汉化者，莫不锦绣珠玉。而此冢除毛革二种外，不着衣裳，十足表现为畜牧，或渔猎生活状况。其殉葬物品，除草篓外，再无他物。而此物质料，又大概为本地所出，亦显未受东方文明之影响也。惜余所工作只此一冢，而斯坦因在楼兰附近，柏格孟在阿德克一带，所工作之古冢，其情形与此近似者甚多。阿德克之D1冢，与余L∩尤为接近。然其殉葬之物品，不出毛织、皮革、树枝、木条之类，与余所拾大致相同。而余L∩冢中不见树枝，毡帽上不盘红索，及饰鼬鼠皮，较为稍异耳。但此为繁简之别，而于人民生活状况初无有异也。又其埋葬仪式，露体裹毡，凿木为棺，覆以牛皮，冢后树一木杆，则所有古冢皆同。此与较进化之埋葬法，已大异矣，此可注意者也。其次说到后者，柏格孟在阿德克另一区域，发现三座小坟地，在EI冢中发现之僵尸，为一年高有德之绅士，白须面窄，确为典型长头种人。衣黄绢外衣，边缘镶以红绸。CI冢中为一妇女骨骸，衣绸外衣，镶棕、红、绿三色边缘，袖长过手，袖绣各色条纹。并副带铁镜一，覆以红绸。又有皮质及丝织小口袋。又铁剪一把，挂在腰际。颈上再挂有白色骨质佩饰一串。复次，再北行，将近库鲁克河南岸又发现A冢，内尚保存颇完整的黄绢外衣，缘领露胸，系结于内，袖长而小，还有毡袜、高靴、皮裤之类。[1] 凡此诸冢，虽各个微有差异，但有一共相，即均用丝织物装殓，全幅带着东方文明，则此类古冢，必在汉通西域以后，无可疑也。至是否为汉人，则有待于人种学之研究矣。又此项小坟群，均在库鲁克河以南，及渐近于库鲁克河一带，与余发现之文明冢，相距虽有数十里之遥，但均在库鲁克河流域也。例如余之L彡、L匚、L丙，其埋葬方式，与柏格孟E、C等冢大致相同，即同具衣冠葬者。不过余冢中所发现之殉葬物品，较为丰富，而表现文明，更为明确耳。尤其L丙、L匚之

---

[1] 柏格孟君与余于民国二十三年，又同赴新疆考察。余工作罗布海之北岸，柏格孟工作库鲁克河南岸，发掘古坟十余。二十三年著《罗布淖尔新发现之坟群》，报告工作状况，在瑞典发表。所得古物交还中国政府教育部，余因得观览一二。后又借给柏格孟作研究，现此报告已于一九三九年在瑞典出版矣。

铜镜碎片，及漆木把杯与簪栉之类，与LN之殉葬物品，确为两个不同的来源。无疑的，一为土著，一已接受外来文明，生活遂有优劣之别耳。但余所发现之冢，均在库鲁克河北岸，正当汉通西域路线孔道。援鱼豢《魏略》所述，西汉通西域路线中道经居卢仓，西北行，过龙堆，到故楼兰，即余所发现之古烽燧亭遗址地。再西行，沿库鲁克河，直诣龟兹，此为径道。而余所检查之文明冢，完全在大道两旁，其受汉文明影响，毫无可疑。虽LN亦在大道附近，犹留着本地土著之风尚，然余所发现仅此一冢，且亦不如阿德克古坟中之纯土著化。由此吾人所述汉通西域后，本地人已远徙，或渐被同化。因此一带已被汉人视为军事政治之重要区域，其柔土处或为屯田之地带，本地游牧生活已无可用其力也。反之阿德克在库鲁克河南约七十余里，不当西行孔道。故本地土著人民，尚仍然保存其旧生活，游牧渔猎。如现今之罗布里克人，在生活上甚少改变，可为证也。

附图八　罗布淖尔北岸之泥层

附图九　罗布淖尔北岸之大老坝

附图十　库鲁克河末流之溢水（L夕驻地）

附图一一　罗布淖尔远望（由土垠向东南望）

附图一二　L万地之古冢

附图一三　LՈ地之古冢

第二篇　工作概况

附图一四　LΠ古冢中之腊尸

第三章
古代遗址

一、汉烽燧亭遗址

方余在L历地之工作古冢也，复派两组人四周探寻古迹，悬赏以待。一组毛拉等三人，向西南行，期以二日。一组猎户拉亦木东行，亦期以二日。余与脚户则在驻地工作。诸人于四月二十三日上午出发，下午大风忽起，尘沙弥漫，如同黑夜，本地人名此为黑风。余棚帐几被摧拆，至晚未息。想念出发诸人，均未带皮衣，现憩息何所，闻风声之怒号，远虑诸人辛苦，不胜烦闷。次日上午，猎户之子归，告诸人无恙。未久，而毛拉等亦归，略拾铜矢镞之类，余心稍安。时大风虽息，而尘沙未减，遍地作黄色，寒冷异常。将晚忽瞥一骑马人，身披大裘，戴皮帽，猎枪横陈马脊，左手执缰，右手秉枏，踏蹀徐行，掠余帐而过。余异之，揭帐而视，非他，即余英勇之猎户拉亦木得着胜利消息而归。欣喜之余，慰勉有加。而余在罗布淖尔最有名之发现，古烽燧亭遗址，随拉亦木英勇之姿而出现于世矣。

汉烽燧亭遗址，即在土垠（音艮）平滩上（第一次、第二次路线图L勹）。北距得格尔约三百五十里，位于经度九〇，北纬四十五度十分（此据同团陈宗器君所测），傍于海岸之三角洲，三面环水，唯北路通陆，形同肺叶。而此址即在其末端。四周土阜骈峙，如岛屿，如城郭。行人由西至东，或由东至西，至此城时，必须沿湖环行，越过土阜数重，方达到此址，盖已至湖泊之中洲矣。遥望海中土阜重叠，迤逦若断若续，似无数战舰，为避风涛之袭击而停泊于海隅者。风起沙飞，类同烟雾，白鹤翱翔于天空，鱼凫游戏于水上，洵为海中奇观。此处为孔雀河末流所汇，故为淡水。水极清澈，可饮可濯。过此皆为咸水，旅行家之来往东西者，咸憩息于此，为通过艰险长途作准备也。此地适当汉通西域北道之冲，凡出入玉门关而至西域者，必须经此。以今揆古，其情实同。故当时在此设烽燧亭以护行人，乃必然之势也。（附图一一）

当余于四月二十五日之至遗址也，已近黄昏，不及视察。次晨兴起，尚未及盥洗，而余之助手汗木多利、毛拉等，即以所拾古物至，铜矢镞、铜钱，各盈一握。余甚喜，即往检视遗址。在余帐棚之西，有城墙遗址一段，高二尺许，余三面均被冲刷。在南有长方形土台，高八英尺许，长十九英尺。宽五英尺五寸。上竖立木竿五，南北直列，高十二英尺弱。每竿相距约十二英尺许。木竿上端凿一方孔，疑为穿桔槔之用。尚有若干废弃木料横陈其旁，木上均有斧凿痕迹，或中凿一圆孔，或方木而中凿一槽，均长不及丈，疑皆为支持烽竿之用，类今之取水井架也。在竿之四周，尚有许多四方井穴，用柳条掺以木屑，编织为笿，覆于井口，约四尺建方，彼此相通为甬道。就其构造方面言，显然为古时烽火台遗迹（附图一五、一七）。《汉书·贾谊传》注云："边方备胡寇作高橹，橹上作桔槔，头悬兜零，以薪草置其中，常低之。"按所谓橹，疑即木竿。桔槔即竿头所悬者。桔槔失，而竿头之方孔尚存耳。又《墨子·号令篇》云："望见寇，举一垂，入境举二垂，狎郭举三垂，入郭举四垂，狎城举五垂。"按垂为附竿之横木，每有一竿，必有一垂，此处木竿五，即所谓五垂也。举垂必有兵卒，疑竿旁之井穴，皆兵卒避藏之地，如敌人来侵，避匿其中，免受敌人之攻击也。余在竿之两旁，曾掘二井，内满储沙子，无一他物。余于民国二十三年第二次前往时，复掘其旁之其他井穴，有类似高粱之谷粒，已腐化结为干饼，或井中兼储食粮，亦未可知也。在台上南北部，各有房址一座（附图一八，《古烽燧亭工作图》）。北房现已倾圮，墙基尚存，高四尺许，重叠不规则之土块与咸块为墙。土块长约十五寸，宽约八寸，厚四寸，略作长方形，间以苇草。咸块长约十六寸，宽约十寸不等，形状极不规则，盖随意取诸咸滩中也。南房上覆以柳条与木屑编成之屋顶，顶已倾塌，内满储沙子。余曾清理其遗址，拾残断木简一枚，现存"从事人姓名"等字。北面之房亦存墙基，上无覆顶，中无何物。又台之南北两端，略作斜坡形，疑为房址。掘其南端，至与台齐，悉沙灰土，别无他物，或因台上下倾所致也。在烽火台之东约百余步，有古房址一所（附图一九，《工作图A》）。在一宽广平滩上，周里许，略作椭圆形。地为硝卤。在滩南枯木横陈，类似古时建筑遗构。东边似有墙壁遗迹，西边已被风水剥蚀，而作沟渠状矣。在此平滩之北，略与烽火台北端东西对值，有围墙遗址。叠咸块为墙，旁集苇草，长丈余，高五六尺，形成弧状。中积沙成阜，高与墙齐。余发掘其下，出汉木简数十枚。黑书隶字，完整者，长八寸，宽三分，残整不一。一简有"黄龙元年"字样。黄龙为汉宣帝年号，距今已一千九百六十余年矣。又有"左部后曲候""右部后曲候"等简，疑此地为"左部曲候"所在地也。又在此苇草中，发现漆杯一件，椭圆形，长三寸五分，宽二十八分，高一寸。内为朱漆，外涂黑漆，里画几何花纹。又有木匣漆木杆之类，西汉之漆器，由此可见一斑（参考图版一三——一五）。尤能使余满意者，即在苇草堆集中，发现古代之炬，长三尺许，以苇草束之（图版二七，图6）。"炬"，《说文》本字作"苣"，束苇烧也。盖见寇则燔炬为号，每举一垂，即燔炬一通，以燔炬之多少，示敌人之远近也。唐《兵部烽式》云："寇贼不满五百放烽一炬，得蕃界事宜，知欲南入放二炬，蕃贼五百骑以上，放三炬，千人放四炬，余寇万人亦四炬。"（白氏《六帖》引）此以燔炬之多少，示敌人之多寡，与《墨子·号令篇》所述微别。要之此束苇为燔燧之炬，则无可疑也。又在烽燧亭之北，约数十步，有土阜一所。阜之倾斜处，苇草外露，似为古房遗址（附图一九，《工作图B》）。余命小侯掘之，上层浮沙土，中层灰土，下层干沙土。木简皆在中下两层。在中层出"元延五年"本简一枚，元延为汉成帝年号，已至西汉之末期，而亦为余所获木简中最后之年代也。干沙倚阜处，岩壁屹立，中留灰土痕一线。知古时凿阜为墙壁，倚岩构屋而居（附图一六）。此处除发现木简数枚外，余无他物。由此而东，直抵海岸，地面因水冲刷，土阜鳞次栉比，在其不平齐之地面上，似有凿壁构屋遗迹，但大半已被风水剥刷净尽。除高岸处渐露修凿遗痕外，余已淹灭无迹矣。余第二次复赴罗布淖尔考察，在五月九日，到达余第一次所发现之古烽燧亭遗址。除采拾木简十数支外，又在烽燧台之南北两端，在高低不平之地面上发现东西相承之凿痕一线（参考附图一七，《古址形势图》）。其凿削处以在C处之土阜旁，最为显著。余在此掘拾《论语》残简一枚。其余凿土或浅或深，因土阜高低参差，以为凿削之标准。然必一线相承，底下平齐，宽度相同，显然为当时士兵屯驻之所。又知古时凿地为营垒时，其地平面必不如现在之不平齐也（附图一九，《工作图C》）。由此，知当时屯戍兵士，栖息一孤零海岛，伏处壁中，北瞰匈奴，南防土寇，以维护东西过往之行旅。其坚苦英勇之精神，二千年来，犹历历如画，无任神往。

  余在此前后两次所得之古物，除木简约七十余枚不计外，尚有铜件四百九十二件，铁器一十五件，漆、木器，及漆麻布计三十七件，丝麻织衣履残巾之属计三十九件，木竹杂器二十二件，料珠十二件，草具二件以及骨、石、陶、玻璃等项，共计六百余件，皆为余一、二两次所获得者。均因时间促迫，未能尽量工作。或仍有埋藏地下，未经发现，留待吾人第三次工作者。然就此所获，于学术上贡献亦不无少补。尤其汉简，其数虽不多，而于汉代在西域之军事与政治情形，藉此可以窥见一二。而此地自汉宣帝黄龙元年，至汉成帝元延五年，共四十二年，在此四十二年之间，正值匈奴日逐王降汉之后，汉都护权力正盛之时。中国政治军事之威力，表现于西域，亦以此时为最著。由所发现汉简年代之指示，则此地在此四十二年之间，甚为兴旺，而汉文化之输入亦以此时为最盛。故余在此所发现之古物，其年代亦由此可以确定也（参考《木简考释》第一七，五六两简）。在余所发现古物之中，以铜件为最多，大概皆散布地表，随手检拾，非由发掘而得。但其三棱、实体矢镞及五铢钱，均作紫铜色，皆可表示为西汉遗物。尤其在烽火台附近，拾铜印一方，文曰："韩产私印。"（图版九，图11）疑为一汉人名章，或即护守此烽火台之曲候，亦未可知也。余若带钩弩机，及其他零铜残件，未可一一俱举。然由其所发现之兵器，可证此地在汉通西域线上，为一军事重地也。次及漆器：余在苇草堆中，发现漆杯一件，椭圆形，有两耳，以纻布为胎。内髹朱漆，外涂黑漆，形如小舟（图版一三，图1）。古时称为羽觞。《事物纪原》云："束晳对晋武帝问曲水事曰：'周公卜城洛邑，因流水以泛酒，故《逸诗》曰：羽觞随流。'晋以来三月三日也水流杯，即其始。"是羽觞之名，因在流水行觞，故称为羽觞。其形状亦象征小舟。在周时即已有此物。现在西北一带，及中原本部，发现类此之形制甚多，要皆以瓦为之，或以铜溜金为之，漆器尚不常见。日本人在朝鲜发掘乐浪郡王盱之墓，发现漆器甚多，漆杯形式与此正同。[1]但内为木胎，外髹漆，与余器为纯纻麻胎者有异。此器形样完整，颜色鲜明，如同新作。汉代文明遗

---

[1] 原田淑人《乐浪》图版四三至五二，又说明三六页插图一三。

留于东西边陲者，当以此为最精矣。其次为漆木匣，以木为质，夹纻髹漆，形式颇为坚固，但用途不明。又漆木杆一根，上有"卅六"二字（图版一四，图4、5）。其次若漆木片，漆麻布，皆足以表现汉代已知髹漆为坚固防腐之良剂，应用于一切器物矣。

其次则为织品，及珠玉杂品。或则散布地表，或则埋藏于苇草之中，随余清理古遗址而出现。但此地为汉人在此设立之烽火台所遗，衣履当为汉人服用之物。检查其遗物之中，吾人可得一总观念，即所有织品，以毛麻为大宗，丝织品次之（图版二〇—二五），棉布则不一见。由此可证汉时中国尚无棉织品也。《南史·高昌传》称："高昌有草实如茧，茧中丝如细纩，名曰白叠子，国人取织以为布，布甚软白，交市用焉。"观其所述形态，极类中国之棉布。但中国之有棉，自魏晋以后，或自西域传来也。至于丝麻，则中国发明独早。汉王逸《机赋》云："帝轩龙跃，桑叶是创。仰揽三光，悟彼织女，爰制布帛。"《易》曰："黄帝尧舜垂衣裳而天下治，盖取诸乾坤。"是中国以丝麻制为衣裳，传说始于黄帝。至于汉时已臻精巧。随汉威力所至，流播远方。余写至此，须连类述及汉与西域之交通。《汉书·西域传》云："乌弋地暑热莽平，其草木、畜产、五谷、果菜、食饮、宫室、市列、钱货、兵器、金珠之属，皆与罽宾同。"又"罽宾"条云："国出封牛、水牛、象、大狗、沐猴、孔爵、珠玑、珊瑚、琥珀、璧流离，它畜与诸国同。"又云："自玉门阳关出南道，历鄯善南行，至乌弋山离，南道极矣。转北而东，得安息。"《汉书·西域传》又云："安息东与乌弋山离（东当从《后汉书》作南）接，西与条支接，国临妫水，商贾车船行旁国。武帝始遣使至安息，过数十城，人民相属。因发使随汉使者来观汉地。"据上所述，是中国与安息在汉时交通已臻繁密，而安息为商贾行国，则中国货物，因安息以运至西方各国，而条支罽宾之货物，亦因安息以运至东方，此为极可能之事。但汉时通西域之路，在西汉时多行径道及南道，后汉则辟南北二道，而径道转洇，故罗布淖尔为东西通往所必经之地。此烽火台又当径道之冲，则安息贩运财货亦必须经过此地，而东西货物之遗留于此地者，乃为当然之事实。吾人据上所述，中国货物则以丝麻为大宗，西域则以珠珀为商品。由是言之，则此地所遗留丝织残件，及珠珀杂件，无疑的皆为古时东西各国所遗留之文明结晶品也。现欧洲人称古时罗马人常贩丝于中国[1]，经行汉通西域古道，称因此道为罗马贩丝之道。但此路由张骞首凿，武帝随通，故东西人民，由此交往，安息不过藉其通衢以行商贾耳，无可惊异之处也。

二、汉代古道及住宅

当余等第二次旅新时，在古烽燧亭工作完毕后，猎户称由此往北约五里许，有大道遗迹，类似古道。两旁常有铜钱散布。于五月十四日下午三时，使猎户导之前往，向北偏东二十度行，四点，遭遇古道于坚刚盐层开处，中显白色泥痕，宛若辘轳，刮磨光平，显为往来人迹所遗。由西南向东北，蜿蜒屈行，或在山坡，或在平地。吾人遵道而行，一若二千年前，发自玉门西诣龟兹之故态。盖舍此道外，再无他路可行也（参阅《第二次考察路线图》）。道两旁时有五铢钱，及零铜件，与玛瑙之属，必为当时行人所遗。然由此亦可证明此道为二千年前往来之人所经过之大道也。天晚仍南行，驻于积水之旁。

十五日，仍驻此地，余单骑偕汗木多寻觅古迹，在大老坝北岸之土阜上，觅得古址一所（第二次路线图 L厂、L丁）。在一倾圮土坯中，显出苇草。即发掘其下，出骨器五件，草具五件（图版二八，图7—11）。第7图骨片作椭圆形，上端磨光，似经长久之使用者，因上端略尖，疑

---

1 向达译斯坦因《西域考古记》一八页，又九七至九九页。

为割切之用。第8、9两图，为长条形，系取鸟之腿骨，下端削尖，用法不明。或头上之饰物也。图11为一牛角，想为当时人陈液体之物。图10作针状，或为穿孔之具。其他草具，类皆以芦草编之。最可异者一以芦草为茎，下附椭圆形之泥搔（图版二七，图11），一以芦草编为蓑衣（同版图8—10）。一束芦草为扎，缠以藤绳（同版图7）。又有泥杯及纺车等（图版六，图7、8）。凡诸此类。皆表现初民生活之形态。由其取鸟兽骨为器具一点观之，其人民必尚为渔猎生活无疑也。复北行，又与古道会。沿道西偏南二十度行，在土阜之旁，五铢钱散布地表，俯拾即是（路线图L厂）。归而数之，得六百余枚。但无居住遗迹，其为行人所遗无疑也。十六日，全队出发，仍沿古道行，满地均为盐壳所覆盖。唯波浪开处，时显古道，平坦砥直，实不觉若何困难。然古道时隐时现，几令人目眩不可捉摸。及至库鲁克河之末流，又拾五铢钱及铜矢镞之类，则当时沿大道往来之人，已极臻其繁密矣。再西沿河畔行，时有陶片铜件，但不见古道，疑此后为居民聚住之区，古道渗入村中，遂湮其痕迹耳。

当余第二次之抵孔雀河边也，因黄驼病足，牧放于此。而孔雀河边之青草馥郁，红柳丛生，足以饱余驼而无待他求。及余之返也，余驼无恙，且健壮焉。乃巡视四周遗迹，流沙开处，时露黑红陶片。余拟知此地，古时必有居民麇聚于此。由余放驼处东行，果觅得古渠旧迹（参考《罗布淖尔第二次考察路线图L《》）。宽丈余，高者约二尺，直通于河，则当时引河水灌地情形，至为明显。渠畔布陈黑沙陶片，显为当时居民所遗。在北有沙碛堆二区，周里许，胡桐丛立，虽已枯槁，犹能表现当时人烟之稠密，社会之繁荣。一沙堆上，有古房二所，编芦草为褡，中夹胡桐叶，覆盖其上，下有木梁以及柱以支持之，均取天然之胡桐，略加斧凿而成。形式虽极简陋，但当时人民居住之痕迹，由此可见一斑。在此一带，黑沙陶片极多，有一陶器残底，凿七孔，类古陶甑，或为花盆底部。然无论其用法若何，必为先民日

148　　　　　　　　　　　　　　　　　　　　　　　　　罗布淖尔考古记

用之器无疑也。再由此西行，在河边拾铜镜碎片及陶片。约行四十余里，抵河之北岸，有一柳堤，即余毛拉所觅得者。由余毛拉夜露宿于此，得一神秘之幻觉，疑此为一有名古城，即本地人所常称之喀达克沁，归以告余者也。余次晨巡视一周，乃一长形之柳堤。西南东北行，长九百五十双步。下为土梗，上覆柳条，旁栽柳条一线。宽一·九米，高〇·八米。每隔一·七米，竖植胡桐一根，高五·四米。其附近即有一四方土台，不知当时何用。其旁有枯胡桐倒地横陈，上有斧凿痕迹，似为当时建筑之用者。西属平原，东临干河。河岸高十余丈，干河川中，青草馥郁，距有水之河约五里许，水大时，尚浸润及此，盖库鲁克河之东流也。自此往西五里地，转生支流，一支屈向东南流，即现有水之河是也；一支东北流，即沿山之干河，即余等来时所行之干河岔是也。疑当时东北支水势甚大，而东南地势平坦，可以种地。故筑堤障水，使水东南流灌地。现在东南旧河川甚多，而东北支则久已干涸无水矣。现水复故道，亦入东南支，由其堤障之遗迹，可以明了也。吾人抵此欲在此寻觅古地及古物，终不可得，但在此堤之东南约十里二十里地，时觅得零铜件及玉器之属，则当时居民必麇聚于此堤之东南，及大河两旁垦殖地无疑也。而此堤则为大河之龙头耳。又西五里许河北岸枯树鳞比，在河之分岔处，亦显露以芦草编制之房顶作圆形，而河对岸似筑有类似之柳堤。但因余无舟，未能渡河一观，然度此地必为当时垦殖重地无疑也。余写至此，引《水经注》述楼兰故事二则，以资参考。《水经注》叙注宾河时，述其屯田之事云：

敦煌索劢将酒泉、敦煌兵千人至楼兰屯田，起白屋，召鄯善、焉耆、龟兹三国兵各千人，横断注宾河。河断之日，水势奋激，波陵冒堤。劢厉声曰：王尊建节，河堤不溢。王霸精诚，呼沱不流，水德神明，古今一也。劢躬祷祀，水犹未减，乃列阵被杖，鼓噪欢叫，且刺且射，大战三日，水乃回减，灌浸沃衍，胡人称神。大田三年，积粟百万，威服外国。[1]

按此记虽近神话，但汉屯田伊循城，亦见《汉书》所记，不为无因。不过伊循今之密远，其屯田地当在此处之南。此言屯田楼兰，当在其北，绝非一地。然筑堤断流，引水灌地，为当时屯田之遗法，至今犹复沿用。是此地河旁之柳堤，为汉屯田时所筑，固无可疑也。《水经注》又云：

> 河水又东径注宾城南（按南当为北，因上下文而误，注宾城当因注宾河得名，注宾河为南河之末流，北河不得反出其南），又东迳楼兰城南而东注，盖墩田士所屯，故城禅国名耳。河水又东注于泑泽。

董祐诚《水经注·释地》曰："楼兰田士屯此，非楼兰治所也。"是汉在北河北岸，有屯田士卒，或因楼兰南迁，而汉袭据其地以屯田，故云城禅国名。以地望言之，屯田地应在库鲁克河北岸，当河水入罗布海之西。按库鲁克河北岸，除此地有宽广柔土可耕殖外，余均非屯田之所。故余疑当时屯田地，当在此堤之南。则此处柳堤，亦必为当时田卒所筑，断河流引水以灌地者。现余等在此南所拾之玉器及铜杂件可为当时有居民之证。惜其遗迹湮没耳。总之，汉通西域，其政治军事上之组织，以屯田为唯一政策。据《汉书》所记，除轮台、渠犁有田卒数百人外。又车师、莎车均有田卒。今余又发现楼兰之屯田地，则当时西域三十六国所有柔土之区，类多有汉人田卒，则因屯田而发生之文明，例如货币及小工艺之纺绩木陶诸业，当亦同时发展。由现南路各地所散布之遗物，可以证明其然也。故汉通西域，在西域文明史上另划一时期，当无人能否认也。

---

[1] 郦道元《水经注》卷二，七页，又一二页。

附图一五　土垠古烽燧亭遗址

附图一六　古烽燧亭发掘时之状况

第二篇　工作概况　　　　　　　　　　　　　　　　151

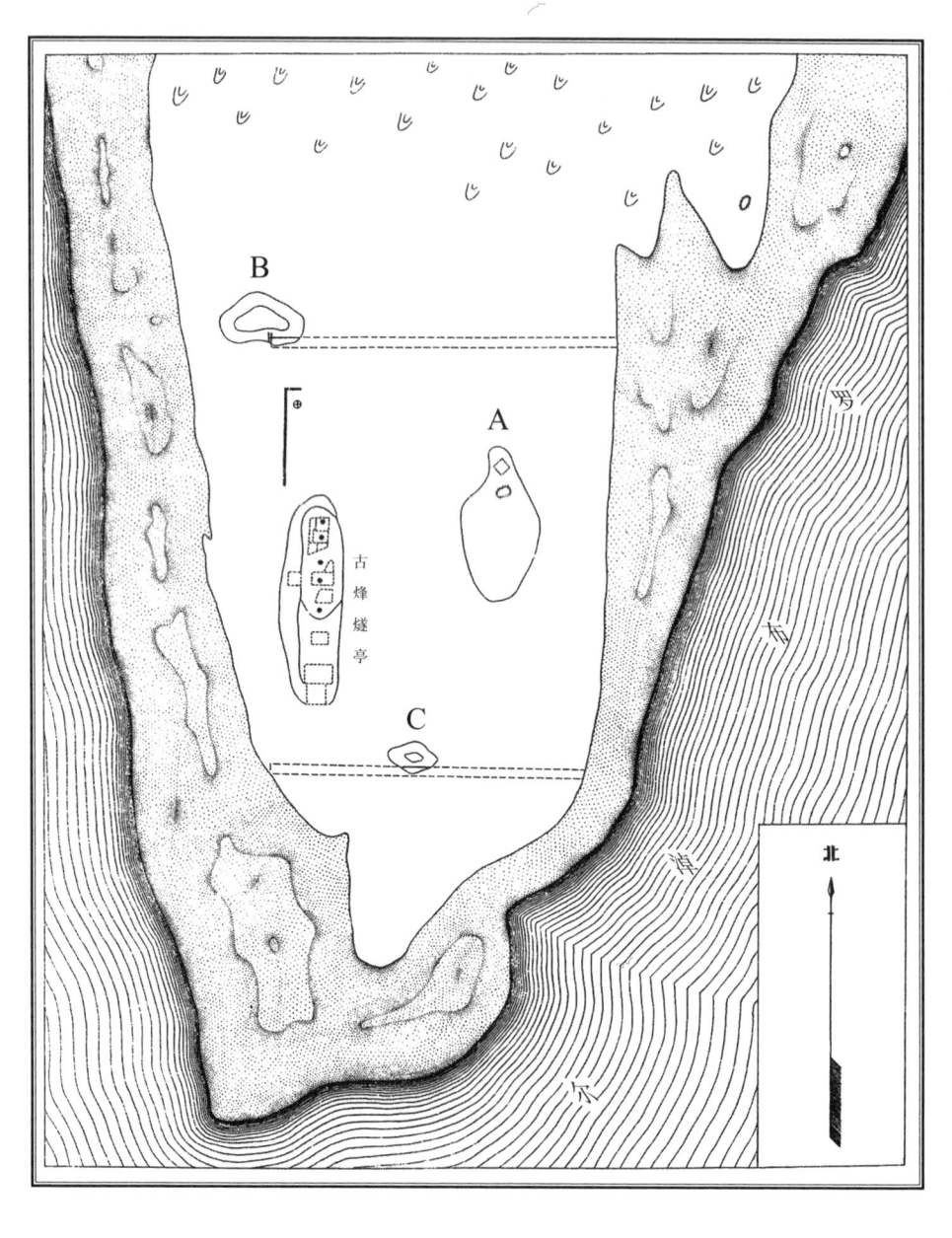

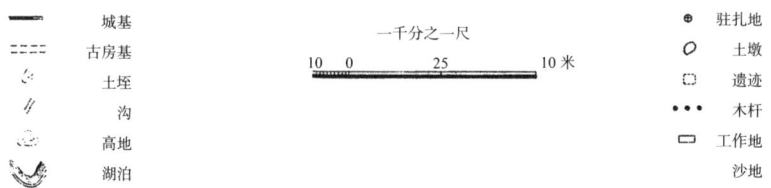

附图一七 罗布淖尔北岸古址形势图

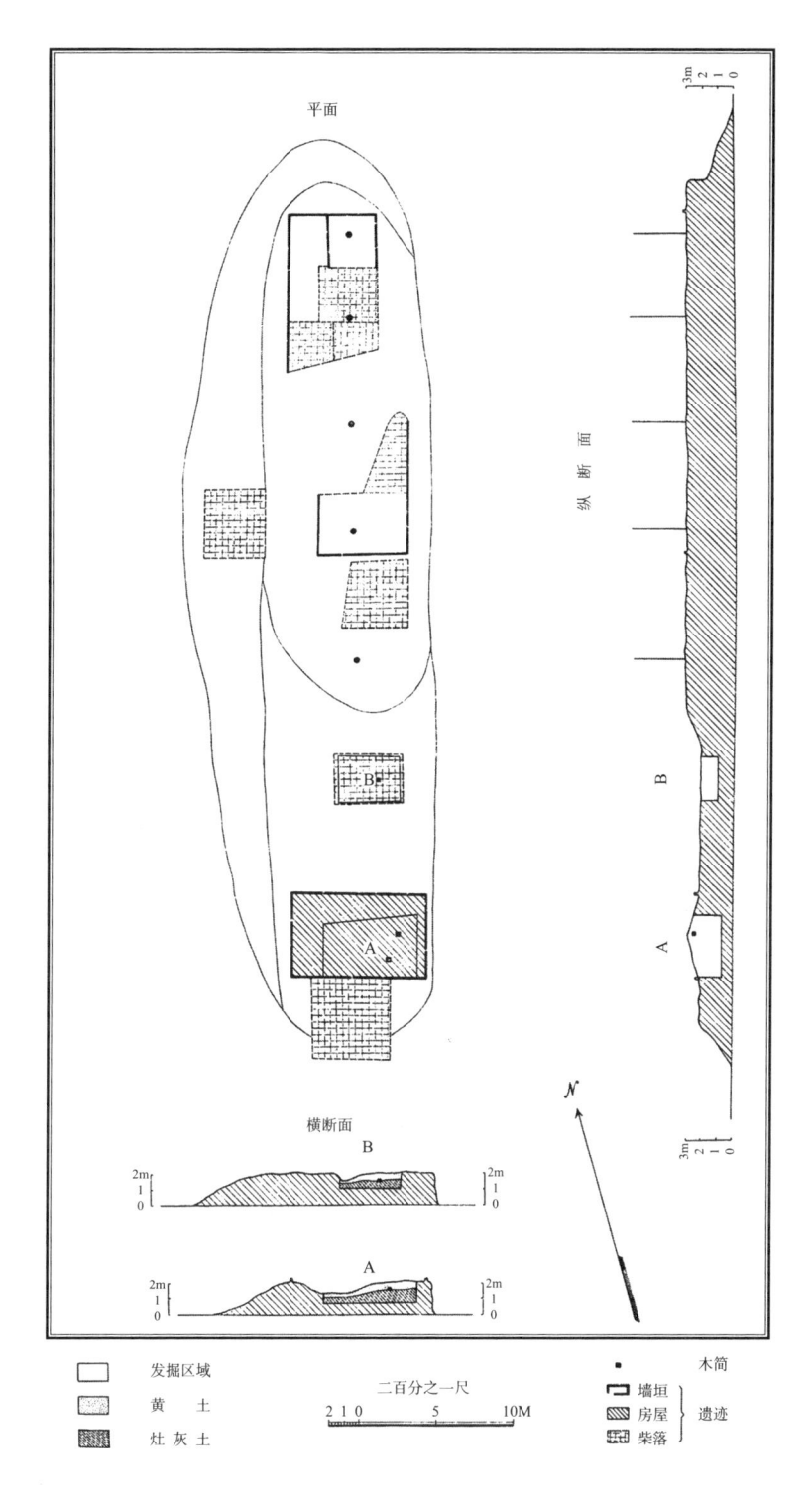

附图一八　罗布淖尔北岸古烽燧亭工作图

附图一九　罗布淖尔北岸古址工作图 A、B、C

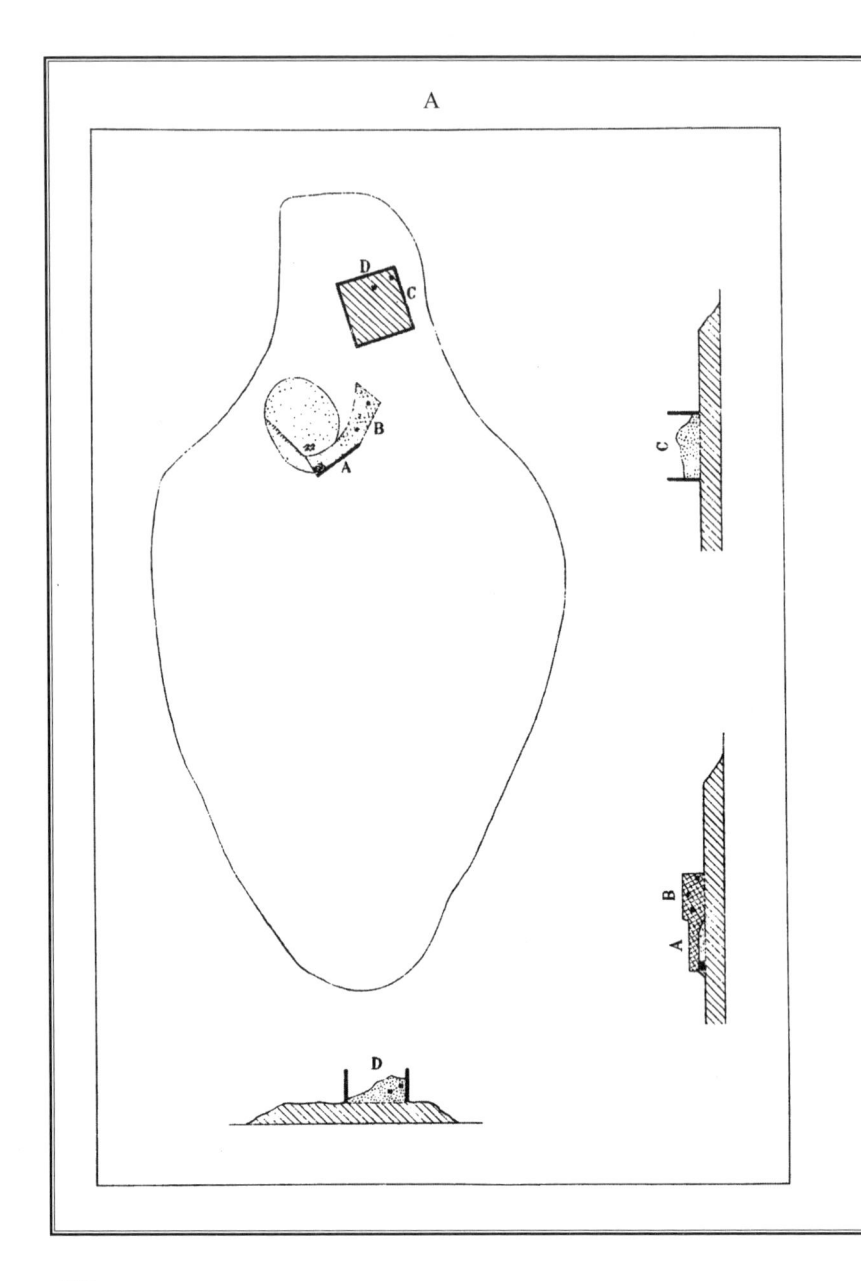

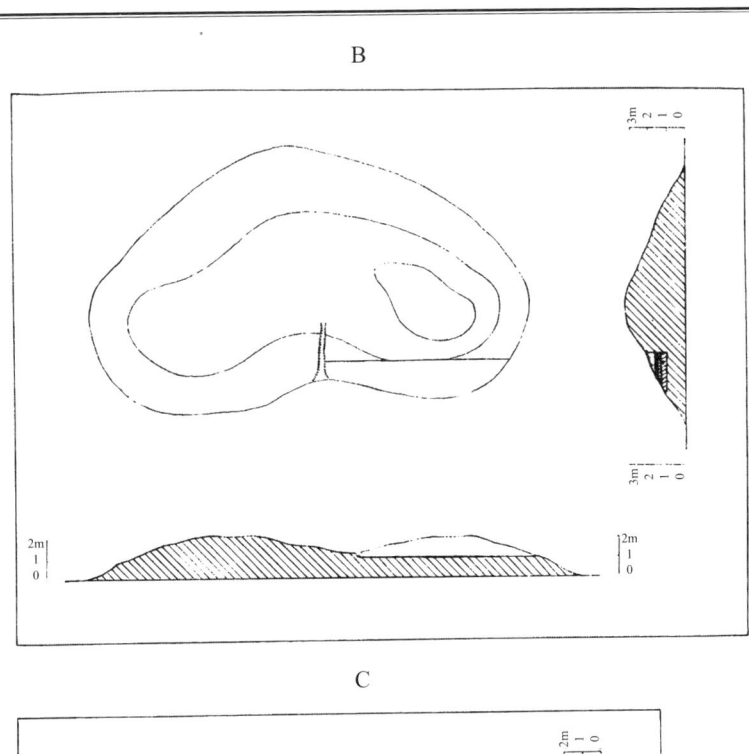

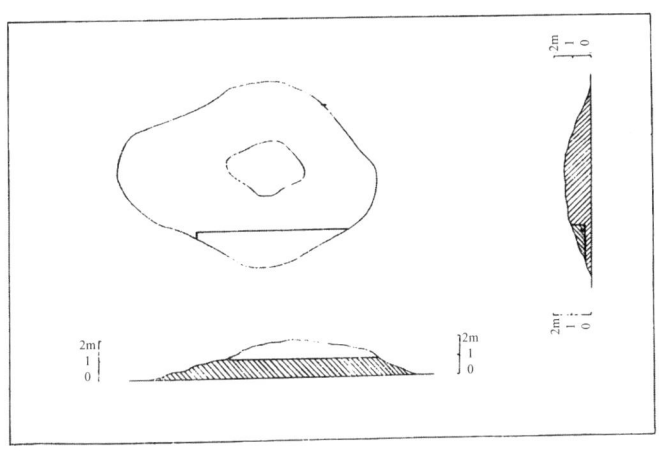

B

C

二百分之一尺
2 1 0　　5　　10M

木简　　苇草
发掘区域　　灶灰土
浮沙土　　干沙土

第三篇
器物图说

第一章
石器类

余前后两次所采集之石器，除内蒙古方面拟另文论述外，对于新疆所采者，以库鲁克山及罗布淖尔为大宗。其所采集情形，已在《工作概况》中略有论述。然此两处石器，虽种类有繁简之不同，但其作法及形态，并无若何差异。故此两遗址石器，在系统上或有相关之点。今为叙述方便起见，将此两地遗物，综合类比，依次说明如下。

A. 打制粗石器

图版一，图1—6，均为打制大型石器，出于罗布淖尔及库鲁克山中英都尔库什两地。多以燧石及石英岩石为质料。兹依其形状，分为石斧、石刀、捶石、砺石四类，说明如次：

一、石斧　图版一，图1—3

图1：黑色，为一不规则之半圆形。口宽九〇毫米，刃略厚，稍加打制，两面光滑。两侧均有磨制痕迹，疑为后人拾作磨刀者，但当时仍作石器之用。其握手处有劈击缺口二：一以压拇指，一以压小指；抚掌处略洼陷，压食指处亦劈三次。试以右手握之，极契合无间。由此石器之用法，或为攻击及宰割牲畜之用也。石左角劈击

处，显露一三叶虫化石，颇完好；此虽为偶然之发现，与制作石器无关，但因此石器出于罗布淖尔，则其取材亦必于附近山中，或即取材其北面之库鲁克山亦未可知。由此，知此地在远古时期，有三叶虫之繁殖矣。

图2：灰色，亦为不规则方形。刃宽八五毫米，背宽八〇毫米，厚二〇毫米。口刃打制极粗劣。首部颇厚，仍存不规则之劈击面，未加细工修整。口部右端突出。盖欲制一石斧，因不合用，而被放弃者。

图3：白色半透明，作不规则圆形。直高七〇毫米，口宽八〇毫米。口刃曲如新月状。口部内外，粗加打制。左侧打制一缺口，为拇指压处。背面握手略洼入。盖取天然石块，略加修饰而成。其用法亦与上图同。

以上三者，形制殊别，以背面之断面痕论之，要皆为手握用器，作宰割之用。或疑此为掘土之具，亦未可知也。又图1、2两器，口刃作弧状半圆形；图5口大于柄，极类铜器中之钺形，或两者有前后因袭之关系也。

二、石刀 图版一，图4

图4：残，深灰色。扁长、四棱、面光平。两边刃口，略加打制。形式类似中国古铜剑。中间棱起为脊，由脊横趋两锷，即两刃口，渐次平杀；一广二〇毫米：一广一三毫米，宽广径二六毫米，中丰八毫米。宽广处，《周礼·桃氏为剑》称为腊，郑注云：腊谓两刃是也。程瑶田《桃氏为剑考》称为剑身，以腊为剑阁（《通艺录》）。此器只存中段，长九〇毫米，首柄均缺。两边刃部有打制痕，为曾经使用之证。今以无确名，故仍入刀类。

三、捶石 图版一，图5

图5：黑色，长方形。边缘略有打制，底端有打磨痕迹，显为曾

第三篇 器物图说

经使用之证。疑当时为手握器，因以打击他物或研磨之具。长八五毫米，横宽四〇毫米，侧宽三五毫米。

四、砺石　图版一，图6

图6：青色，长方形。两面光平，边缘略加粗工制作，厚薄平匀。宽六五毫米，长八五毫米，厚一五毫米。一面刷磨光平，显为当时砺物之用也。

B.打制细石器

图版二至三，图7—56，计五十件，均为打制细石器，出于罗布淖尔海岸及库鲁克山中英都尔库什两地，其石质亦多为角岩及石英岩。今为叙述方便，分尖状器、曲首器、刃片三类言之。

五、尖状器　图版二，图7—20；图版五，插图1—4

图7：青色。正面右削一次，成宽面。左原削三次。又左侧斜削一次，约占全长二分之一，将三次所削者完全削去，与右边所削者成三棱形。前部较后部面稍宽，微向里曲。顶尖右边向里削一次，约长六毫米；左边向外削一次，约长十毫米，成不等齐之肩状尖物。其为当时钻孔之用无疑也。（插图1）

图8：青色同上。原由刃片改作。后部略圆，正面向前削五次，右边为原形，未加修制。背面两边及顶尖，均加修制。正面顶尖斜削二次，成尖状。要亦为椎凿之用。但全身均向右曲，中间打击成洼状，疑并为刮木之具也。

图9：青色同上，形同柳叶。中脊棱起，全身向里曲。左削一次，右削二次，顶尖加削一次，成尖状。正面两旁，再加修制，故中部较前后面为窄。面隆起类弓状。疑此器除为椎凿外，兼为刮刀之用也。（插图2）

图10：青色同上，全身扭曲不整齐。正面削六次，长短参差不

一。左边向前连削三次，成一不规则之叶状物。

图11：黑色，形扁平，如刃状。正面向上削一次，左右各削一次，约占全面三分之一。顶尖向下削一次，约长五毫米，成尖状。背面左肩略加修制。可以钻孔，兼为割切之用也。

图12：黄色，作三角形尖状物。边刃甚锋利，正面削三次，中间加削一次，后部向下削一次，形成极锐利之尖状物，不加修制。里面微曲，藉便手握。盖此器除钻孔外，兼为刺划之用也。背扭曲不平，但用指施用，则甚为便利也。

图13：黑色。取三角横断面之刃片，首部再加修制，成尖状，以为钻孔之具。

图14：黑色，亦为刃片改作。左右各削一次，正面再加削一次，形同茉莉。里面及首部修制甚精，成尖状物。其用法当与图13同为钻孔之器也。

图15：青色，前部折断，后部较宽厚。正面削二次，右削一次作宽面，左斜削一次成侧面。底部微而里曲，以为手握之具。其作风与图16同，疑亦为钻锥或刻刀之用也。

图16：青色，后部略圆。正面削三次，又加削一次，约长三分之一。顶尖折断。疑亦为钻锥之用。

图17：黑色，为细长尖椎形。后部已折断。正面左右各削一次，成三棱形。中加削一次，约为全身五分之三。背面两边均加细工修制；顶尖正面，修理二次。又左侧连打制二次，与背面所修制者成棱形尖状物，非由刃片改作者。背面及顶尖打制极精；宽厚比例，亦极匀称，可称为钻锥中之标准器也。（插图3）

图18：黄色，正面削一次，左右均斜削，连削二次。左边缺口，疑为天然石状。顶端向下削一次，为弧状，右端成尖状，长四毫米，宽三毫米，制作颇精。盖原欲制造一尖状钻孔器，疑尚未完成也。（插图4）

图19：黄色，原取三角形尖状石块，略加修制而成者。

图20：灰色，后部微尖，正面左右各削一次，成三棱形。中间又加削一次，前部顶尖向左横削一次，成一缺口。右里向下削一次，与左横削之缺口，显成肩状。右端成三角尖状物。顶尖作风，与图7极类似，疑亦为钻孔之具，与图7同也。此与图16、18等器，均取刃片改作，除顶尖另加修制为钻孔之用外，其余制作方法，咸与刃片为一致也。

六、曲首器　图版二，图21—26；图版五，插图5—6

图21：黄色，扁长形。正面削三次，两边及头部均加细工修制。后部有柄，宽三毫米，长二毫米。前部平头向内钩曲，但以后部有柄，及两面修制，疑柄下当有木具纳之，或系于木具上作钩掇之用，与普通嵌入刀柄作侧面之割切者不同也。全部完整，制作亦精细，为石器中甚少见之品也。

图22：黑色，形如柳叶。后部稍尖，前部向里曲。正面削三次，成扁平，左又加削一次。顶尖作三角状，向内钩曲。

图23：青色，正面左削一次，右原为天然斜面，与左面成三棱形。后部左边缺口，疑为柄部，纳入木具中者。顶部宽平，颈项稍窄，作漏斗状。中间向内曲。（插图5）

图24：青色同上。面部宽阔，形如刀面。正面削三次。右削颇宽阔，约占全形二分之一。左削二次，后部两边向上削各一次，长五毫米，形成短柄。前部稍向里曲，顶尖折断。但两边锋刃锐利，其用法当与图23同也。（插图6）

图25：白色，半透明。正面削一次，宽一〇毫米。左右两侧斜削各一次，前部横削一次，且向里钩曲。左边加细工修制，长一二毫米，与顶尖均为极锋利之刃口。后部右边，加削一次，长六毫米，较中间稍窄，疑为器之柄部。其用法当与图21同，唯两旁不加修饰耳。

图26：白色，正面削一次为面，右削一次成刃口，宽约正面二分之一。左斜削一次，侧削一次成边。厚三毫米。又向上斜削一次，顶端成尖状向里钩曲。其用法当与图25相同。

以上六件，首部均为钩曲状。除图26后部无柄痕迹外，其他五件后部均有短柄，疑其下或有木具系之。作钩掇之用也。

七、刃片　图版二至三，图27—56；图版五，插图7—12

图27：白色，半透明。后部折断，现长二八毫米。正面削二次，成三棱形。左侧加削一次，约长全身二分之一。右侧向下削一次，约四毫米，遂成尖状。

图28：黄色，后部亦折断。正面向下削三次。右侧有劈削缺痕。顶尖间下削二次，成尖状。

以上二者，首部虽较后身为弱，但为嵌入刀柄之前或后，亦为技术上应有之作也。

图29：黄色，形如桂叶。前部折断。正面削二次，中间棱起如脊，又加削一次。背面左边，加细工修制极精。后部两面，修凿成椭圆形。右边中部有一半圆形缺口，径九毫米，颇光滑，为久经使用之证。全部制作极精。虽前部折断，不能决其全形，但由后部之形状与修制，除作刀刃外，兼为刮刀之用；而左旁之缺口，或为施行刨刮之处也。

图30：黄色，后部折断，现长二八毫米。正面削三次，顶尖部加削三次，成半圆锥形。后部左侧再加修制，以为刀刃。此或嵌入刀柄之前部或后部也。

图31：黄色同上，形如柳叶。正面左右各斜削一次，中间正削一次，前后两端削制成尖状，并略加修制，式样颇秀美。其用法则未详，疑亦为刀刃之具也。（插图7）

图32：黄色，前部折断，现存后部。正面向上削四次，未加修制。（插图8）

第三篇　器物图说　　　　　　　　　　　　　　　　　　　　163

图33：黑色，现存后部。正面削一次；左右各斜削一次，约当中削二分之一。

图34：黄色，正面削三次，中间又加削一次。前部略加修制，刃口平齐。此器甚短：长一八毫米，宽一一毫米，前后完具；疑纳入木柄而为雕凿之用者。

图35：黄色同上，形式扁平细长。后部折断成斜角，前面平齐。正面左右各削一次，右削约当左削二分之一。左边正反两面，均加细工修制，颇为精巧。前部背面亦加细工修制。口刃平齐，俱极锋利。右边尚存使用之缺口。全器修制之精，为他器冠。今以左边及前部刃口论之，非仅嵌入刀柄为刃口作割切之用，且亦纳入木柄为雕凿之具，与上图同也。余所得石刃片中，以此器及图21形式最为特别，制作亦精，洵可贵也。（插图9）

图36：黄色同上，正面削三次，后部右边又加修制，成短柄状。背面右边修制甚精。左边柄部亦加工修制。此器同图30器，为嵌入刀刃之前部或后部，故其一端较尖也。（插图10）

图37：形色同上，正面削二次。左边横宽，倍于右边。背面左边修制甚精，与图36同；唯图36系修制右边，此则修制其左边耳。（插图11）

图38：灰色，形式扁平细长。正面削三次，左边前部加削一次，背面右边加细工修制甚精。盖左入刀柄，右为刃口，两端平齐，必为嵌入刀柄中间之器。细石器中以此类为最普遍也。

图39：青色，形式同上图。正面削三次，两边倾斜，中间平舒。背面右边加细工修制，两端平齐，亦为嵌入刀柄中间之刃片，与图38同。原断为三，现胶合为一也。

图40：青色同上。形式平舒。正面削三次，中削一次，稍宽；右斜削一次，左连斜削二次；顶尖向下加削四次，成椭圆状。左边加细工修制甚精，右边略有修制，后部平齐。当亦为刀刃之具，或

嵌入刀柄之前后者也。

图41：灰色，形如柳叶，纤长平舒。正面左削一次，右削二次，与左面成三棱形，不加修制。后部平齐，前部顶尖稍折断，亦良好之刃片也。

图42：青色，正面削三次，前端向右横削一次，与右削相接。右角又加削一次，成一锋利之刃口。后部折断，不加修制。

图43：青色同上。正面削三次，中削稍宽，左右斜削各一次。前部稍向里曲，两端平齐，不加修制。

图44：黑色，前部折断。正面削三次，不加修制。但左边有缺口，为曾经使用之证也。

图45：青色，形式同上图。前部折断。正面削三次，后部为三棱，中削稍宽。形式扁平，薄刃。

图46：黑色，右斜削一次，中棱起，与左边斜面成三角形。面有一指甲状劈痕。未知何意。

图47：青色，正面削三次，左削二次为边，右削一次，稍宽广。前面平齐，亦不加修制。左边前部有一缺口，疑为曾经使用者。

图48：黑色，正面中左各削一次，右边仍为劈击断面。后部左右两边缘打制两缺口，成肩状，中突出，现柄形，不加修制。

图49：青色，前部折断。正面削三次，不加修制，但刃口均有使用之迹也。

图50：青色同上。正面削三次，中右二削等宽，左削稍窄，前后平齐。背面左边加细工修制颇精。右边亦有使用之迹。

图51：绛色，正面削二次，左面洼入，为平圆形，修制甚精。前部作尖锐状。盖此器非仅为割切之具，且兼为刮木之用。正面中间尚留磨擦痕迹，宽约六毫米，因此知其使用之久也。（插图12）

图52：青色，前部折断。正面削三次，左面颇宽广。后部加削三次，成椭圆形，全不加修制。

图53：青色同上，前后折断。中削一次，正面右侧斜削一次为刃口。左仍存劈击面，不加修制。

图54：白色，半透明。正面削二次，背面左边修制甚精。后部稍尖，现柄状。

图55：白色同上，半透明。正面削三次，前部折断，后部略外出，稍厚，微向里曲，或作手握之助也。

图56：白色，前后折断。正面削二次，作三棱形，不加修饰，但平均整齐，亦较佳之刃片也。

八、贝饰　附 图版三，图57

图57：为贝质饰品，半圆形，上刻睛状环圈，疑为当时本地人之装饰品。此与细石器同出于库鲁克山中英都尔库什，为同一时代之产物无疑。若此，则新石器时代之艺术，由此可见其端倪也。

以上各种石器，类皆为纤长扁平之细石器。其断面为三角形或梯形。但每件均具正反两面。正面凿削次数，有二次、三次乃至于五六次不等。其首尾或尖，或圆，或曲，虽不一致，但其里面必为一劈面，两侧皆有锋刃，则各器一致也。无疑的，此类制造方法，皆自柱状石核上随意一次削成；由石刃附近发现之石核，可以证明之也。削成后，再加工修制，为圆，为尖，为曲，则因事实上使用之需要而定。要皆出于有意之工作，绝非偶然。至其中杂有许多破损或未造成器者，则又一问题矣。再自其宽广方面言之，其长者不过一寸，短者约五六分；虽有断折，但其首尾完具者，亦不出此，而阔面亦不过二三分，最宽者如图29，亦不过五分而已。至此，即连带发生一问题，即如何使用是也。在一九二三年至一九二四年中间，中国地质调查所顾问安特生博士，在甘肃西宁县周家寨发现新石器时代之骨刀，其切口乃由燧石薄片所嵌成。盖刀口有一洼槽，内嵌石刃片，一若刀之锋刃。自有此例证，则此类刃片之用途，可不烦言而解。且甘肃西宁与新疆罗布淖尔壤地相接，其刃片之制作，又复一致，则其文化之分布与传播，必有若干之联系。不特此也，在西伯利亚新石器时代之遗物中，及波斯、埃及以及瑞士、意大利湖上居住遗址中，亦同时发现与此类似之遗物。而西班牙纯铜器时代、意大利金属时代之遗物中，发现石刃片，边缘皆作锯齿状，嵌入骨柄或木之弯曲处，为镰锯之用。至西伯利亚及北欧一带，并发现骨柄两侧嵌石刃片之锯。是石刃片分布，掩有中亚细亚及北欧罗巴、南至于阿非利加。易言之，即包含旧大陆之大部分地域，皆有同样之情形。其用途或不无稍异，而石刃片制造之目的，及嵌入骨柄之方式，则全然相同；制造技术，亦互为一致。若此，是新石器时代中之细石器文化在旧大陆内部，实具有极广泛之同一现象也。

C. 石核

以上所述之石器，皆为纤长扁状物。由其里部之一劈面，则取材必于圆形之石具上。若此，则石核不能不有所述及也。余所采之石核，大多数均在罗布淖尔涸海西北岸，虽间有与细石器同时出土，但为数不多。反之，余在库鲁克山中所采之细石器较多，而石核则甚少，几疑其两者无一相联之关系。但库鲁克山之英都尔库什与罗布淖尔壤地相接，山中岩石，可作石器材料甚多。罗布淖尔石器材料，或亦出于此山中。但库鲁克山中水草缺乏，例不能多有居民。反之罗布海边，大河横灌，海水浸溢，以视山中水草俱缺，其优劣不可同年语。则罗布居民，取山中石料移至海边制作，而山中居民，复取既成石器使用，亦为极可能之事。故石核与石器之联系，决不能因其发现数量之差异，即论其无关系也。今余所发现之石核，有圆柱状、矩状，及以石核改作之石器诸类，今择要分述之。

九、圆柱状　图版三，图58—66

图58：青灰色。露出地面部分，经剧烈风日之侵蚀，变为黝色滑面，与散在旷野之自然砾石色泽相同，而没土处仍保存青灰色。

为圆柱形，两端平齐。直长五〇毫米，圆径三〇毫米。四周削切八次，长短不一，阔七毫米至一〇毫米不等。里仍存劈击原状。

图59：青色，长三三毫米，横径二七毫米。表面左边向上削六次，四次不到顶。右边及里面仍存劈击原状。

图60：青色，长五〇毫米，底径二〇毫米。前部为尖锐状，里面尚保存不规则之劈击面。表削三次，均到顶。

图61：青色，因露出地表甚久，经剧烈风日侵蚀，面呈黝色，与图58同。形同图59。长三五毫米，底横径二二毫米。表削八次：五次到顶，三次重切。最可注意者，中段隆起，而削切之状亦随之弯曲。细石器中有钩曲状刃片，盖取材于此。

图62：青色，长三五毫米，底圆径二五毫米。表里削切，首部薄弱，成斧凿状之刃口。表面削五次，二次到顶。其首部略向里钩曲，疑为曲首器所自出。参考图21，其证验甚显然也。里面亦削五次，宽二毫米至八毫米。首尖及左边缘有打制痕迹。疑此石核于削取刃片后，复改作凿孔器具，故首端削成一平齐刃口，以备雕凿之需。底为圆径，其边亦略加修饰，俾受打击之用也。

图63：青色，圆柱形。长二二毫米，底径二五毫米，首径一六毫米。周身削切十二次，最宽者为八毫米，似完全为刃片取材之具也。

图64：青色，圆柱形。首尾完具，长三四毫米，宽一八毫米。周身削切八次，均到顶，最宽者八毫米。首尾有打击状，或有改作其他器具之企图也。

图65：青色，半圆柱形。里部平齐，仍为原劈击面。表面向上削切十次，最阔部分约九毫米，狭者亦五毫米；有五次不到头而又重削者，故长短颇不一致。

以上数者，虽或为圆柱形，或顶部削尖，或里面切断，然皆石核之正型，刃片取材于此者为最多，故此类石器留存至今者亦最广也。

图66：形式与图62相同，青色，形如马蹄。长二〇毫米，首尾阔一八毫米。面削八次，口边里部略加打制，成弯曲之薄刃，疑或为凿孔器之用也。

一〇、矩状　图版四，图67—78

图67：青色，方矩形。长四八毫米，宽三七毫米，厚三〇毫米。右边削一次，不到顶；侧削二次。盖欲以制刃片，终因不合用而被放弃也。

图68：青色，略作长方形。首尾完具，里存原劈击面。表面向下削七次，长短不一。右边略加打制，有薄刃口，疑欲改作刃片之用也。

图69：黄色，亦略作方形。长三五毫米，横宽三〇毫米，厚一四毫米。表面直削四次，里面横削四次。里面前部弯曲，成三角状，类似兽头口部。表面前部左行各劈一次，中隆起鼻梁，类似兽头两颐。前面边缘均加细工修制，疑有其他用途，非仅为切取刃片之资料也。

图70：青色，为不规则之方块。长四五毫米，宽四〇毫米，厚二五毫米。左侧削四次。亦因不合用而被废弃者。

图71：青色，矩状。长三〇毫米，宽三〇毫米，厚二四毫米。里存原劈击面，表削四次，或不到头，盖取材未尽也。

图72：面呈黝色，与图58、61各器情形相同。长二二毫米，宽二五毫米，厚二〇毫米。右侧向下削二次，左侧向上削四次。

图73：为青色石块，左侧削二次，盖亦被放弃不用之石块也。

图74：青色，矩形。长三五毫米，宽四二毫米，厚约二五毫米。表削七次，左连削二次，右侧削二次，底右边削一次，均到头。石质坚细，盖切取刃片之良好材料也。

图75：青色，半圆形。长二五毫米，底横径三〇毫米。面削三次，里部及两侧均存原劈击面。

第三篇　器物图说

以上各器，除图69制作特别，疑其别有用途，图74石质坚腻，取材特多外，余均偶有所取，旋即被废弃，故其削切次数亦少也。

图76：黄色，中间棱起三角状，形如马蹄。面削七次，底部仍为劈击面，盖原器折断，现仅存一部分也。

图77：青色，形同斧状，上窄下宽。虽面削四次，右侧削一次，为刃片取材之所，但底部两面加工修制，成一锋利之刃口，宽四〇毫米，口左右伸出，较柄为宽，故右侧成一弯曲弧形，长四八毫米，左侧则劈为薄刃，再加细工修制，长四五毫米，上横宽三五毫米，厚一〇毫米。里部劈一洼口，便于把握。推度全形，盖取刃片后，改作为刀斧之具。今按其曲折隆洼之迹，试以手握之，则其一切修凿，无一不为事实上所必需。盖当时用以为宰割禽兽之利器，由其底部与左侧两刃口及全部形势，可以证明之也。

图78：形式宽阔，类同刃片。面削五次。底边缘加细工修制，成为锋利之刃口。口径二五毫米，全长三二毫米。柄部较窄，宽一五毫米，打成半圆形，便于把握削凿之需，疑亦为宰割之用，或削木之具也。此与上图77并为用石核改作之器具。

以上各种石核，其形状虽不一致而有一普通之现象，即石面所削取之痕迹，均属细长，中间洼入，故其边缘棱起，而削取之次数亦因此判明。且削取部分，均属于表面或侧面，而里底均仍保持原劈击之形式，或为平面。虽如图62、64、69各器，两面均有削取，疑此为别有用意，或欲改作其他器具之资料，而大多数石核，里面均为一劈面也。盖其制造方式，先取天然石块，打击为多角柱状或块状，再逐渐削取所需要之刃片。故刃片之长短，亦随石核之长短而同然。但刃片之宽窄曲直，则由事实所需，随意切取。并不因石核之形状而变更其用途也。因此，石核与刃片常有因倚之关系。故吾人探取石器，而刃片与石核常相伴出土。余于民国十六年，旅行内蒙古一带，尝采取石刃片及石核甚多，皆有并出之现象，且同时发现之石块，亦甚丰富，盖三者为同时并存之当然情形，不足怪也。在罗布淖尔一带，虽石核较多于库鲁克山中，而库鲁克山中刃片较多罗布淖尔，但此为偶然之现象；或因踏查不周，尚未觅得大规模之切石场而已。但余相信内蒙古一带石器之存在，必与库鲁克山及罗布淖尔之石器存在情形相同，因石器之构造与技术互为一致故也。反之在大青山以南以及中原地带及陕甘区域，而此类打制石器均甚少发现，虽间出磨制石斧、石刀之类，然其文化已较蒙新边区为进步矣。总之，罗布淖尔与内蒙古石器之分布与构造，在文化线上不能不认为有相互之关系。不特此也，乃至于中亚细亚及北欧罗巴、阿非利加由其器物之形式与构造之一致，而与内蒙古、新疆在某种文化之传播上，莫不有相当之联系作用存于其间，不过因地域所限，时代或不一致也。

D. 石矢镞

余在罗布淖尔所得之石矢镞共八枚，有四棱形，有扁叶形，或三角形，多以碧玉岩石为质料，打制极精细。兹为便于叙说起见，依形类述于下：

一一、四棱镞　图版四，图79；图版五，插图13

图79：青色。上部尖锐，作椎形。两边打制极细。中棱起，成四棱形，两边缘有锐利之锋刃。后部稍弱，具柄之雏形。柄长一〇毫米，通长四〇毫米，宽二〇毫米。此件形式与三棱铜矢镞最接近。后部有柄以入柯，铜镞之六方形柄，疑由此演变而出也。（插图13）

一二、扁状镞　图版四，图80—84；图版五，插图14—17

图80：灰色。长三〇毫米，后宽一五毫米。前部尖锐，后部稍残缺，略作椭圆形。全身打制极精致。（插图14）

图81：紫色。形式扁长，同于柳叶。长四〇毫米，中宽一五毫

米，前后微尖。两边刃口打制极精。后虽不具柄部，其尖状颇类似柄形也。

图82：浅灰色，扁平。两边打制成锐利之锋刃。前部微尖，后渐宽广。底部具一短柄，长一〇毫米，宽七毫米。疑以此柄纳入柯中，为射杀之兵器也。（插图15）

图85：青色。形式扁平，类似桂叶。上部尖锐，中部渐次宽阔。通长六五毫米，中宽二五毫米。两边修制极精，成为锐利之刃口。后部较中部稍尖。右边打制一缺口，成为柄部之雏形。全形前后作尖状，中间宽广，与铜器中之矛颇类似。其后部之柄状，或即以系于木具上为兵器之用也。（插图16）

图84：紫色。形式同上，而匀称过之。前后两端尖锐，中稍宽广，通长五〇毫米，中宽一五毫米。两边有锐利之刃口。全部打制极精。（插图17）

以上二者，形式类似桂叶，故亦称为桂叶式石器。因上端之尖锐，或为古时之兵器。但为叙述方便，仍归于矢镞中，以俟专家之考核焉。

一三、三棱镞　图版四，图85—86；图版五，插图18—19

图85：绛色。三角形。长四〇毫米，底宽一七毫米。全部修制极细。两边具锐利之刃口。后部为原劈击面，颇整齐。（插图18）

图86：青色。三角形，中稍棱起。长三毫米，宽一三毫米。两边刃修制极精，后部亦修制为刃口，略洼入。（插图19）

以上各种石矢镞，均在罗布淖尔所采拾，与磨制石斧、石刃片同地；亦间有红底黑花陶片，及含石子之粗质红陶片或压纹陶片，而刃片较少。又此类石器，多在剥蚀土丘上，下则有石核，不知何以如此。但有最可注意者，即库鲁克山中英都尔库什，即吾人采拾刃片之地，绝无矢镞之发现，其磨制品亦少。由此，甚可判断文化之高低。凡余在新疆所踏查之所，除此地有打制矢镞及磨制石器外，则以库车西部沙碛中，即达宛库木一带，亦出石器；其石矢镞与图86形式相同而稍大；其次则为磨制石刀，为斜角四方形；其次如磨制石椎、石针之类，同时有零铜件同出土，虽不能断为同一时代之产物，但可认为先后相承。因此余于罗布淖尔之石矢镞，亦持同样之见解，而断其时代为新石器时代之末期，青铜时代之初期，或即为金石并用时期，亦未可知。以图79、86两器形式之逼近铜器，犹可为证明也。虽图83、84以二桂叶式石器极类似新石器时代初期之产物，图82具柄石器，谅与同时而稍后，但此类石器，在新石器时代乃至铜器时代之初期，犹沿用未绝，故不能以早期论也。又余欲于此附带说明者，余于民国十六及二十二年，在内蒙古一带采集石器甚多。在贝勒庙曾采集如图86之石镞一枚，余则为石斧、石刃片之类。日本水野清一君等在贝勒庙盆地亦采集石矢镞数件（见《长城地带》三三页十八图）。其形式与余在罗布淖尔所探采集之图85、86两器形式相同；而如余所探之桂叶式如图83、84两器，及具柄石器如图82等则未之见。又由贝勒庙往西行，至银庚，余第二次到此，亦采获若干石器，余同行郝满尔医士，则采拾一矢镞，与余图86相同，但亦未见桂叶式及具柄之石器。据此，是三棱矢镞在内蒙古、新疆一带，为极普遍之文化产品。（内蒙古亦发现类此之石器，以玉为质，磨制甚光。）而桂叶式石器仅见于罗布淖尔，是否由于外来，则为吾人研究最感兴趣之问题矣。

E. 磨制石器

余在罗布淖尔采获之石器，关于磨制者共三件，皆为玉质。计玉刀二件，玉斧一件，制作均甚精美。又玉斧一件（图90），形式与罗布淖尔所拾者同，系余助手拾以赠余，据说在新疆北塔山一带所拾。以形式与余所探者相类似，故附次于后。

一四、玉刀　图版四，图87—88；图版五，插图20—21

图87：白玉质。为不规则之方形。两边磨制光滑，刃宽约五毫米，极锋利，疑为当时人手握切裁之用，或以剥割鸟兽之皮者，故又称为剥皮刀。此类石质坚缎润洁，确系昆仑山所出。现于阗南山即昆仑山冈仍出玉石，俗名为岔子石，坚白与此正同。罗布淖尔临于昆仑山边，取昆仑之玉以制器，极为可能也。（插图20）

图88：绿玉质。为不规则之长方形。前后刃口磨制甚利，中间稍厚。当时或两面应用，疑亦为剥皮之具。长四〇毫米，宽三〇毫米。此石颜色碧绿，光润坚缎，疑为和阗河中所出。因现于阗山中，并不出绿玉石，所有绿玉、白玉、墨玉均出和阗河中，故和阗河又称玉河。《新五代史·四夷传附录》引高居诲《西使记》称：于阗南有玉州，河源所出。至于阗分为三：东曰白玉河，西曰绿玉河，又西曰乌玉河；三河皆有玉，而色黑。每岁秋季水涸，国王捞玉于河，然后国人得采。现和阗城西有喀喇哈什河，"喀喇"义为黑，"哈什"为玉，或即高氏所称之乌玉河。和阗城东有玉陇哈什河，现出白玉，疑即高氏之白玉河。而绿玉河久已绝流，今已失其地位；但古时既有绿玉河之称，则当时河中必出产绿玉也。和阗与罗布淖尔虽相隔数百里，但一线相承，且为南道之冲，取和阗所产者，携至罗布备用，极可能之事也。（插图21）

一五、玉斧　图版四，图89—90

图89：白玉质。上颇尖锐，下平齐，磨制光平。口刃极薄而锋利。上右稍有剥蚀，经风日熏炙，面起皱纹。长七〇毫米，口宽三八毫米，上宽二五毫米，形式颇匀整。此类玉石，亦出昆仑山中，说见上文，兹不赘述。唯此项磨制石器，在罗布淖尔只得此三件，而库鲁克山中则并此无有，殊可注意之事也。

图90：形式虽同于图89，但以玉质论之，确为天山北路之物。

因此类碧玉出于今之玛拉斯山中，半透明，中有黑点。和阗、于阗尚无此类玉石之发现。叶尔羌河虽尝出此类玉石，数量亦多，但余等尚未觅得制成之器具也。故余助手称得于天山北路，亦非尽诬也。

按磨制石器除罗布淖尔所拾者外，又在库车沙碛中达宛库木采获石斧一件。形式与此正同；又有磨制刀片，为四方斜角形，磨制光平，洵为文化进步之征。但库车于打制刃片及石核发现甚少，反之库鲁克山中，无有磨制石器，由此可证明虽在新疆一地，而文化之进步各地不一也。内蒙古一带，除包头得有磨制石器外，其包头东山及贝勒庙所发现之石斧形式，与此极类似，但多上部打制，口刃磨制。同时又发现燧石磨制之石斧，具椭圆形，长而有柄，则为贝勒庙以西至罗布淖尔一带所未见，而反同于阴山以南所出。然则文化之进展与分布，固有关于地域者矣。（参阅第二篇《工作概况》第一章《石器遗址》）

第二章
陶泥类

一、残陶片　图版六，图1—4；图版七，插图1—2

图1：青灰色。现存陶器口腹之一部。高一一五毫米，宽八〇毫米，厚五毫米。微曲。表面浮刻绳纹四道。面有裂痕，不平匀，盖为手抟法所制。里刷浅红色。口齐，中含石子。疑此为桶状容器之残块，复原求之，口径当为一九六毫米也。

图2：亦为口部残块。高五〇毫米，宽一二〇毫米，厚六毫米。青灰色，中含石子。内外刷红，表面浮刻绳纹三道。口齐，微曲，表面光平，里不平匀，盖亦为手抟法所制。疑此亦为桶状容器之残块，复原求之。口径当为一九六毫米，其大小之度，与图1同，花纹相差亦不甚远也。（插图1）

图3：为一陶器口腹残部。高一〇五毫米，上宽七〇毫米，厚六毫米。红泥质，中含石子。口齐微仰，腹微鼓。肩部有一鼻，高二〇毫米，宽三二毫米；中穿一孔，径八毫米。内外涂红衣，现已剥蚀。肩部、腹部、底缘均绘有绳组纹带，作紫色，已失其鲜明。底边微损，内外不甚光平，疑亦为手抟法所制也。此疑为陶罐之残部，当有同样两鼻，以系绳索，便为提携之具也。复原求之，

口径当为一八〇毫米，底径与同，但腹微鼓起耳。（插图2）

图4：为陶器下部残件。红泥质，中含石子。里外均不平匀，疑亦为手抟法所制。腹为墨画线条纹，现存七条。圆底。高六五毫米，宽七〇毫米，厚四毫米，底厚八毫米。复原求之，底径当为一四〇毫米也。此件疑亦为容器，若杯碗之类也。

图5：为陶器柄部，沙土质，黝色，不甚光平。

图6：为残陶片，质色同上。

以上二件，均在孔雀河沿岸沙碛中所拾，同时尚拾有底部穿孔陶器及铜件，皆两千年遗物也。

二、泥杯　图版六，图7

图7：沙土质，作杯状，上大下小，高五五毫米，底径二五毫米，口径四五毫米；中洼入，深三五毫米，边厚一〇毫米。土质极松疏，内外不平整，显系以手抟法制成，未经火烧炼者。外流有黑色油汁，疑此为当时作灯盏之用。此件与骨器、草件同出土，其时代当亦与之相同也。

三、泥纺车　图版六，图8

图8：青灰色，沙土质，圆形，作车轮状。径四二毫米，厚二二毫米。中穿一孔，孔径八毫米。土质拍压颇光平，唯土质极松疏，显系未经火烧者也。盖此类器物，在当时皆为纺线之用，现新疆沙碛中出土者甚多，或陶，或石，或作球状，或半圆形；式样虽不一致，要皆为纺线之具。同时出土者，有绳纹陶片，或红陶片，及零铜件，要皆为二千年前后之遗物也。

以上诸陶器，颜色形式，虽不一致，但有一普遍之现象，即土质中均含细石子，均用手抟法制作而成。当时尚不知用车旋法，故里外均不平匀。余在《高昌陶集》中，论沟北期陶器，曾推论此类陶器为纪元前后之遗物。现就此地陶器之花纹论之，其时代当与相

第三篇　器物图说　　　　　　　　　　　　　　　　177

若。例如图1、2两陶片，其时代均在汉或汉以前；盖绳纹花纹，在两千年前后为一极普遍之作风，其例证甚多。图3、4两陶片，尤其图4之墨画，与甘肃出土之辛店期陶器相同，安特生氏在《远古人类之文化》中，亦推论为两千年遗物。图5形式，其鼻孔穿凿法，与高昌沟北期几完全相同。所朱绘之绳纹，则已如前述，可信其为两千年前后之遗物。又与陶片并存者，尚有磨制及打制石器，其时代相差当不甚远，或先后相承。唯图7、8两图之泥质器，似不能推论其时代，但以同时出土之骨器（参考第九章《骨器类图说》），可决定其居民仍不出渔猎时代。以当时罗布淖尔海水在北岸之时期言之，则亦当为纪元前后之物。至图5、6之沙质陶片，余不能确定其年代，但沙泥中含细石子，制作用手抟法，与前述远古陶片制造之原则颇相同；散布在孔雀河沿岸，必与孔雀河有水时代有关，则与上述诸物为同一情形，其时代或亦大致相同也。

第三章
铜器类

余在罗布淖尔考察时，拾零铜件约数百件；除铜镜一部分出自墓中，余则随地采拾，如铜矢镞、五铢钱，则多拾自古烽燧亭遗址中，而零铜件则多拾自孔雀河沿岸。颜色均鲜明如新。盖当时居民多沿河而居，人既迁移，而什物遂被流沙掩埋，后经风水冲刷，再行暴露，故所有铜件绿锈均不多。此为沙碛区特有之现象，与内地埋藏土中之古物有异也。今为叙述方便，分铜镜、印章、钱币、矢镞、饰具、杂件六类说明之。

A. 铜镜

一、汉花枝镜　图版八，图1；图版八，插图1

图1：红铜质，圆形，边缘略仰。底径一〇一毫米，面径九四毫米。边缘微斜，斜度宽八毫米，厚六毫米。鼻隆起，高二毫米；有孔，径六毫米，为系绶之用。四周起八乳，作花蕊状，有八雀衔之。边缘作蜴虎图案。底面光平，上无绿锈；入土甚久，颜色若新器然。(插图1)

二、汉十二辰镜　图版八，图2；图版八，插图2

图2：红铜质，残。宽八〇毫米，直径五五毫米，

厚四毫米。有鼻隆起，高一〇毫米；孔径六毫米，为系绶之用。现存巳、午、未、申、酉五字，并乳点四。边缘花纹不全。面微带绿锈。与花枝镜同出土。（插图2）

以上两镜，均购自维民手，据说在L匕西十余里古坟中出土，尚有铜件及铜钱，已遗失。图1无文字，不详其时代。图2现存中间一部分，有巳、午、未、申、酉五字。以《博古图》所录《汉十二辰镜》对比，则其余残缺之字，必为戌、亥、子、丑、寅、卯、辰七字。又此残部分之花纹，与十二辰镜对比，亦多相同。因此，根据《博古图十二辰镜》三，复参考《汉仙人不老鉴》花纹，推论此镜复原之形，作十二辰镜复原图（插图2B）。由此，则知此镜确为汉物。则图1之镜，既与同出土，当亦为汉镜无疑。且图1之宽厚边缘及蜴虎图案，与其他汉镜形式相同，其铜质及色泽与在土垠古烽燧亭所拾之三棱铜矢镞类似。彼则同有汉简之证明为汉物矣，则此镜之时代相差当不甚远。如由其宽斜边缘，或在汉以前，古董商所称为秦镜也。

三、汉镜残件　图版八，图3—10；图版八，插图3—7

图3：残，约存三分之一。红铜质。有宽边，中心起半圆形之山纹。此件拾自孔雀河北岸L匕地。上有土锈，因风日之剥蚀，面成黝色。长八一毫米，宽三七毫米，厚三毫米，边宽一毫米，斜度三毫米。但以其一面所存，推其三面，全形可得，作复原图。（插图3）

图4：亦在同地所拾。红铜质。披满绿锈，并带泥土。花纹为绿锈所掩，模糊不清，审其形迹，疑为海马葡萄镜。但有宽边，约一三毫米。同地出土者，尚有广翼三棱镞，皆为汉时遗物。

图5：红铜质，无绿锈。现存边缘部分，长约五〇毫米，宽一四毫米。边缘微仰，内作卷云形，及日形花纹为图案。（插图4）

图6：红铜质。长四〇毫米，宽三五毫米。现存边缘部分，宽约一〇毫米，中剔一线，宽三毫米。边为斜形，宽五毫米。此与图1、3

两镜，皆为斜边形，陕西常出类似之镜，本地人称为秦镜，盖在汉以前也。（插图5）

图7、8两残镜，边缘已失去，现存有山纹及乳点纹之碎块，亦为红铜质，与图6相同。（插图6）

图9、10两残镜，均为带边缘之碎块。边缘宽至九毫米，上有绿锈。图10现存一乳点，旁一鸟鹊衔之，与图1同一作风。此件出于L匸古冢中，同时出土者，尚有漆杯、木几之类。以其宽厚之边缘与花纹及同时出土之遗物推之，疑皆为两千年前后之遗物也。（插图7）

B. 印章

四、韩产私印　图版九，图11

图11：红铜质。方形，径一七毫米，高九毫米。纽为半圆形，高七毫米，宽一一毫米，孔径六毫米。底镌"韩产私印"四字：阴文，篆书。在罗布淖尔北岸古烽燧亭遗址海边滩上拾得，距遗址约百余步。同时拾有铜矢镞，汉五铢钱等物，疑均为遗址中故物，经水冲刷流至海边者。韩产当为人名，疑即驻守烽燧亭之候官也。

五、钩状章　图版九，图12；图版一一，插图1

图12：红铜质，长方形，宽五毫米，长九毫米。下镌二字，阴文篆书，不可识。中有圆孔，径四毫米，疑为系绶之用。上端微曲如钩状，此特异者也。（插图1）

C. 钱币

六、五铢钱　图版九，图13—14

图13：红铜质。圆形；直径二五毫米，孔径一〇毫米强。铸篆文"五铢"二字，轮廓围其外，宽一毫米。《汉书·武帝纪》："元狩

五年春三月，行五铢钱，罢半两钱。"《食货志》云："有司言三铢钱轻，易作奸诈，乃更请郡国铸五铢钱，周郭其质，令不可得摩取镕。"按铸三铢钱，为元狩四年事，则汉代通行五铢，应自元狩五年始也。《食货志》云："自孝武帝元狩五年，三官初铸五铢钱，至平帝元始中，成钱二百八十亿万余云。"时汉通西域，用兵四夷，故五铢钱散布边疆者，至为繁夥。余此次赴罗布淖尔考察，在古道旁共拾五铢钱六百余枚，大小形式均相同，盖皆为元狩以后所铸。

图14：小五铢钱，圆形，直径一三毫米，孔径一〇毫米。背面内外有廓，正面有外廓而无内廓。中铸篆文"五铢"二字。通身绿锈。按此钱出楼兰遗址，同时出土者，尚有铜铃等类，疑非汉代之物。盖此间所发现之古物，据斯坦因及斯文赫定之记载，皆在晋泰始以后，故此钱亦当在晋武帝以后也。自汉武兴五铢钱后，历魏晋至梁隋累代所铸，皆名五铢；形制歧出、大小不等，其名则沿用未改；乃至于西域之疏勒、龟兹亦铸五铢钱。故欲断定此钱为何代之五铢，颇为困难耳。

七、藕心钱　图版九，图15

图15：红铜质，满衣绿锈。长三一毫米，宽一二毫米，厚五毫米。上有柄，旁穿一孔，形式与《博古图》所录藕心钱最相似，故亦以此定名。据《博古图》云："按李孝美《钱谱》，称世有耦心钱，不著出于何时，以上下通缺，若藕挺中破状，故名。"（卷二十七）余按此钱式样与《钱录》所载古布钱相似；其柄亦穿一孔，无文字。但布钱通行于三代，此地出土之铜器，皆属汉系，决不能有三代以上铜钱杂陈其间；故余疑此件为汉仿古布钱形式，作佩饰耳；非以之为钱币也。今以形式相似，故类列于此。

八、筒状物　图版九，图16

图16：红铜质，作圆筒形。内外有绿锈。高六〇毫米，口径

三五毫米；边穿一孔，径四毫米。内盛五铢钱若干，斜盛其中，无法取出。余初疑此为盛钱之具，但形制短小，钱均斜盛其中，似非专为盛钱而作者。今由边穿一孔之故，疑为木杠端末之饰物。穿孔入钉，所以牢固木杠者也。斯文赫定在楼兰遗址中，搜集有一类似之残破铜管，康拉底氏解释为戈柄下端之金箍。但彼件上下通，边缘之孔为长方形，与此有异，不能认为一物。余在西安市上，又见一类此之圆筒，上有盖，中盛白粉末，似为盛装饰品之用。但此无盖，下有孔，非可以盛粉末状之物也。故余仍疑此为铜杠头。今因中盛铜钱，故附列于钱币之末。

D. 铜矢镞

余在罗布淖尔所拾铜矢镞，以在古烽燧亭遗址者为最多；余若孔雀河沿岸及古道旁，随地均有所拾，共九二枚，形制殊不一致。今约其所出，故分六类说明之。

九、实体三棱镞　图版九，图17—30；图版一一，插图2—5

图17—30：此次所探获之矢镞，以此类为最多，出于古烽燧亭中者，有汉简之证明，而为汉代遗物。但三棱之状，亦各不一：有秃端者，如图17—21是也（插图2—3）。凡秃端者，其棱皆直。有尖端者，如图22—26是也（插图4）。凡尖端者，棱之前部微曲，但皆为实体。其柄具作六方形，原有孔以纳杆。镞身有三面，均凿有三角形之线条者，如图27—30皆然（插图5）。但有浅深之别耳。此类矢镞，分布于新疆、内蒙古一带，最为普遍。尤其新疆所出者，皆为红铜质，与出于阴山南，如安阳、易州之青铜矢镞，其质不同也。

一〇、带刺三棱镞　图版九，图31；图版一一，插图6

图31：此类矢镞为青铜质，形制纤长，二角线条颇深刻。下带刺刃，划出六棱柄形。余在罗布淖尔只拾其一，但此类在阴山南最

为普遍，为矢镞中之较进化者。（插图6）

一一、长柄三棱镞　图版九，图32；图版一一，插图7

图32：其形制与普通三棱矢镞相同，唯六方柄下，复有圆锥长柄；柄长一二毫米。余在内蒙古明水所拾者。其柄长至三〇毫米，其形与此正同。（插图7）

一二、空首三棱镞　图版九，图33；图版一一，插图8

图33：为紫铜质，中空，三面作缺口。长七毫米，宽六毫米，中空以受矢杆。三棱脚均带刺刃。此类矢镞极轻，疑非用之于战争者。《方言》云："三镰者，谓之羊头。"又云："厽者谓之平题。"郭注云："今戏射箭。头题，犹羊头也。"是厽与羊头间为一物，皆指具有三棱者。《诗·秦风·小戎》篇："厽矛鋈錞"。《毛传》："厽，三隅矛也。"矛有三隅谓之厽，箭镞三镰，亦谓之厽，其义正同也。此镞三棱带刺，与《方言》所述正合，或即古厽，所谓戏射箭也。（插图8）

一三、广翼三棱镞　图版九，图34—35；图版一一，插图9—10

图34：为红铜质。有三棱，微广薄。棱角外张，三面洼陷。（插图9）

图35：形式与图34同；唯图34三棱作曲线，此作直线。洼陷较深。洼槽中复隆起一线，隐约成为六棱形。尖端及棱，具极锋利。满衣绿锈，红铜质。此镞出于楼兰遗址，疑为魏晋以后之遗物，盖其制作亦较进化也。（插图10）

一四、复线三棱镞　图版九，图36；图版一一，插图44

图36：红铜质，残。外有三棱。每边中间，又复起一线，成为三面六棱形。按此式，疑为图35之前期，盖较实体三棱镞为进化也。（插图11）

一五、两翼扁状镞　图版九，图37；图版一一，插图12

图37：红铜质，上微衣绿锈。长四八毫米，宽一四毫米。薄而

长，面隆起三直线，剡上部，锋刃甚利。下脚两端刺出，中洼入，作半圆形，具刺。此类矢镞，在中国本部颇为少见，疑由石器转变而出。余在罗布淖尔曾拾扁状石镞二枚（石器类图版四，图85、86）打制甚精，形状略短，作三角状，两边有刃。又图86底边缘洼入，与此件尤为近似。又在内蒙古银庚及库车西部均拾有同样之石镞。是此类石器，必由新石器时代至青铜器时代仍沿用未绝，故铜器亦受其影响也（插图12）。

一六、圆锥体镞　图版九，图38

图38：红铜质，圆锥形。长二二毫米，直径八毫米；中穿小孔，径三毫米，以纳柄。此类矢镞，多由骨器转变而来，或直与骨器同时。余在吐鲁番雅尔岩古坟中，发现有骨矢镞一枚（《高昌陶集》下，三版，图四），形制与此正同。疑此项铜矢镞与骨镞并用。据《尔雅·释器》："金镞翦羽谓之镞，骨镞不翦羽谓之志。"盖用之于田猎，非战争之具也。

以上八项，约为三种：一为三棱镞；虽分为实体、带刺、长柄、空首、广翼、复线六种，形式各不同，但皆为三棱形。二为两翼扁状镞。三为圆锥体镞。三棱镞中，以实体三棱镞发达较早，其形状完全由石矢镞转变而来。例如余在罗布淖尔所拾三棱石矢镞（图版四，图79—83），皆为实体三棱镞之前身。图80、82、83，下脚作尖锐形柄状，藉以纳入矢杆之中，为具柄铜矢镞所自出。不过铜矢镞之柄作六方形，复凿一孔以受柲，其制法较为进步耳。图79—81三石矢镞已渐形成三棱形，但不如铜镞三角形之完整也。故余断定实体三棱镞应在新石器时代之末期及青铜器时代之初期，或直为金石并用时期之产物。至于长柄则与实体为同一时期，或稍后。因在制作上无显著之变化也。至于三支矢镞之三面或一面所凿之三角沟状，余认为与矢镞之进化有关。盖矢镞中脊线高起，两旁低陷之处，所以容毒药，矢入人身，药见血而走，其人立死。故其洼陷处，又称血槽。此由中国《武备志》及传记中所记载者可证明其然也。在实体三棱镞之最初，尚不知血槽法，故三面光平，如图17、18是也。后知血槽之效用，乃凿一三角线；初期甚浅，且不规矩，例如图27、30是也。及知血槽与毒药之关系，乃愈求深陷，而带刺之制，遂以发生。因低陷愈深，则棱边愈薄，故广翼三棱镞起焉。杀人利器，遂益增猛烈，如图34、35是也。至于空首，疑更后起，且非战争时之用具也。又两翼扁状镞，虽有同形石矢镞作前导，但镞面已知有血槽之功用，且具两刺，则其制作已形进化；故其时期，必在带刺矢镞发达之后，疑与广翼镞及复线镞同时，且可以作刺刀之用也。至于圆锥体镞，其发达时期不详，或更较早，而在实体三棱镞之前。因不具棱角，且无柄，是其形制特别简陋。然余疑其非战争时所用之矢镞也。

余同团瑞典人柏格孟君研究斯文赫定在楼兰发现之遗物，认楼兰出现之矢镞，系用于横弩上的箭，在敦煌边墙以及同时代的额济纳河畔故墟中，不但发现散布各地之箭头，且有装于箭杆上者。箭杆甚短，故能适用于横弓上。横弓在罗布淖尔亦曾沿用。斯坦因、郝诺尔均曾发现其机械之全部（Folke Bergman, *Lou-Lan woodcarvings and small finds discovered by Seven Hedin*.P.102-103）。余对于柏格孟氏所云，不敢有所赞否，因余未见柏氏装矢镞之箭杆故也。但余颇赞同楼兰亦用弩机之说，因余曾在古烽燧亭采集弩机二零件，可为楼兰曾用弩机之证。唯柏格孟以矢镞之重者为用于横弩上，但余由中国记载所记，弩箭上之矢镞均质轻槽深，便于敷盛毒药，与柏格孟意见微异。又柏格孟氏同时否认"罗斯托兹夫（Rostovtzeff）以三角矢镞发明于伊兰人，中国系由萨马善人（Sarmatians）媒介而有的。"又云："三角形矢镞，真实原形是骨制的。"（引同上）此则为余所赞同。盖据中国载记上之传说，弓矢之制，中国发明最早，远在四千年前，年代虽不能确定，但由所发现之铜矢镞，多源于石器时代之石矢镞演变进化而来，故能自成一系统，并非受外来影响，则可确知也。

E. 饰具

一七、铃　图版九，图39—42；图版一一，插图13—16

图39：红铜质，微带绿锈。制作不甚光平。通作圆球形；高三五毫米，围八四毫米。下口微张，口径二五毫米，宽三毫米。面作八棱，棱宽一二毫米至八毫米。上有柄，高九毫米，中穿一孔以系绳索。中空，以便发响。现摆具已失其效能，若击之尚能作声也。（插图13）

图40：作立体椭圆形，满生绿锈。一部分已缺，口边作半圆形。其形式与钟形相似。中有摆具已断，失其活动。体积高二五毫米，口径二〇毫米。上有鼻，高八毫米；中穿一孔，以为系绳索之具。（插图14）

图41：形式与图39相同而略小。一部分已缺残，口径一八毫米，高一五毫米，上有柄穿孔，与以上各图同。（插图15）

图42：形制与图39、41相似而甚小。周围光平。或为儿童衣帽上之饰具也。（插图16）

以上数者，统言之谓之铃。《说文》云："铃，令丁也。"《广韵》曰："铃，似钟而小。"若分言之，则图39、41谓之铙，图40谓之铃。《说文》："钲，铙也，似铃，柄中，上下通，从金正声。铙，小钲也，从金尧声。"盖铃形似钟，有柄，以为舌，击之成声。铙无舌，柄在中间，摇之成声。此二者原为乐器。《周礼》："鼓人以金镯节鼓，以金铙止鼓。"郑注："镯，钲也，形如小钟，军行鸣之，以为鼓节。铙如铃，无舌，有柄，执而鸣之，以止击鼓。"又《说文》引《军法》："司马执镯，卒长执铙。"是又为军中乐器也。但铃铎在中国应用极为广

第三篇　器物图说　　　　　　　　　　　　　　　　　　　　　187

泛，非专属于乐舞。例如车饰及驼马驴牛犬羊，皆有铃，以作项饰。乃至于妇女儿童，并以之作帽饰或衣服上之装饰品。其用意盖取其钉铛之声，以和步武，以解劳倦。此二器形甚小，疑为犬马项饰，或妇女之帽饰也。按此类铜铃在朝鲜和我国内蒙古一带，发现甚多。尤其在内蒙古所发现者，例如内蒙古及长城地带图版九，19、20两图，与余之图40形式最为逼近；彼之图14与余之图59亦相同，皆属于汉，或汉以后之遗物。但余铃柄穿孔，而彼为木握手，其用法异耳。疑余铃为兽项上之饰物，而彼为车上饰物，或手执之铙铃也。余件出于楼兰遗址；一九〇〇年赫定在此亦拾有小铜铃数个，一九〇六年斯坦因亦检拾数个，其形制大抵相同。柏格孟氏解释此为人身上之饰物，动物上亦同样援用，与余所见略同也。

一八、兽面　图版九，图43

图43：红铜质。宽三二毫米，高二〇毫米。右眼微缺，左眼瞻毛怒张。顶起三角鼻梁，曲作钩形。背面有一短柄，上钻一孔，旁隆起篆文"示"字。此件之时代及用法，余在《高昌陶集》上页五已有论述。唯今据西安市古董商云：此类兽面，皆为木圆壶上之耳环。现出土铜圆壶上之兽面衔环，与此正同。唯此环系附设于木，木朽而兽面独存也。背面柄上之孔，所以为钉者。按商人之说，虽无学术上根据，然经验之谈，亦有可资参考者，故转述之以备一说。

一九、带饰　图版九，图44—50；图版一一，插图17—18

图44：红铜质，残。长五五毫米，上宽一四毫米，下宽九毫米，厚五毫米。现存尾部，略曲；背面系带之具已残，尚存痕迹。（插图17）

图45：此存钩部，微有绿锈。长八五毫米，宽七毫米，钩长一八毫米。刻兽头形，俗称凤头，镂刻甚精，眼耳须眉，均甚清晰；口微张，似衔一物，颈项部以云雷纹作饰，尾部已残。现据其他带钩，推测作复原图。（插图18）

图46：亦行钩部，作兽状。花纹不清晰。长四〇毫米，尾部残。

以上三者，古时皆作带饰，名为带钩。《汉书·匈奴传》云："孝文前六年，使使赐匈奴黄金饰具带一，黄金犀毗一。"张晏注曰："鲜卑郭洛带，瑞兽名也，东胡好服之。"师古曰："犀毗，胡带之钩也，亦曰鲜卑，亦谓师比，总一物也；语有轻重耳。"按《战国策·赵策》："武灵王赐周绍胡服，衣冠贝带，黄金师比。"延笃《战国策》注云："胡革带钩为师比。"据此，《汉书》之"具带"，当作"贝带"，"具"为"贝"字之讹。"犀比"即"师比"。鲜卑为东胡本名，因带钩出于东胡，故以为号。"师比""犀毗"皆"鲜卑"之转音。赵武灵王变胡服为十九年事，是带钩始于战国，出于东胡也。中土习用之，制作更加美丽。现出土带钩有流金或错金银丝等品。

图47—50：铜饰，多残缺不完，疑均为带饰。图47较完整，在一圆圈之中，有一茎间隔为两环，另一直柄活动其上，为约束皮带之用。图48—50已残缺，其形式当与此同也。又瑞典那林博士在阿斯丁布拉克南约七公里处，发现一大带扣残片，为方形，中穿长方形之缺口，口上突起短柄状，为约束皮带之用。郝诺尔在喀喇库顺沙漠中拾一带钩，两环相连，形似葫芦。前环圆形，圈空较大，后环作梯形，圈空较小。前环顶端突起钩状物，以为约带之用。柏格孟氏解释此形式及花纹，具有"鄂都斯"风格。余之图47无花纹，形式虽不与那林君及郝诺尔所采者全同，但有钩状物若短柄，以约束皮带，则互为一致也。据一般学者之见解，此类盖受匈奴文化所熏染，余以为不特匈奴人如此，或为亚洲北部游牧民族所通行之习俗也。

二〇、耳饰　图版一，图51

图51：红铜质，细茎，下端曲为环状，上端卷如钩，以为耳饰。按《留青日札》云："女子穿耳，带以耳环，自古有之，乃贱者之事。"

《庄子》曰："天子侍御，不揃爪，不穿耳。"今此环出罗布淖尔，或为古楼兰国人妇女之饰物也。

二一、指饰　图版一〇，图52—57；图版一一，插图19—20

图52：红铜质，卷曲为环状，已残。侧为椭圆形之宽面，刻鸟形花纹。高一一毫米，宽一二毫米，空径一七毫米，厚一毫米。

图53：红铜质，形式同上，已残。侧镌飞鸟形。高九毫米，侧宽一六毫米，中空径一六毫米。

图54、55：形式质料同上，已残，现存一半。侧镌花绞，为绿锈所掩，图54疑仍为一动物之形也。（插图19—20）

图56：为铜片旋卷而成，甚薄。侧有两等边三角形之宽面，约一〇毫米。上镌圆圈五，分置四隅，中有二线交叉联系之，若梅花状。

图57：形制同上，但无花纹。

按指环为男女交合之信物。《五经要义》曰："古者后妃群妾，礼御于君所，女史书其日月，授其环以进退之。"有娠则以金环退之，当御者以银环进之。进者着于左手，左手阳也，以当就男，故着左手。右手阴也，即御而复，故右。此女史之职，《汉旧仪》云："宫人御幸，赐银环。"（均见《御览》七一八引）但以后指环为男女婚姻信物，或儿童佩饰物，并不限于男女交合之事也。《晋书·西戎传》云："大宛国人深目多须，娶妇以金同心指环为聘。"《外国杂俗》曰："诸问妇许婚，下同心金指环，保同老不改。"是西域亦以指环为男女婚姻之信物矣。现此环出土于罗布淖尔北岸及孔雀河一带，此地故为楼兰国遗址，原有楼兰人居留其间，故此环或为古楼兰国人日常之用品也。图52—54侧面均镌花纹，而图52侧刻鸟象，极类中文书写心字，或为同心指环之名所自出。图53作飞鸟状。此类花纹之指环，在库车沙雅沙碛中，散布亦多。且有用黑兽骨作质料者。亦有虽非指环，如印章、花押、衣扣之类，其花纹亦多与之相同。故余疑图

52—55之指环式样，为当时西域诸国所通行之饰物，且为一般人所习用者也。图56—57形制甚简，则为平民及儿童之饰物矣。

二二、环　图版一〇，图58—66

图58—66：红铜质，均为圆茎之环圈。余在罗布淖尔所拾，计三十余枚，大小残整不一。图58较大，空径约二二毫米，小者空径约一四毫米，最小者空径约八毫米。

图59—61：环圈混成无接口，疑为铸造所成。

图62：茎略细。有接口，疑为人工屈挠而成。

图63：为扁茎，中留空隙四毫米。

以上二件，其用法疑与上环微异。上环单个用以束绳，此疑为连环以当绳用者。

图58、64、65：均残缺一部分。图58颇粗厚，现存半圆形。疑亦为束绳之用，皆车饰也。

图66：为半圆圈。扁平，宽九毫米，空径一一毫米。未知何用。

二三、钉　图版一〇，图66—67；插图21—25

图67：红铜质。上隆起为笠状，下出一长足。笠口径二五毫米，高一三毫米，足长一五毫米。（插图21）

图68：残缺。足长一八毫米。笠口缘均外张。（插图22）

图69、70：笠顶均作螺旋纹，带作细横纹。口径一七毫米，高八毫米，足长一二毫米。（插图23）

图71—72：笠顶为缺口，足已失去。边刻细横纹。口径一七毫米，高五毫米。（插图24）

以上诸件，均有足可以缀物，疑为漆木器上之饰物。斯坦因在罗布淖尔发见一盛首饰之漆木匣，在各角上均有同样形式之饰物。则此物在当时或兼作却置用。现北平之箱匣隅多缀钉，想系遗制也。又此数件均出于孔雀河沿岸，疑为两千年前后之遗物。斯文赫定在楼兰亦有同样之搜集品。又中国北部及陕甘一带，亦发现类似之铜件，故此式铜件流行区域，颇为广泛。但图69、70笠顶螺旋纹，则为中国本地所无，或另一来源也。

图73：笠顶作四方尖锐形，每方宽一〇毫米，高一一毫米。足长出口八毫米，较他柄微长。顶亦坚厚。疑用于钉入木器，非仅为饰具也。（插图25）

图74：足与笠边齐，疑足折断，非其全形也。

图75、76：为长圆形椎。一长一五毫米，一长九毫米。圆径中间，均有一孔，未知何用。

图77：为一铜耳珠。高八毫米，径七毫米。中穿一孔，以系索者。

以上诸件，虽非钉物之用，因无类可归，且其用度不明，故附于此。

二四、扣　图版一〇，图78；图版一一，插图26

图78：红铜质。半圆形。宽一五毫米，高五毫米。笠顶有乳点四。底中心有一横径，盖为服饰上缀系之用。斯文赫定在楼兰遗址亦搜集一件，形式与此正同。据柏格孟氏解释，属于鄂都斯铜器。盖此类铜扣，在内蒙古一带出土者甚多，形式与此最为相似（见《内蒙古长城地带》八八页五一图）。又在西伯利亚及高加索一带亦发现同样形式之铜扣。疑此扣式尝流行于亚洲北部，及东欧一带，此地为旧时塞种人或匈奴人所往来驰骋之地，则此扣或即彼等所遗也。至其笠盖上之乳点式，柏格孟氏解释有鄂都斯作风。余按器物上作乳点纹式，在中国商周时代铜器，即已援用，至秦汉时之铜镜上作此类纹式者甚多。疑此本为中国固有之文化，经塞种人或匈奴人传播至西域者也。（插图26）

F. 杂件

二五、弩机残件　图版一〇，图79—80；图版一一，插图27

图79：为红铜质。现存柄部。长七五毫米，下宽三毫米，厚六毫米。上带绿锈，色微黄，与铜矢镞同色，或为一时代之产物。（插图27）

图80：为一长圆轴，满布绿锈，与图79均为弩机上之零件也。

按刘熙《释名》云："弩，怒也。其柄曰臂，似人臂也；钩弦者曰牙，似齿牙也，牙外曰郭，为牙之规郭也；下曰悬刀，其形然也。合名之曰机，言如机之巧也。"《武备志》云："古曰牙，今曰机钩；古曰规，今曰照门；古曰郭，今曰匣；古曰悬刀，今曰拨机。又垫机，古无名。"（《图书集成·戎政典·弩部》引）据此，是图79残件，即弩机之规，《武备志》称为照门，所以审度远近高下，为发射准率。牙与规相连，所以挂弦者。余器牙部残缺，今按古器补绘牙及轴孔图（插图27）。图80为一长轴，即弩机上之轴。《武备志》称为键。穿入钩孔中，辖合垫机，转动如车轴也。余所获弩机，只此二件，尚缺悬刀，垫机及郭。然弩机之用，不难由此推知也。又按弩机为古兵器之一，位置于弩身之中，为放箭时之发动机。《武备志》云："古机前有牙，后有规。规有纹，以准远近。外有郭以为总司。千勈之弩，挂于一寸之牙，发于半指之力，其妙无以加矣。弩尚有弩担及弩身，均以木为之。弩担如弓之横者，所以扣弦。弩身古称为臂，所以置机及扣箭者。箭扣弩身，弦挂机牙，机动而箭放，弩之作用立矣。"（引同上）弩之起源，传说出于黄帝，殆不可考。周官司弓矢，掌六弓六弩。是弩之名，始见于《周官》。《吴越春秋》陈音对越王曰："楚琴氏以为弓矢不足以威天下，乃横弓者臂，施机设枢，加之以力。琴氏传之楚三侯，自楚三侯传至灵王，以桃弓棘矢而备邻国。"是弩出于楚琴氏也。琴氏为何时人，今不可考。然弩至战国时，其用渐广。至秦汉以后，其用犹繁，则可信也。《武备志》引《茅子》曰，"中国之利器，曰弓与弩。自汉以后，外国之弓日强，遂不可复及，惟弩之用为最"是也。汉时之弩，有五石者，有十石者，以弩之力言也。有大黄弩、蹶张弩；蹶张者，以脚踏疆弩张之，故号曰蹶张，以弩之名言也。其后弩之名繁多，而其机则一。此件与汉简同出土于罗布淖尔古烽燧亭，当为西汉之遗物。由此可知中国之兵器，遍布于西域矣。

二六、剑首　图版一〇，图81—82；图版一一，插图28—29

图81：红铜质，作四等边锐角形。横长三八毫米，直宽约一五毫米，高一〇毫米，中空横一七毫米，直六毫米。一面破残。入茎处约二毫米，与中空相齐。接刃处有长三七毫米之缺口，深三毫米。（插图29A、B、C）

图82：横长四八毫米，直宽二一毫米，厚九毫米。中空长方形，横二〇毫米，直八毫米，以纳柄。外有长四〇毫米之缺口以接刃。上带绿锈，无花纹。（插图29A、B、C）

按《考工记》云："桃氏为剑，腊广二寸有半寸，两从半之。以其腊广为之茎，围长倍之中其茎，设其后。参分其腊广，去一以为首，广而围之。"按腊为剑面之通名，从自脊至刃也。茎为剑柄按刃处，俗称剑阁，在柄之前，刃之后。此两器阳面之缺口，即接刃处，阴面之空，所以内柄。故为剑首也。图81出罗布淖尔古烽燧亭遗址，图82出楼兰遗址。以同地出土之遗品作证，后者时代较迟；然其形式两器相同，盖由汉至晋剑制无大变化也。

二七、竿头　图版一〇，图83—87；图版一一，插图30—33

图83—85：均为圆茎中空，首端有一钩状伸出，头为圆笠状。图84、85两器脚下断。（插图30、31）

图86—87：仅存头部，唯尚留残余之边缘，知头下必有脚伸出也。（插图32、33）

按以上诸件，均在罗布淖尔北岸古烽燧亭附近所拾，疑为旌旗之竿头。《尔雅·释天》："注旄首曰旌。"郭璞注曰："载旄于竿头，如今之幢，亦有旒。"是旌旗着于竿首。但必有以系之，此器旁出一曲钩，疑即所以系旌旒也。又古时凡有大事，皆用旌旗为表帜，以示所向。故此物件，在中国习用甚广。如中国本部，渭河沿岸、内蒙古一带所出类此者甚多。首端有附圆形之笠盖者，亦有在首端稍曲者。又朝鲜乐浪古坟中亦发见此类之铜竿头。又一八八七年，芬兰考古学会作西伯利亚考察，曾搜集一花形竿头（见《内蒙古及长城地带》第三十四图），与西安市上所出者同。因此，吾人知旌旒之制，非仅中土为然，东西各地皆如此矣。

二八、铜残片　图版一〇，图88—90

图88：红铜片，疑为器之边缘。口微束、腹微鼓，疑为铜壶之边缘。

图89：为残底片。

图90：上有孔，疑非铜壶碎片，或即器具上之饰物也。

二九、熔注　图版一〇，图91

图91：红铜质。头曲作勺形。空径一二毫米，柄长一六毫米。已残断，满布铁锈。其形式与水注极相似，但以其满布铁汁，故疑为熔注也。

三〇、铜凿　附 图版一〇，图92

图92：此为两片钢块，余合之适成凿状。刃口锋利。宽一〇毫米，两边为钝角，略宽，上残缺。按《武备志》缕列矢式，有名凿子箭头，其箭头形式与此类似，故余疑此物亦为箭之一种。此件出楼兰遗址，为魏晋之物。此时中国兵器已知用钢，唯钢可以洞坚，此又制作之进步者也。上残缺处，必为柄以内于木杆中，而施其用也。

以上诸铜件，皆拾自地面。均无地层之根据。但吾人就其散布之情形言之，亦有为吾人注意之点者。盖其散布之路线，就余所拾者，分为二线：一为汉初通西域之路线，即罗布淖尔北岸沿孔雀河北支，由东而西即余所踏查之百余里地是也；一为楼兰遗址路线，即沿孔雀河南支，东至蒲昌海，为晋西域长史所居之地也。前者，如铜印章、五铢钱、十二辰镜，已有文字记载，证明为汉物者外，其他若矢镞、弩机、剑首等等，疑亦为汉时遗物。盖余所采集铜矢镞近百余枚，而七十余枚皆得自汉烽燧亭遗址。此地已有木简、漆器作证明，为汉人防边举烽燧之所，则此处所遗矢镞，必与汉木简同时无疑。若弩机一项，由木简上所载具领兵器簿，已显明为汉人兵器之一，而剑首据《周礼》所述，在周时已极通行，至汉其形式犹未有变更也。至于饰具之类，如带饰、耳饰、指饰，虽本地人亦均习用，但汉式亦复相同。例如带钩之类，其形样花纹，与中国本部陕西一带所出者，均无甚差别；又与内蒙古西部黑柳图所出者，亦互为一致。余于民国十六年发掘黑柳图遗址，出现带钩、弩机等件，同时出土者有五铢钱及绳文陶片之类，此盖有地层及文字上之根据，而可认为汉物也。故此类饰物，来源虽出于域外民族，但传入中国后，与中国文化混合，另行制造。例如以贝为带，钩用黄金饰，则又非域外人所有，而为中国之风尚矣；故文帝以之赐匈奴单于也。总之，凡在孔雀河一带所采拾者，无论其最初来源如何，皆为汉代遗物，而为汉人所传播至西域者也。其次为楼兰遗址路线：此古址为一九〇一年斯文赫定所发见。同时拾零铜件甚多，其铃铛之属，与余在其地所获之铜铃（图版九，图39、40）形式多相同。后于赫定者，为斯坦因氏；其所采拾之铜件，亦大体一致。是此类铜件，在楼兰为一极通常之出品。但楼兰之年代，据赫定先生所获木简之记载，为晋泰始以后事，不及两汉；则所有古物，当亦为魏晋或以后所遗留。虽如剑首，形式自汉至晋，未尝稍变，然遗留于此地者，则为晋人而非汉人也。再就其铜质言之；孔雀河北支沿岸所拾者，其铜色微黄，质亦细润；在楼兰遗址者，如图89铜色微红，质亦粗糙，显与孔雀河北岸为两时期之物，或先后相承也。又有五铢小钱一枚，亦出楼兰遗址，虽五铢沿用汉名，而钱则为魏晋以后所铸。反之在孔雀河北岸，则未尝拾类此小钱。故孔雀河北岸与楼兰遗址不独在文献上可以区分先后两时期，即以其遗留之实物，亦显有两个不同之现状也。今以性质相同，故连类排比而分别识之。

第四章
铁器类

一、刀　图版一二，图1—4

图1、2：略残。铁质，微带锈。均出罗布淖尔海边。图1长八五毫米，宽一四毫米。图2长五五毫米，宽一五毫米。有柄，刃微曲，背甚直。

图3：长条形。刀身长二四〇毫米，宽一六毫米，背厚四毫米，柄长七〇毫米，宽一一毫米。上形尖锐，一面有刃。

以上三器，皆有锋刃，背直有柄，古称为刀。刘熙《释名》云："刀，到也。其末曰锋，言若锋刺之毒利也；其本曰环，形似环也；其室曰削，削，峭也。"又云："短刀曰拍髀，带时拍髀旁也。"此刀室琫已失，仅存柄部。其形此短，疑为佩刀，拍髀旁也，盖为裁割之用。

图4：长二三五毫米，宽四〇毫米，背厚三毫米。形如弯月，柄卷曲。近柄处，刃略厚，以便手握。用时刃向里，背向外，古称为削。《周礼·考工记》云："筑氏为削，长尺，博寸，合六而成规。"郑注云："今之书刀。"贾疏云："削反张为之，若弓之反张，以合九、合七，合五成规也。马氏诸家等，亦谓为偃曲却刃也。"按如贾说，削形偃折，刀却向内也。《说文·刀部》云："剞

剧，曲刀也。"即此。此器背微曲，刃向里，正与削同。又为削简之用；古时未有纸，写事于竹木简上，欲窜改，则以刀削法之。《尚书序》云"更以竹简写之。夫子作《春秋》，削则削，笔则笔"是也。又因削简以备书写，故郑注又称为"书刀"，言书字时所用之刀，非以刀刻字也。又图3、4两件，采拾于库鲁克山南麓土台上，同地检无他物，未能断定何时所遗，然必在两千年前后也。

二、钉　图版一二，图5—6

图5：铁质，微带铁锈，长九〇毫米，宽四毫米。一端尖锐。

图6：同上，作纤条形。长九四毫米，宽六毫米，一端尖锐，所以入木。

三、带扣　图一二，图7

图7：铁质、带锈，长方形。直宽四二毫米，横宽三二毫米。有两长方孔穴以纳皮带，中有一短柄以为约束皮带之具。其形式与铜器类图47相似，而彼图为圆形，此则长方形为异耳。

四、环　图版一二，图8—9

图8、9：两图首端有一环，下有柄以入木。一长二八毫米，一长二五毫米，环孔径一〇毫米，以系索中。此为木器上用具，或为车上饰物也。

五、饰具　图版一二，图10—12

图11、12：铁质作新月形。两端尖锐，中宽，空径为五〇毫米，中宽一〇毫米。

图11、12：均作纤条状。横切面为等边三角形。长六二毫米，宽三毫米。未知其用处，疑为车上之饰物也。

六、杂件　图版一二，图13—14

图13：铁质带锈，作圆锥形。高九三毫米，底径一〇〇毫米，中空径四七毫米。

图14：形式相同而稍残。高七〇毫米，中空径三〇毫米。出烽燧亭东南土墩下。满生铁锈，未知其用。亦疑为车饰，或铺首之类也。

以上诸铁件，除削刀在库鲁克山南麓采拾求外，余均在烽燧亭东南十里所拾；同时拾五铢钱甚多，则此件均为汉物无疑。由此而知汉代之铁器，亦与铜器并用，如铁带扣即其一例也。

七、铅块　附 图版一二，图15

图15：为一铅块，在孔雀河沿岸所拾。兹附铁器之末。

第五章
漆器类

余在罗布淖尔所获漆器，共十余件，除漆桶状杯系在 L丙、L匚 古坟中出土者外，余均在古烽燧亭中出土。今因性质相同，并类说明如后。

一、两耳杯　图版一三，图1A、B；图版一五，插图1

图1：麻布胎质，周身髹漆。椭圆形。口直径一〇一毫米：横径八五毫米，深三三毫米，厚二毫米，通高三五毫米，成直径五六毫米，横径三〇毫米。有两耳，直径四〇毫米，宽一〇毫米。全身以麻布作胎，厚二毫米，里外涂漆，厚一毫米。里四围涂朱漆，底涂黑漆，刻划云雷纹，并刻双曲线为缘。口微缺。两耳作半圆形，微仰，涂黑漆，划曲线两道，以直线条缀之（图1A）。外围及底通涂黑漆，并内外加光，故极显光平细腻（图1B）。又日本大正间，在平壤大同江面乐浪古坟中发现之漆器，有铭词为："永平十二年，蜀郡西工镇佋行三丸治千二百卢氏作，宜子孙牢。"又同时出土之大盂，铭词有："居摄三年蜀郡西工造。"按居摄三年为王莽初始元年，永平为后汉明而年号，盖为后汉之遗物。余器与汉简同出土，有汉宣帝黄龙元年年号，当为西汉故物。其花纹虽不如乐浪精美，但颜色鲜明；其胎质全用纻麻

第三篇　器物图说　　　　　　　　　　　　201

布作底，不杂木料，为六朝夹纻佛像之先导，则为独异耳。此器在当时皆为饮器。《考古图》载有玉杯，形制与此正同。其说云："《李氏录》云：'汉高祖以玉杯为太上皇寿，以横长故，后人谓之玉东西。'按《淮南子》：'窥面于盘水则圆，杯于随面形不变，其故有所圆，有所随者，自所窥之异也。'随当读椭，狭长也。盖古杯之形皆狭长。"（《考古图》卷八）据此，是此杯渊源颇早，至两汉时则为通行之炊具。在魏晋时，犹习用未改，名曰羽觞。观于束晳对晋武帝问曲水流杯事可证也。自此后则无此式矣。（插图1）

二、桶状杯　图版一三，图2—3；图版一三，插图1

图2：为长桶形，平底有柄。口径二七毫米，围三九一毫米，深一〇五毫米，通高一一二毫米，底径一一九毫米，柄空二三毫米。杯以木片为胎，厚七毫米，旋转而成桶状。其接合处，以干漆胶合之，其缝合之迹及所髹之漆，尚可见也。把亦为薄木片旋转成环状，头结于杯里，作Ⅱ形（插图1），以漆封合之，再涂朱色。原器内外及底，满涂朱漆，间有黑色花纹。现底部及周围之未剥蚀者，尚可见其痕迹。是此器在当时，必有极精美之花纹也。

图3：亦为长桶形，平底有柄，但已残缺。其木质形样，均同图2。容积微大，口径一二五毫米，深九八毫米，通高一一毫米，底径一二五毫米。里外均涂朱漆，约厚一毫米。原有花纹，早已剥落。现检底边，尚留存朱漆黑花纹痕迹，在当时必有极精美花纹，与图2同也。

按以上二器，均糅木屈转而成桶形，古时谓之桊。《告子》曰："以人性为仁义，犹以杞柳系杯桊。"赵注云："杞柳，柜柳也。"《正义》曰："按《说文》云：'杞，枸杞。柳，少杨也。杯，䥶也。桊，屈木盂也。'所谓器似升屈木作是也。"按此器木纹有棕眼，似非杨柳。今以其柄部之纹理观之，疑为藤木。《续博物志》云："酒杯藤，出西域；藤大如臂，叶似葛花，实如梧桐，质坚，可为杯。"或即此也。一说为榆木，在新疆南部产量甚富。究为何木，拟俟植物学家鉴定之。

以上二者，均在罗布淖尔孔雀河北岸 L万、L匚古坟中出土。图2同时出土者，有骨器、木器、耳饰之类。

图3同时出土者，有木把杯、木俎、残铜镜之类。今以吐鲁番雅尔崖沟北古坟中所出者相较，甚多类似之处，必为一时代之产物也。余于民国十九年秋，在雅尔崖沟北古坟中发现桶状把杯六，圆底把杯一，柄着身腰，空容一指，与此器相同。余在《高昌陶集古坟中陶器之研究》，略有论述，而断为纪元前后之遗物。此器虽无确定年代，但以同时同地出土之残铜镜，及与乐浪出土之漆器对比，其时代当亦不出于两汉之际也。

三、扁形匣　图版一四，图4

图4：扁方形，口部高低不齐，曾经锯去一截，疑原器较现存为高。口长四二〇毫米，宽九七毫米。两侧端稍弱：至底长二四五毫米，宽一三一毫米，高二四毫米。底中心有一长方洼部，宽一五百毫米，高六五毫米，深三毫米。里深一六三毫米。通高一九〇毫米。里底亦有一长方洼部，长一九五毫米，宽八五毫米，深五毫米。以榆木版作胎，板厚一〇毫米；加麻布一层，再涂黑漆，厚三毫米。面极光平。周围边缘稍内缩，宽二五毫米。通接底部。因形制不全，未知何用。据《武备志》录诸葛亮所制藏箭匣（《图书集成·戎政典·弩部》），形式与此类似。或为藏箭之具，亦未可知也。因与漆杯同地出土，故次于此。

四、漆木杆　图版一四，图5

图5：杆木质，圆茎纤长。长六一一毫米，径一一毫米。茎端有柲，作扁方形，俾以入器，长三三毫米，上宽一三毫米，末宽一〇毫米，末厚三毫米，满涂黑漆。原杆刨制极光平，杆身微曲作不规则形。前端残断。审其纹理，疑为藤类。由其杆端之扁方，必为纳入铜铁器柄中之具。至为何顾种器之杆，现尚未能明也。近柲处行"卅六"二字，当为号码，然绝非筹策也。

第三篇　器物图说

五、漆器残件　图版一四，图6—12；图版一五，插图2—4

余在烽火合遗址中，检拾漆器残片十余块，今择七方入图。

图6：以木为质，里涂朱漆，外涂黑漆，底画朱纹二道。边缘略卷曲，两面光平，疑为杯之底缘。长八四毫米，宽二八毫米，厚七毫米。与图1同。（插图2，A、B）

图7：以木为质，里外涂黑漆，里加光漆，外略粗糙。长六〇毫米，宽三六毫米，厚八毫米。亦必为器物上之一部分。（插图3，A、B）此两件均以木作质，外涂漆，不加纻布胎，此其异也。

图8：亦为漆器上之残块，以木为质。直八五毫米，横六五毫米，厚四毫米。外夹纻布，再涂三毫米厚之黑漆。作法极类漆匣上残块。但漆也里再有夹纻漆布一层，此疑脱落。（插图4，A、B）

图9—12：均为漆器上残片，原附于以木为质之器物上，木料脱离，现仅存其漆残片耳。

以上九件，均与汉简及漆杯同地出土，是皆为汉代之物无疑。综上所述，是汉代漆器，就此地出土者，作法有三：一以纻布为胎涂漆者，如漆杯是也；一以木为胎，涂漆，如桶状杯及图6、7漆器残块是也；一以木为胎，夹纻布漆之者，如漆扁形匣及诸残块是也。按以纻有为胎，漆之者，古名脱空，亦称脱沙。《大唐西域记》"瞿萨旦那国"条云："王城内南十余里，有地迦婆缚那伽蓝，中有夹纻立佛像。"小注云："寒山考夹纻，今称脱沙。"又按《旧唐书》卷十一曰："大历十三年二月甲辰，太仆寺佛堂有小脱空金刚。"又《辍耕录》云："刘元从阿尼哥国公学西天梵相，神思妙合，遂为绝艺。凡两都名刹，有塑土范金，抟换为佛像，一出元手，天下无与比。所谓抟换者，漫帛土偶上而髹之。已而去其土，髹帛俨然像也。昔人尝为之，至元尤妙。抟丸，又曰脱活，京师语如此。"按脱活、脱空皆属一辞，内实无质，以纻麻布或缯帛之属为胎，再里外加漆而成像，故曰脱。脱者，离其原型；无实质之谓也。此杯以纻麻布为胎，内无木质，与唐之脱空，元之抟换或脱活佛像相同。余按脱空造型术，中国发明独早，汉时已渐通行。佛教东来，又以其术广造佛像。西域则受中土之影响，转相仿效，故玄奘记之。今得此漆杯，更可证明其渊源之所自也。其次述以木为胎，内外涂漆者。此制造法最为简单。《辍耕录》云：

> 凡造碗碟盘盂之属，其胎骨，则梓人以脆松劈成薄片，于旋床上胶黏而成，名曰卷素。髹工买来，刀刮胶缝，干漆平正，夏月无胶汛之患。却炀牛皮胶和生漆，微嵌缝中，名曰梢当。然后胶漆布之，方加粗灰；今日久坚实，再加细灰，谓之糙漆。再停数月，才用黑光。

按《辍耕录》为元陶宗仪所著，所记当为元时事。然元时髹漆之法，必源于古。今以彼所记，推较发现之桶状杯，其制造技术，亦多暗合。例如桶状杯，系以薄木旋刺为桶状，缝口用胶漆封之，皆与《辍耕录》所记之卷素梢当相合。唯《辍耕录》先加粗灰，再加细灰，再涂黑光漆。此杯皮已剥离，其髹漆法不可知。但如图7漆器残件，里涂光漆，外涂粗漆，是髹漆不止一次也。唯《辍耕录》用砖瓦灰据服虔《通俗文》"烧骨以漆曰髤"之语是古时多用骨灰为异耳。由是言之，髹漆器其方法由汉至元，均相沿未改也。其次述以木为胎，夹纻漆之方法。按《新唐书》卷十三《礼乐志》述明堂云：

> 则天始毁东都乾元殿以其地立明堂，开元五年，复以为乾元殿而不毁。初则天以木为瓦，夹纻漆之。二十五年，玄宗遣将作大将康誓素毁之。誓素以为劳人，乃去其上层，易以真瓦。

按以木为瓦，夹纻漆之者，以木为胎，再加纻布漆之也。图4之扁形盒及图8之残块，均以木为胎，里外用纻布漆之，与唐乾元殿之作法相同。据此，是夹纻虽一，而一有木胎：一无木胎。无木胎者，专名脱空。有木脱者，乃为夹纻。夹纻者，中夹纻布以漆之也。今由余器之发现，而得其实证矣。此件与汉简同出土，均为西汉时遗物。由是知中国漆工之发明，远在纪元前矣。

第六章
木器类

余在罗布淖尔发现木器约数十件，大多数出于古冢中，亦有出于古烽燧亭者。出于古冢者，多为饮食日用之具，及妇女装饰品；出于古烽燧亭者，多为木残件。今并为一类，分别说明之。

一、圆底俎　图版一六，图1—2；图版一九，插图1—2

图1：木质，椭圆形。长三六九毫米，宽二五〇毫米，深二七毫米，通高五二毫米，为一厚木板凿削而成。颇光平。底略圆，有四足，甚短，直径约五五毫米，厚二毫米。（插图1）

图2：形式相同，略短而宽，无足。长三八三毫米，宽三〇七毫米，深三二毫米，通高五九毫米，内外均有斧凿痕迹；不甚光平。（插图2）

以上二件，出罗布淖尔北岸L匚古冢中，在死者头部。同时尚有羊骨在俎上，疑当时以俎承祭肉者，肉腐而骨存焉。

按《说文》："俎，礼俎也。从半肉在且上。"段注云："仌为半肉字。《鲁颂传》曰：'大房，半体之俎也。'按半体之俎者，《少牢礼》云：'上利升羊，载右胖。下利升豕，右胖载于俎'是也。故曰礼俎。"半部曰："胖，半体肉也。"此次所发现之俎上有羊骨，则当时以羊肉荐祭死者可知。又据《少牢礼》，有羊俎、豕俎、鱼腊俎。余于此墓中得二俎：一有羊骨，知为羊俎；其一无所载，则不知当时所荐为何物。又此墓同时出土者，有木把杯之类。按《仪礼既夕礼·遣奠》云："陈明器于乘车之西，有苞二、筲三、甖三、瓶二，用器有弓矢耒耜，两敦、两杅、盘，匜，匜实于盘中南流。"又至于圹云："陈器于道东，西北上，乃窆。藏器于旁，加见。（按棺饰也。）藏苞筲于旁。郑注云：'不言甖瓢，馔相次可知。四者，两两而居。'贾疏云：'苞筲居一旁，甖瓢居一旁，故云两两而居也。'"据此，是古人葬仪，遣奠之后，引柩入圹，藏器于柩之两旁，所谓明器也。把杯亦为死者生时饮食燕居之具，死后即以此殉葬，与《仪礼》所述之意义相合。唯《少牢礼》所述者，为奠祭仪式，据《士丧礼》祭器不入圹，此俎与把杯同时并陈于死者头部，是祭奠后即以此器殉焉，与《士丧礼》所记不同。或习俗因地而异，不必尽一致也。但由其同时出土之残铜镜及漆器，则此件时代皆在纪元前后，其文化系统与中国为一致，则无可否认也。

二、四足且　图版一六，图3—6；图版一九，插图3

图3：木质长方形，边微缺，亦由斧削而成。颇光平。长四〇二毫米，宽三一七毫米，深一五毫米，通高七八毫米。底有四足，四方形，高四五毫米。与木把杯（图8、9）同出于罗布淖尔北岸L3古坟中，亦为承物之用，与上木俎同一用义也。《说文》："作且，所以荐也。从几，足有二横：一、其下地也。"段注引郑注《明堂位》云："有虞氏断木为四足，夏后氏中足为横距，周人足间有横，横下有跗。"按此且无横距，仅有四足着地，故又作几。且、几同字。故有横无横乃繁简之别，其用则一。现所通用之且，皆有横足也。又且与俎同，承肉者为俎，未承肉者为且。《说文》分为两字，故余亦列为两器，并说明其关系也。（插图3）

图4—6：亦为木且之足，仅取其三。此余第二次在古坟中所获得者也。同时冢中尚行残废之木几，余因不便携带，仍置冢中。盖此冢已被前人盗发，探取古物，而遗弃其残件于冢中也。

三、圆底把杯　图版一七，图7—9；图版一九，插图4—5

图7：木质，圆底平口。口径一三四毫米，厚七毫米。腹略鼓，口径一五五毫米，厚一二毫米，深九一毫米，通高一〇二毫米。有圆柄中空，高三七毫米，宽三六毫米，孔径长二二毫米，适容一指。柄上部圆小，长二五毫米，宽一九毫米，适合大指压处。底略圆，直径约八五毫米。内行斧凿痕，外刨制光平，略有土蚀。口部有裂隙，宽四毫米，当时用藤缝合之，其迹犹存。（插图4）

图8：形式与图7相同而略小。圆径，口微俯，径一一七毫米，深五七毫米，通高六三毫米。有间柄，高三二毫米，中空，孔径一六毫米。内有斧凿痕，外光平，口部微损。

图9：形式同图7、8两器。口径九五毫米，深六四毫米，底径六五毫米。口部残。内外均有斧凿痕迹，不甚光平。柄具残。用法当图7、8两器，皆为当时人民之饮器。（插图5）

此数者皆出罗布淖尔北岸L匚、L彐古坟中，与吐鲁番雅尔崖北坟院中出土之圆底把杯，形式相同（参考《高昌陶集》下，七页，图18）。余于《高昌陶集》中，定为两千年前后之遗物。此器虽为木质，因形式相同，其时代当为一致也。又图9与之同出土者，尚有桶状把杯、圆底木俎之类。桶状把杯（图版一三，一图2、3）及汉铜镜残块（图版八，图10），余上文已推论为两千年前后之遗物矣，此件当不能例外也。（参考第二篇第二章《湖畔古冢》）

四、食具　图版一七，图10—11

图10：首作圆角方版，下连柄。首宽四三毫米，长六〇毫米。柄长八七毫米，通长一四七毫米。柄原有字墨书，剥蚀不可识。

图11：形式同上。首宽五四毫米，长六〇毫米。柄长八七毫米，通长一五〇毫米。

以上二木具，未审其用。或以为食具，古称为匕，一名为柶，用以挹牲体或分黍稷者。其形如勺，以铜为之，曲柄深叶。亦有以木为之者。《聂氏三礼图》云："醴有柶，用角为之；铏有柶，用木为之。旧图云：柶长尺，櫼薄三寸，曲柄长六寸，漆其中，及柄端。"然无论为铜为木，其柄曲，其叶深，如《陶斋藏金》卷三所录六匕皆然，似与此为不类。但罗振玉先生藏一匕，叶平而无浅深，背面及柄均错金书，凡三十余字，长六寸二分，是匕叶亦作平面矣。如然，即此二器或亦为匕之属也。此二件与汉简同出土，当为汉代遗物。楼兰及居延海亦有发现，形式与此正同。柏格孟亦认为食具之属。（E.Bergman, *Lou-Lan wood carvings and small finds discovered by Sven Hedin*）不过居延海为汉时遗物，而楼兰则为魏晋以后之遗物也。一说为古时太史教学童，书字于版，以便诵读。现回教及喇嘛教教学童读经均如此，类以骨。或石片为之，亦是一解。

五、残箄　图版一七，图12

图12：木箄，作半圆形。现存木条七根，鳞次排比。边系宽木，编作半圆形，有二木条横系之，现只存其一。每条排比，中留空隙，约八毫米至一五毫米不等。盖以透气，使得上通于甑也。木条长者约一九〇毫米，横径九〇毫米。此存一半，疑尚有一半合之为一箄，以蔽甑底。《事物原始》云："箄，甑底蔽也。以竹为之，用以障米，使米不下水，而气得上通也。"又谓之膻。《韩诗外传》："舜甑盆无膻。"注："膻，即今甑箄，所以盛饭，使水火之气上蒸，而后饭可熟，谓之膻。"按现甑蔽亦谓之箄，用时上蔽以布，多以竹为之。西域无竹，故易以木耳。

六、栉　图版一八，图13—16

图13：长八〇毫米，上作半圆形，下计七十二齿。

图14：残，现存一半，长六五毫米，宽三〇毫米。形与图14同。

图15：齿略疏，计十五齿。长六五毫米，宽四五毫米，形式同上。木已枯萎。

图16：长七五毫米，宽五四毫米。形式同上，计十五齿。

按图13、14为枇。《释名》："枇，言其相比也。"图15、16为梳。《释名》："梳，言其齿疏也。"总称为栉。《说文》："栉，梳枇总名也。"《仓颉篇》："靡者为比，粗者为梳，皆用为栉发之具也。"又图13出古烽燧台遗址，与木简、漆器同出土；图14—16出于罗布淖尔北岸L万古坟中，与漆器把杯同出土。今以汉简及漆器为证明，则此梳枇皆汉代遗物，无可疑也。

七、簪　图版一八，图17—20；图版一，插图6—7

图17：木质。首作花苞形，刻带式三角纹八道。直行有爵。直长九五毫米，连首四二毫米。（插图6）

图18：现存簪之首部，爵已残。长二八毫米。刻带式三角纹十道，横行。（插图7）

图19：首部较大，作花苞形。长五五毫米，亦有带式三角纹，但已破裂，花纹不明。爵均残。

按同团瑞典人柏格孟君于民国二十二年春，在罗布淖尔阿德克古坟地发现排簪。簪之头部多镂三角纹带式，或平行排列，或作螺旋纹式。柏氏认此是给与死者以泼辣之生命力（见《罗布淖尔之古坟群》，50页，图6）。但古时以三角形作花纹，在中国本部亦甚流行。现甘肃洮河流域古墓中所出史前陶器，及山东、河南、陕西汉墓中之石刻墓砖及汉铜镜，亦多以三角纹作边缘图案。在中国旧时解释，称此纹为山纹，盖以其形似山峰也。人死归山，或亦含有不朽之意软。此件与栉同出于L厈古坟中，盖为妇女头上之饰物无疑也。又柏氏所发现排簪，每七根排列为一幅，再加短齿四根，合以兽筋作带，连系而作栉形。疑当时原为妇女头上之装饰物，与中国之钗同一用意。一说排簪为疏理兽毛之具，以备编织之需，说亦可通。

又图20：上宽下锐，作木签形，无花纹。长约一七四毫米，上宽八毫米，厚三毫米。中腰有约带痕迹，宽二五毫米。疑此为排簪上之零只，约带处，即以兽筋带系之处也。或为帽饰上之羽簪。柏氏在阿德克所觅得之毡帽，帽边插羽簪一支或五支不等，以为冠饰。此支羽毛已失，其约带处，疑即系羽簪之处。总之，由木枝上之约带痕迹，必与其他物有连带之关系也。

八、杂件　图版一八，图21—31；图版一九，插图8—10

图21：木质，为长方形之木板。长一三二毫米，宽四三毫米，厚一二毫米。上有钉眼二，木钉仍存塞其中，疑为入器物上之残片。

图22：为一梭形之木件，长六二毫米。两端尖锐，中间隆起，有一缺口，宽六毫米，深四毫米，有磨擦痕迹，必为系绳索之用。疑此件为编织上之器具，用以活动绳索者也。（插图8）

图23：为一细条形木签，长三毫米，径三毫米。圆形，周围有刨削痕迹。出土时上缠一绿色绸布条，未知何用，系在古烽燧亭墙壁中取得者。

图24：为一长圆木条。长一九〇毫米，径九毫米。

图25：亦为一长圆木条，一端尖锐，原断为三，余胶续为一。长一六〇毫米，径五毫米。

图26：形式同上，现存下端之尖状。长八〇毫米，径五毫米。

以上三件，当同属一物，未知何用。皆与木簪同出土于罗布淖尔北岸L厈古墓中，当亦为两千年前后之遗物也。

图27：为一残木片，长四二毫米；宽一二毫米。亦出L厈古坟中。

图28：为一半面长条形之木件，里刨光平，外有削痕，两端有缺口，以为系绳之用。长八七毫米，宽八毫米，未知用处。由其两端之缺口，或为夹物之用，类似函牍。用时以两件相合，再以绳牢固之，防其脱离也。

图29：竹质，作古代货币形。长一一〇毫米，宽一二毫米。上柄部穿一小孔，径五毫米。下至肩略作缺口，有磨擦痕迹。表面竹青未除，里刨制，中裂，下作半圆形缺口。未知何用。或亦为编织之具。（插图9）

图30：为一竹管，辟为三块。一端辟成极细纤条，一端被毁，合里一铁质管心，已锈，长约七〇毫米。未能确定其用涂，疑为箭镞之柄部也。此件出于LT古房址中，或为楼兰本地人之遗物也。（插图10）

图31：为一长圆木屑，长七八毫米，径一二毫米。周围刨削，形状弯曲不平整。表面尚存原来树皮，疑取木枝原形，略加侧制也。亦未知其用处，疑为车上或他器物上扣绳之辖也。

图21—25、28、29、31，均在烽燧台中与汉木简同出土，其物虽微，然皆两千年所遗也。

第三篇　器物图说　　　　　　　　　　　　　　　　　　213

第七章
织品类

一、青履　图版二〇，图1—2

图1：由麻线编组而成。前较后稍宽。口作椭圆形，以皮为缘饰，宽七毫米，以毛线缝之。口长一四〇毫米，宽六〇毫米，深七〇毫米。两旁厚约二毫米，外染蓝色。唯头部有宽九五毫米，直七五毫米之方块，似为配补者，以麻线为经，以丝线为纬，较两旁为细，亦染青色，与两旁色彩相若，或为同时所作。审其接缝处，极精工混成，故余疑为有意配合以之作饰也。底里幔白色毛布，内藉棕毡，同于今之绵絮铺底者然。幔布除铺底外，并及履身之下半，约三五毫米。履底亦用麻线编组而成，长约二六五毫米，前宽九〇毫米，后宽七五毫米，厚五毫米。组纹前部作椭圆形，中间作斜角四方形，彼此相连成图案。前后均较中间稍厚，而组纹各不同。边缘有经线四道，略隆起。综观此履全部编组及其式样，甚合吾人所需，且坚固耐用，两千年前工艺之进步亦由此可见也。

图2：形样同前，而稍简略。亦为麻线所组成。头部亦补组一方块，颜色与所旁同为青色，而此稍新，疑为以后配补，与图1异。里底无幔布及藉毡，疑年久脱落也。此底部较图1为宽大，长二八〇毫米，前宽一〇五

毫米，后宽八〇毫米，厚五毫米。

以上二件，除图1鼻口部用丝线外，余均用麻线组成，故纹从履式，且极坚结，与近世裁布以为履者稍异也。

二、素履　图版二〇，图3

图3：此件亦由麻线编组而成，式样与图1、2两履相同。纯素不加彩色。口无纯，鼻无钩，底里以毡藉。底亦用麻线编组而成，并结线成乳状。底长二八〇毫米，前宽一二五毫米，后宽一〇〇毫米，身深五〇毫米，头深六〇毫米。通观全履极简素坚固，盖下等之履，为一般平民所服用也。

三、赤履　图版二〇，图4—6

图4：为以丝线编组而成，式样同前。口缘镶皮，以丝线缝之，宽约四毫米。下缘周围亦镶皮，宽二二毫米至一五毫米不等。现皮质已脱，但其缝纫痕迹及残皮犹存，古谓之纯。《仪礼·士冠礼》云："履，夏用葛，玄端黑履，青绚、繶、纯，纯博寸。"郑注："纯，缘也"可证。履身用红丝线及白丝线交错编组而成。其法以白线为经，再用红线纬编之，深五二毫米，与图1、2两履编组之法相同也。鼻梁处组蓝黄色带纹一道，宽一八毫米，长八七毫米，古谓之绚。郑注《士冠礼》云："绚之言拘也，以为行戒，状如刀依鼻，在履头"是也。履底藉黑毡，厚约四毫米，表以绨布幔之。《汉书·贾谊传》云："冠虽敝，不以苴履。"师古注曰："苴者，履中之藉也。"按今以絮缝于履中，谓之绵鞋；江汉之间谓之靴。《事物纪原》云："唐马周以麻为之，杀其勒，加以靴毡。"是唐时加毡鞋亦称靴也。

中国北部冬日所服之毡靴，全用毡，不加表里布，与此履内外均加缝红白布有繁简之异也；但皆冬日之服，所以取暖，古则通称为履矣。又按中国古时冠，以皮革为之，后世渐用布帛，不云用毡。以毡为冠，乃塞外民族之习俗。观于罗布淖尔古坟中，死人头上，皆戴毡帽，棕白色不等，可为证也。中原当秦汉之际，与塞外民族交往频繁，亦染其习俗，以毡为冠，故贾谊取以作譬也。底为皮质；一层，厚三毫米。《周礼》："履人掌王及后之服履。"郑注云："复下曰舃，禅下曰屦。"贾疏云："下谓底。复重底。重底者，名曰舃、禅底者、名曰屦也。"按《说文》："屦，履也。"又《方言》云："中有木者，谓之复舃。"此无木荐，则为履明矣。唯履底之质，古无明文。今得此履，则对于当时之履制可晓然矣。

图5：亦为夹毡之履，式样同上。外以丝线组编而成，白线为经，再用绛色线作纬编之。身深四六毫米，首深九〇毫米。外无鼻饰，中藉以白毡。口缘底缘周围亦缝皮，现皮虽脱，但其遗质犹存。口缘宽六毫米，底缘宽一〇毫米及一五毫米不等。履里幔以绨布，但多已脱失矣。

图6：为履之底部，皮质。长二〇五毫米，前宽八〇毫米，后宽七二毫米，厚约三毫米。边缘尚留存缝纫针眼及履身之残余，而履身已全部遗失，无由知其形状。图5有身无底，图6有底无身，疑此二者本同为履上之物，与图4相同。且底部边缘，尚行履身下缘之皮质及藉毡可验。但不能确定此底即彼履之底耳。

以上各件均出罗布淖尔北岸古烽燧亭中，有同时出土之汉简为证，而皆为西汉时遗物。此地为汉兵驻屯之地、则所发现之各色履，想皆为汉兵所服御也。现甘肃河西一带本地人履式多与此同，皆以羊毛或牛毛线编组而成。余于民国三十二年再赴新疆考察，过敦煌，购牛羊毛履各一，坚固轻便，冬夏咸宜。余由是知古代新疆东部之文化，与甘肃河西文化实有因倚之关系，为吾人所不可忽视也。

四、合裆袴　图版二一，图7

图7：麻织纯素。有两脚，长六八〇毫米，脚口围五九〇毫米。上通于腰，与裆相连，左右缝之。裆高四〇〇毫米，前后幅交辏。脚伸出而裆缩入，约当三与一之比。左右各别，前后不相通也。按

《事物纪原》引《实录》曰："裈，西戎以皮为之，夏后氏以来用绢，长至于膝。汉晋名犊鼻，北齐则与裤长短相似，而省犊鼻之名。"秕言引姚令威曰："膝上二寸为犊鼻穴，言裈之长才至此。"(《格致镜原》卷十八引)按今以此裤脚之长度，与人胫相比，实不过膝，则古时裈长至膝之说，信有征也。又《格致镜原》引《疑耀》云："古人裤皆无裆，女人所用皆有裆者，其制起自汉昭帝时上官皇后，今男女皆服之矣。"又《汉书·外戚传》："宫人使令皆为穷裤，多其带。"顾师古注："服虔曰：穷裤有前后裆，不得交通也。"师古曰：穷裤即今之裈裆裤也。按颜师古《急就篇注》云："裤之两股曰襱，合裆谓之裈，最亲身者也。"此裈有裆，前后缝合，与左右股相连，古时谓之犊鼻裈，亦称裈裆裤，与今之短裤相同，盖为服劳役之衣。此件出于罗布淖尔古烽燧亭中，与汉简同出土，盖为汉兵戍边于此所遗也。

五、禅襦袖　图版二一，图8

图8：生丝绡，现行袖口部。口宽一六五毫米，长一〇六毫米。为生丝线织成，无里，口部折缝无缘，疑为禅襦袖口。刘熙《释名》："禅衣，言无里也。"《说文》："禅，衣不重也。"禅、单古通用，亦谓之禅襦，亦曰襜褕，皆指内衣，不重复，无里絮者也。有长短之别：长者古谓之深衣短者古谓之短褕，亦谓之竖褐。《方言》："襜褕，其短者谓之短褕：以布而无缘。敝而绕之，谓之褴褛。"《史记·秦始皇本纪》："夫寒者利短褐。"司马贞《索隐》云："裋，一音竖，盖谓褐布竖裁为劳复之衣，短而且狭，故谓之短褐，亦曰竖褐。"《荀子·大略篇》："衣则竖褐不完。"杨倞注云："竖褐，僮竖之褐，亦短褐也。"按此件其全身如何，虽不可知，但其袖部之缝斜行，且非正幅布，亦无边缘，疑所谓以褐布竖裁为劳役之衣者，即此也。又《汉书·隽不疑传》："衣黄襜褕。"此件亦为谷黄色生丝不染，则黄襜褕为贱竖所服，故《汉书》举之也。此件与合裆裤均出古烽燧亭中，皆为汉

第三篇　器物图说　　217

朝士兵屯戍边地所服也。

六、衫巾　图版二一，图9—11

图9：为一丝织筩状袖，黄色，上带血迹。长一八〇毫米，宽前八四毫米，后八八毫米，由一幅复褶接缝而成袖状。后端有针眼遗迹，前略小，疑其与袖口相接者。故此幅疑为衣袖之中段。

图10：亦为丝织长方形之残块。口部缘以青绢作边缘，宽二二毫米，两旁均行缝合针眼。禅宽一八六毫米，高一一二毫米。若复合之，宽九五毫米，除缝底折口，正与图9之前端相接，故余疑为图9之下段，即袖口出手处。

图11：亦为丝织残块，轮廓已残，但与图9、10同为一衣而破残耳。

以上诸件，均出于孔雀河北岸L□古坟中。此坟中死者，为一十余岁之小孩，头部黄发尚存。此件即为彼所服用者，故其衣袖甚小，疑即汗衫之破残者。《格致镜原》卷十六引《身章撮要》之："汗衫，本古之中单，以白绫为之，青领縹襈裾。古者燕朝及祭祀接神，衮冕，有白纱中单，有明衣，皆汗衫之象。"此衣用青绸縹裾，与汗衫制略同。此为死者所服，故亦称明衣。罗布淖尔古坟中装殓之明衣，以余之所见者，一为内衣，近耳身；次即缊袍，衣之有着者，杂用旧絮。《逸雅》："袍，苞也。苞，内衣也。"次即中衣，即古之中单也。《释名》云："中衣，言在小衣之外，大衣之中也。"次即复衣，有里者。《释名》云："有里曰复，无里曰禅。"再其次为禅衣。此类多以文锦绮罗充之，上刺草花，布上隐起花纹，故称文绮。瑞典柏格孟君在罗布淖尔古坟中发现禅衣一件，颇完整；即以文绮为质料也。

七、衣饰　图版二一，图12；图版二四，插图1

图12：丝织，作长条縹带形，以紫绢为边缘。宽一五毫米，通下为长方形带饰，长六八〇毫米，宽五〇毫米、中空二五毫米。上段中镶黄绸，长二三八毫米。中腰镶红锦带，宽三〇毫米。再两边

缘下垂无里布，类似衣裾上之缥带。此件与图9—11同出土于古坟中，或亦为衫衣之饰也。（插图1）

八、帕　图版二一，图13；图版二四，插图2

图13：方形。黄绢作底，上着紫绢带。长一七五毫米，宽一二五毫米。四周镶紫绢为边缘，缘宽七毫米。背面缉缝不缘。左角着带，双幅，长一四〇毫米，宽九毫米。盖当时以之佩系于衣衿者。李肇《翰林志》："翰林孙士给青绫单帕。"《东宫旧事》"皇太子纳妃有绛绫裹帊五"（《格致镜原》卷五五引）是也。疑皆以绫罗为之。又有帉帨者，白布为之，长丈余，用以拭手。《礼·内则》：左佩帉帨。郑注："帉以拭器，帨以拭手。"与帕用异。盖古时帊系于襟，或握于手，而手巾则系于腰际也。此件出于孔雀河北岸古坟中，与衫巾同出土，皆为一人所服，则此手帊亦当黄发小儿之胸前佩饰矣。（插图2）

九、丝绵方枕　图版二二，图14

图14：长方形，后两角略圆。横宽一二五毫米，直长一〇〇毫米。以青绢为表里而缝缉之。现已破裂。中苴丝绵：厚约一五毫米。枕头部略洼，上有黄色外半圆形之痕迹，盖为头枕藉时之迹也。按古者枕有角，《诗经》："角枕粲兮。"《汇苑详注》："头藉斗，古者十斗曰枕，首有角。"（《格致镜原》卷五四引）此枕无角为异。但余在吐鲁番古墓中所发现之柴灰枕亦无角，内端略高耳。现内地墓中出土之瓷枕、玉枕皆无角，其形式均与此枕大致相同。故枕之形式，亦不一致也。

一〇、布囊　图版二二，图15

图15：麻质，用布横褶为桶形。宽四六五毫米，高三一〇毫米。一端以线缝缉；一端已破残，但其缝缉原形，尚可见也。按囊有二种：曰大，曰小。《说文》云："囊，橐也。"《诗·大雅》："于橐于囊。"传云："小曰橐，大曰囊。"《方言》："饮马橐，自关而西谓之裺囊。裺，缘也，缉口之囊，谓之裺囊。"《史记》："韩信乃夜令人马万余囊，满

盛沙，壅水上流。"《战国策》："荆轲逐秦王，时侍医夏无且以所奉药囊提荆轲。"皆谓大囊也。缉口不可携带，必负之而行，故《庄子》曰："将为胠箧探囊发匮之盗而为守备，则必摄缄縢，固扃鐍；然而巨盗至，则负匮揭箧担囊而趋。"曰缄，曰担，皆缉口之大囊，必须肩负而行也。《汉书·张安世传》："持橐簪笔事孝武皇帝数十年。"韦昭张晏并注云："橐，囊也。近臣簪笔，以待顾问。"《酉阳杂俎》："北朝妇人，夏至日进扇及粉脂囊。"《清异录》："唐季王侯竞作方便囊，重锦为之，形如今之照袋。每出行，杂置衣巾篦镊香药辞册，颇为简快。"此皆小囊也，亦谓之橐。分言之，小者曰橐，大者曰囊；通言之，皆囊也。小囊可以随身携带，不缉口，别以索紧结之而已。余在吐鲁番拾香囊一，中陈香料，口贯以索，可以随意开合。同团瑞典柏格孟君在罗布古坟中，得锦囊三，亦以索贯口，随意开合之，与余所拾形式相同，亦皆陈香料食品之类者。柏氏尚有大袋一，高尺许，则两端具带，不锁口。余此件为麻织，形制较大，且粗糙，当非贮陈香料或珍贵之品者。此与汉简同出于古烽燧亭中，疑当时军中贮糇粮或草料之囊也。

一一、麻布残块　图版二二，图16

图16：麻质襌布不等边长方块，四周有缘缉遗痕。长三六五毫米，上宽一七五毫米，下宽三五〇毫米。疑为短褐之残幅，或为当时士兵之服，亦出于古烽燧亭中也。

一二、丝织残巾　图版二二，图17

图17：丝质长方块，残破不完。长二八〇毫米，宽一六〇毫米。作浅色红。一端口缘宽九毫米，由原布卷折缝缉之。原为朱红，因年久变为浅红色也。因有缝缉之迹，故余疑为衣服上之残布。但已残破，失其全形矣。此以丝线组织而成，颇疏厚，其质疑为生丝绡之类也。

一三、油漆麻布残块　图版二二，图18—19；图版二五，插图3

图18：长方形，长二四五毫米，宽一一〇毫米。四边残破不整。表作黑色，盖用粗麻布再加涂油漆。背作褐色，仍露布之织纹。盖当时用以包裹物件之用，非取以为衣服之具也。（插图3）

图19：长二九〇毫米，宽二〇毫米，仍用麻有加涂油漆，与图18相似，其用当亦相同也。

一四、毛毯　图版二三，图20—21

图20：长方形，残破不完。用粗毛线白黟二色相间编织而成。长约三〇〇毫米，宽约一二〇毫米，疑为当时作包裹之用。

图21：为一长方大块，形色与图20间。其破补数处，色彩及织纹不一。除大部分以白绛二色毛线相间组成外，一为全用粗毛绳编制而成。用双股毛绳绚绞，以单毛线编织之，其形式与最近之地毯相似。疑此件亦为铺地或作包裹之用也。

一五、毛织布

图22：毛质白色，为一正方形残块。宽一四〇毫米，高一五〇毫米。经线为双股细毛线，纬线为单股粗毛线，交互相织而成，颇粗厚。每二〇毫米有纬线八缕，经线七缕，故组成颇坚厚。与图20、21同为口袋或包裹之用也。

一六、方眼罗纱　图版二三，图22

图23：长方残块，为鬃毛组织而成网状。有正反两面，中组方眼，径约一〇毫米，约行空十四，正反相同，而反背之方眼与正面横斜为络，故成网状。再涂漆以坚结之，故强硬不易卷折。疑当时用以为筛米粉之幔。《事物原始》云："筛，竹器，可以留谷出米。罣罳以竹为筐，以绢为幔，以筛米麦之粉，留粗以出细者。"现江汉之间，名曰罗筛：以木为圆筐，以鬃毛组织为幔，用以出细者。此与彼类同，但残破不全耳。

一七、丝绵　图版二三，图24

图24：茧衣营结为薄片，极细软，用为缊袍之着，亦称为纩，用敷于死者之身。《禹贡》："厥篚纤纩。"《正义》引《礼丧大记》："候死者属纩以俟绝气。"纩，新绵也。《蚕经》："其为绵也，蛾口为最，上岸次之，黄茧又次之，茧衣为最下。蛾口者，出蛾之茧也。上岸者，缲汤无绪，捞而出者也。茧衣，茧外之蒙绒，蚕初作茧而营者也。"此绵虽有蒙绒成薄片，但其纴头就多，疑为上岸经手工而成者，现已成敝絮矣。

一八、麻纸　附　图版二三，图25

图25：麻质，白色，作方块薄片。四周不完整。长约四〇毫米，宽约一〇〇毫米。质甚粗糙，不匀净，纸面尚存麻筋。盖为初造纸时所作，故不精细也。按此纸出罗布淖尔古烽燧亭中，同时出土者有黄龙元年之木简，为汉宣帝年号，则此纸亦当为西汉故物也。但《后汉书·蔡伦传》曰："自古书契多编以竹简，其用缣帛者，谓之纸。缣贵而简重，并不便于人，伦乃造意用树肤、麻头及敝布、鱼网以为纸。元兴元年上之，和帝善其能，自是天下莫不从用，咸称蔡侯纸。"是纸创始于蔡伦。而蔡伦乃后汉和帝时人也，然则纸不始于西汉乎。按《前汉书·外戚传》云："武发箧中，有裹药二枚，赫蹏书。"孟康注曰："蹏，犹地也，染纸素令赤而书之，若今黄纸也。"应劭曰："赫蹏，薄小纸也。"据此，是西汉时已有纸可书矣。今余又得实物上之证明，是西汉有纸，毫无可疑。不过西汉时纸较粗，而蔡伦所作更为精细耳。

第八章
草器类

一、桶形篓　图版二六，图1—3

图1：作长桶形，底略圆，口微豁。高一三五毫米，深一三三毫米，其底及身约厚二毫米，口径一二〇毫米，底径六五毫米。其编制之法，以细圆茎木干为经，以劲草为纬。上部杂用有光之草编组之字形条纹为装饰。底部洼入，经线作双股，纬线略粗，周围经丝线均由此发券。底部中心经干线共为二九根；及边缘，则加至五八根；至于身下部，距底三〇毫米处，则为一一九根，加多一倍有余。故下部渐次削弱，成椭圆形者，因此也。至身腰经干线为一四〇根，抵口缘部则与腰身线数相同，故成桶形。口缘部有两耳，为系毛索之用。现一边尚存毛索遗质，长约四〇毫米，用紫色毛索双股合纠为绳，一边已残，疑为提携之用也。

图2：质料及编制方法与图1同，而形制较小。底部突出，而成圆形。高约八〇五毫米，口径七五毫米，底径四〇毫米。底缘经干四五根，口缘经干七八根，故成桶形。两旁有孔，为穿毛索之具，均与图1同。唯口部以光草相间组成长方块，骈列为带。口缘用细藤交编成双线，以为美观，且示坚牢。其精巧较图1为胜也。

图3：材料及编制方法与上两图相同。形式虽亦为桶状，但口部较身腰为小，底亦突出成圆形。高约一一〇毫米，深约一〇六毫米，底径五五毫米，口径六〇毫米。下部经干线，为七八根，口缘则为六六根，故成上小下大之桶形。周身有光草组为旋纹一道，自底缭绕至口缘，口缘亦杂有光草编织成类似方块之图案。两旁有孔，径约三毫米，一孔尚留毛索遗质。则此两孔，为穿具毛索之用，当与上两图同也。周围遍涂朱漆，颜色尚鲜，内部则否。其精巧美丽，较上二图，更为过之。

按篓亦称为箪。《论语》云："一箪食，一瓢饮。"《孔传》曰："箪，笥也。"《正义》引曲礼郑注："箪，笥；盛饭食者。圆曰箪，方曰笥。"箪与簏形式相同。《吕氏春秋·季春纪》："具栚曲籧筐。"高诱注云："圆底曰籧，方底曰筐，皆受桑器也。"簏小者谓之篓。《说文》："篓，竹笼也。是箪簏皆为竹器，皆为圆形，大者曰簏，小者曰篓：杂陈众物曰篓，专陈饭具曰箪，因形制及用法而异其名也。此件中盛何物，出土时已空无所有。但余同团瑞典柏格孟君在罗布淖尔阿德克古坟中，曾发见此同样之篓数枚：一篓具毛索可提，一篓用白毡紧扣口部，再以白毛绳束之。除去毡盖，中尚存留米粒状食物少许。现虽不知为何种食料，但必为食料，毫无可疑也。(《罗布淖尔新发现之坟群》) 盖为避免野外之风沙，故用毡掩盖之。两旁具绳，俾可携之而行，与中国古时之箪，其作用大抵相同。唯箪篓均竹器，西域无竹，故以柳条及劲草代之也。

二、绒线帽　附 图版二六，图4；图版二七，插图1

图4：粗红毛绒，盘旋编组为帽状。露顶，空径五〇毫米。用细毛线作经，绚织之。上窄下宽，作覆盂形。下缘已毁，今就尚行之上缘部分，推测下缘，以粗毛绒一股为一围，则上缘为十三围，下缘则以十余细线纠绞成一股为围（插图1）。此件与草篓同出于罗布

淖尔北岸LN古坟中。原戴死者头上，外尚有毡帽覆之，故此为里帽，与中国古时之帻巾相类似。《演繁露》云："帻者，冠下覆髻之巾也。"史游《急就章》曰："冠帻簪黄结发钮。"颜师古释之曰："帻者，韬发之巾，所以整乱发也。当在冠下，或单着之。"《演繁露》引《后汉书》曰："刘侠卿为刘盆子制半头赤帻。"《续汉书》曰："半头帻，即空顶帻，其上无屋，故以为名。"(《格致镜原》卷十四引) 此帽露顶无屋，与《演繁露》所述正同。死者头发尚存，披散及肩，与颜师古所云，整乱发使不蒙面，亦相似也。又死者于里帽外覆以白毡帽，毡帽余虽未能拾归，但其形状尚可称述。毡帽顶略作尖锐形，适覆头部。又瑞典柏格孟君在罗布淖尔阿德克古坟中发现毡帽数顶，其形制与余所见略同。唯帽旁或用红毛绒线多股围系，或用鼬鼠皮剖半围绕左右，或旁插排簪及鸟羽，皆为本地人帽饰之习俗，而非中土之制也。

三、帽缨　附 图版二六，图5

图5：骨质，圆粒状。圆径四毫米。中有孔，孔径二毫米。厚二毫米。以皮质纠绸绳贯系之。约三股为一组，长约三〇〇毫米；计一五七毫米。此件与绒线帽（图4）同出土。两端以毛绳组合之，裹之以皮，曲而具于里帽两旁，下垂络于颐下。董巴《舆服志》云："上古衣毛而帽皮，后代圣人易之，见鸟兽有冠角䫇胡之制，遂作冠冕缨緌。"《说文》："缨，冠系也。"段注云："以二组系于冠，卷结颐下，是谓缨。"与此正同也。

四、束苇　图版二七，图6

图6：束苇草为火炬。长六三〇毫米，圆径八〇毫米。中束麻绳二道，相距二〇毫米。应有三束，一已脱遗，其缠束之迹尚可见也。此件出于山烽燧亭中，盖当时用以举烽火之炬也。《说文》作苣，束苇烧也。盖见寇则燔炬以为号，每举一垂，即燔炬一通，以燔炬

第三篇　器物图说　　225

之多少，示敌人之远近也。见《墨子·号令篇》唐《兵部烽式》云："寇贼不满五百，放烽一炬。得蕃界事宜，知欲南入，放二炬。蕃贼五百骑以上，放三炬。千人放四炬。余寇万人，亦四炬。"（《白氏六帖》引）此盖以燔炬多少示敌之多寡也。此烽火台上尚留存烽竿五，及垂竿横陈，四周散布烽火余烬。台东北隅尚积存苇草甚多，以备束苇燔炬之用。则此束苇，为未烧之炬，无可疑也。

五、纺筳　图版二七，图7

图7：纠苇草为筳，长约一五〇毫米，圆径二〇毫米，以藤螺旋束之。疑为缠绳之具，与纺筳同一用意。《说文》："筳，维丝筦也。筦，筹也。筹，筳也。"盖着丝于筳，授丝于籆，筳随籆转，谓之纺车。此盖缠绳索于筳上，以备编织之用也。同团柏格孟君在阿德克古坟山发现纺筳数枚，束柳枝为之，绩缠之毛绳尚存，盖用为左右编织之具也。现新疆本地人编织毛毯及竹帘，其所用之线筳，与此正同，可证也。

六、蓑衣　图版二七，图8—10

图8：长二三〇毫米，下宽二八〇毫米，上宽一三〇毫米。以芦草为经，以草绳纬编之。计纬绳六道，参互编织，上二道相距约二〇毫米，中三、四两道，距离相同，第五、第六相隔约七〇毫米。故上部编织稍密，下部较疏阔，两旁展开为扇形。右边编缉坚固，左边疑不完全。度其形式，疑为蓑衣之上部。

图9：长六〇毫米，宽二〇毫米。口为双绳绞织，疑为蓑衣之上部。但与图8编织不同，或非一物。

图10：为蓑衣之下部。长二五〇毫米，宽一七〇毫米。中间纬编二道。与上件疑仍非一物也。

以上数者，疑为御雨之具。现江汉间农人以莉草为蓑衣，雨时服之，形式与此同。此用芦草，盖就地取材也。罗布淖尔多风沙，但亦多暴雨，故以此为御风雨之具也。

七、棒状物　图版二七，图11

图11：用芦茎为干，长二四〇毫米，径二五毫米，中空已破。下端附椭圆形之锤，泥质，内杂芦草，长约一一〇毫米，厚径约五毫米，质疏松易碎。此物与蓑衣骨具同出于罗布海旁LT古房址中，未知其用也。

第九章
骨器类

一、簪　图版二八，图1—4

图1：以兽骨之腿部为之。前端尖锐，后略宽。两边有削痕。表里尚存骨质原状，未加刨制。后端残断，长八〇毫米，宽二〇毫米，厚五毫米。

图2：形式同上而略曲，两旁有刨削痕。长一〇〇毫米，后宽二〇毫米。

以上二者，形式扁长，疑为妇女贯发之笄。《格致镜原》引《实录》云："燧人始为笄，女娲之女，以荆杖及竹为笄以贯发，至尧以铜为之，且横贯焉。舜杂以象牙玳瑁。"《中华古今注》云："女子十五而笄，许嫁于人。以系他族，故曰髻而吉。榛木为笄，笄以约发也。"现江汉妇女，横贯于髻中者曰簪，以铜或金银为之。《说文》："簪，笄也。"本为一物。与下图3、图4名同，而用法不同。此横用以约发，彼直用以理发也。

图3：脚作圆茎，前端尖锐，后作圆球状。径一二毫米，通长六六毫米。

图4：形式同上，后作椭圆形。径八毫米，长七二毫米。

以上二者，形式较图1、2两簪形式稍异，但亦为簪类。《西京杂记》："武帝过李夫人，就取玉簪搔头，自此后宫人搔头皆用玉，玉价倍贵焉。"簪又有以木为之者，如木器类图18，其形式与此正同。又有以铜为之者，如雅尔崖古坟中所出者是也。（见《高昌陶集》下，五页，第一图）此以骨，三者质料不同，而其用法则一也。

以上四者，皆在孔雀河北岸L5古坟中出土，同时尚有漆杯及木簪，已订为两千年前后之遗物，则此件时代当亦与之同也。

二、杂具　图版二八，图5—11

图5：作椎形，磨制光平。前部削尖，后部残断。一面宽平，一面隆起，成半圆状之断面。通长八〇毫米，后宽一五毫米，厚九毫米。未知何用。以前部尖锐论之，疑为骨椎，编织时钻孔之具也。

图6：后有柄，约长三二毫米，宽一〇毫米，厚五毫米。前略尖锐，末端已残，长五〇毫米。肩部宽一二毫米，厚五毫米。因具柄形，而前部尖锐，疑为矢镞之类也。

图7：扁平椭圆形，磨制甚光。前端锐利，有使用磨擦之迹。长六〇毫米，中宽二〇毫米，厚三毫米。后稍朽蚀。此件出于罗布淖尔北岸LT古房址中，未知何用。由其上端尖锐，或亦为刀类，作割切之用。余于民国三十五年赴甘肃考察，在寺洼山遗址中亦觅出类似之石器及骨器各一，疑亦为割切之用也，因同时有石器之发现，则此类骨器或为新石器时代末期之产物也。

图8：为鸟类腿骨，作不规则之圆茎。前端有削痕，后端颇大，为腿之膝部。中间亦有使用时磨擦痕迹。长一〇〇毫米，后径二〇毫米。亦不知何用。或编织时挽索之具也。

图9：形式同上。长约九五毫米。无磨制痕迹，仍为骨质原状，但其使用之法，疑与图8也。

图10：作一纤长微曲状。上端尖锐，后略扁圆，通身腐蚀，显针眼状，形类竹筒，长一三毫米，宽一〇毫米。通长二一二毫米。

亦未知何用。但以其形式缀长，而上端尖锐，疑为编织上所用之针。虽后无鼻孔，但本地人缝木用藤，缝皮用毛索，皆先钻孔，再以藤或索缝缉之，疑此即其钻孔之具也。

图11：为一牛角，长一五三毫米，口径四〇毫米，中空，厚约四毫米。用处不详。但因其中空，且存灰色渣滓，疑为陈液体物，若油酒之类也。

以上数者，皆出于罗布淖尔北岸古房址中。当时本地人依崖作屋，叠咸块以为墙，下藉芦苇，上盖草褡，或架土块为顶，实足表现其为渔猎生活。故一切用具极形简陋。而鸟兽之骨，遂为当时应用之良好材料矣。

第十章
杂　类

A. 耳饰

一、扁形耳饰　图版二九，图1—2；图版三〇，插图1—2

白玉质，半透明。中隆起，两端稍削，作扁状椭圆形。长四〇毫米，两端横径一四毫米，直径七毫米。中穿孔，径六毫米。两端微有土蚀。（插图1）

图2：形状，同上，略短。长三〇毫米，两端横一七毫米，直径九毫米，中孔径八毫米。四周均有土蚀。（插图2）

以上二件，古称为玉珥。《说文》："珥，瑱也。瑱，以玉充耳也。"盖古时以玉或石系垂于两耳之旁也。亦有作发饰者，今内蒙古、西藏妇女多以之饰于辫发而垂之，想古西域人亦或然也。

二、椭圆形耳饰　图版二九，图3—5；图版三〇，插图3—5

图3：红玛瑙质，椭圆形。长三五毫米，两端横径八毫米，中穿孔，径二毫米，一端微缺。半透明，磨制光滑。（插图3）

第三篇　器物图说

图4：为珐琅质，形式略同图3而略小。长三〇毫米，径五毫米，中穿孔，径四毫米。蓝色玻璃质，上起黄色水波纹，半透明。（插图4）

图5：形式色彩质料均同图4，已残。长一三毫米，径六毫米，孔径三毫米。其用法当与图1同。（插图5）

三、方形耳饰　图版二九，图6—9；图版三〇，插图6—9

图6：玻璃质，黄色，长方形。长二一毫米，径九毫米，厚六毫米。（插图6）

图7：为蓝色玻璃质，半透明，长方形。长七毫米，径四毫米，厚三毫米，中有孔，径二毫米。（插图7）

图8：为四方形，铅质，上带棕色漆皮。长六毫米，厚五毫米，中有孔，径二毫米。（插图8）

图9：形式质料同图8，长七毫米，厚四毫米，中有孔，径二毫米。（插图9）

以上数者，虽形制质料各不同，皆同为耳之饰物，皆珰之类也。

四、珠粒状耳饰　图版二九，图10—18；图版三〇，插图10—18

图10：红色，一边缘微呈焦黑状。高宽九毫米，中穿孔，径二毫米。作鼓状，六方形。腰棱起，折而为十二方，大小不一。（插图10）

图11、12：作珠粒状。蓝底，上有银色粉末。周围缀着黄黑相间之目睛状花纹。皆为珐琅质。中有孔，径三毫米，以为系索之用也。（插图11、12）

图13：为一扁圆珠粒状，蓝色，不透明。（插图13）

图14：形同13，绿色，半透明。（插图14）

图15：珠粒状玛瑙，樱桃色中隐约现红白相间之波纹，《格古要论》称为缠丝玛瑙者是也。圆径一二毫米，磨制不甚光平。中穿孔，径二毫米。（插图15）

图16：亦为珠粒状玛瑙，茶色中显红色波纹。面光滑。圆径同上，中穿四孔。（插图16）

图17：作翠绿色，石质。圆径五毫米，孔径三毫米。（插图17）

图18：为绿色如珠粒，现存一半。圆径一五毫米，孔径三毫米。（插图18）

按上各图，虽质料不同，要皆为圆珠粒，疑均为耳饰也。《西京杂记》曰："赵飞燕为皇后，其女弟上遗合浦圆珠珥。"繁钦《定情诗》曰："何以致区区，耳中双明珠。"（并上《太平御览》七一八引）是古时耳饰，多以圆珠粒为之也。又称为耳珰。《释名》云："穿耳施珠曰珰，此本出于蛮夷所为也。蛮夷妇女轻浮好走，故以此琅珰垂之也。今中国人效之耳。"此件皆出于罗布淖尔北岸，为汉楼兰国地。斯文赫定在此地南百余里楼兰遗址，拾一耳珰，上有金丝钩状物，下垂一红玛瑙，中嵌大角玻璃珠，以金条络之，下附垂珠（柏格孟《楼兰》图版一三，图14）。按余所拾如图6、7之长方玻璃珠，与彼之六角珠颇相似，皆为同一用法，其所垂之圆珠粒，亦与此同，由彼耳饰上部之钩状物，则当时有穿耳之习俗，可以证明。《诸葛恪别传》曰："母之于女，天下至难，穿耳附珠，何伤于仁。"（《御览》七一八引）是穿耳垂珠，汉以后已通行于中国内地矣。

五、石充耳　图版二九，图19；图版三〇，插图19

图19：石质，褐色，作不规则之四方形。长一〇毫米，上宽九毫米，下宽五毫米，厚五毫米，中穿孔，径三毫米，以黄丝线系之，线长一二〇毫米。疑当时线系于簪，下垂及耳，故云充耳。亦称为瑱。《释名》："瑱，镇也。悬当耳傍，不欲使人妄听，自镇重也。或曰充耳，充，塞也；塞耳，亦所以止听也。余按瑱与珰，同为耳之饰物，而其用各别。瑱以玉为之，上系于笄，下垂及耳旁，其形不必圆也。《诗》曰："玉之瑱也，象之揥也。"又曰"有匪君子，充耳

琇莹"是也。珰以珠为之，穿耳垂附，如上文所举是也；盖为后起之俗。《释名》以瑱与珰分为二条，故余亦分别叙述之也。(插图19)

B. 冠饰

六、冠缨　图版二九，图20—23；图版三〇，插图20—23

图20：骨质，作珠粒状。每粒径约三毫米，中穿孔，约二毫米。有二粒三粒相连者；有原为骨胫，刻镌成珠粒状者，计一百零二粒。原绳已遗，现余以红缥贯成一圈。但余疑当时两端系属于冠，绕垂于颐下也。(见《草器类》图5) 按冠缨古有二组者，有一组者。《仪礼·士冠礼》郑注云："有笄者，屈组为纮，垂为饰。无笄者，缨而结其条。"贾公彦疏云："屈组，谓以一条组于左笄上系定，绕颐下，又相向上仰，属于笄，屈系之有余，因垂为饰也。无笄，则以二条组两相属于颏，既属讫，则所垂条于颐下结之，故云缨而结其条也。"按草器类图5两端均有系帽遗迹，则上属于冠可知也。此图虽失其贯系原形，但其用法亦当与草器类图5同也。一说作项饰用，亦可通。(插图20)

图21—25：为圆筒状之骨粒，灰色。一长一〇毫米，一长一一毫米。中有孔，径二毫米。疑中穿索，彼此相属，或以圆珠间之，上连于冠，以为帽缨也。虽现只存三枚，无由确定其联系，但此与图20同出于一古墓中，或亦为冠缨之遗物。《汉书·江充传》："冠飞翮之缨。"颜师古引服虔注曰："以鸟羽作缨也。"今以此件质料形式推之，疑取羽之翮，去其羽，截为数段。而加以锻炼，故成今形也。一说为耳饰，与上文图8、9用法相同，亦可通。(插图21—23)

C. 杂件

七、贝饰　图版二九，图24—26；图版三〇，插图24—26

图24：贝壳质，作扁叶状。长二二毫米，宽七毫米。上圆下削，作半圆形。穿一孔，径一毫米，以系索。厚一毫米弱。旁又穿孔，无甚意义。（插图24）

图25：质料同上，上窄下宽，作斧形。长一四毫米，上宽六毫米，下宽一四毫米，厚一毫米。上穿一孔，径一毫米，亦为系索之具。（插图25）

图26：亦为贝件残片，作四方形。（插图26）

以上数者未知何用，与耳饰同出土，疑亦为耳饰也。

八、方形石器　图版二九，图27；图版三〇，插图27

图27：长方形，石质，青白相间成彩。四围及表面磨制光平，里面仍存原状，颇平展。长二七毫米，宽一六毫米，厚二毫米。底中凿一横槽，长三毫米，深一毫米。未知何用。与上件同出土，疑亦为首饰也。（插图27）

第四篇

木简考释

第一章
释 官

简一：出罗布淖尔北岸古烽燧亭遗址（下同）长二三六毫米，宽一二毫米，厚三毫米

都护军候张□所假官驿牝马一匹齿八岁高五尺八寸

按此简出罗布淖尔北岸古烽燧亭营房中，计二十二字。墨书，草隶，尚完整。上端左右有缺口，直七毫米，横三毫米，作半圆形，疑为检署时系绳之处。简云"都护军候"者，都护为西域官名。汉设西域都护，始自郑吉。《汉书·郑吉传》云："神爵中，吉既破车师，降日逐，威震西域。遂并护车师以西北道，故号都护。都护之置，自吉始焉。"按置都护，《吉传》不言何年。《百官公卿表》作地节二年，《传赞》同。《帝纪》作神爵二年，《西域传》作神爵三年。按吉封侯在神爵三年，置都护当在神爵二年，《帝纪》是也。《通鉴目录》亦作神爵二年一；《百官表》及《传赞》作地节误也。[1]

军候为都护属官。《汉书·百官公卿表序》云："西

---

1 见《汉书》卷七十《郑吉传赞》王先谦补注。

域都护加官,有副校尉,秩比二千石;丞二人;司马、候、千人各二人。"候即军候,亦称曲候。司马彪《续汉书·百官志》[1]云"大将军营五部,部下有曲,曲有军候一人"可证也(参观下文《西域官制表》)。简云"张□所假官骓牝马一匹"者,张□当为人名。按《汉书·食货志》云:"元鼎二□□车骑马乏,县官钱少,买马难得,乃著令,令封君以下至三百石吏以上,差出牡(钱大昭云:牡,当作牝)马天下亭,亭有畜字马,岁课息。"又云:"元鼎五年,上北出萧关,从数万骑行猎新秦中,以勒边兵而归。新秦中或千里无亭徼,于是诛北地太守以下,而令民得畜边县。官假母马(按《汉志》作马母,今据颜注改)三岁而归,及息什一。"师古注引李奇曰:"边有官马,令民能畜官母马者,满三岁归之,十母马还官一驹,此为息什一也。"此简云"张□所假官骓牝马"者,骓《说文》作䮯,赤色马也。牝隶书与牡形近,今据《汉书·食货志》,仍释作牝。盖言张□养官赤母马以蕃息也。又按《汉书·昭帝本纪》:"始元五年夏,罢天下亭母马及马弩关。"师古引应劭注曰:"武帝数伐匈奴,再击大宛,马死略尽,乃令天下诸亭养母马,欲令其繁孳。"今始罢除。此简与有黄龙、元延等年号之木简同出土,则此简或亦在宣、元、成之际,罢养马令虽已颁布,而内域亭徼仍未废除也。又按《汉书·景帝本纪》:"中四年春三月,御史大夫绾奏:禁马高五尺九寸以上,齿未平,不得出关。"师古引服虔注曰:"马十岁,齿下平。"此云:"齿八岁,高五尺八寸。"则齿尚未平也。综观此简,盖记边吏养马之文,由此而当时西域之马政可以明也。

---

[1] 见《后汉书》卷三十四《百官志》。按范蔚宗《后汉书》原无志,为梁刘昭取司马彪《续汉书·八志》,注以补范书,《百官志》其一也。今本书通引作司马彪《续汉志》,下同。

附：

西域都护考

按《汉书·段会宗传赞》云："自元狩之际张骞始通西域，至于地节，郑吉建都护之号，讫王莽之世，凡十有八人，皆以勇略选。"按西域设都护始于郑吉，自郑吉以下为都护者十八人，现可考者仅十人而已。即：一、郑吉；二、韩宣；三、甘延寿；四、段会宗；五、廉褒；六、韩立；七、段会宗（复任）；八、郭舜；九、孙建；十、但钦；十一、李崇。内段会宗复任一次。今据《段会宗传》如淳注"边吏三岁一更"之语，推论其任职年代如下：

一、郑吉　起于宣帝神爵二年，讫于宣帝之末（公元前六〇—前四九年）

按《汉书·宣帝纪》："神爵二年秋，匈奴日逐王先贤掸将人众万余来降，使都护西域骑都尉郑吉迎日逐，破车师，皆封列侯。"是郑吉为都护始于神爵二年。但《汉书·百官公卿表》称："西域都护，加官地节二年初置。"又《郑吉传赞》亦称："地节郑吉建都护之号。"按郑吉为都护，迎日逐，在破车师之后，当为神爵二年，《郑吉传》《西域传》均言之甚明，《百官公卿表》及《郑吉传赞》误也。《西域传》作神爵三年，三疑为二字之讹；《通鉴考异》已辨之矣。又据三年更尽之例，则郑吉应终更于神爵四年。但据《汉书·西域传》，都护郑吉使冯夫人说乌就屠降汉事，徐松补注称为甘露元年事，是郑吉在西域已八年矣。故郑吉之终更当在宣帝之末也。

二、韩宣　起于元帝初元元年，讫于初元三年（公元前四八—前四六年）

按《汉书·西域传》云："元贵靡子星靡代为大昆弥，弱，都护韩宣奏乌孙大吏大禄大监，皆可以赐金印紫绶，以尊辅大昆弥，汉许之。"徐松补注云："韩宣代郑吉，当在元帝初。"按甘露中郑吉尚为都护,当更尽于宣帝之末,则韩宣为都护当在元帝初元元年,徐松之言是也。以三年更尽之例推之,当终更于初元三年也。又按自初元四年至建昭二年共九年,应有三都护,人名不详。

三、甘延寿　起于建昭三年,讫于建昭五年(公元前三六—前三四年)

按《汉书·西域传》"大月氏国"条云:"都护甘延寿,副校尉陈汤,发戊己校尉西域诸国兵,至康居,诛灭郅支单于,是岁元帝建昭三年也。"又《陈汤传》:"建昭三年,汤与延寿出西域。"是甘延寿为都护在建昭三年,终更于建昭五年也。

四、段会宗　第一任起于竟宁元年,讫于成帝建始二年(公元前三三—前三一年)　第二任起于阳朔四年,讫于鸿嘉二年(公元前二一—前一九年)

按《汉书·段会宗传》云:"竟宁中,以杜陵令五府举为西域都护骑都尉光禄大夫,西域敬其威信。三岁,更尽还。"徐松补注曰:"竟宁元年封骑都尉甘延寿为列侯,盖延寿更还,会宗代之。"据此,是会宗起于竟宁元年,终更于成帝建始二年也。

又《会宗传》:"阳朔中,会宗复为都护。"按韩立为都护在阳朔元年,三年更尽,则段会宗复任都护,应在阳朔四年,终更于鸿嘉二年也。

五、廉褒　起成帝建始三年,讫于河平元年(公元前三〇—前二八年)

按《汉书·西域传》"乌孙"条云:"韩宣奏星靡怯弱可免,更以季父左大将。(《百衲本汉书》大作代,据上文改。大古音读代,音近而讹。)乐大为昆弥,汉不许。后段会宗为都护,招还亡畔,安定之。"又云:"安日使贵人姑莫匿等三人诈亡从日贰,刺杀之。都护廉褒赐姑莫匿等金人二十斤,缯三百匹。"按段会宗为都护在竟宁元年,更尽于建昭二年。《传》叙廉褒赐姑莫匿等事于段会宗之后,则继段会宗为都护者当为廉褒，故廉褒为都护当在建始三年也，其更尽当在河平元年。自河平二年至河平四年当有一任都护，不详其人名。

六、韩立　起成帝阳朔元年，讫于阳朔三年（公元前二四—前二二年）

按《汉书·百官公卿表》云："阳朔三年，护西域骑都尉韩立子渊为执金吾，五年坐选举不实免。"按汉制西域都护均兼骑都尉，例如郑吉，段会宗皆是也。公卿表作"护西域骑都尉"，恐有错落，当云"西域都护骑都尉"。或"都护西域骑都尉"，落一"都"字。如所推论不误，则韩立为都护，当始于阳朔元年，而更尽于三年也。阳朔四年至鸿嘉二年，段会宗复任都护。自鸿嘉三年至永始四年，共六年，当有二都护，人名不详。

七、郭舜　起成帝元延元年，讫于元延三年（公元前一二—前一〇年）

按《汉书·西域传》"康居"条云："成帝时，康居遣子侍汉，贡献，然自以绝远，独骄嫚不肯与诸国相望。都护郭舜数上言，宜归其侍子。"按郭舜为都护，仅见于此，然不言何年。段会宗传赞叙于孙建之前，但孙建为都护在平帝时，郭舜当在成帝时。《通鉴目录》叙郭舜请绝康居事于成帝元延二年，则郭舜为都护当在是时。据三年一更例下推，则郭舜为都护当始于元延元年，更尽于元延三年也。徐松补注称郭舜为都护当在永始中，但亦无确据也。自成帝元延四年至哀帝元寿二年，共九年，当有三都护，史亦失名。

八、孙建　起于平帝元始元年，讫于元始三年（公元前一—前三年）

按《汉书·乌孙传》云："两昆弥皆弱，卑爰疐侵陵，都护孙建袭杀之。"按但钦为都护在元始四年，则孙建为都护当起于元始元年，更尽于元始三年也。又按《汉书·百官公卿表》："元寿三年（当作二年）迁执金吾孙建已为右将军，元始二年为左将军。"是在元寿中孙建已自西域还更，不应元始中尚在西域也。必有一误。徐松谓孙建为都护在哀帝建平中，但亦无确据也。

九、但钦 始于汉平帝元始四年，讫于王莽始建国五年（公元四——一三年）

按《汉书·西域传》"车师"条云："元始中，都护但钦不以时救助，唐兜困急，怨钦。"据此，是但钦为都护在元始中，孙建更尽于元始三年，则但钦之为都护当在元始四年也。又《汉书·匈奴传》称："始建国二年，车师后王须置离谋降匈奴，都护但钦诛斩之。"又"始建国三年，西域都护但钦言匈奴事。"是王莽始建国中，但钦仍在西域为都护也。《汉书·王莽传》："始建国五年，焉耆先畔，杀都护但钦。"据此，是但钦为都护，终于始建国五年，共十年也。盖自但钦以前均为三年一更代，至但钦以后，中国内乱频仍，无暇顾及边吏，故但钦在西域连任十载，卒被焉耆寇所杀也。

一○、李崇始于 天凤三年，讫于更始（公元一六—二三年以后）

按《汉书·西域传》："天凤三年，遣五威将王骏、西域都护李崇将戊己校尉兵出西域，焉耆诈降，伏兵袭击骏等，皆杀之。李崇收余士，还保龟兹。数年莽死，崇遂没西域。"徐松曰："自天凤三年至更始元年，汉兵诛莽，凡八年。"

简二：长二四〇毫米，宽一三毫米，厚四毫米

永光五年七月癸卯朔壬子左部左曲候

简三：长一七〇毫米，上宽一一毫米，下宽六毫米，厚三毫米

右部后曲候丞陈殷十月壬辰为乌孙寇所杀

简四：长一四三毫米，宽八毫米，厚二毫米

二月庚辰朔丙午后曲候□缺

简五：长一二八毫米，宽九毫米，厚二毫米

缺 者马君左部后曲候尊丞商令史利缺

简六：长八八毫米，宽九毫米，厚二毫米

缺 部右曲候□□令史□□□

第四篇 木简考释

按上五简均出罗布淖尔古烽燧亭中，与第一简同出土。二、三两简颇完整，四、五、六三简上下有缺字，要皆记西域官名。详简中所书，西域官名有三：一、左部左曲候；二、左部后曲候；三、右部后曲候。据《前汉书·百官公卿表》云："西域都护加官，宣帝地节二年初置（当作神爵二年，见《西域都护考》）有副校尉一人，秩比二千石；丞一人，司马、候、千人各二人。戊己校尉，元帝初元元年置，有丞、司马各一人，候五人，秩比六百石。"西域官秩，仅见于此，然均不见右部之名。余初拟左右部属于都护，后检《后汉书·西域传叙》，知其不然。《传叙》称："元帝又置戊己二校尉，屯田军师前王庭。"是《前汉书》戊己校尉，《后汉书》作戊己二校尉，皆为屯田之官。《传叙》又云："和帝永元三年，以超为都护，居龟兹，复置戊己校尉。（刘邠校当作戊校尉，后人妄增。）领兵五百人，居车师前部高昌壁。又置戊部候居车师后部候城。"又《车师传》："永兴元年，车师后部王阿罗多与戊部候严皓不相得，遂忿戾反畔。"又云："戊校尉阎详虑其招引北虏，将乱西域。"又曹全碑云："全字景亮，以孝廉拜西域戊部司马，讨疏勒。"按上所引，或称戊部，或称戊校尉，均不言戊己。又《前汉书·乌孙传》云："汉徙己校屯姑墨，欲候便讨焉。"颜师古注曰："有戊己两校兵，此直徙己校也。"又按《水经注》："龟兹西川支水有二源，东流径龟兹城南，合为一水。水间有故城，盖屯校所守也。"[1]如将两文合并观察，即河信己校原屯龟兹城南，后徙屯姑墨。按亦只称己校，不言戊己，与上文只称戊部，同一例也。据此，是戊己原为两部：戊部居车师前部（参考简十五考释），在乌垒之左；己部居龟兹城南，在乌垒之右。设此论不误，则简文之左右二部，亦即《后汉书》之戊己二校也。言其名位，称戊己；论其守地，

---

[1] 见《水经注》卷二，《河水注》。

称左右。今自此简之发现，可以明其然也。每部又有曲候二人，由简文中所述，左部有左曲候，后曲候；右部有后曲候。虽未发现右部右曲候，但以左部推之，亦应设置，不过余未发现耳。

其次为校尉人数问题。按《后汉书》明言为二人，而《前汉书》似只一人。如徐普、刀护、郭钦皆称戊己校尉，无言戊校尉、己校尉者。是《后汉书》与《前汉书》显有出入。宋吴仁杰《两汉刊误·补遗》则称："两部设官之制不同，先汉有戊校己校兵，而校尉之官称则兼戊己。后汉有戊己校尉、戊校尉，而各以校兵为名也。"余按前后汉戊己校尉制谅无变革，以此简左右部为证，则前汉戊己亦分两部，毫无可疑。不然，《乌孙传》之己校徙屯姑墨，无法解释。至校尉之为一人或二人，此简无明文。余意既为二部，则校尉亦当为二人也。《汉书·西域传》："元康中，护鄯善以西使者郑吉，遣三校尉屯田车师。"虽在置戊己校尉以前，然元帝时置戊己校尉，必因吉时成规，分左右部校尉，即后汉之戊己二校尉，连都护直属之副校尉，适为三校尉也。《汉书·陈汤传》："延寿，汤上疏自劾，奏矫制，陈言兵状，即日引军分行，别为六校，其三校从南道逾葱岭，径大宛，其三校都护自将。"王先谦补注："胡注：分，别也。扬威、白虎、合骑三校，并副校尉、戊校尉，己校尉为六校。"可证也。

又戊己之名，颜师古《百官表注》曰："甲、乙、丙、丁、庚、辛、壬、癸，皆有正位，唯戊己寄治耳。今所置校尉，亦无常居，故取戊己为名也。一说戊己居中：镇覆四方，今所置校尉亦处西域之中，抚诸国也。胡三省注《资治通鉴》，是其前说而否其后说。余按二说皆非。戊己校尉居车师前庭，史有明文，不得云无常居。车师近汉，不得云处西域之中。又《后汉书·西域传叙传》引《汉官仪》云：'戊己中央，镇抚四方，又开渠播种，以为厌胜，故称戊己焉。"徐松《汉书补注》取厌胜之说，以为"西域在西为金，匈奴在北为水，戊己生金而制水"。按徐松以五行终始之说，解释官制，失于隐悔。遍检汉时官制，无以五行终始之说命名者。汉官或以事名，或以地名，取义皆极简明。如"贰师""浚稽"，以地名也；"破羌""护羌"，以事名也，使观者望而知其表里。若如戊己生金制水之说，除汉之经生知之，一般人莫明其理，西域人更不知其所谓矣。故徐松之说，余不谓然。余以为《汉官仪》称戊己中央之义，颇为相近。盖戊己校尉，直属中央之官，为汉在西域之驻屯兵，不属都护，并非居西域中之谓也。例如甘延寿、段会宗为西域都护，常矫制发戊己校尉兵，均被谴谪。是知戊己校尉兵非有天子诏不得任意征发，故以戊己名之，犹言中央之校尉耳。不然，区区一校尉，焉能加之以镇抚四方之职耶。

又按上各简，除第二简有永光五年年号外，第四简二上有缺字，但以长历推之，应为元帝初元四年，二月正为庚辰朔也。第三简仅记十月壬辰，陈殷为乌孙寇所杀，无年号。检考史书，当在始建国二年，值校尉史陈良、终带叛杀戊己校尉刁护之时。据《王莽传》：但钦上书言九月辛巳陈良、终带叛杀刁护，时距陈殷之被杀才一月耳。是陈殷被杀、与陈良、终带之叛，为一时事。陈良既叛，右部与乌孙接壤，故其曲候亦为乌孙寇所杀。《汉书·西域传》云："姑墨北与乌孙接。"时汉己校已徙屯姑墨。今据简文，则右部后曲候必即徙屯田姑墨之己校无疑。由此则简文之左右部即《后汉书》之戊己二校更有进一步之证明也。第六简为判分书，部上缺字，下文右曲候不能定属何部。按左部有左曲候，则右部应有右曲候与左部对也。如然，则部上当为右字也。又五、六两简均有令史字样，盖为列名简末之书吏也。

简七：长五七毫米，宽九七毫米，厚一七毫米
缺□□部军守司马
简八：长九二毫米，宽九毫米，厚三毫米
君使宣告左右部司马衍□□□

按以上二简，均出罗布淖尔北岸古烽燧亭中，与以上各简同出

土。第七简计七字，上缺，系一简剖为两半者，与第六简同。现可读者，"部军守司马"五字。第八简，计十三字，可读者："君使宣告左右部河马衍□"十字。按汉西域官制，都护及戊己校尉，据《百官公卿表》均有丞，司马等属官。如《汉书·车师传》："单于与狐兰支共寇击车师，杀后城长，伤都护司马。"又云："时戊己校尉刁护病，遣司马丞韩玄领诸壁。"据此，是都护与校尉均置司马，已可证明。此云军守司马，盖试守军司马也。汉制诸官初加，皆试守一岁，始迁为真，食全俸。例如韩宣入守左冯翊，满岁称职为真。朱博以高第入守左冯翊，满岁为真（俱见《汉书》本传）。此云军守司马，当与同例。军司马，掌行军事，凡有征伐则署之。亦有不置校尉，但置军司马一人者，例如班超为军司马绥辑诸国是也。职俸次于校尉，比二千石，较都护或戊己校尉所属之司马职俸稍高。盖都护或戊己校尉所属之同马俸比六百石也。第八简："君使官告左右芾司马衍□"，芾疑为部字。左右部释见上文。左右部司马，即为左右部校尉所属之司马无疑也。司马下二字不可识。上类似衍字，下不可识也。

简九：长一四〇毫米，宽九毫米，厚四毫米
缺宗间从事人姓字□□□□ 言□□言□□更姓字

按此简与上各简同出土。上缺，系一支剖为两半者，与第六、七两简同。按从事为大将军莫府属官，司马彪《续汉书·百官志》云："从事中郎二人，六百石。本注曰：职参谋议。"是从事为大将军莫府之参谋官，如《汉书·陈汤传》："大将军凤奉以为从事中郎，莫府一决于汤。"《后汉书·班彪传》："河西大将军窦融以彪为从事，深敬待之，彪乃为融策画事汉"是也。唯例大将军有之。西域都护，据《百官公卿表》有丞、司马、候、千人等官；戊己校尉、有丞、司马、候等官，均未述及从事。但《郑吉传》云："吉于是中西域而立莫府。"或因此增设从事，《百官公卿表》不著录耳。

附：

西域官制表

官级	部属	掾属	秩禄
第一级	都护		二千石
第二级	副校尉　左部校尉（戊校尉） 　　　　右部校尉（己校尉）		比二千石
第三级	左部后曲候　左部左曲候 右部后曲候　右部右曲候	丞　司马　千人　从事	比六百石
第四级	屯长	令史	比二百石

按戊己校尉，《百官公卿表》不言秩禄；但其掾属有丞、司马、候，均比六百石，则戊己校尉必高一级。又平帝时，都护时由戊己校尉领之，则其秩禄当同于副校尉。《百官表》："副校尉秩比二千石"，可知戊己校尉秩亦当为比二千石也。又司马彪《百官志》云："大将军营五部，部校尉一人，比二千石"故知都护之左右部校尉，亦当为比二千石也。又据《百官公卿表》，都护及戊己校尉下，均无从事。司马彪《百官志本注》曰：从事中郎二人，六百石。"是与司马、候、丞之秩禄同。屯长、令史秩禄，《百官志》作二百石，今从之。

简一〇：长五四毫米，宽一一毫米，厚三毫米

伊循都尉左缺

简一一：长五九毫米，宽八毫米，厚二毫米

伊循卒史黄广宗二□缺

以上二简，均出罗布淖尔古烽燧亭中。按第一〇简"伊循都尉"，为西域官名，见《汉书·西域传》。《传》云："汉立尉屠耆为王，王自请于天子曰：'国中有伊循城，其地肥美，愿汉遣二将屯田积谷，令臣得依其威重。'于是汉遣司马一人，吏士四十人，田伊循以镇抚之。其后更置都尉，伊循官置始此矣。"按据《汉书·百官公卿表》："郡尉秦官，掌佐守典武职甲卒，秩比二千石，有丞，秩皆

六百石。景帝中二年，更名都尉。"武帝时又置属国都尉，如宜禾都尉，敦煌中部都尉，居延都尉皆是也。此应鄯善王之请，故设伊循都尉以镇抚之。都尉秩尊于司马，司马六百石，而都尉则比二千石也。第一一简"伊循卒史"，史与吏通，一作卒吏，为都尉掾史。司马彪《百官志》云"属国都尉，稍有分县治民比郡，皆出诸曹掾史"是也。又《黄霸传》："霸补左冯翊二百石卒史。"《儒林传》："元帝好儒，郡国置五经百石卒史。"盖秩有不同，故举石之多寡以别之也。"黄广宗"当为人名。伊循都尉虽为属国，其制当与郡守同也。次述伊循城之地位。《水经注》云："且末河东北流，径且末北，又流而左会南河，会流东逝，通为注宾河；又东径鄯善国北治伊循城，故楼兰之地也。"按且末河即今车尔成河，车尔成河北流，与塔里木河会，东流入喀拉布朗库尔，溢流入喀拉库顺湖，即罗布海。注宾河既流径伊循城之北，则伊循城当在喀拉布朗库尔之东或东南。因此东西学者多以婼羌县属之密远废墟，为古伊循城遗址，或不误也。(详《绪论·楼兰国都考》)

简一二：长三九毫米，宽九毫米，厚一·五毫米

龟兹王使者二缺

按此简与上各简同出土。下残，可识者为"龟兹王使者二"六字。"二"下尚能识一笔，以上下文观之，疑为"人"字。按龟兹之名，始见于《汉书》，据《汉书·西域传》所述：李广利伐大宛还，责龟兹受杆弥质，以杆弥太子赖丹入京师；时武帝太初四年也。及汉宣帝时，龟兹王绛宾娶乌孙公主女。元康元年，与公主女入朝，王及夫人皆赐印绶；夫人号称公主。自后数来朝贺。绛宾死，其子丞德自谓汉外孙。成哀时，往来尤数。汉遇之亦甚亲密。据此，是龟兹与汉发生关系，始于武帝时。至宣、元、成时，往来益臻亲密。以

此地出土有年号之木简证明，则当宣、元、成时，此地正为交通要道，则龟兹王遣使至汉过此，亦可能事也。又据《魏略》所述中路，从玉门关西出，经居卢仓从沙西井西北过龙堆到故楼兰，诣龟兹。余已考证《魏略》所述之中道，正经行此处之路（见下文《释地》），由此转西北至龟兹，是为径道，则龟兹王使者至汉亦必经行此处，故亭吏得备记之也。

简一八：长三六毫米，宽一〇毫米，厚三毫米
乙巳晨时都吏葛卿从西方来出谒已归舍旦葛卿去出送巳尘仓校
□食时归舍日下铺时军候到出谒已归舍

简一九：长二二六毫米，宽九毫米，厚三毫米
缺使者王□旦东去督使者从西方来立发东去□□仓吏□黄昏时
归仓

简二〇：长二三〇毫米，宽八毫米，厚二毫米
庚戌旦出坐西传日出时三老来坐食时归舍

简二一：长二〇五毫米，宽九毫米，厚三毫米
缺行马已坐西传中巳出之横门视车已行城户已复行车已坐横门
外须吏归舍

按以上四简，皆记官吏来往时刻之辞。第一八简："都吏葛卿从西方来，出谒已归舍。"都吏，当为官名。《汉书·本纪》："文帝元年，二千石遣都吏循行，不称者督之。"如淳注曰："律说都吏，今督邮是也。闲惠晓事，即为文无害都吏。"西域无都吏官，此云都吏从西方来，必为由内地奉遣至西域察事者。事毕返汉，过此再东去也。与一九简之"督使者从西方来，立发东去"，其记事正同。盖此地居玉门关与乌垒之中间，为通西域之径道，故往来者咸以此地为止息之处。故亭吏记之。又第一九简之督使者，疑为督邮使者之简

250　　　　　　　　　　　　　　　　　　　　　　罗布淖尔考古记

称。木简中督邮，多简称督。如《简牍遗文》四十四云："十月四日，焉耆玄顿首言玉督邮彦时，司马君彦祖侍者。"二十六云："因王督致西域长史张君坐前。"此二简均在蒲昌海北楼兰古址中同时出土。则二十六之王督，亦即四十四之王督邮彦时可知也。又《屯戍丛残》七十七云："遣都唐循将赵"，七十六又有"掾唐循"，七十有"吏唐循"之语，亦同出于蒲昌海北，是督与都同，为督邮之简称。又有督吏，或督邮诸掾，皆主督察奸宄罚负诸事也。此云督使者，汉制凡奉派至郡国皆称使者。《汉书·西域传》云："轮台渠犁皆有田卒数百人，置使者校尉领护，以给使外国者。"又云："日逐王将众来降，护鄯善以西使者郑吉迎之。"又云："武帝感张骞之言，欲通大宛诸国，使者相望于道，一岁中多至十余辈。"是使者为出使外方之通称呼。此云督使者，犹言使者督邮，与使者校尉同一命词也。第二十简："三老来坐"者，三老为乡官之名。《后汉书·明帝纪》："诏天下男子爵人二级，三老孝悌力田人三级。"注云："三老、孝悌、力田三者，皆乡官之名。三老高帝置，孝悌、力田高后置，所以劝导乡里，助成风化也。文帝诏曰：'孝悌，天下之大顺也；力田，为生之本也；三老，众人之师也。'其以户口率置员。"此云三老来坐，则汉时乡村制度，遍及西域矣。第二十一简："出之横门"者，按《西域传》云："汉立尉屠耆为王，更名其国为鄯善，丞相将军率百官送至横门外。"孟康曰："横音光。"徐松《西域传补注》引《三辅黄图》曰："长安城北出西头第一门，曰横门。其外郭有都门，有棘门，门外有横桥。"是横门为北城之西门。此处地形，西北两面，尚有古时城基，高二尺许。南东已灭其迹，形成一三角洲。东南西三面环水，无路可通，且南临大海。古时交通必以北城为出入之邮。故横门当为亭之北门。西北有沟渠状，现浸水。当时或亦有横桥如长安城外郊故事，故亦称为横门也。第一八简之晨时、食时，日下餔时，第一九简之旦，黄昏，第二〇简之日出时，皆为记时刻之辞。《史记·天官书》曰："旦至食为麦，食至日昳为稷，昳至铺为黍，铺至下铺为菽，下铺至日入为麻。"又《左传·昭公五年》："卜楚丘曰：'日之数十，故有十时。'"杜元凯注曰："夜半者，即今之所谓子也；鸡鸣者，丑也；平旦者，寅也；日出者，卯也；食时者，辰也；隅中者，巳也；日中者，午也；日昳者，未也；铺时者，申也；日入者，酉也；黄昏者，戌也；人定者，亥也。"据此，是日出时，即今之卯时也；食时，即今之辰时也；铺时，即今之申时；日下铺者，即在申末。《通鉴》晋安帝义熙八年纪曰："镇恶与城内兵斗，自食时至中铺。"胡注云："日加申为铺，中铺，正申时也，申末为下铺。"可证也。汉时尚未有以十二支记事者，故仍旧以日月之运行分时刻，饮食起居，咸以此为节焉。

第二章
释　地

简一三：长九四毫米，宽三三毫米，厚四毫米

居卢訾仓以邮行

简一六：长二〇二毫米，上宽一五毫米，下宽一八毫米，厚二毫米

缺 交河曲仓守丞衡移居卢訾仓

简一五：长一五四毫米，宽一〇毫米，厚二毫米

河平四年十一月庚戌朔辛酉刞守居卢訾仓车师戊校缺

交河壁缺

简一七：长二三〇毫米宽一九毫米厚四毫米

元延五年二月甲辰朔己未□□土□尉临居卢訾仓以□□

□□□□□□□□己卯□□□□□□□即日到守□

按第一三、一六两简均出罗布淖尔北岸古烽燧亭南兵房中。余于民国二十三年春，第二次赴罗布淖尔，在烽燧亭遗址之南，发现住宅遗迹，疑为当时兵士住所。此简即由此处出土也。第一三简甚完整，隶书极佳，计

七字，第一六简上缺，可见十二字，书写亦可。第一四、一五、一七三简，为民国十九年第一次所获，在北兵营中出土。此数简均有"居卢訾仓"一语。按此与《汉书·西域传》《魏略》有异。《汉书·西域传》云："汉遣破羌将军辛武贤将兵万五千人至敦煌，遣使者按行表穿卑鞮侯井以西，欲通渠转谷，积居卢仓以讨之。"《魏略·西戎传》（《魏志·乌丸传》注引）云："从玉门关西出，发都护井，回三陇沙北头，经居卢仓。""卢"下均无"訾"字，疑为班固、鱼豢所略，非当时本名也。居卢訾，疑为匈奴地名。《汉书·匈奴传》云："乃遣右大且渠蒲呼卢訾等十余人。"又云："遣左骨都侯右伊秩訾王呼卢訾。"又《常惠传》："获单于父行及嫂居次。"是匈奴官名人名，多有以訾为尾音也。又《汉书·地理志》，武威下有揭次。《郑吉传》："击破车师兜訾城。"武威，今凉州地；车师，今吐鲁番、奇台地。时甘肃西北部为匈奴右地浑邪王休屠王所居，车师与匈奴邻接，而役属于匈奴，故沿用匈奴语。此地在敦煌之西，与楼兰相接，在汉初，当亦为匈奴领地，故用匈奴语以名地。至宣帝时，亦沿用未改。班固作《汉书》取其典雅，故略去"訾"字尾音，鱼豢亦从之。今由此简之证明，则知当时原名多一"訾"字也。汉时在此设仓库积谷，以给使外国者，故名居卢訾仓。清徐松《汉书西域传补注》云："卢仓，谓建仓。"略首去尾，殊不成辞矣。

又居卢訾仓，今在何所，迄无确解。丁谦谓在玉门关西、白龙堆东，语太含混。近王国维氏称《水经注》所述之"龙城故姜赖之墟"，居卢、姜赖一声之转，即今瑞典人斯文赫定氏所发现之楼兰。按赫定所发现之古楼兰国遗址在经度四十度三十分，纬度八十九度四十四分，在涸海之西，与居卢訾仓在涸海之东，非一地也。今以《水经注》及《魏略》所述阐明之，《水经注》云："蒲昌海水积鄯善之东北，龙城之西南。"按鄯善为楼兰之更名，鄯善在楼兰之南偏西，楼兰在鄯善之北偏东，均在涸海西岸。赫定先生所发现之遗址，虽不能定为楼兰故都扜泥城，然为楼兰国遗址，毫无可疑，故亦当在涸海之西岸也。其次述龙城之方位。据《水经注》所述："龙城故姜赖之墟，胡之大国也。蒲昌海溢，荡覆其国。城基尚存而至大，晨发西门，暮达东门。浍其崖岸，余溜风吹，稍成龙形，西面向海，因名龙城。"又云："西接鄯善，东连三沙，为海之北溢矣。"按《水经注》语多无稽，龙城未必确有是城，但确有其地。由西面向海之语，可证在海之东岸，与三陇沙相接。余于民国十九年及二十二年考察罗布沙漠时，在烽燧亭东南，极目所视，沙丘迤逦，均为盐硝之地壳所覆盖，下为沙质，经盐水浸炙，僵结如枕块，纹起波浪，人畜旅行其上，甚觉艰困，往往足蹄为破。无水草，禽畜不至。与《水经注》所述龙城，情形甚为吻合。现经地质家之研究，因其泥层即可知为古海之沉淀也。现水复故道，此类地形，多已浸入水中，但海之沿岸，尚遗留不少古时艰险之痕迹。据此，则龙城应在涸海之东岸，蒲昌海东北部盐层，皆为其属境，与赫定氏之楼兰，正东西对直矣。再以《魏略·西戎传》所述考之，如云："从玉门关西出，发都护井，回三陇沙北头，经居卢仓，从沙西井转西北过龙堆，到故楼兰。"按如《魏略》所述龙堆，疑即《水经注》所称盐而刚坚之龙城，龙城疑即依龙堆而得名。白龙堆犹言白色沙漠之堆阜，其形如龙也。其次述居卢訾仓方位。今据斯坦因《亚洲腹部》所附五十万分之一地图所记，自玉门关西之拜什托胡拉克以西沙碛迤逦，疑即《魏略》所称之三陇沙。再西至库木胡图克，疑即《魏略》所称之沙西井。由此转西北行，经涸海盐层地带，直至烽燧亭为孔雀河末流所汇，方得较优之水草与柔地。盖已入于楼兰境地矣。与《水经注》所述之西接鄯善，东连三沙，形势相合。又同团陈宗器君于民国二十二年考察罗布淖尔时，据称出三沙不远，有废垣址可辨，想即居卢仓遗迹（见《罗布荒原》三页）。据此则居卢訾仓应在涸海之东南，即三沙之北头，与楼兰为东南与此北对峙。盖由沙西井向西北行，过涠海，方到楼兰故也。是居卢訾仓不唯与楼兰非一地，即与龙城亦非一地矣。余于一九三〇年及一九三三年春，在涠海沿岸尝作古物之探查，检拾石器甚多。间有红底黑花陶片，疑即古姜赖国人所遗留。但皆为石器时代之渔猎民族所遗也。与文明进步之汉人以农耕为业者，其生活状况殊异矣，故非可同指为一地也。今王氏比而同之，余以为未可。

次述第一三简"居卢訾仓以邮行"之义。按《孟子·公孙丑章》曰："德之流行，速于置邮而传命。"《说文·邑部》云："邮，境上行书舍也。"又韦昭《辩释名》云："督邮主诸县罚以负邮殿纠摄之也。"（引见《御览》二五三职官部）是邮在古语中有二义：一为官名，曰督邮，司督察奸宄之事，《汉官仪》云："五里一邮，邮间相去二里半，司奸盗。"即谓此也；一为传书命之驿舍。此云邮行，当指传书命之驿舍而言。以邮行，即按舍传递之义。此言"居卢訾仓以邮行"，盖为居卢訾仓通告各驿舍之文书也。又综合各地木简所记，汉时传递简牍法约有三种：一曰以邮行，所以传递普通文书，如此简是也；一曰以亭行，如云"居延都尉府以亭行"，则为居延都尉府通告各亭之文书；一曰以次行，如云"大煎都候官以次行"，"玉门官埱以次行"[1]，则为候官或埱长通告各候官之文书。以邮行者按站传递；以亭行者，依亭传递；以次行者，依所居传递；皆指传递文书之辞，与置骑有别。《汉书·文帝纪》二年十一月诏曰："太仆见马遗财足，余皆以给传置。"《字书》："马递曰置，步递曰邮。"（《图书集成·戎政典》二四九《马政部》引）按《汉书·西域传》："因骑置以闻。"此用马传递也。《汉书·平帝纪》曰："宗师得因邮亭书言，宗伯请以闻。"言以文书付邮亭传递也。盖骑置者，所以飞报机务；邮亭者，所以递

---

[1] 上见额济纳河用土木简原文，下见《流沙坠简》引。

送文书。其性质虽同,其传递之法则异也。

第一六简:"交河曲仓守丞衡,移居卢訾仓。"按交河曲仓,不见记载。《汉书·西域传》:

> 车师前国王治交河城,河水分流绕城下,故号交河。车师临近匈奴,昭帝时,匈奴尝使四千骑田车师。宣帝地节二年,汉遣侍郎郑吉,校尉司马憙田渠犁,积谷,以击车师,攻交河城,破之。汉乃命吉使吏卒三百人,别田车师。至元康四年,匈奴款附,乃置戊己校尉,屯田车师故地。神爵二年,匈奴日逐王降汉,郑吉兼护北道,始称都护。

此简与同时出土之黄龙、永光、元延诸简证之,皆在郑吉田车师称都护之后。此言交河曲仓,盖当时屯田车师积谷交河曲,故云交河曲仓。曲即部曲之意。《汉书·西域传》:"司马丞韩玄领诸壁,右曲候任商领诸垒。"垒即壁也,有一候长,或守丞主之。在此次发现木简中,如第一六简有"交河壁"三字,是为当时屯田交河之证。但此简云交河曲者,盖汉制军下有部,部下有曲,曲有军候一人。司马彪《百官志》云:"大将军营五部,部校尉一人,比二千石;军司马一人,比千石;部下有曲,曲有军候一人,比六百石,曲下有屯,屯长一人,比二百石。"时戊已校尉屯田交河,因在交河设曲,故曰交河曲;犹大煎都候,为玉门都尉在大煎所设之候官也。又上文即云交河曲仓,有候官,则应云交河曲仓候衡云云,而此云交河曲仓守丞衡者何耶?按《汉书·百官公卿表》云:"戊已校尉有丞、司马各一人,候五人,秩比六百石。"汉制丞理民事,司马、候管兵马,交河曲仓即属戊已校尉,有候以管部曲,故又有丞以理民事,如大煎有部候,又有部候丞,又有都丞(均见《流沙坠简簿书类》)。丞与候官秩相等,皆比六百石。此云守丞,盖试守丞事也。移为文书之一种，有讽刺规勉之义。此言交河曲仓守丞衡，移居卢訾仓者，犹言交河曲仓之守丞名衡，移文于居卢訾仓也。第一七简：字不甚清楚，唯"元延五年"及"居卢訾仓"等字，尚可认识。

第一五简："河平四年十一月庚戌朔，辛酉，刾守居卢訾仓，车师戊校"者，按阴阳书是年十一月朔日庚戌十二日辛酉，则简文为十一月十二日也。刾亦释作别，余疑为制字。《文心雕龙》云："汉初定仪则，则命有四品：一曰策书，二曰制书，三曰诏书，四曰戒敕。敕戒州部，诏诰百官，制施赦命，策封王侯。"此云制守居卢訾仓云云者，盖汉与守居卢訾仓车师戊校之敕令也。唯戊下残缺，所勅何事，今不可知。然守居卢訾仓与车师戊校连书，则必为通敕各地之通令，或关于敕令之类。例如是年春匈奴单于来朝，赦天下徒，西域当不能例外，故亦一并通敕也。又此简戊下得木字之半，疑为校字。《汉书·西域传》称："元帝时置戊已校尉，屯田车师前庭。"此简云车师戊校，当属屯田车师之戊己校尉可知。唯此简只云戊校，不称戊己校，则戊校与己校原分为二，由此简更可证明，而余上文所释左右部即戊已校亦可信其不误也。第十七简字漶灭不可尽识，上书元延五年二月甲辰朔己未云云，居卢訾仓云云，即日到守云云，疑亦为致守居卢訾仓之敕令。唯元延五年已改为绥和元年，西域尚不知，故仍用旧号也。按长历绥和元年二月为乙巳朔，四月为甲辰朔，此云二月甲辰朔，必有一误。

简二二：长一六七毫米，宽八毫米，厚三毫米
缺 用二私马至敦煌辄收入敦煌去渠犁二千八百里更沙版绝水草不能致即得用
简二三：长三八毫米，宽八毫米，厚四毫米
私马二匹
简二四：长四三毫米，宽九毫米，厚一·五毫米

缺绝水草五百里

简二五：长二三一毫米，宽一五毫米，厚三毫米

□□十去寰是六十里

按第二二、二三、二四简，皆记路程事。按第二二简"敦煌去渠犁二千八百里"者，《汉书·西域传》序云："都护治乌垒城、去阳关二千七百三十八里，与渠犁田官相近。"又《乌垒传》云："乌垒与都护同治，其南三百三十里至渠犁。"是渠犁与乌垒南北相直。乌垒至阳关二千七百三十八里，阳关在敦煌之西。据《辛卯侍行记》阳关路考："敦煌西南行七十里石俄堡，七十里南湖，即阳关。"据此，是阳关至敦煌一百四十里，再加乌垒至阳关之数，共二千八百七十里。此简云"敦煌去渠犁二千八百里"，如渠犁与乌垒南北对直，则超出七十八里，与《汉书》不合。但《水经注·河水》下云："渠犁西北去乌垒三百三十里。"则渠犁应在乌垒之东南。又《汉书·渠犁传》云："东通尉犁六百五十里。"（按此处有误，详注五）《尉犁传》云："西至都护治所三百里。"而《渠犁传》云："东北与尉犁接。"据此，是尉犁与乌垒东西对直，而渠犁在乌垒之东南，尉犁之西南。若然，则渠犁至阳关不足二千七百三十八里，再加阳关至敦煌之数，又大致相符也。若以今地形考之，乌垒在今策特尔之南，以渠犁在乌垒之东南为算，则渠犁应在今尉犁之西南，约当经度八十五度二十分；敦煌在今九十四度五十分，中距九度三十分。此云二千八百里，一度约合汉里三百里，汉计里小故也。简云"更沙版绝水草"者，按由敦煌至渠犁途中，以今地形考之，自罗布淖尔往西，均沿河行，当无所谓绝水草，亦无沙版。简所云"更沙版绝水草"，当在罗布淖尔以东，与玉门阳关之间。《魏略·西戎传》云："从玉门关西出，发都护井，回三陇沙北头，经居卢仓从沙西井转西北，过龙堆，到故楼兰，转西诣龟兹至葱岭为中道。"按今自敦煌大方盘城即玉门关以

西有沙碛，作东南、西北向，或即此简所称为沙版也，然此处水草尚不乏。乏水草者，唯自罗布淖尔东岸至库木胡都克全为碱地，疑即古之白龙堆地，乏水草。故第二十二简及二十四简所云绝水草五百里，均指此一带言也；约当经度九十度二十分至九十二度。此云五百里，其计里与前简亦大致相若也。简云"用私马致敦煌辄收入"者，盖汉制有官马私马之别。《史记·霍去病传》云："两军之出塞，塞阅官及私马凡十四万匹，而复入塞者不满三万匹。"是汉时凡官私马出塞，所过亭塞，必须登记。此云"用私马至敦煌辄收入"者，盖禁止私马往西域之告令也。第二十三简"私马二匹"解释同上，唯原简二下尚有一横，疑随意所画，与上下字不连也。第二十五简字不明，可识者七字，"寰是"疑为地名，但不知何在也。

第三章
释　历

简二六：长二一〇毫米，宽一二毫米，厚二毫米

己未立春伏地再拜八月十三日请卿辱使幸幸大岁在酉在初伏问初伏门 缺正面

三月辛丑朔小三月辛丑朔小三月己未立夏夏己未立夏八月十九日九月十九 缺背面

按此简正反两面书写气节。反面三月辛丑朔小重出，但以长历推之，应在河平元年，三月朔日为辛丑，则十九日为己未。按立夏为四月节，今为三月十九日者何也。按《周礼》："大史正岁年以序事。"郑注云："中数曰岁，朔数曰年。中朔大小不齐，正之以闰。"盖中数者，谓十二月中气一周，总三百六十五日四分日之一，谓之一岁。朔数者、谓十二月之朔一周，总三百五十四日，谓之为年。一岁有二十四气。据贾疏：

正月立春节，启蛰中；二月雨水节，春分中；三月清明节，谷雨中；四月立夏节，小满中；五月芒种节，夏至中；六月小暑节，大暑中；七月立秋节，处暑中；八月白露节，秋分中；九月寒露节，

霜降中；十月立冬节，小雪中；十一月大雪节，冬至中；十二月小寒节，大寒中。皆节气在前，中气在后。节气一名朔气，朔气在晦，则后月闰；中气在朔，则前月闰。

据此，则立夏应为四月朔气，今变为三月中气者，盖以建始四年闰十月故也。是年闰十月，故以十一月朔癸卯为冬至节，依次递推，故立夏移入三月中气矣。但立夏在三月十九日者，盖中朔有大小不齐之故也。盖周天三百六十五度四分度之一，一日行一度。今以二十四气通闰分之，一气得十五日；二十四气分得三百六十度，余五度又四分度之一。一度更分为三十二，共得百六十八分，二十四气，气得七分。通前每气得十五日又七分。今由冬至至谷雨，共得九气，得百三十五天又六十三分。以三十二分为一日，约二日弱。故由建始四年十一月一日冬至，每月均以三十日计，应在三月十七日立夏。但月有大小，今由上年十一月至今年二月，共四月，必有两月小。以三月小推之，则二月、十二月或为大月，正月或为小月。上云三月十七日，再加两月小所余之二日，故立夏在十九日也。

又是简正面，亦为随意书写，语无伦次。己未立春，为正月节，大岁在西，疑为阳朔元年。初伏者，伏日之初也。《史记·秦本纪》："德公二年，初伏。"《集解》孟康曰："六月伏日初也。周时无，至此乃有之。"《正义》云："六月三伏之节，起秦德公为之。"按《阴阳书》："夏至后第三庚为初伏，第四庚为中伏，立秋后初庚为后伏，谓之三伏。"（《太平御览》三一引）此简云："初伏问初伏门。"无意义也。

第四章
释屯戍

简二七：长一五八毫米，宽一七毫米，厚三毫米
里公乘史隆家属畜产衣器物藉
简二八：长一二九毫米，宽一二毫米，厚三毫米
□□□时薄
简二九：长六八毫米，下宽九毫米，上宽六毫米，厚二毫米
一霸陵西新里田由
简三〇：长九〇毫米，宽一三毫米，厚三毫米
应募士长陵仁里大夫孙尚
简三一：长七四毫米，宽一二毫米，厚二毫米
北□土田□□□
简三二：长八八毫米，宽八毫米，厚三毫米
缺 小卷里王护

以上五简，皆记屯戍之事。按第二十七简："里公乘史隆"者，疑"史隆"为人名，"公乘"为爵名，犹言里中公乘史隆也。《汉书·百官公卿表》云："爵一级曰公士，二、上造，三、簪袅，四、不更，五、大夫，六、官大夫，七、公大夫，八、公乘。"云云。皆秦制，以赏

功劳。是公乘原为秦爵名，汉初因之。颜师古注曰："公乘，言其得乘公家之车也。"按《汉旧仪》云："公乘八爵，赐爵八级为公乘，与国君同车。"盖大夫公乘以上，皆高爵，为国君所尊礼，故得乘国君之车。即颜注乘公家车之义，非谓与国君同坐一车也。后汉安帝时，许冲上《说文解字》称："召陵万岁里公乘草莽臣冲稽首再拜上书皇帝陛下。"又云："以诏书赐召陵公乘许冲布四十匹。"是人名上冠爵名为汉时通例也。又《流沙坠涂简·戍役类》一云："戍卒新望兴盛里公乘门杀之，年三十八。"王国维氏释新望为县名，余以新望为人名，即戍卒之名。兴盛里当为里名。例如第三十简之陵仁里，第三十二简之小卷里，第二十九简霸陵西新里皆为里名。此言里公乘史隆，不云某里，文有省略也。又简云："家属衣器物藉"者，藉即簿也；宣帝神爵元年后将军赵充国奏上田处及器用簿是也。文帝时，晁错上言："远方之卒守塞一岁而更，不知胡人之能。不如选常居者家室田作，且以备之，先为室屋，具田器，乃募罪人及免徒复作令居之。"汉屯田西域，多出其议。此云："史隆家属衣器物藉"，盖为史隆家属屯戍西域之衣器簿也。第二十八简字多漫灭，可识"时簿"二字；时上疑为四字。《流沙坠简·器物类》三有"兵四时簿"可证也。第三十简："应募土长陵仁里大夫孙尚"，土长当为士长，释见《流沙坠简·释屯戍》七。大夫亦为爵名：与公乘同，释见上文。因孙尚史隆均有爵秩，故具其爵名。无爵秩者，则直书名。如三十二简"小卷里王护"二十九简"霸陵西新里田由"是也。霸陵西汉属京兆尹，盖霸陵西新里田由戍役于此地者。汉制天下人皆直戍边三年，谓之繇戍。故流沙坠简中，敦煌戍卒有河东、上党、河南、颍川、广汉各郡人。余此次所得罗布淖尔汉简中，戍卒有京兆尹、南阳郡人，是其证也。

简三四：长二三六毫米，宽一三毫米，厚三毫米

土南阳郡涅阳石里宋钧亲 妻玑年卅 私从者同县藉同里交上

按《汉书地志》:"南阳郡涅阳属荆州。"涅阳因水得名。《水经注》:"湍水东南流,涅水注之。水出涅阳县西北岐棘山,东南迳涅阳县故城西。涅水又东南迳安众县堨而为陂,又东南流注于湍水。"[1]《大清一统志》:"涅阳故城在今镇平县南,涅水即今照河。"按镇平在南阳县西,西有照河南流于新野之西,右会湍水,东南流入汉。宋钧人名,当内地往戍役于西域者。士或作土,汉简及汉碑士每写作土,如《流沙坠简簿书类》第五简"土吏异承书从事",王国维云:"土吏者,士吏之或作,汉碑士作土。"按此简土当作士,即指宋钧也。或称卒,或称士,皆指戍卒也。下第三十五至三十九简,亦记戍卒之事,惜多漫灭耳。

简三五:长二三三毫米,宽一二毫米,厚三毫米

右六人其二亡土四土妻子

简三六:长九〇毫米,宽九毫米,厚三毫米

缺 二人三八□四月□缺 正面

缺 妻□二人一伯子 下不可识 背面

简三七:长九〇毫米,上宽一五毫米,下宽一〇毫米,厚一毫米

□万

□万二百十五下□□□八

简三八:长一〇八毫米,宽七厘毫米,厚三毫米

男□□孔六□

简三九:长一三〇毫米,宽一一毫米,厚四毫米

没临中女子二七□为□男子十□□□□缺

治大□□□□□□□□□头痛□□□缺

□□□□正面

□桑二川 背面

---

[1] 见《水经注》卷二十九,《湍水注》。

第五章
释廪给

简四〇：长二二九毫米，宽九毫米，厚二厘毫米
悍和从者大马□ 六月乙丑尽七月积一月十二日食粟四石二斗

简四一：长二三〇毫米，宽一三毫米，厚三毫米
□□□□家属六人官驼二匹食率匹二升

简四二：长二三二毫米，宽一〇毫米，厚四毫米
凡用卅三石七斗七升大

简四三：长二二九毫米，宽一四毫米，厚三毫米
十二月十日 □□粟二石

简四四：长一五三毫米，宽一四毫米，厚二毫米
卅二日 食□□

简四五：长四〇毫米，宽一五毫米，厚八毫米
大□

简四六：长一一〇毫米，宽一二毫米，厚三毫米
十月丁丑从者给取

按第四十简："从者积一月十二日，得食粟四石二斗。"言从者之秩，日食一斗，积一月又十二日，应食粟四石二斗也。《汉书·百官公卿表》有斗食，无从者，疑从者为临

时设置之官，其俸比于斗食也。《百官公卿表》云："百石以下，有斗食佐史之秩。"师古注曰："《汉官名秩簿》云：'斗食月俸十一斛，佐史月俸八斛'也。一说：斗食者，岁俸不满百石，计日而食一斗二升，故云斗食也。"按《史记·秦皇本纪》云："军归斗食以下。"《正义》曰："一日得斗粟为料。"据此，是日食一斗，月得十二斛。若以重量计之，是月食三石。下之佐史，月俸八斛，而斗食适高一级也。又按汉制百石以上计秩，其俸与秩不相应，且半粟半钱。例如中二千石，月俸百八十斛，而实受俸钱九千，米七十二斛。百石月俸十六斛，实受俸钱八百，米四斛八斗，若斗食以下无秩，以日计禄，实受斗粟。故曰日以斗为计。[1]此简从者一月又十二日之食粟为四石二斗，则日食粟一斗，与斗食同矣。又第四十一简："官驼二匹，食率匹二升。"言一驼日食料二升也。第二十二简"私马二匹"，此云"官驼二匹"，是汉时驼马均分官私也。

简四七：长九〇毫米，宽一四毫米，厚四毫米
　　缺　□角驼二月癸卯死

按此简上缺，盖记牲畜事。角驼，即橐驼，《汉书·西域传》："大月氏出一封橐驼。"角、橐音近相通。"驼"一作"它"。《西域传》："鄯善有驴马，多橐它。"师古注曰："它，古他字。"《流沙坠简杂事》九十八："得橐它一匹到"可证也。

简四八：长一一四毫米，宽七毫米，厚四毫米
　　缺□□□□□□□□□食用□□□　正面

---

1 见《汉书》卷十九《上百官公卿表序》及司马彪《百官志注》引荀绰《晋百官表注》。

第四篇　木简考释　　　　　　　　　　　　　　　　267

简四九：长七〇毫米，一〇毫米，厚四毫米

为东卿造水三斗醇酒一斗□ 缺

简五〇：长三〇毫米，宽七毫米

缺 可　　粟二

简五一：长四〇毫米，宽一五毫米，厚三毫米

缺 十秉

以上四简，字多漫灭，或残缺不完；疑均记廪给事也。

第六章
释器物

简五二：长四五毫米，宽一五毫米，厚三毫米

五石具弩一

承弦二

犊丸一

简五三：长一二九毫米，宽五毫米，厚六毫米

易易不易不易易 正面

契枂一 背面

按以上二简，皆记录兵器事。第五十二简："五石具弩一"者，《荀子·议兵篇》称："魏氏之武卒，操十二石之弩。"言其弩之强也。《汉书·本纪》："昭帝始元五年，罢天下亭母马及马弩关。"孟康注曰："弩十石以上，皆不得出关，今不禁也。"又《太平御览》引孙盛奏事："诸违令作角弩，力七石以上一张弃市。"盖普通弩均为三石至六石而止，七石以上，则为禁物。此言五石具弩一，犹为普通之弩耳。既有弩，必有弦以副之。《淮南子》曰："乌号之弓，谿子之弩，不能无弦而射。"故既领弩一，又领弦二以副之。承弦，王国维氏解为副弦是也。《太白阴经·器械篇》："弩二分，弦六分。"是弦与

弩为一与三之比。盖每一弩除正弦一外，当具副弦二，疑其制度然也。犊，《说文》作鞬："弓矢鞬也。"《广雅》作箙觌："矢藏也。"《方言》作箙丸："藏弓之鞬也。"按鞬、箙、犊皆通，亦作棳。觌与丸同。《左传·昭公二十五年》云："公徒释甲执冰而距。"杜预注云："冰，棳丸盖，或云棳丸是箭箙，其盖可以取饮。"是棳丸即鞬丸，藏矢之具也。又仪礼士冠礼："筮人执筴，抽上鞬。"郑注："今时藏弓矢者，谓之鞬丸也。"则藏弓之弢，亦称为棳丸矣。今按此简上文既领弩弦，下文又领犊丸，则犊丸为盛弓之具无可疑也。第五十三简，两面有字，稍厚，为随意劈削者。正面所书无何意义，背面"契枛一"，"契"疑为"兵"字，"枛"右旁笔画不清，疑为"椎"字；"兵椎"亦为兵器也。

简五四：长一〇七毫米，合宽九毫米，厚四毫米
□□□□己卯 易不易□易 正面
缔袍一领　　络□一两背面
简五五：长一三五毫米，宽七毫米，厚四毫米
二褚巾三□去

按以上二简，皆记服饰事。第五十四简："缔袍一领"，《诗·葛覃》曰："为缔为绤"；《说文》："缔，细葛也。绤，麤葛。"《急就篇》颜师古注云："长衣曰袍，下至足跗。"缔袍一领，言缔布之袍一件也。络，《急就篇注》云："即今之生纻也。一曰今之绵绌是也。"《急就篇注》又云："量布帛者，则计其丈尺及寸，称丝绵者，则数其斤两。"此云络□一两，盖络为生丝，尚未成衣，故计其斤两也。背面为随意书写，无何意义。第五十五简："褚巾三"，《汉书·南粤传》注云："以绵装衣曰褚。"此言褚巾，盖以绵装之巾也。三下字不可释，疑为取字。

第七章
释古籍

简五九：长七八毫米，宽七毫米，厚二毫米

缺 亦欲毋加诸人子曰赐非

此简上残，现存"亦欲毋加诸人子曰赐非"十字。按《论语·公治长章》："子贡曰：我不欲人之加诸我也，吾亦欲无加诸人。子曰：赐也，非尔所及也。"今以汉简校之，无作毋，赐下无也字。唐开成石经与今本同，则增也字已远在唐前矣。按此简出罗布淖尔古烽燧亭南兵房中。在北兵房中同时出土者，有黄龙、河平、元延诸年号，则此简书写当亦在斯时。按《论语序》云："汉中垒校尉刘向言《鲁论语》二十篇，皆孔子弟子记诸善言也。太子太傅夏侯胜、前将军萧望之、丞相韦贤及子玄成等传之。"披夏侯胜为汉宣帝时太傅，萧望之宣帝末为前将军，韦贤在宣帝本始三年为丞相，玄成元帝建昭中为丞相，是鲁论在宣、元之际，已盛行一时矣。又有《齐论语》二十二篇，多《问王》《知道》二篇，其二十篇中，章句颇多于《鲁论》。又有《张侯论》者，为张禹所改订。《汉书·张禹传》云："初禹为师，以上难数对已问经，为《论语章句》献之。禹先事王阳，后从庸生，采获所安，最后出而尊贵，由是学者多从张氏，余家浸

第四篇　木简考释　　　　　　　　　　　　　　　　271

微。"按《张侯论》二十一篇,据《隋书·经籍志》云:"张禹本授《鲁论》,晚讲《齐论》,后遂合而考之,删其烦惑,除去《齐论》"问王""知道"二篇,从《鲁论》二十篇为定,号《张侯论》。汉末郑玄以《张侯论》为本,参考《齐论》,《古论》而为之注。"按张禹为相,在河平四年;建平二年卒。按西域自宣帝神爵二年置都护,设百官,内外交往常密。黄龙元延间,执政者又皆传《论语》,则《论语》亦必于此时传播至西域。故此简所写《论语》,或为当时所通行者,迄今已一千九百余年矣。又有《古文论语》者,刘向曾见之。但向校中秘书,在河平四年,未必即传于西域。《论语何晏序》云:"古论唯博士孔安国为之训解,而世不传。"可证也。今本《论语》乃何晏根据郑玄注本而为集解。郑玄就《鲁论》篇章,考之齐、古为之注。郑玄东汉末年人也。故此简所书《论语》,不唯在郑玄之前,且在刘向之前矣,甚可贵也。

简六〇:长二三八毫米,宽一〇毫米,厚四毫米
及剑殴杀死以律令从事

按此简首尾颇完整,杂记汉时刑书。《汉书·刑法志》云:"成帝鸿嘉初,又定令:年未满七岁,贼斗杀人及犯殊死者,上请廷尉以闻,得减死。"此简虽无年号,然以同时发现之黄龙、永光、河平、元延诸年号证之,要亦为元成间物也。简所云"以律令从事"者,《史记·酷吏列传》云:"前主所是著为律,后主所是疏为令。"《汉书·朱博传》"三尺律令"是也。此言"及剑殴杀死"者,盖言以剑殴杀人致死也。故杀与斗杀及因伤致死,例有轻重。《唐开元律》云:"诸斗殴杀人者绞,以刃故杀人者斩,虽因斗而用兵刃杀人者,与故杀同。以他物伤者二十日,以刃伤者三十日,折跌肢体及破骨者五十日,限内死者各依杀人论。"(《通典》一六五引)现汉律久亡,唐律所记,或渊源于古,此简及剑殴杀死,疑与唐律因斗而用兵刃杀人例同。据成帝鸿嘉初定令,未满七岁贼斗杀人得减死,则已成年用械斗杀死人以杀人论,可知也。

第八章
杂　释

简六一：长一九六毫米，中宽二三毫米，厚五毫米
□□到言　一属乘令史 缺
简六二：长二〇毫米，宽一〇毫米，厚一毫米
缺 言之

按此简均记行文书事，疑为当时策书之残简。第六十一简"到言"上当有书字。汉时凡上行下行公文，必命报受书之日。或云书到言，或云言到日，其义一也。《史记·三王世家》云："下御史书到言"是其例也。属乘令史为主文书之官。《汉书音义》云"正曰掾，副曰属。"一，疑为主文书人之画押。汉时主文书之官，书写后必列名于简末，如掾某、属某、卒史某、佐史某、令史某皆是。因此余疑《史记·三王世家》："制曰：下御史"及"下御史书到言"，重出下御史三字，而"御史臣光、守尚书令丞非"应在书到言之后，皆列名于简末之官也。褚先生编排失序耳。六十二简"言之"上当有敢字。敢言为汉时下白上之辞。《汉书·王莽传》："莽进号宰衡，位上公。三公言事，称敢言之。"《论衡·谢短篇》："郡言事二府，曰敢言之。"此简当亦为下对上之辞，而有缺字耳。

简六三：长九〇毫米，宽五毫米，厚四毫米
从不当赏证已遣临与良相是服 缺

简六四：长六六毫米，宽三毫米，厚三毫米
得故

简六五：长五八毫米，宽八毫米，厚二毫米
人利则进不利 缺

简六六：长八〇毫米，宽六毫米，厚二毫米
军□丞□再拜

简六八：长八一毫米，宽一〇毫米，厚二毫米
畜受□憓书

按以上五简，文义不全。第六十五简疑出《史记·匈奴传》："利则进，不利则退，不羞遁走。"余均不知所出。六十九至七十一，全为草隶，多不可识。今附次于后，以俟专家之考订焉。

简五六：长八九毫米，宽九毫米，厚二毫米
黄龙元年十月□□□ 缺

简五七：长五六毫米，宽七毫米，厚三毫米
缺 □□四年六月

简五八：长七七毫米，宽七毫米，厚三毫米
□□□□□壬辰□□

按以上三简，残缺不完，但皆记年月事。黄龙为汉宣帝年号。同时出土者，尚有永光五年，汉元帝年号；河平四年、元延五年，为汉成帝年号。自宣帝黄龙元年至元延五年，计四十二年，在此期间，西域已设都护府，并置戊己校尉，屯田车师，匈奴为藩属，汉

威远播，西域各国均附汉。此处适当通西域径道之衡，以故往来行人，必经行此地以为中途休止之所。故此地在此时为最盛时期。自绥和后，国威稍减，此地亦渐形荒废。及王莽篡汉，都护沦没，西域遂绝。而汉亦内乱频仍，无复顾及边塞。虽后汉永平中，窦固破车师，班超抚于阗，汉与西域复通往来。但后汉之交通与前汉有异，前汉至此域多行径道，而后汉则转移路线行径道之北（见《西北史地季刊拙著两汉通西域路线之变迁》）。故径道在东汉时已失其重要性矣。虽在安帝元初中，班勇请遣"西域长史将五百人屯楼兰，西当焉耆、龟兹径路，南强鄯善、于阗心胆"，然安帝终未采纳，而于延光中转屯柳中。故此地在东汉时，亦不见有何设施。而余等所采集有年号之木简，亦以元延五年为止。至关于后汉之文献，则绝无所获，亦可证明也。又成帝纪元延五年，改元为绥和元年，西域不知，尚沿用旧号也。

第九章
释简牍制度及书写

以上所述，均以考释简文为主。至简之制度及书写方式，理应有所论述。唯检署之制，王国维氏考证綦详，勿容赘述（《简牍检署考》）。兹篇所论，乃就余简中之特异者举出，盖以作本篇结论，与王氏若有出入，不之计也。今分五项言之。

一、简端之缺口及凿孔

例如第一简上端左右，均有缺口，直七毫米，横三毫米，作半圆形，左右相同。缺口下为简文，上留空白，约长三三毫米，类似今之签状。缺口中有摩擦遗痕。第二十五简下端钻一圆孔，径三毫米，底端约十毫米。其与第一简之缺口，必同为有意义之制作，毫无可疑。但其穿孔何用，吾人试求之于现在出土之实物，及古籍传记所云，不难推知也。据斯坦因氏在《西域考古记》中所述，于一九〇一年在尼雅废墟中发现楔形木牍甚多，上书佉卢文字，咸用大小相等之两木片相合，一端削成方形，一端削尖，尖端凿一孔，文字书于一片之里面，上面木片近后愈厚，隆起处凿一方槽，为泥封之所，再以两股相绞之麻绳穿过孔，引至右手方头处，紧缚两片，缠束于方槽中，加泥封之，所以防止私拆函件也（斯坦因《西域考古记》六二页并第三十八图）。按斯氏研究之结果，称佉卢文字在西纪初至第三世纪，印度西北部贵霜王朝通用之文字。但同时又发现有"鄯善印记"及中文木牍（同上第四十四图），斯氏认此种文具原出远东，即为由内地所传入于尼雅者。例如敦煌楼兰所发现者，其泥封形式，与此正同，可为证也。按中国传记所载，亦可证明楔形牍为古法之遗存。杨慎《外集》云："古人与朋侪往来者，以漆板代书帖，又苦其露泄，遂作二板相合，以片纸封其际，故曰简板，或云尺牍。"（《格致镜原》卷三十七引）按杨慎为明人，时代较近，然其称述则必为古法。但汉时木牍束绳以泥封，后世则以纸封耳。又居延海近发现木牍颇多，形式大小长短虽不一致，而其使用之方式，例如凿槽束绳封泥，则大抵相同。现陕西山东出土之泥封，背面均有绳纹可证也。则余第二十五简下端之凿孔，为穿绳束简之用，可互证而知也。不过余简只得其一，不见表面之函牍有方槽及泥封之遗迹也。至第一简首端左右之缺口，虽非穿孔，其用法当与二十五简之穿孔相同，疑亦为束绳之用也。

二、简文中际之空白

例如第十九简"者"下空八毫米，接"从"字；"坴"下空六毫米，接"仓"字。第二十一简"朋"下空六毫米，接"视"字。二十二简"百"下空六毫米，接"里"字。二十六简"日"下空八毫米，接"请"字。第四十一简"属"下空七毫米，接"六"字；"率"下空十毫米，接"匹"字。按上述各简，论其文义，皆当相属，然存简之中际，忽留此空白者何也。今仍以出土实物为比证，参稽古说而推论之。一九三〇年，西北科学考察团赴蒙新一带考古，余在内蒙古额济纳旗发现木简后，一九三一年，瑞典团员柏格孟君又在额济纳河畔古烽燧敦从事发掘，采获木简万余枚，并发现完整册书二件，颇为可贵。一件木简约七十双，一件木简五双，连续排比，以麻绳编次之，长短不一。[1]据柏格孟君云，系在孟都尔拜尔金（Mudulbeljin）一小堡垒中发现者。但柏格孟君详细报告，尚未见发表。但由其策书编制之形式，正可借以解释余简中之空白也。又按中国旧说，亦有可与此策互相印证者。《说文》："册，符命也；诸侯进受于王也。象其札一长一短中有二编之形。"又丝部云："编，次简也。"按如《说文》所述，是册为编次多数长短不同之竹简，以绳横连之，上下各一道，故云有二编之形。与柏格孟君册书之形式几全同。就册中之一简言名为简；就连续多数之简言，名为册，册即策也。虽柏君册书为记器物事（马衡先生订为兵器簿，四时簿），与《说文》言符命不同，但《说文》以符命释册，就其册之最要者言，实则一简之不能容而编次多简者，皆名为册也。又其编次之具，有用丝绳者。刘向《别传》云"孙子书以杀青简编以缥丝绳"是也。有用皮革者，孔子读《易》韦编三绝是也。有用麻绳者，柏格孟君之册书是也。今无论其编次用何物，然必在简中占一空地。因此，则余简中留存六厘至八厘之空白，其为编册时系绳之处，由此而益明也。

三、判书简

例如第四、第七、第六、第九、第五八各简，简中字形皆半分。其各简之宽度作六毫米至九毫米，与普通简之宽度相同，字体大小亦相若。决非一简书写后中分为半，如五四简；亦非如第三八、三九、四八、四九各简之随意劈削，毫无取意者。故余疑此类判书简，必同时尚有一简，同等宽大，合并书之，各持一半，而作符信之用也。虽上举各简，均只存左判，然其右判必有，或别存一地，

---

1 见马叔平先生《册书考》(《西北文物展览会特刊》)。

未及发现耳。又符信古时为行军时最要之器物。《说文》竹部云："简，信也。汉制以竹长六寸，分而相合，从竹付声。"《释名》曰："符，付也。书所敕命于上，付使传行之。"《文心雕龙》云："符者孚也，征召防伪，事资中孚，三代玉瑞，汉世金竹，末代从省，易以书翰矣。"是符为二札相合，为征召防伪之具也。古用玉符、铜符，竹符则起于汉时。《汉书》云："文帝二年九月，初与郡守为铜虎符，竹使符。"应劭曰："铜虎符第一至第五，国家当发兵，遣使者至郡合符，符合乃受之。竹使符皆以竹箭五枚，长五寸，镌刻篆书，第一至第五。"按据《后汉书·杜诗传》，杜诗上疏云："旧制发兵皆以虎符，其余征调，竹使而已。"是铜竹符皆属符信，而因轻重为异也。亦有用木者。后《汉书·刘盆子传》："乃书札为符曰上将军。又以两空札置笥中，遂于郑北设坛场祠城阳景王。诸三老从事皆大会陛下，刘盆子等三人居中立，以年次探札，盆子最幼，后探得符，诸将乃门称臣拜。"据此，是汉时亦用木札为符矣。此简均为木札，西域无竹故也。又简文所书多属在西域之官爵姓名，则此为征调之用，极为可能。尤其第六简末，有令使□□字样，或为汉与西域曲候之重要敕令也。若然，则此类之判书简，当时为符信之用，益可证明也。

四、简之尺度

余所获之木简，除残缺者不计外，所得首尾完具之简，其尺度长短大小不一。例如第一、一八、三四、六四等简，均长二三五毫米，约合汉建初尺一尺强。第一七、三五、四〇、四一、四二等简，均长二三〇毫米，约合建初尺九寸八分。第二简长二四〇毫米，约合建初尺一尺〇二分。第二〇、二五两简，约长二三一毫米，合建初尺九寸八分强。以上诸简，虽与汉建初尺一尺稍有出入，然因木料有伸缩，皆当以一尺计算也。唯第一三简长九二毫米，宽三四毫米，约合建初尺长四寸，宽一寸五分；第二七简，长一五七毫米，宽一六毫米，约合建初尺长六寸七分，宽八分，与其他各简为异耳。按《后汉书·蔡邕传》注引《说文》曰："牍，书版也，长一尺。"又《汉书·韩信传》云："奉咫尺之书以使燕，燕必不敢不听。"师古注曰："八寸曰咫，咫尺者，言其简牍或长咫，或长尺，令轻率也。"（今本令作喻，从《御览》引改）盖简牍长一尺，为汉代通制，今俗言尺书尺牍，皆其遗语也。其次尚有尺一牍者，《汉书·匈奴传》云："汉遗单于书以尺一牍，中行说令单于以尺二寸牍，及印封皆令广长大。"是尺一者为天子之书牍，与普通尺牍有别。至于制诏策书，通用二尺，短者一尺。蔡邕《独断》曰："策者简也。《礼》云：不备百文，不书于策，其制长二尺，短者半之。其次一长一短，两编下篆书起年月日，以命诸侯，三公薨及以罪免，悉以策书。"又《汉制度》曰："策书者，编简也。其制书二尺，短者半之。篆书起年月，称皇帝，以命诸侯王。三公以罪免，亦赐策，而以隶书，用尺一木两行，唯此为异也。"（《御览》五九三引）按《汉制度》其书已遗，所述大致与《独断》同。唯称罪免三公用尺一策书。又《后汉书·陈蕃传》称："尺一选举，委尚书三公。"是汉制策封诸侯王用二尺策书，余用尺一或一尺以示尊异也。又户籍册，则用尺二。《晋令》曰："郡国诸户门黄籍，籍皆用一尺二寸札。已在官役者载名。"（《御览》六〇六引）是户门册以尺二寸札写也。但余之二十七简，似为簿籍，然准汉建初尺约长六寸六分，宽八分。又第三四、三五、皆写户口，适长建初尺一尺。据此，是户籍不必皆用尺二札，或籍制有异耳，又古时经传尺度，《聘礼》贾疏引郑注《论语序》云："《易》《诗》《书》《礼》《乐》《春秋》策皆尺二寸，《孝经》谦半之，《论语》八寸策者，三分居一，又谦焉。"《校勘记》云："按《春秋序疏》云：郑玄注《论语序》，以钩命决云：《春秋》二尺四寸书之，《孝经》一尺二寸书之，故知六经之策皆长二尺四寸。然则此云尺二寸，乃传写之误，当作二尺四寸。下云《孝经》谦半之，乃一尺二寸也。又云《论语》八寸策者，三分居一，又谦焉，谓论语八寸，居六经三分之一，比孝经更少四寸，故云又谦焉。"按余第二次考古罗布，在古烽燧亭又拾《论语》残简一方（第五九简），存"亦欲毋加诸人子曰赐非"十字，约长汉建初尺三寸五分。此简下部完好，上部残缺。若以文义校之，上应有"子贡曰我不欲人之加诸我也吾"十三字。准下文赐下无也字例，则我下亦当无也字，实得十二字。今十字写简三寸五分，若再书十二字，当写简四寸二分，合计为七寸七分；首应留一字之空白，适如古论语简八寸之数。且此简宽约建初尺三分，每字宽约二分半，长约二分。简身既狭，字体又小，绝不能过长。据此，则古制《论语》简长八寸之说，益可信也。又古时颁布法令，用三尺简书。《汉书·杜周传》云："客有谓周曰：君为天下决平，不循三尺法。"孟康曰："以三尺竹简书法律也。"第六十简所书，关于法律，以建初尺量之，恰为一尺，是不必皆用三尺也。王氏《简牍考》云："周尺二种：一以十寸为尺，一以八寸为尺。其以八寸为尺者，汉之二尺四寸正当周之三尺。故《盐铁论》言二尺四寸之律（《贵圣篇》），而《史记·酷吏传》称三尺法，《汉书·朱博传》言三尺律令，盖犹沿用周时语也。"均与余简尺度有异，特录之以备参考。以上各简，求之古说，有合者，有不尽合求。然彼此互证，增加吾人研究之兴趣不少矣。又第十三简，为一长方木版，上书"居庐訾仓以邮行"七字，长约汉建初尺四寸，宽二寸五分，疑为古时通行驿路之传，类似今之通行证。《汉书·文帝纪》："除关无用传。"王国维云："案传信有二种：一为乘驿者之传，上所云尺五寸者是也；一为出入关门之传，郑氏周礼注，所谓若过所文书是也。其制则崔豹古今注云：凡传皆以木为之，长五寸，书符信于上，又以一版封之，皆封以御史印章，此最短之牍也。"（《简牍检署考》）按余简上书"居卢訾仓"字样，必为居卢訾仓所发给者，唯"以邮行"之义，必为通行西域大道之传。近人斯坦因在敦煌长城及柏格孟在居延塞发现类此者甚多，亦有较此略短而宽，刬首，上绘蛇虎作图案，疑为出入关门之传。至于此简，疑为普通行路之传，与王氏所述乘驿之传性质相似，唯此较短小耳。

五、简之写法及字数

余简中之写法，大率皆每简一行，每行字数最多者，例如第十八简为四十四字，每字约五毫米建方，小者三毫米。字数最少者，约三字，例如第三三简是也。字之大小，亦随字之多寡为比例。字较大者，约八毫米至十毫米建方，例如第一简、二十六简是也。但二十六简约三十字，第一简约二十二字，字大则容字少，字小则容字多，字之大小，因字之多寡；字之多寡，因事之繁简，初无定例也。但此就一简之字数言，若简之与方，则所书字数不必尽同。按《聘礼》云："百名以上书于策，不及百名书于方。"郑注："名，书文也，今谓之字；策，简也；方，版也。"贾疏云："简谓据一片而言，策是连编之称。"据此，是古时百字以内书于版，百字以上则连简而书，谓之策。今按据简之宽长度，决不能容一百字。如十八简现四十四字，若书写满简，亦不过五十字。每字三毫米建方，再不能小。是聘礼所述书百字者，决非一尺之，简及每简一行之数也。余按古时书写字数，简策有定，而方版无定。《汉书·艺文志》云："刘向以中古文校欧阳、大、小夏侯三家经文，《酒诰》脱简一，《召诰》脱简二；率简二十五字者，脱亦二十五字，简二十二字者，脱亦二十二字。"是尚书各简字有定数也。贾疏引郑注《论语序》曰："《易》《诗》《书》《礼》《乐》《春秋》策皆长二尺四寸。《孝经》则长一尺二寸，《论语》长八寸。"余上文已证明《论语》简八寸，应写二十二字。如此，则与《尚书》之字数相同。虽长短各别，然字有大小，书写有疏密故也。故余曰："简策字有定数者此耳。至于版，则不假连续之策，必一版书尽而后已。（见《聘礼疏》）故一行书写不尽者，必至于二行或三行不等。例如余简中第十七、三十九两简，为两行；第四十九简，则为三行。第十七简，首冠年号，疑为一诏敕。第三十七、四十九所述，为日用饮食之名，疑为书牍之类。余故曰："版字无定数者，此也。"其次言及简版之写法。在余诸简中写法无甚特异之点。大多数皆通上直下，虽不及到底，而下留空白者，因简文事少故耳。亦有书于中际，上下留空白者，例如第三简、四二简、四六简皆然。然皆通行直下，与各简同例也。唯第三四简，在"宋钧亲"下空白六毫米，下书双行小字：左书"妻玑年卅"，右书从者籍里，与其他简一行通上直下之例不合。疑此为户籍法书式，按简文亦言户籍事也。又五四简作上下两层书写，中留三〇毫米空隙，此或为器物簿籍之写法，如五二简同简三行骈书，余在《考释》中，已证明为兵器。如此，是古时器物簿或骈列写，或上下写，皆因其适而书，并不限于每简一行，通上直下之例也。至于函刺，则式大异。刺者，如今名片，古称名，书用木札省，谓之刺。古时书刺者与受刺者姓名于底端，小字骈列六行，并冠爵里。上右端留空白不书，左端书某伏地再拜，某某足下八字。某某足下必提行大字，与前四字骈列。中际则留空门。每刺长八寸，宽一寸六分。此由近代甘肃出现之木简而知其然也。[1]因此，则知余简中第二十六简有"己未立春伏地再拜八月十三日"等字，为随意书写，不合任何规式也。又刘熙《释名》曰："书姓字于奏上曰书刺，作再拜起居字，皆达其体。使书尽边，徐引笔书之，如画者也。下官刺曰长刺，长书中央，一行而下之也。又曰爵里刺，书其官爵及郡县乡里也。"按下官刺，即长书中央一行

---

[1] 一九三一年，甘肃一驼夫赠余数简，皆得自额济纳河畔。有一简如上文所举例，简为两片，后知原为一简剖分者。一片下书"都尉李临书进"，上书"临伏地再拜□□足下"。一片下书"居延甲渠候杜君"与前一片骈列，知同属一简。隶书颇精。余疑此简为古之刺书。若函牍，则上有"函"字样，与此不同。

而下者，余未见，不知余简中第二九简、三〇简是其类否。至于上作再拜起居，及使书尽边，则已有木简之发现，可证明其然也。

　　以上数事，皆就木简之形式加以推论，至于简文本义，余已逐条考释，不再赘述。兹有一事为读者所不可忽者，即此简数目虽少，然对汉通西域之路线，行旅安全之保护，官制之组织，屯戍之设立，以及文化之传播，如研究西域交通，则在此数十残简中，得一认识与证明。须知此数百里荒凉之区，在中国汉时，力极经营，耗费人力物力以为军事及政治之根据地，北捍匈奴，南服于阗，今由此简皆可以证明也。在余发现木简之前，有斯文赫定先生在楼兰遗址发现木简甚多，然皆在泰始以后，而余简年代之最早者为黄龙元年，故余简早赫定先生者三百余年，则研究西域交通，如远溯至西汉，则不能不以余所采获者为唯一之资料矣。

附一 罗布淖尔出土器物分布表

出土地	器物	件数	类别	图版	图号
英	石斧	二	石器	一	2、3
英	尖状器	一四	石器	二	7—20
英	曲首器	六	石器	二	21—26
英	刃片	三〇	石器	二—三	27—56
英	贝饰	一	石器 附	三	57
レラ	汉简	七一	木简	简版一—六	1—71
レラ	汉镜残件	一	铜器	八	7
レラ	韩产私印	一	铜器	九	11
レラ	钩状器	一	铜器	九	12
レラ	藕心钱	一	铜器	九	15
レラ	实体三棱镞	一三	铜器	九	17—22、24—30
レラ	带刺三棱镞	一	铜器	九	31
レラ	长柄三棱镞	一	铜器	九	32
レラ	广翼三棱镞	一	铜器	九	34
レラ	复线三棱镞	一	铜器	九	36
レラ	两翼扁体镞	一	铜器	九	37
レラ	圆锥体镞	一	铜器	九	38
レラ	带饰	六	铜器	九	44—49

出土地	器物	件数	类别	图版	图号
レラ	耳饰	一	铜器	一〇	51
レラ	指饰	一	铜器	一〇	53
レラ	环	九	铜器	一〇	58—66
レラ	钉	六	铜器	一〇	68、71、72、75—77
レラ	扣	二	铜器	一〇	78
レラ	弩机残件	一	铜器	一〇	79、80
レラ	剑首	一	铜器	一〇	81
レラ	竿头	五	铜器	一〇	83—87
レラ	铜残片	二	铜器	一〇	88、89
レラ	熔注	一	铜器	一〇	91
レラ	钉	二	铁器	一二	5、6
レラ	带扣	一	铁器	一二	7
レラ	环	二	铁器	一二	8、9
レラ	饰具	三	铁器	一二	10—12
レラ	两耳杯	一	漆器	一三	1
レラ	扁形匣	一	漆器	一四	4
レラ	漆木杆	一	漆器	一四	5
レラ	漆残件	七	漆器	一四	6—12

第四篇　木简考释　　　285

续表

出土地	器物	件数	类别	图版	图号
Lケ	束苇	一	草器	二七	6
Lタ	五铢钱	一	铜器	九	13
Lタ	筒状物	一	铜器	九	16
Lタ	铜残片	二	铜器	一〇	90
Lタ	刀	二	铁器	一二	1、2
Lタ	杂件	二	铁器	一二	13、14
Lロ	桶形篓	一	草器	二六	2、3
Lロ	绫线帽	一	草器附	二六	4
LC	帽缨	一	草器	二六	5
LC	汉镜残件	一	铜器	八	10
LC	桶状组	一	漆器	一三	3
LC	圆底杯	一	木器	二六	1、2
LC	圆底把杯	一	木器	一七	7
LC	石充耳	一	杂类	二九	19
Lヲ	桶状杯	三	漆器	一三	2
Lヲ	枋	三	木器	一八	14—16
Lヲ	簪	四	木器	一八	17—19
Lヲ	杂件	一	木器	一八	24—27
Lヲ	桶形篓	四	草器	二六	1
Lヲ	簪	四	骨器	二八	1—4

出土地	器物	件数	类别	图版	图号
Lケ	食具	二	木器	一七	10、11
Lケ	残箅	一	木器	一七	12
Lケ	枋	一	木器	一八	13
Lケ	簪	一	木器	一八	20
Lケ	杂件	六	木器	一八	21—23、28、29、31
Lケ	青履	二	织品	二〇	1、2
Lケ	素履	一	织品	二〇	3
Lケ	赤履	二	织品	二〇	4、5
Lケ	履底	一	织品	二一	6
Lケ	合档袴	一	织品	二一	7
Lケ	裈襦褕袖	一	织品	二一	8
Lケ	布囊	一	织品	二一	15
Lケ	麻布残片	一	织品	二一	16
Lケ	丝织残片	一	织品	二一	17
Lケ	油漆麻布残块	二	织品	二二	18、19
Lケ	毛毯	三	织品	二二	20、21
Lケ	毛织布	一	织品	二三	22
Lケ	方眼罗纱	一	织品	二三	23
Lケ	丝绵	一	织品	二三	24
Lケ	麻纸	一	织品附	二三	25

续表

出土地	器物	件数	类别	图版	图号
L丙	指饰	一	铜器	一〇	52
L丙	指饰	一	铜器	一〇	56
L丙	四足几	一	木器	一六	3
L丙	圆底把杯	二	木器	一七	8、9
L丙	汉花枝镜	一	铜器	八	1
L丙	汉十二辰镜	一	铜器	八	2
L丙	刀	二	铁器	一二	3、4
L丙	残陶片		陶泥	六	6
L丙	铅块	一	铁器 附	一二	15
L丙	圆柱状石核	一	石器	三	64
L丙	矩状石核	二	石器	四	78
L丙	四足几	一	木器	一六	4—6
L丁	锤石	一	石器	一	5
L丁	砺石	一	石器	三	6
L丁	圆柱状石核	一	石器	三	65
L丁	矩状石核	三	石器	四	67、75、77
L丁	玉刀	一	石器	四	88
L丁	泥杯	一	陶泥	六	7
L丁	泥纺车	一	陶泥	六	8
L丁	杂件	一	木器	一八	30

出土地	器物	件数	类别	图版	图号
L丙	杂具	二	骨器	二八	5、6
L丙	扁形耳饰	二	杂类	二九	1、2
L丙	椭圆形耳饰	二	杂类	二九	3、5
L丙	方形耳饰	四	杂类	二九	6—9
L丙	珠粒状耳饰	九	杂类	二九	10—18
L丙	冠缨	一	杂类	二九	20
L丙	饰	三	杂类	二九	24—26
L丙	贝饰	一	杂类	二九	27
L丙	方形石器	五	石器	三	58、60、61、63、66
L丙	圆柱状石核	二	石器	四	70、72
L丙	矩形石核	二	石器	四	82、85
L丙	扁状石镞	一	石器	四	86
L丙	三棱状石镞	一	石器	四	87
L丙	玉刀	一	石器	四	89
L丙	玉斧	一	石器	四	79
L丙	四棱状石镞	三	石器	四	80、81、84
L丙	扁状石镞	一	石器	四	85
L丙	三棱状石镞	一	石器	四	
L丙	残陶片	四	陶泥	六	1—4
L丙	汉镜残件	四	铜器	八	5、6、8、9
L丙	兽面	一	铜器	九	43

第四篇　木简考释　　　　287

续表

出土地	器物	件数	类别	图版	图号
LP	椭圆形耳饰	一	杂类	二九	4
Lヰ	汉镜残件	二	铜器	八	3、4
LΔ	空首三棱镞	一	铜器	九	33
LΔ	钉	二	铜器	一〇	67、69
L山	小五铢钱	一	铜器	九	14
L山	实体三棱镞	一	铜器	九	23
L山	广翼三棱镞	一	铜器	九	35
L山	铃	四	铜器	九	39—42
L山	指饰	三	铜器	一〇	54、55、57
L山	钉	二	铜器	一〇	73、74
L山	剑首	二	铜器附	一〇	82
L	石斧	一	石器	一	1
天	玉斧	一	石器	四	90

出土地	器物	件数	类别	图版	图号
LT	纺筵	一	草器	二七	7
LT	褰衣	三	草器	二七	8—10
LT	棒状物	一	草器	二七	11
LT	杂具	五	骨器	二八	7—11
L业	残陶片	一	陶泥	六	5
Lオ	钉	一	铜器	一〇	70
Lオ	冠缨	三	杂类	二九	21—25
LP	石刀	一	石器	一	4
LP	圆柱状石核	二	石器	三	59、62
LP	矩形石核	六	石器	四	68、69、71、73、74、76
LP	杉巾	三	织品	二一	9—11
L四	衣饰	一	织品	二一	12
L四	帕	一	织品	二二	13
L四	丝绵方枕	一	织品	二二	14
LP	带饰	一	铜器	九	50

附二 罗布淖尔出土器物分布总表

类别 件数 出土地	石器	陶泥	铜器	铁器	漆器	器物 木器	织品	草器	骨器	杂类	木简	总数
英(一)	五三											五三
L夕(二)			五八	八	一〇	一一	一九	一			七一	一七八
L攵(三)			三	四								七
L几(四)			一			三		四				四
L匚(五)										一		六
L万(六)					一	一〇		一	六	二二		四〇
L勹(七)	一二		六									一二
L廾(八)	五	四	一			三						一五
L彡(九)			二	二								四
L夕(一〇)			二	一								四
L巛(一一)		一										二
L廴(一二)	二											二
L兀(一三)						三						三

第四篇　木简考释

续表

类别 件数 出土地	石器	陶泥	铜器	铁器	漆器	器物 木器	织品	草器	骨器	杂类	木简	总数
L丩（一四）	七	二										九
L丁（一五）								五	五			一一
L㞢（一六）		一										一
L彳（一七）			一							三		四
L尸（一八）	九											九
L囗（一九）							六					六
L尸（二〇）			一							一		二
L屮（二一）			二									二
L厶（二二）			三									三
L凵（二三）			一四									一四
L（二四）	一											一
天（二五）	一											一
总数	九〇	八	九二	一五	一二	三一	二五	二	一	二七	七一	三九三件

290　　　　　　　　　　　　　　　　　　　　　　　　　　　　罗布淖尔考古记

附注：

（一）英　库鲁克山中英都尔库什之简称，见《第二次考察路线图》。

（二）Lㄆ　罗布淖尔土垠古烽燧亭遗址，见第一次及第二次《考察路线图》。凡上一字罗马字母，代表大地名；后一字注音字母，代表出土地。此处 L 为 Lob-nor 之简称，后一ㄆ字为土垠烽燧亭遗址之代名称。以下均依此类推。

（三）Lㄆ　土墩遗址，在Lㄆ土垠东南，见《第一次考察路线图》。

（四）Lㄇ　湖畔古冢，在L丙驻地之东，见《第一次考察路线图》。

（五）Lㄈ　湖畔古冢，在L丙驻地之西，见《第一次考察路线图》。

（六）L丙　湖畔古冢，在驻地南许里，见《第一次考察路线图》。

（七）Lㄉ　石器遗址，在L丙驻地之北，见《第一次考察路线图》。

（八）L古　石器遗址，在L丙驻地之南，孔雀河南岸，见《第一次考察路线图》。

（九）Lㄋ　湖畔古冢，在阿提米西布拉克之南偏西，见《第一次考察路线图》。

（一〇）Lㄌ　土台遗址，在库鲁克山鲁戈斯特之南，见《第二次考察路线图》。

（一一）L巛　古房遗址，在Lㄌ之东，见《第二次考察路线图》。

（一二）L丂　石器遗址，在L巛之东，见《第二次考察路线图》。

（一三）Lπ　古坟遗址，在Lㄕ、L囗之间，见《第二次考察路线图》。

（一四）Lㄩ　石器遗址，在L丂之东，见《第二次考察路线图》。

（一五）LT　古房遗址，在Lㄌ之西，见《第二次考察路线图》。

（一六）L屮　古址，在LT之西南，见《第二次考察路线图》。

（一七）L彳　古址，在Lㄩ之东北，见《第二次考察路线图》。

（一八）Lㄕ　石器遗址，在L丂之东北，见《第二次考察路线图》。

（一九）L囗　湖畔古冢，在L彳之西，见《第二次考察路线图》。

（二〇）Lㄕ　古址，在L囗之东，见《第二次考察路线图》。

（二一）Lㄊ　古址，在L巛之东，见《第二次考察路线图》。

（二二）Lㄙ　古址，在柳堤之东南约二十里地所拾，柳堤见《第二次考察路线图》。

（二三）Lㄐ　古址，此系柏格孟及龚工程师在罗兰遗址所搜集以赠余者，在孔雀河南新罗布淖尔之东，见附图一、二、三及《西域交通路线图》。

（二四）L　在罗布淖尔北岸所拾，忘其地址。

（二五）天　此系余助手小侯所拾以赠余者，据称出天山北路。

附三 《罗布淖尔考古记》器物图版索引

版图	号图	登记号	原号	出土地	类别	物品	版图比缩	插图 图版	插图 图号	图说页数
一	1	失号	失号	L（一）	石器类	石斧	4/5			一三
一	2	教三一二（二）	六九	英	石器类	石斧	原大			一三
一	3	教三一二	六八	英	石器类	石斧	9/10			一三
一	4	教二九二	一	Lア	石器类	石斧	4/5			一四
一	5	教三五三	三三	Lㄐ	石器类	石刀	原大			一四
一	6	教三一三	二〇	Lㄐ	石器类	捶石	原大			一四
二	7	西一八七九（三）	一四	英	石器类	砺石	原大	五	1	一四
二	8	西一八七九	三七	英	石器类	尖状器	原大	五	2	一五
二	9	西一八七九	一二	英	石器类	尖状器	原大			一五
二	10	西一八七九	七	英	石器类	尖状器	原大			一五
二	11	西一八七九	三〇	英	石器类	尖状器	原大			一五
二	12	西一八七九	六	英	石器类	尖状器	原大			一五
二	13	西一八七九	三二	英	石器类	尖状器	原大			一五
二	14	西一八七九	失号	英	石器类	尖状器	原大			一五
二	15	西一八七九	四〇	英	石器类	尖状器	原大	五	3	一五
二	16	西一八七九	二〇	英	石器类	尖状器	原大			一五
二	17	西一八七九	一三	英	石器类	尖状器	原大			一五

续表

版图	号图	登记号	原号	出土地	类别	物品	版图比缩	插图 图版	插图 图号	图说页数
二	18	西一八七九	一〇	英	石器类	尖状器	原大	五	4	一一六
二	19	西一八七九	六五	英	石器类	尖状器	原大			一一六
二	20	西一八七九	九	英	石器类	尖状器	原大			一一六
二	21	西一八七九	五五	英	石器类	曲首器	原大			一一六
二	22	西一八七九	一	英	石器类	曲首器	原大			一一六
二	23	西一八七九	二六	英	石器类	曲首器	原大	五	5	一一六
二	24	西一八七九	二三	英	石器类	曲首器	原大	五	6	一一六
二	25	西一八七九	六三	英	石器类	曲首器	原大			一一七
二	26	西一八七九	五七	英	石器类	刃片	原大			一一七
二	27	西一八七九	六〇	英	石器类	刃片	原大			一一七
二	28	西一八七九	四七	英	石器类	刃片	原大			一一七
二	29	西一八七九	六四	英	石器类	刃片	原大	五	7	一一七
二	30	西一八七九	二九	英	石器类	刃片	原大	五	8	一一七
二	31	西一八七九	一八	英	石器类	刃片	原大			一一八
二	32	西一八七九	一五	英	石器类	刃片	原大			一一八
二	33	西一八七九	三九	英	石器类	刃片	原大			一一八
二	34	西一八七九	一九	英	石器类	刃片	原大			一一八

续表

版图	号图	登记号	原号	出土地	类别	物品	版图比缩	插图 图版	插图 图号	图说页数
三	35	西一八七九	三三	英	石器类	刃片	原大	五	9	一一八
三	36	西一八七九	一七	英	石器类	刃片	原大	五	10	一一八
三	37	西一八七九	二八	英	石器类	刃片	原大	五	11	一一八
三	38	西一八七九	六五	英	石器类	刃片	原大			一一八
三	39	西一八七九	四〇	英	石器类	刃片	原大			一一八
三	40	西一八七九	三五	英	石器类	刃片	原大			一一八
三	41	西一八七九	一一	英	石器类	刃片	原大			一一九
三	42	西一八七九	七〇	英	石器类	刃片	原大			一一九
三	43	西一八七九	四六	英	石器类	刃片	原大			一一九
三	44	西一八七九	四二	英	石器类	刃片	原大			一一九
三	45	西一八七九	三八	英	石器类	刃片	原大			一一九
三	46	西一八七九	一六	英	石器类	刃片	原大			一一九
三	47	西一八七九	五五	英	石器类	刃片	原大	五	12	一一九
三	48	西一八七九	四四	英	石器类	刃片	原大			一一九
三	49	西一八七九	五一	英	石器类	刃片	原大			一一九
三	50	西一八七九	六一	英	石器类	刃片	原大			一一九
三	51	西一八七九	八一	英	石器类	刃片	原大			一一九
三	52	西一八七九	二一	英	石器类	刃片	原大			一一九
三	53	西一八七九	八一	英	石器类	刃片	原大			一一九
三	54	西一八七九	六六	英	石器类	刃片	原大			一二〇

续表

版图	号图	登记号	原号	出土地	类别	物品	版图比缩	插图 图版	插图 图号	图说页数
三	55	西一八七九	四四	英	石器类	刃片	原大			一二〇
三	56	西一八七九	五六	英	石器类	刃片	原大			一二〇
三	57	西一八七九	七八	英	石器类	具饰 附	原大			一二〇
三	58	西一八八〇	四	Lタ	石器类	圆柱状石核	4/5			一二一
三	59	教二八九	三	Lア	石器类	圆柱状石核	4/5			一二一
三	60	西一八八〇	八	Lア	石器类	圆柱状石核	4/5			一二一
三	61	西一八八〇	九	Lア	石器类	圆柱状石核	4/5			一二一
三	62	教二八九	五	Lア	石器类	圆柱状石核	4/5			一二二
三	63	西一八八〇	一〇	Lラ	石器类	圆柱状石核	4/5			一二二
三	64	教二八九	一	Lム	石器类	圆柱状石核	4/5			一二二
三	65	教三一四	一五	Lム	石器类	圆柱状石核	4/5			一二二
三	66	西一八八〇	一三	Lア	石器类	圆柱状石核	4/5			一二二
四	67	教三一三	二一	Lム	石器类	矩状石核	4/5			一二三
四	68	教二八九	九	Lア	石器类	矩状石核	4/5			一二三
四	69	教二八九	四	Lア	石器类	矩状石核	4/5			一二三
四	70	西一八八〇	五	Lア	石器类	矩状石核	4/5			一二三
四	71	教二八九	六	Lア	石器类	矩状石核	4/5			一二三
四	72	西一八八〇	七	Lア	石器类	矩状石核	4/5			一二三
四	73	教二八九	八	Lア	石器类	矩状石核	4/5			一二三
四	74	教二八九	七	Lム	石器类	矩状石核	4/5			一二三

第四篇　木简考释

续表

版图号图	登记号	原号	出土地	类别	物品	版图比缩	插图 图版	插图 图号	图说页数
四	75	教三一四	Lǔ	石器类	矩状石核	4/5			一二三
四	76	教二八九	Lア	石器类	矩状石核	4/5			一二三
四	77	教三一四	Lǔ	石器类	矩状石核	4/5			一二三
四	78	教三八九	Lㄢ	石器类	矩状石核	4/5			一二四
四	79	西一八六七	Lㄓ	石器类	四棱镞	4/5	五	13	一二五
四	80	西一八六七	Lㄓ	石器类	扁状镞	4/5	五	14	一二五
四	81	西一八六七	Lㄓ	石器类	扁状镞	4/5			一二五
四	82	西一八六七	Lㄉ	石器类	扁状镞	4/5	五	15	一二五
四	83	教三八八	Lㄓ	石器类	扁状镞	4/5	五	16	一二五
四	84	教三八八	Lㄉ	石器类	三棱镞	4/5	五	17	一二六
四	85	西一八八〇	Lㄉ	石器类	三棱镞	4/5	五	18	一二六
四	86	西一八八〇	Lㄉ	石器类	玉刀	4/5	五	19	一二七
四	87	教三一四〇	Lǔ	石器类	玉刀	4/5	五	20	一二七
四	88	教二八七一	Lㄉ	石器类	玉斧	4/5		21	一二七
四	89	(四)							
四	90		天	陶泥类	残陶片	4/5	七	1	一二八
六	1	西一八六七	Lㄓ	陶泥类	残陶片	4/5	七	2	一二九
六	2	西一八六七	Lㄉ	陶泥类	残陶片	3/4			一二九
六	3	西一八六七	Lㄉ	陶泥类	残陶片	4/5			一二九
六	4	教二八三	Lㄉ	陶泥类	残陶片	3/4			一二九

续表

版图	号图	登记号	原号	出土地	类别	物品	版图比缩	插图 图版	插图 图号	图说页数
六	5	教三四五	四	L出	陶泥类	残陶片	4/5			一二九
六	6	教三三七	二	L从	陶泥类	残陶片	3/4			一二九
六	7	教三二三	二四	L丛	陶泥类	泥杯	3/4			一三〇
六	8	教三三三	四	L夕	陶泥类	泥纺车	3/4			一三〇
八	1	（五）		L夕	铜器类	汉花枝纹镜	3/5	八	1	一三一
八	2	（五）		L夕	铜器类	汉十二辰镜	3/5	八	2	一三二
八	3	教二六一	二	L夕	铜器类	汉镜残件	1/2	八	3	一三二
八	4	教二六一	三	L士	铜器类	汉镜残件	1/2	八	4	一三二
八	5	西一八八三	三	L士	铜器类	汉镜残件	1/2	八	5	一三二
八	6	西一八八三	八九	L夕	铜器类	汉镜残件	1/2			一三二
八	7	西一八八三	四	L士	铜器类	汉镜残件	1/2	八	6	一三二
八	8	西一八八三	六	L匚	铜器类	汉镜残件	1/2	八	7	一三二
八	9	教二六六	四	L夕	铜器类	汉镜残件	1/2			一三三
八	10	西二六九	七一	L夕	铜器类	韩产私印	1/2	八		一三三
九	11	西一六六	八八	L夕	铜器类	钩状章	7/10	一一	1	一三三
九	12	西一八八三	二	L夕	铜器类	五铢钱	7/10			一三三
九	13	教三九〇	一	L口	铜器类	小五铢钱	7/10			一三三
九	14	教三七四	八七	L夕	铜器类	藕心钱	7/10			一三四
九	15	西一八八三	一	L女	铜器类	筒状物	7/10			一三四
九	16	西一八八七								

第四篇　木简考释　　297

续表

版图	号图	登记号	原号	出土地	类别	物品	版图比缩	插图图版	插图图号	图说页数
九	17	西一八七六	七五	Lケ	铜器类	实体三棱镞	7/10	一一	2	一三四
九	18	西一八七六	七五	Lケ	铜器类	实体三棱镞	7/10	一一	3	一三四
九	19	西一八七六	七五	Lケ	铜器类	实体三棱镞	7/10			一三四
九	20	西一八七六	七五	Lケ	铜器类	实体三棱镞	7/10			一三四
九	21	西一七八七	七五	Lケ	铜器类	实体三棱镞	7/10	一一	4	一三四
九	22	西一八七八	四	LU	铜器类	实体三棱镞	7/10			一三四
九	23	教三七七	二	Lケ	铜器类	实体三棱镞	7/10			一三四
九	24	西一八七六	七五	Lケ	铜器类	实体三棱镞	7/10			一三四
九	25	西一八七六	七五	Lケ	铜器类	实体三棱镞	7/10			一三四
九	26	西一八七六	七五	Lケ	铜器类	实体三棱镞	7/10			一三四
九	27	西一八七六	七五	Lケ	铜器类	实体三棱镞	7/10			一三四
九	28	西一八七六	七五	Lケ	铜器类	实体三棱镞	7/10			一三四
九	29	西一八七六	七五	Lケ	铜器类	实体三棱镞	7/10	一一	5	一三四
九	30	西一八七六	七五	Lケ	铜器类	带刺三棱镞	7/10	一一	6	一三五
九	31	西一八七六	二	Lム	铜器类	长柄三棱镞	7/10	一一	7	一三五
九	32	西一八七六	七五	Lケ	铜器类	空首三棱镞	7/10	一一	8	一三五
九	33	教三七六	二	Lム	铜器类	广翼三棱镞	7/10	一一	9	一三五
九	34	西一八七五	七五	Lケ	铜器类	广翼三棱镞	7/10	一一	10	一三五
九	35	教三七五	二	LU	铜器类	广线三棱镞	7/10			一三五
九	36	西一八七六	七五	Lケ	铜器类	复线三棱镞	7/10	一一	11	一三六

298　罗布淖尔考古记

续表

版图	号图	登记号	原号	出土地	类别	物品	版图比缩	插图 图版	插图 图号	图说页数
九	37	西一八七六	七五	Lケ	铜器类	两翼扁状镞	7/10	一一	12	一三六
九	38	西一八七六	七五	Lケ	铜器类	圆锥体镞	7/10	一一	13	一三六
九	39	教三八七四	三	Lコ	铜器类	铃	4/5	一一	14	一三八
九	40	教三七七五	四	Lコ	铜器类	铃	4/5	一一	15	一三八
九	41	教三七七五	五	Lコ	铜器类	铃	13/20	一一	16	一三八
九	42	教三七七五	六	Lコ	铜器类	铃	13/20			一三八
九	43	西一八七六	五	Lㅊ	铜器类	兽面	4/5			一三九
九	44	西一八七六	七九	Lケ	铜器类	带饰	13/20	一一	17	一三九
九	45	西一八七六	七七	Lケ	铜器类	带饰	13/20	一一	18	一三九
九	46	西一八七六	七八	Lケ	铜器类	带饰	13/20			一三九
九	47	西一八七六	七六	Lケ	铜器类	带饰	13/20			一四〇
九	48	西一八七六	八四	Lケ	铜器类	带饰	13/20			一四〇
九	49	西一八七六	八五	Lケ	铜器类	带饰	13/20			一四〇
九	50	教三八七一	三	Lア	铜器类	耳饰	63/20			一四〇
九	51	教三八八	一二七	Lㅊ	铜器类	指饰	13/20			一四〇
九	52	西一八八三	一	Lケ	铜器类	指饰	13/20			一四〇
九	53	教三八八	一九四	Lケ	铜器类	指饰	13/20			一四〇
九	54	教二六八	八	Lコ	铜器类	指饰	13/20	一一	19	一四〇
九	55	教二六八	七	Lコ	铜器类	指饰	13/20	一一	20	一四〇
九	56	教二六八	三	Lン	铜器类	指饰	13/20			一四〇

第四篇　木简考释　　　299

续表

版图	号图	登记号	原号	出土地	类别	物品	版图比缩	插图 图版	插图 图号	图说页数
一〇	57	教三七五	九	LU	铜器类	指饰	13/20			一四一
一〇	58	西一八八三	一二三	L5	铜器类	环	13/20			一四一
一〇	59	教二八八	一一六	L5	铜器类	环	13/20			一四一
一〇	60	教二八八	一二七	L5	铜器类	环	13/20			一四一
一〇	61	西一八八三	一〇七	L5	铜器类	环	13/20			一四一
一〇	62	教二八八	一一二	L5	铜器类	环	13/20			一四一
一〇	63	教二六二	一一九	L5	铜器类	环	13/20			一四一
一〇	64	西二八六二	一二四	L5	铜器类	环	13/20			一四一
一〇	65	教二六二	一二九	L5	铜器类	环	13/20			一四一
一〇	66	西二八八三	九三	LA	铜器类	环	13/20	一一	21	一四二
一〇	67	教三七七	三	L5	铜器类	钉	13/20	一一	22	一四二
一〇	68	西一八八三	九七	LA	铜器类	钉	13/20	一一	23	一四二
一〇	69	教三六七	四	LA	铜器类	钉	13/20			一四二
一〇	70	教三六七	六	L4	铜器类	钉	13/20	一一	24	一四二
一〇	71	西一八八三	九八	L5	铜器类	钉	13/20			一四二
一〇	72	西一八八三	九九	L5	铜器类	钉	13/20	一一	25	一四二
一〇	73	教七三五	一二	LU	铜器类	钉	13/20			一四二
一〇	74	教三七五	一三	L5	铜器类	钉	13/20			一四二
一〇	75	西一八八三	一五九	L5	铜器类	钉	13/20			一四二
一〇	76	西一八七五	一五八	L5	铜器类	钉	13/20			一四二

续表

版图	号图	登记号	原号	出土地	类别	物品	版图比缩	插图 图版	插图 图号	图说页数
一〇	77	西一八七五	一六二	Ｆ夕	铜器类	钉	13/20			一四二
一〇	78	西一八八三	一〇二	Ｆ夕	铜器类	扣	13/20	一一	26	一四二
一〇	79	西一八八三	八〇	Ｆ夕	铜器类	弩机残件	13/20	一一	27	一四三
一〇	80	教二七四	九五	Ｆ口	铜器类	弩机残件	13/20			一四三
一〇	81	教二七五	八六	Ｆ夕	铜器类	剑首	13/20	一一	28	一四四
一〇	82	教二七四	八〇	Ｆ口	铜器类	剑首	13/20	一一	29	一四四
一〇	83	西一八八三	八一	Ｆ夕	铜器类	竿头	13/20		30	一四五
一〇	84	西一八八三	八二	Ｆ夕	铜器类	剑首	13/20			一四五
一〇	85	西一八八三	一〇二	Ｆ夕	铜器类	剑首	13/20	一一	31	一四五
一〇	86	西一八七五	一五五	Ｆ夕	铜器类	剑首	13/20	一一	32	一四五
一〇	87	西一八七二	二七	Ｆ夕	铜器类	铜残片	13/20	一一	33	一四五
一〇	88	西一八七五	三	Ｆ夕	铜器类	铜残片	13/20			一四五
一〇	89	西一八六八	一六二	Ｆ夕	铜器类	铜残片	13/20			一四五
一〇	90	西一八七五	一五	Ｆ口	铜器类	熔注	13/20			一四五
一〇	91	教三七八	四	Ｆ女	铜器类	铜酱附	13/20			一四五
一二	1	西一八六八	五	Ｆ女	铁器类	刀	4/5			一四八
一二	2	西一八六八	二	Ｆ为	铁器类	刀	4/5			一四八
一二	3	教二七〇	二	Ｆ为	铁器类	刀	2/5			一四八
一二	4	教二七〇	一	Ｆ为	铁器类	刀	2/5			一四八

第四篇　木简考释　　　301

续表

版图	号图	登记号	原号	出土地	类别	物品	版图比缩	插图 图版	插图 图号	图说页数
一二	5	西一八七二	一九一	Lソ	铁器类	钉	7/10			一四八
一二	6	西一八七二	一九二	Lソ	铁器类	钉	7/10			一四八
一二	7	教二六〇	一八七	Lソ	铁器类	带扣	7/10			一四九
一二	8	教二五九	一八七	Lソ	铁器类	环	7/10			一四九
一二	9	西二五九	一八九	Lソ	铁器类	环	1/2			一四九
一二	10	西一八八三	一八四	Lソ	铁器类	饰具	1/2			一四九
一二	11	西一八八三	一八六	Lﾀ	铁器类	饰具	1/2			一四九
一二	12	西一八六六	一八五	Lﾀ	铁器类	杂件	1/2			一四九
一二	13	西一八六六	七	Lﾊ	铁器类	杂件	1/2			一四九
一二	14	西一八六六	六	Lソ	铁器类	铅块 附	3/5			一四九
一二	15	教三二七	七	Lソ	铁器类	两耳杯	3/4	一五	1	一五〇
一三	1	西一八八三	一九九	Lﾌ	漆器类	桶状杯	1/2	一三	1	一五〇
一三	2	西一八八三	五	Lﾆ	漆器类	桶状杯	1/2			一五一
一三	3	教二八九四	一三	Lソ	漆器类	扁形匣	1/3			一五一
一四	4	西一八九七	二〇〇	Lソ	漆器类	漆木杆	1/5			一五二
一四	5	教二七八	二〇一	Lソ	漆器类	漆残件	2/3	一五	2	一五二
一四	6	教二八八	一九六	Lソ	漆器类	漆残件	2/3	一五	3	一五二
一四	7	教二七三	二〇三	Lソ	漆器类	漆残件	2/3			一五二
一四	8	教二七五	二〇五	Lソ	漆器类	漆残件	2/3			一五二

302　　罗布淖尔考古记

续表

版图	号图	登记号	原号	出土地	类别	物品	版图比缩	插图 图版	插图 图号	图说页数
一四	10	敦二七三	二〇四	Lㄅ	漆器类	漆残件	2/3	一五	4	一五二
一四	11	敦二七三	二〇七	Lㄅ	漆器类	漆残件	2/3			一五二
一四	12	敦二四二	二〇八	Lㄅ	漆器类	漆残件	2/3			一五二
一六	1	西一八九九	一一一	LㄈLㄅ	木器类	圆底俎	1/4	一九	1	一五五
一六	2	西一九〇一	一二一	LㄈLㄅ	木器类	漆残件	1/5	一九	2	一五五
一六	3	敦二三〇〇	一一	LㄈLㄅ	木器类	四足几	3/10	一九	3	一五六
一六	4	敦二三五	二	LㄈLㄅ	木器类	四足几	2/5			一五六
一六	5	敦二三五	三	LㄈLㄅ	木器类	四足几	2/5			一五六
一七	6	敦二三五	一〇	LㄈLㄅ	木器类	圆底把杯	1/2	一九	4	一五六
一六	7	敦二八五	一	LㄈLㄅ	木器类	圆底把杯	2/5			一五六
一六	8	西一九〇〇	二	Lㄅ	木器类	圆底把杯	3/8	一九	5	一五七
一七	9	西一九〇〇	三	Lㄅ	木器类	食具	2/3			一五七
一七	10	失号	失号	Lㄅ	木器类	食具	2/3			一五八
一七	11	失号	失号	Lㄅ	木器类	残箅	2/5			一五八
一八	12	敦二七九	二五三	Lㄅ	木器类	柎	9/10			一五八
一八	13	敦二一八八	二一八	Lㄅ	木器类	柎	4/5			一五八
一八	14	西一八八四	二一	Lㄎ	木器类	柎	4/5			一五八
一八	15	西一八八四	二九	Lㄎ	木器类	柎	4/5			一五八
一八	16	西一八八四	四	Lㄎ	木器类	箸	3/4	一九	6	一五八

第四篇 木简考释

续表

版图	图号	登记号	原号	出土地	类别	物品	版图比缩	插图 图版	插图 图号	图说页数
一八	18	西一八八四	三四	LB	木器类	箸	4/5	一九	7	一五八
一八	19	西一八八五	三五	LB	木器类	箸	4/5			一五八
一八	20	教二八〇	二一一	LS	木器类	箸	4/5			一五九
一八	21	教二八八	二一七	LS	木器类	杂件	2/5	一九	8	一五九
一八	22	教二八〇	二一九	LS	木器类	杂件	2/3			一五九
一八	23	教二八〇	二一八	LS	木器类	杂件	13/20			一五九
一八	24	西一八八四	三〇	LB	木器类	杂件	11/20			一五九
一八	25	西一八八四	三一	LS	木器类	杂件	11/20			一五九
一八	26	西一八八四	三三	LS	木器类	杂件	4/5			一六〇
一八	27	西一八八四	二五五	LS	木器类	杂件	4/5			一六〇
一八	28	教二九八	二七〇	LS	木器类	杂件	3/4	一九	9	一六〇
一八	29	教二八〇	六一	LT	木器类	杂件	13/20	一九	10	一六〇
一八	30	教二七七	二一六	LS	木器类	杂件	原大			一六一
二〇	1	西一九一〇	二一四	LS	织品类	青履	9/10			一六一
二〇	2	西一九〇七	二一三	LS	织品类	青履	2/5			一六一
二〇	3	西一九〇	二一六	LS	织品类	素履	2/5			一六二
二〇	4	西一九一〇	二一六	LS	织品类	赤履	2/3			一六二
二〇	5	西一九〇九	二一五	LS	织品类	赤履	2/5			一六二
二〇	6	西〇三二四	二一四	LS	织品类	履底	2/5			一六二

续表

版图	号图	登记号	原号	出土地	类别	物品	版图比缩	插图 图版	插图 图号	图说页数
二一	7	教二八三	三一七	Lケ	织品类	合裆裈	1/10			一六三
二一	8	教二八九一	二二五	Lケ	织品类	禅襦袖	1/3			一六三
二一	9	教二九五	四	L口	织品类	衫巾	2/5			一六四
二一	10	教二九六	五	L口	织品类	衫巾	3/10			一六四
二一	11	教二九五	三	L口	织品类	衣饰	1/8	二四	1	一六四
二一	12	教二九五	一	L口	织品类	帕	1/4	二四	2	一六五
二一	13	教二六二	六	L口	织品类	丝绵方枕	1/3			一六五
二二	14	教三四八	三二〇	Lケ	织品类	布囊	3/10			一六六
二二	15	教三三四九	二一二	Lケ	织品类	麻布残块	1/6			一六六
二二	16	教三四八	二二三	Lケ	织品类	丝织残巾	1/4			一六七
二二	17	教二七五	二一八	Lケ	织品类	油漆麻布残块	3/10	二四	3	一六七
二三	18	教三三一	二一九	Lケ	织品类	油漆麻布残块	7/25			一六七
二三	19	教三四一	二四四	Lケ	织品类	毛毯	7/30			一六七
二三	20	教二六五	二四三	Lケ	织品类	毛毯	7/30			一六七
二三	21	教二九七	二一七	Lケ	织品类	毛织布	7/13			一六七
二三	22	教三九七	二二六	Lケ	织品类	方眼罗纱	7/13			一六七
二三	23	教三九七	二六	Lケ	织品类	丝绵	7/13			一六七
二三	24	教二九七	二四五	Lケ	织品类	麻纸附	2/5			一六八
二三	25	西一八二	一	Lケ万	草器类	桶形篓	4/5			一六九

续表

版图	号图	登记号	原号	出土地	类别	物品	版图比缩	插图 图版	插图 图号	图说页数
二六	2	西一八九二	三	LN	草器类	桶形篓	2/3			一六九
二六	3	西一八九二	三	LN	草器类	桶形篓	2/3			一六九
二六	4	西一八九二	四	LN	草器类	皱线帽	11/20	二七		一七〇
二六	5	西一八九二	五	LN	草器类	帽缨	11/20		1	一七〇
二七	6	教三〇八	二七三	Lゲ	草器类	束苇	1/4			一七一
二七	7	教二七七	七	LT	草器类	纺筳	3/5			一七一
二七	8	教二八四	八	LT	草器类	蓑衣	1/4			一七二
二七	9	教二八四	八	LT	草器类	蓑衣	1/4			一七二
二七	10	教二八四	一〇	LT	草器类	蓑衣	1/4			一七二
二七	11	教二八七六	八	Lヵ	草器类	棒状物	2/5			一七三
二八	1	西一八九〇	九	Lヵ	骨器类	簪	4/5			一七三
二八	2	西一八九〇	六	Lヵ	骨器类	簪	原大			一七三
二八	3	西一八八八	七	Lヵ	骨器类	簪	4/5			一七三
二八	4	西一八八八	一〇	Lヵ	骨器类	簪	4/5			一七三
二八	5	教二九九	一一	LT	骨器类	杂具	4/5			一七四
二八	6	教二九九	一四	LT	骨器类	杂具	原大			一七四
二八	7	教二八一	一二	LT	骨器类	杂具	原大			一七四
二八	8	教二八一	一三	LT	骨器类	杂具	4/5			一七四
二八	9	教二八一	一	LT	骨器类	杂具	原大			一七四
二八	10	教二八八	一一	LT	骨器类	杂具	1/2			一七四

续表

版图	号图	登记号	原号	出土地	类别	物品	插图版图比缩	图版	图号	图说页数
二八	11	教二一六	八	LT	骨器类	杂具	3/4			一七四
二九	1	教三七九	一三	L万	杂类	扁形耳饰	原大	三〇	1	一七五
二九	2	教三七九	一二	L万	杂类	扁形耳饰	原大	三〇	2	一七五
二九	3	教三七九	一五	L万	杂类	椭圆形耳饰	原大	三〇	3	一七五
二九	4	教二九〇	四	LP	杂类	椭圆形耳饰	原大	三〇	4	一七五
二九	5	教三七九	二五	L万	杂类	方形耳饰	原大	三〇	5	一七五
二九	6	教三六五	三〇	L万	杂类	方形耳饰	原大	三〇	6	一七五
二九	7	教三六五	一八	L万	杂类	方形耳饰	原大	三〇	7	一七六
二九	8	教三六五	一八	L万	杂类	珠粒状耳饰	原大	三〇	8	一七六
二九	9	教三七五	二二	L万	杂类	珠粒状耳饰	原大	三〇	9	一七六
二九	10	教三六五	二九	L万	杂类	珠粒状耳饰	原大	三〇	10	一七六
二九	11	教三六五	一八	L万	杂类	珠粒状耳饰	原大	三〇	11	一七六
二九	12	教三六五	一三	L万	杂类	珠粒状耳饰	原大	三〇	12	一七六
二九	13	教三六七	一一	L万	杂类	珠粒状耳饰	原大	三〇	13	一七六
二九	14	教二九〇	一八	L万	杂类	珠粒状耳饰	原大	三〇	14	一七六
二九	15	教三六五	二四	L万	杂类	珠粒状耳饰	原大	三〇	15	一七六
二九	16	教三六五	八	LC	杂类	石充耳	原大	三〇	16	一七七

第四篇　木简考释

续表

版图	号图	登记号	原号	出土地	类别	物品	版图比缩	插图 图版	插图 图号	图说页数
二九	20	教三六五	一七	L万	杂类	冠缨	原大	三〇	20	一七
二九	21	教三六七	一四	L为	杂类	冠缨	原大	三〇	21	一八
二九	22	教三六七	一三	L为	杂类	冠缨	原大	三〇	22	一八
二九	23	教三六七	一五	L为	杂类	冠缨	原大	三〇	23	一八
二九	24	教三六五	一七	L万	杂类	贝饰	原大	三〇	24	一八
二九	25	教三六五	一七	L万	杂类	贝饰	原大	三〇	25	一八
二九	26	教三六五	一七	L万	杂类	贝饰	原大	三〇	26	一八
二九	27	教三九九	一六	L万	杂类	方形石器	原大	三〇	27	一八

附注：

（一）凡注教字皆余于民国二十三年奉教育部派遣至新疆考察所采集者。原物现存中央博物院。

（二）凡注西字，皆余于民国十七至十九年随西北科学考查团在新疆考察时所采集者。赴罗布淖尔考察，系在一九三〇年。

（三）出土地名он代表罗见《罗布淖尔出土遗物分布表》附注，此处不复注。

（四）此余助手小侯赠余者，据云在天山北路所拾。

（五）1，2两件系余购自维民，询云出于罗布淖尔北岸古墓中。审其花纹质色与余在罗布淖尔所拾者相同，当为同一时代之产物。

A.《罗布淖尔考古记》木简图版索引

简版	简号	出土地	类别	比缩	考释页数
一	1	罗布淖尔北岸古烽燧亭	释官	原大	一七九
一	2	同上	释官	同上	一八三
一	3	同上	释官	同上	一八三
一	4	同上	释官	同上	一八三
一	5	同上	释官	同上	一八三
一	6	同上	释官	同上	一八三
一	7	同上	释官	同上	一八六
一	8	同上	释官	同上	一八七
一	9	同上	释官	同上	一八八
一	10	同上	释官	同上	一八八
一	11	同上	释官	同上	一八八
一	12	同上	释地	同上	一九二
一	13	同上	释地	同上	一九二
二	14	同上	释地	同上	一九二
二	15	同上	释地	同上	一九二
二	16	同上	释地	同上	一九二
二	17	同上	释地	同上	一九二
二	18	同上	释官	同上	一八九
二	19	罗布淖尔北岸古烽燧亭	释官	原大	一八九
二	20	同上	释官	同上	一八九
二	21	同上	释官	同上	一九〇
二	22	同上	释地	同上	一九六
二	23	同上	释地	同上	一九六
二	24	同上	释地	同上	一九六
二	25	同上	释地	同上	一九六
三	26	同上	释历	同上	一九六
三	27	同上	释屯戍	同上	二〇一
三	28	同上	释屯戍	同上	二〇一
三	29	同上	释屯戍	同上	二〇一
三	30	同上	释屯戍	同上	二〇一
三	31	同上	释屯戍	同上	二〇一
三	32	同上	释屯戍	同上	二〇一
三	33	同上	释屯戍	同上	
三	34	同上	释屯戍	同上	二〇二
四	35	同上	释屯戍	同上	二〇三
四	36	同上	释屯戍	同上	二〇三

第四篇　木简考释　　309

续表

简版	简号	出土地	类别	比缩	考释页数
四	37	罗布淖尔北岸古烽燧亭	释屯戍	原大	二〇三
四	38	同上	释屯戍	同上	二〇三
四	39	同上	释屯戍	同上	二〇三
四	40	同上	释廪给	同上	二〇四
四	41	同上	释廪给	同上	二〇四
四	42	同上	释廪给	同上	二〇四
四	43	同上	释廪给	同上	二〇四
四	44	同上	释廪给	同上	二〇四
五	45	同上	释廪给	同上	二〇四
五	46	同上	释廪给	同上	二〇五
五	47	同上	释廪给	同上	二〇五
五	48	同上	释廪给	同上	二〇五
五	49	同上	释廪给	同上	二〇五
五	50	同上	释廪给	同上	二〇五
五	51	同上	释廪给	同上	二〇七
五	52	同上	释器物	同上	二〇七
五	53	同上	释器物	同上	二〇七
五	54	同上	释器物	同上	二〇七
五	55	同上	释器物	同上	二〇七
五	56	同上	杂释	同上	二一二

续表

简版	简号	出土地	类别	比缩	考释页数
六	57	罗布淖尔北岸古烽燧亭	杂释	原大	二一二
六	58	同上	杂释	同上	二一二
六	59	同上	释古籍	同上	二〇九
六	60	同上	释古籍	同上	二一一
六	61	同上	杂释	同上	二一一
六	62	同上	杂释	同上	二一一
六	63	同上	杂释	同上	二一一
六	64	同上	杂释	同上	二一一
六	65	同上	杂释	同上	二一一
六	66	同上	杂释	同上	
六	67	同上	杂释	同上	
六	68	同上	杂释	同上	二一二
六	69	同上	杂释	同上	二一二
六	70	同上	杂释	同上	二一二
六	71	同上	杂释	同上	二一二

编者注：表中页数为原版页数。

B.《罗布淖尔考古记》正误表

頁	行	誤	正	備註
三	14	釋器*	釋器物	
三	3	Lessing	Lessing	
四	4	Horner	Hörner	
六	6	疏勒	疏勒	
六	9	北（治）。扫泥城，*	北。（治）扫泥城，	
八	20	石刃	石刃	
九	8	鉤狀物*	鉤狀章	
九	17	喀喇布朗庫爾	喀喇布朗庫爾	
一〇	3	則西磧之水	則稱西磧之水	
一〇	4	沉恢復	亦恢復	
一三	16	沉積物	沉澱物	
一三	12	迨今*	迨今	
一四	9	形式*	形勢	
一六	2	積石*	積石山	
一六	16	河流	河源	
一七	2	哥舒翰	哥舒翰	
一七	2	山，其	山。其	
一七	13	朵思甘*	朵甘思	
一七	14	赤賓河。*	赤賓河，	
一七	15	也里木二河	也里尢二河	
一九	14	猶其	尤其	
一〇五,6,9		葉爾羌河	葉爾羌河	
一〇	6	源委	原委	
二〇	18	法國遠東學校刊	遠東法國學校刊	
二一	8	Inbien	Indien	
二一	11	Lobnor	Lobnor	
二二	11	宜元之際	宜元之際	
二三	9	出姑師	擊姑師	
二三	9	二、六七〇	二・六七〇	
二四	9	四、二二一〇	四・二二一〇	
二五	15	探*	疏勒	
二六	18	探獲*	探獲	
二六	2	關於	關於	
二六	3、5	從橡*	從橡	
二六	14	參較*	參校	
二七	11	鐃騎	驍騎	

第四篇　木簡考釋　　　　　　　　311

续表

四二	四一	四〇	三九	三八	三七	三七	三七	三六	三五	三三	三〇	二九	二八		
10	6	5—6	16	9	10	6	19	18	16	13	9	11	17	6	11	2	16,17	12
二、南道	*鹹灘*	*陸坡*	一、北道	*黎軒	*赫定斯文	*流沙墜簡	九張。」	呈貢仙鶴	*里克	*阿喇枘	大漢	歸漢	遠東學校校刊	河澹江岷	*蒲海	二、在北說	*注滇河	一、在南說
2. 南道	鹹灘	陸坡	1. 北道	黎軒	斯文赫定	流沙墜簡	九張。	呈貢仙鶴	里克	阿喇枘	大汗	歸唐	遠東法國學校校刊	河、澹、江、岷	蒲昌海	2. 在北說	注賓河	1. 在南說
				《史記》作黎軒，《漢書》作黎靬。											

六九	六八	五七	五七	五六	五六	五六	五三	五二	五〇	四九	四七	四三	四二			
5	1	8—9	1	19	15	14	10	19	10	16	10	4	4	8	15	2	9	16
*盤據	*扞架	*年傳	襄公十四年及昭公九	"Tigrakhouda	"Anyrgioī"	*繁著	Minns,	Arpinus	(Innermost Asia)	哈密。但*	*略記	*苦寨	*新疆圖志、道路志	(五)	*連慶	*伊吾	時，宋雲所記	*擴拓	三、新道
盤踞	扞架	年傳	襄公十四年及昭公九	Tigrakhauda	"Anyrgioī"	繁著	Minns'	Alpinus	(Innermost Asia. P. 266.)	哈密，記略。(五)	苦礐	新疆圖志道路志	(四)	連度	伊吾，	時宋雲所記，	擴展	3. 新道

续表

六〇	六〇	六九	六九	六九	七〇	七一	七二	七三	七三	七六	七六	八〇	八四	八八	八九
17	12	2	4	18	19	1	4	8	8	19	4	12	9	9	7	19	7
祖*志	手搏法	圖版六,5圖	手搏法	圖版六,5圖	烏弋山離	L了*	桑篕蝨	Vijaia-jaya	Innermost Asia Fig 173	一一〇頁六七圖	（一〇）	（一一、一二）	Majjhantika	Sachadhavina Thi-da")	"Koraina"	樓蘭Pl.I.1.(Phry Gian)	Vessmatara
父志	手搏法	圖版六：5、6兩圖	手搏法	烏弋山離	L了	蠶桑	Vijaya-jaya	Innermost Asia P.264 -6, Fig.173	一一〇頁，六七圖	（一〇·一一）	（一二）	Madhyantika	挪威科諾夫(Konow)	"Koraina"	樓蘭Pl.I.1.(Phry Gian)	Vessmatara

九〇	九二	九二	九二	九五	九六	九六	九六	九六	九六	一〇一	一〇五	一〇七	一一〇	一二二	一三二	一元 5,8,12,14
11	2	12	13	15	13	9	2	8	5	12	7	3	8	1	12	18	17
顏師古	圖版三至四	手搏法	L*勹	L*勹	必*	L勹	身由產物	LT	L勹	（附圖二二）	標幟	平坦作橢圓形	圖五D1.	燇	稱因此道	土垠	灣*曲	手搏法
顏師古	圖版四	手搏法	L勹	L勹	刃	L勹	身產物	LF	L勹	圖10	標識	平坦，作橢圓形	圖五D1.	烽	因稱此道	土梗	彎曲	手搏法
									删除								

第四篇　木简考释　313

续表

三六	二〇九	二〇二	一九五	一九二	一八五	一八二	一八一	一六六	一六六	一五九	一五八	一五七	一五二	一五一	一四八	一四一	一三四	一三〇 3,10,18
3	9	18	11	9	8	2	18	18	3	12	8	5	1	18	7	19	10	
「簡，信也。	披*	士或作士*	第一六簡	交河壁缺	國也。*	部善	兩部	淺色紅	人馬萬餘	入*	圖14*同	雅爾岩	木版	鋸去	鋒刺	者*	康拉底*	手搏法
「符，信也。	按	士或作士	第一四簡 [補一行：簡一四〇長三三糎寬二糎]	國也。	部都	兩都	淺紅色	人爲萬餘	刪除	圖13同	雅爾崖	木板	鋸去	蜂刺	者・	孔拉德	手搏法

		三二	三三	三三	三三	三〇	二九	二九	二七	二六	二六
		下10	下11—12	下5	下8—11	上18	下12	下5—6	下20	下9	18	9
		件	六	劍首	漆殘件	Lケ*	Lケ*	Lシ*	草器*	連緶	劉盆子
		類	七	竿頭	圓底組	Lユ	Lム	Lカ	Lア	草器附	編連	劉盆子

编者注：此表为原版表。

图 版

石器类 图版一 图 1—6

石器类 图版二 图 7—35

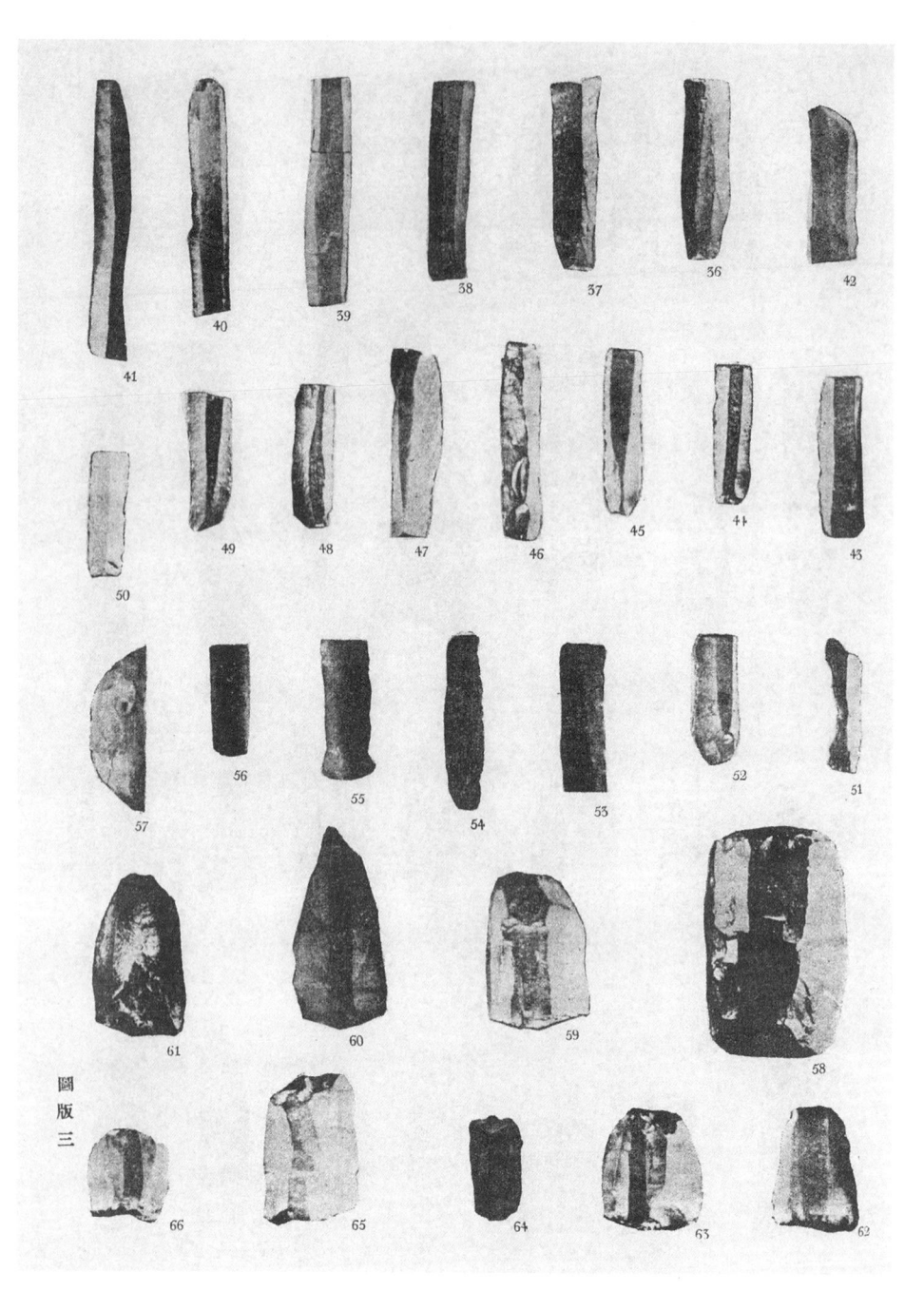

石器类　图版三　图 36—66

石器类　图版四　图 67—90

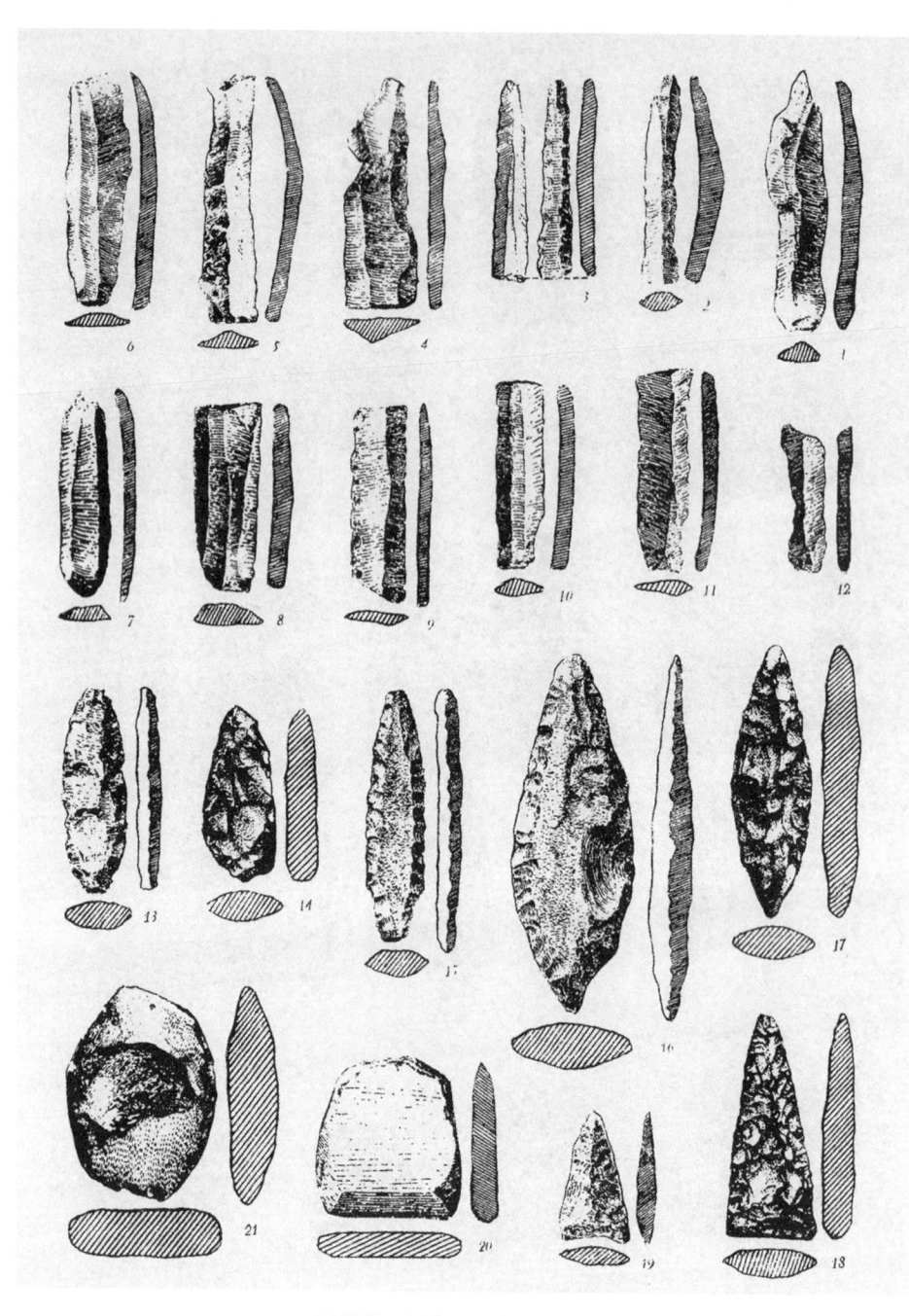

石器类　图版五　插图 1—21

陶器类 图版六 图 1—8

图 版

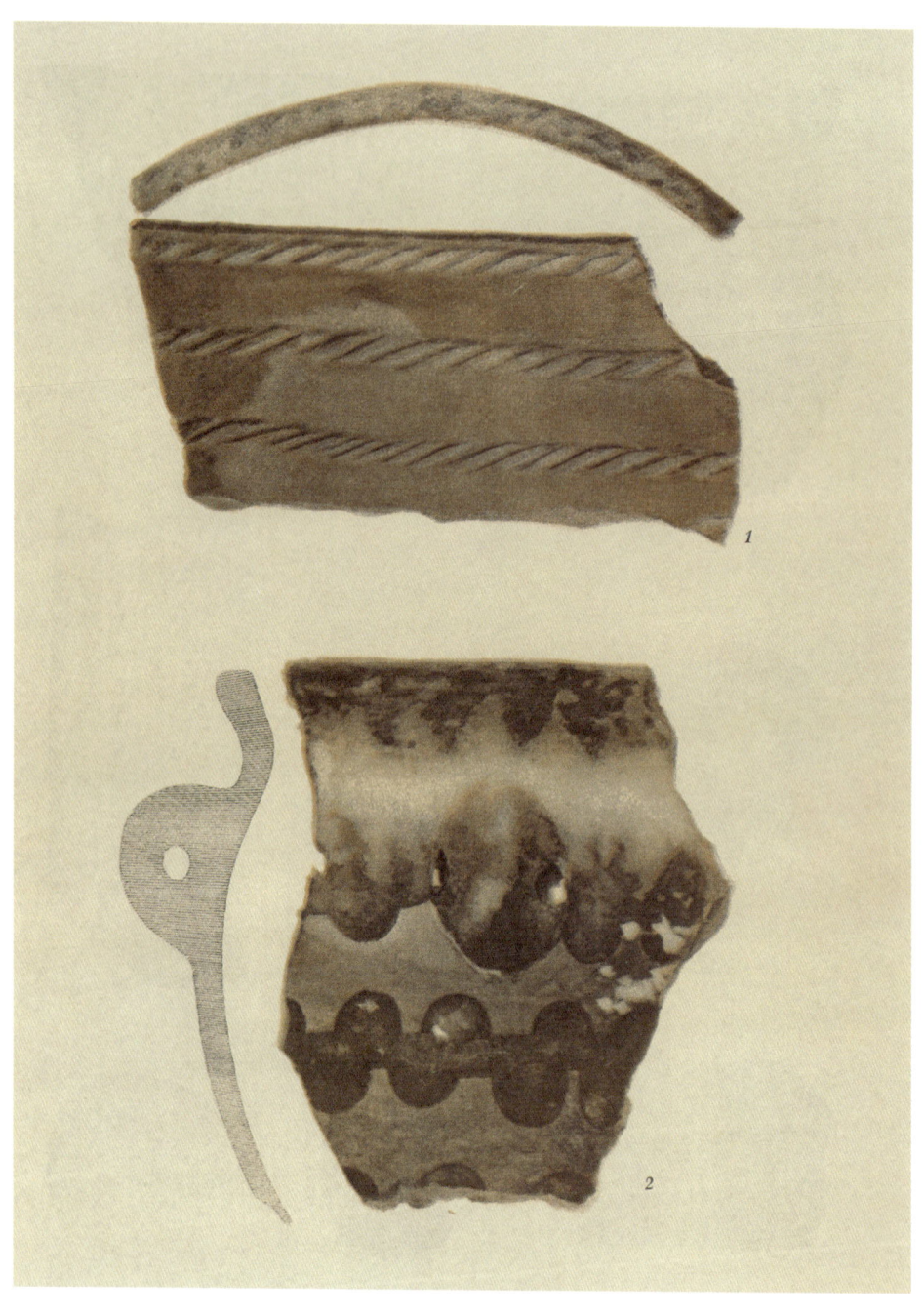

陶泥类　图版七　插图 1—2

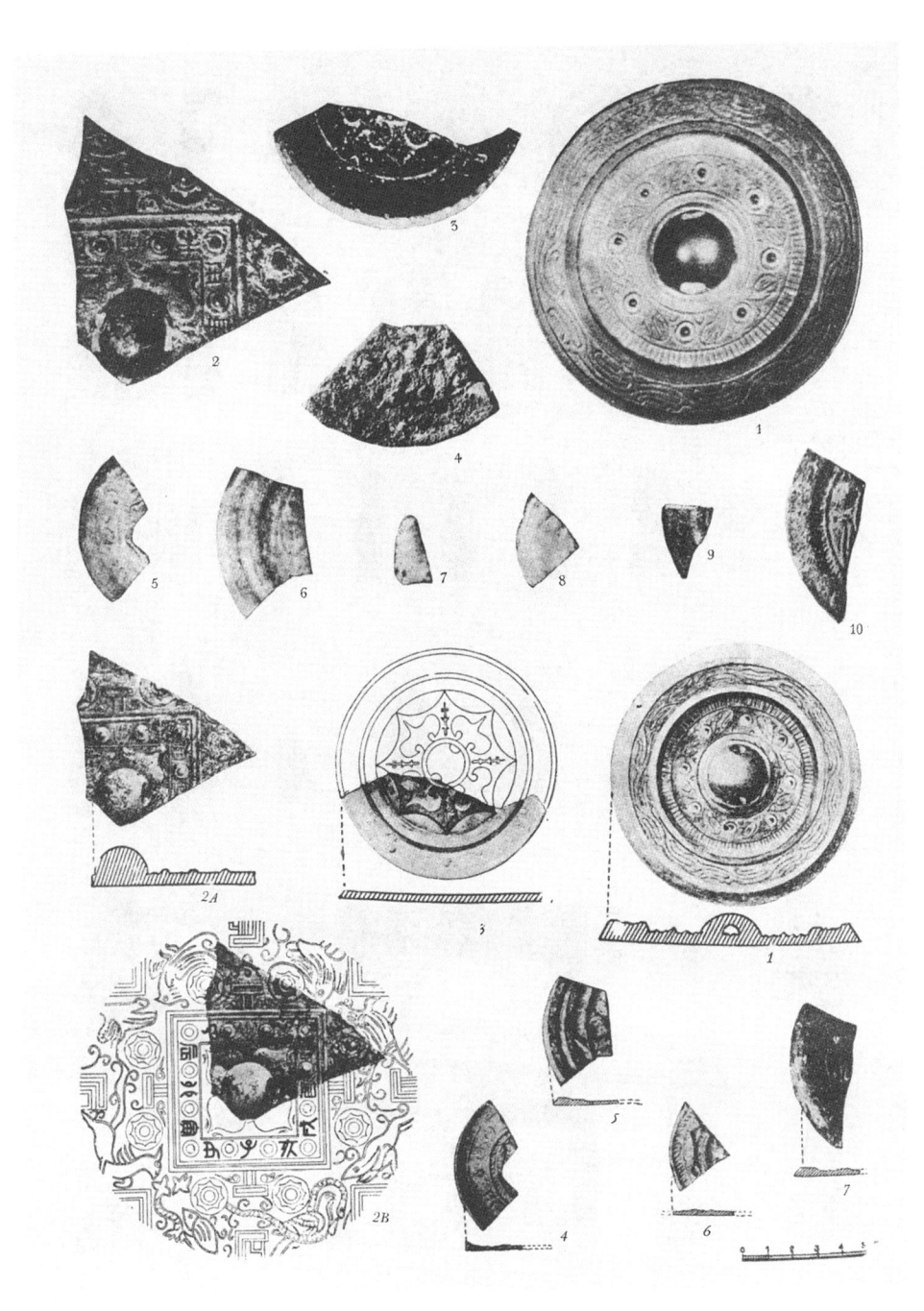

铜器类 图版八 图 1—10 插图 1—7

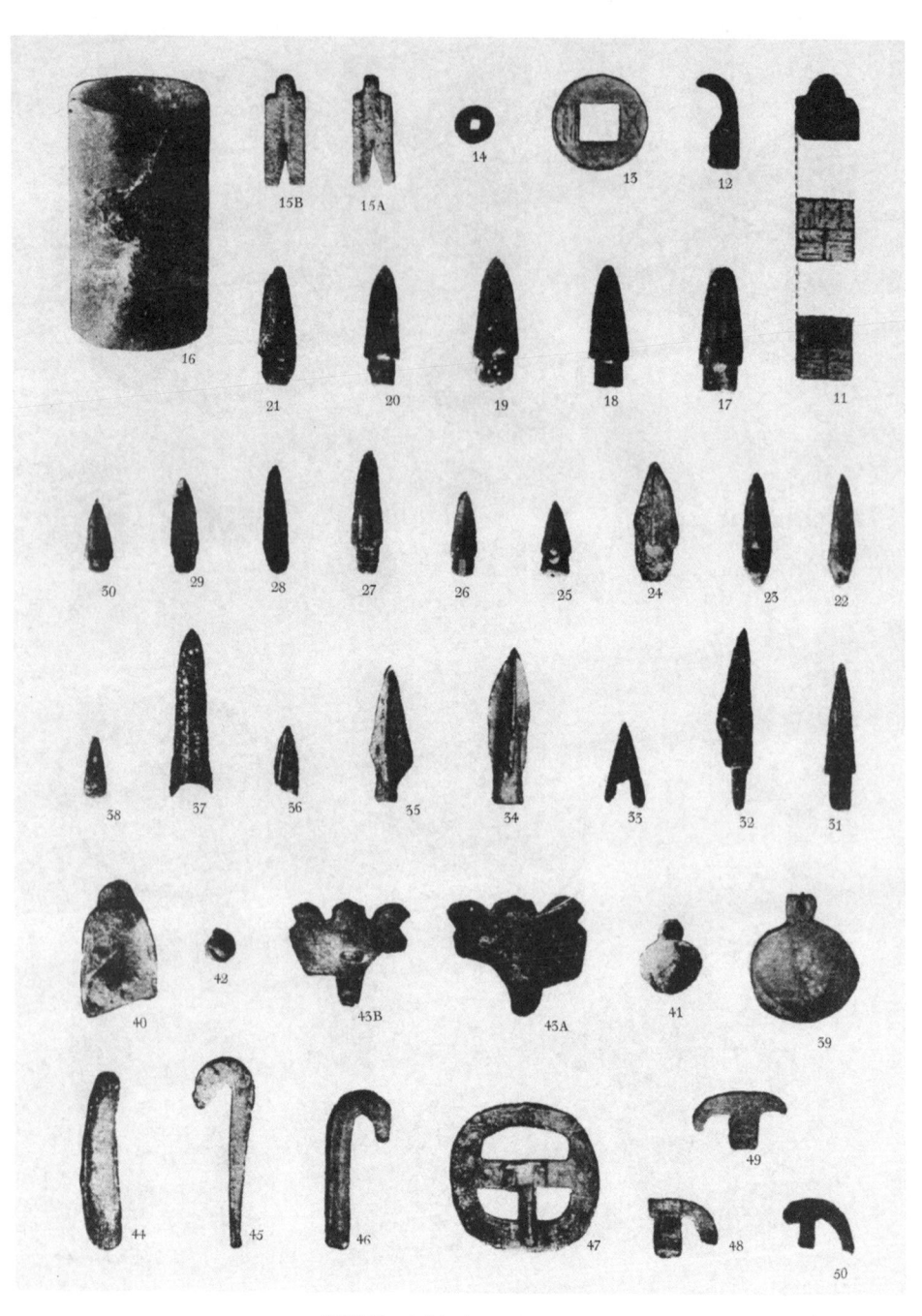

铜器类　图版九　图 11—50

铜器类　图版一〇　图 51—92

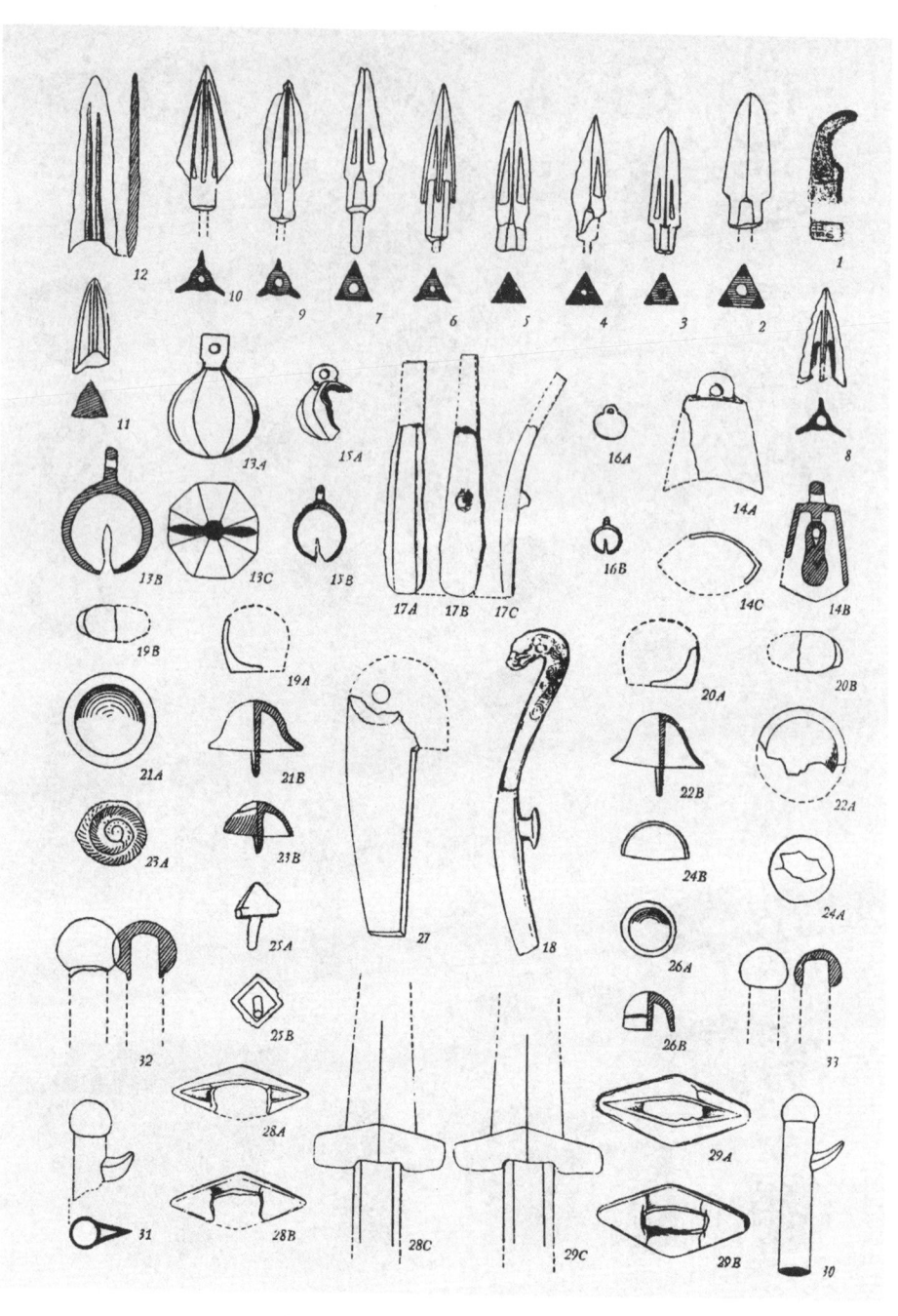

铜器类　图版一一　插图 1—33

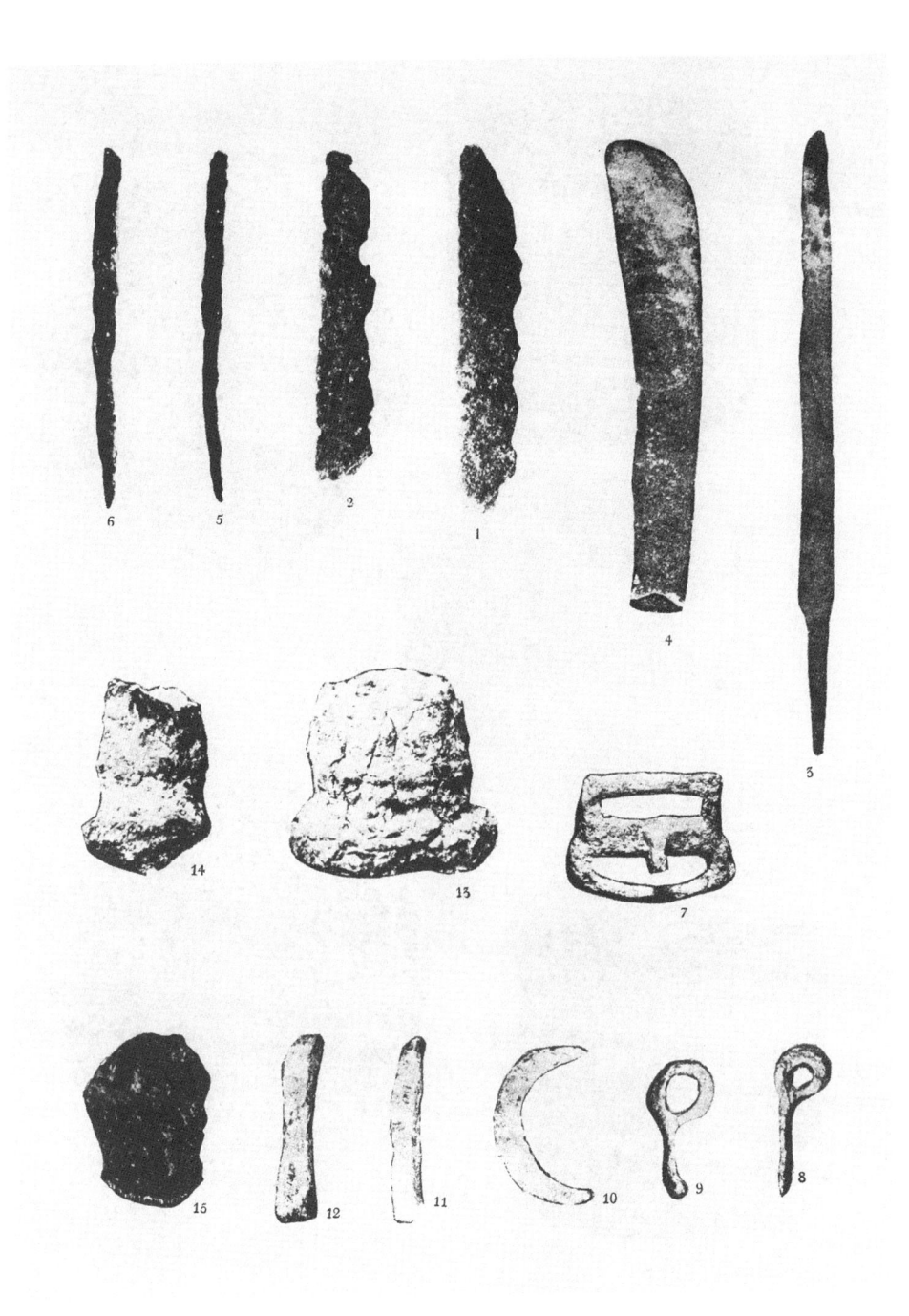

铁器类　图版一二　图 1—15

漆器类　图版一三　图 1—3　插图 1

漆器类　图版一四　图 4—12

漆器类　图版一五　插图 1—4

木器类　图版一六　图 1—6

木器类　图版一七　插图 7—12

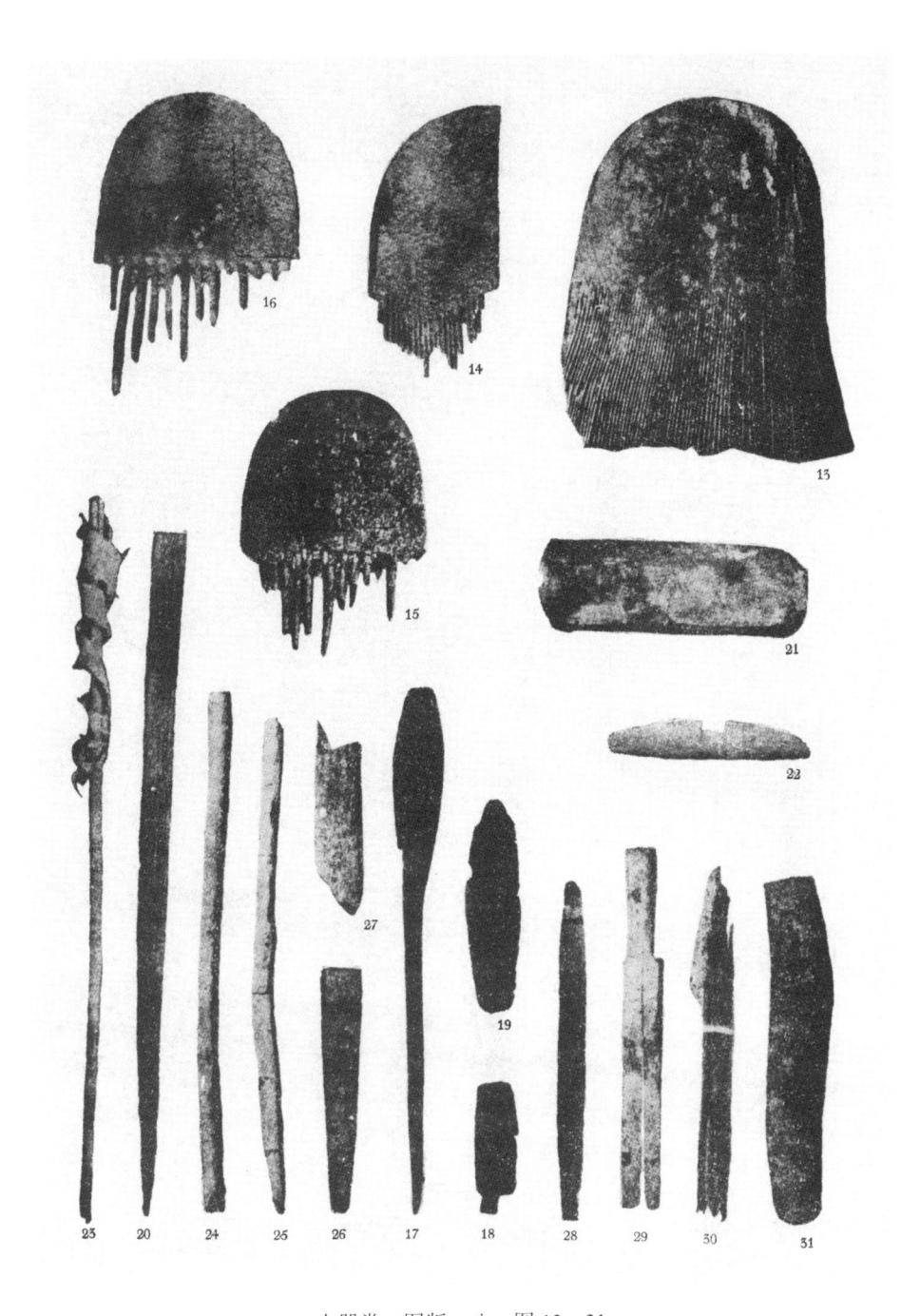

木器类 图版一八 图 13—31

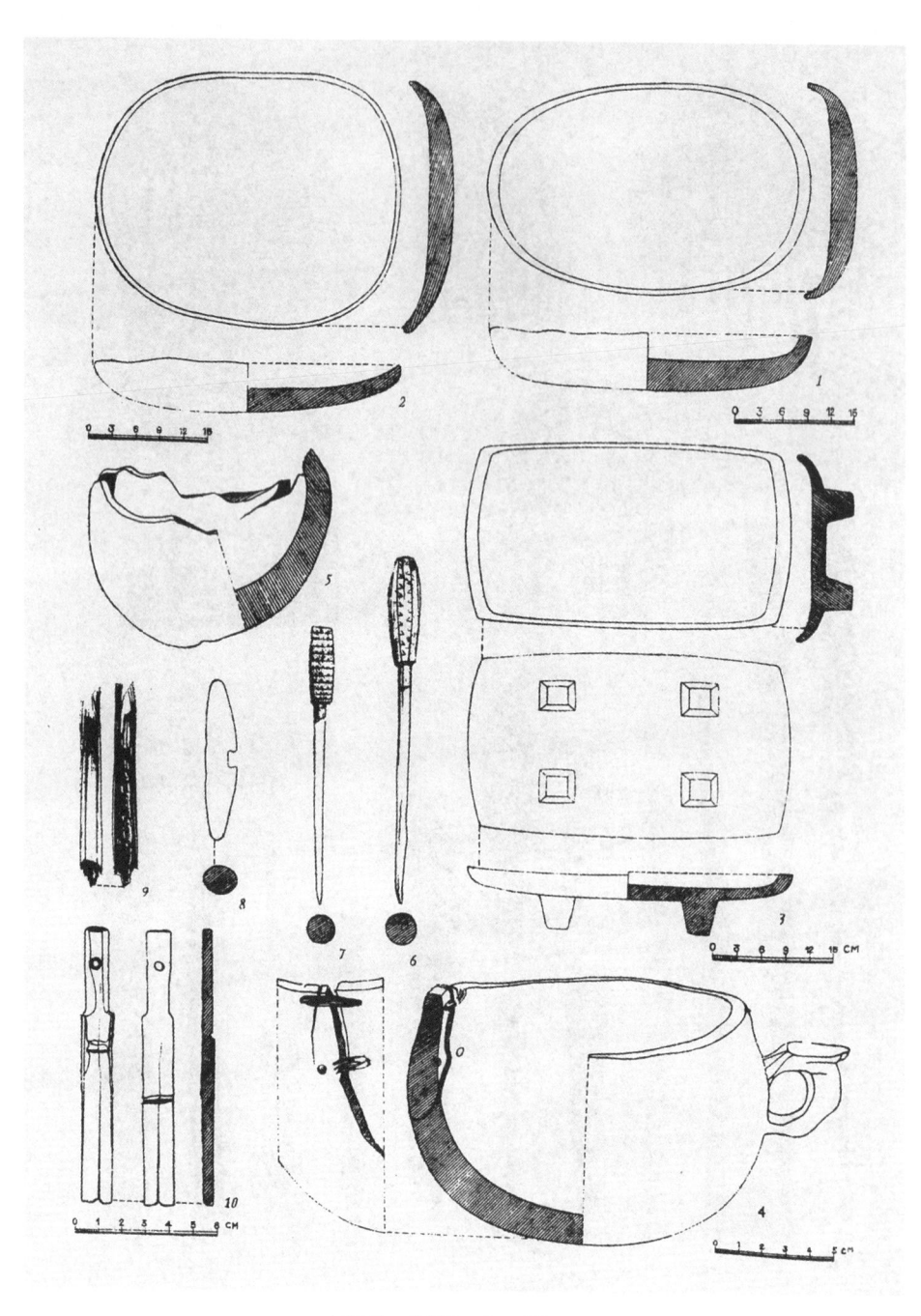

木器类　图版一九　图1—10

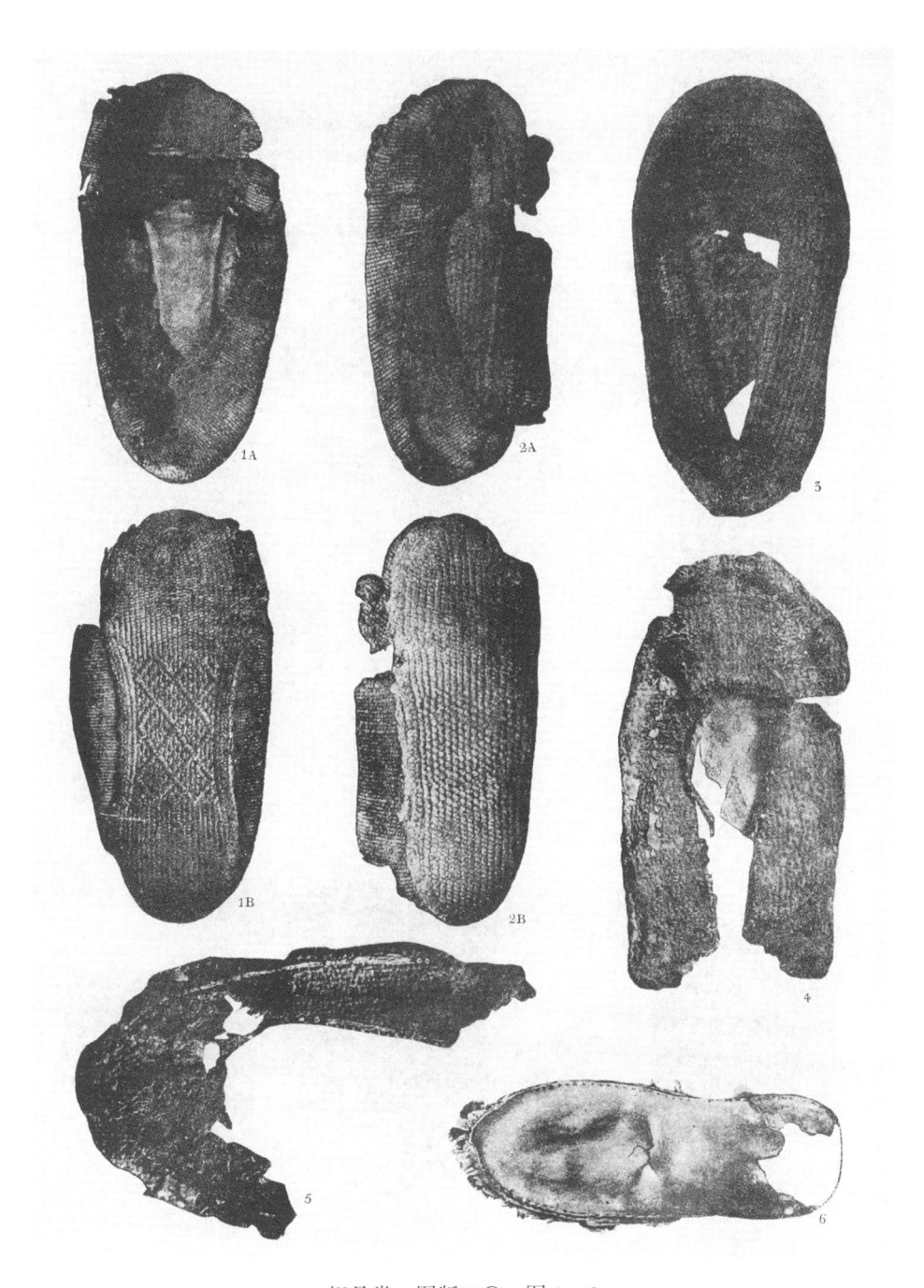

织品类　图版二〇　图 1—6

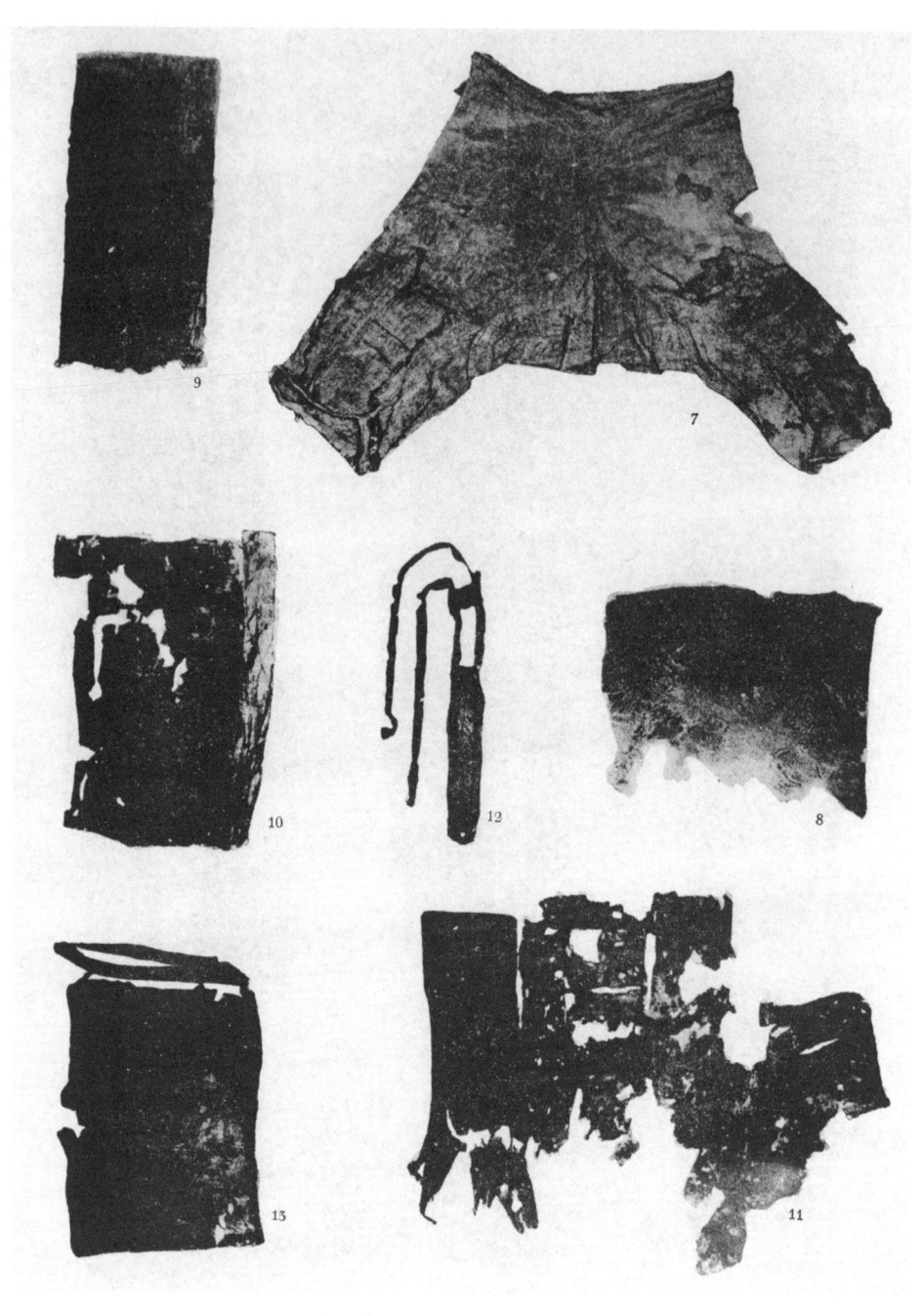

织品类　图版二一　图 7—13

织品类　图版二二　图 14—19

织品类 图版二三 图 20—25

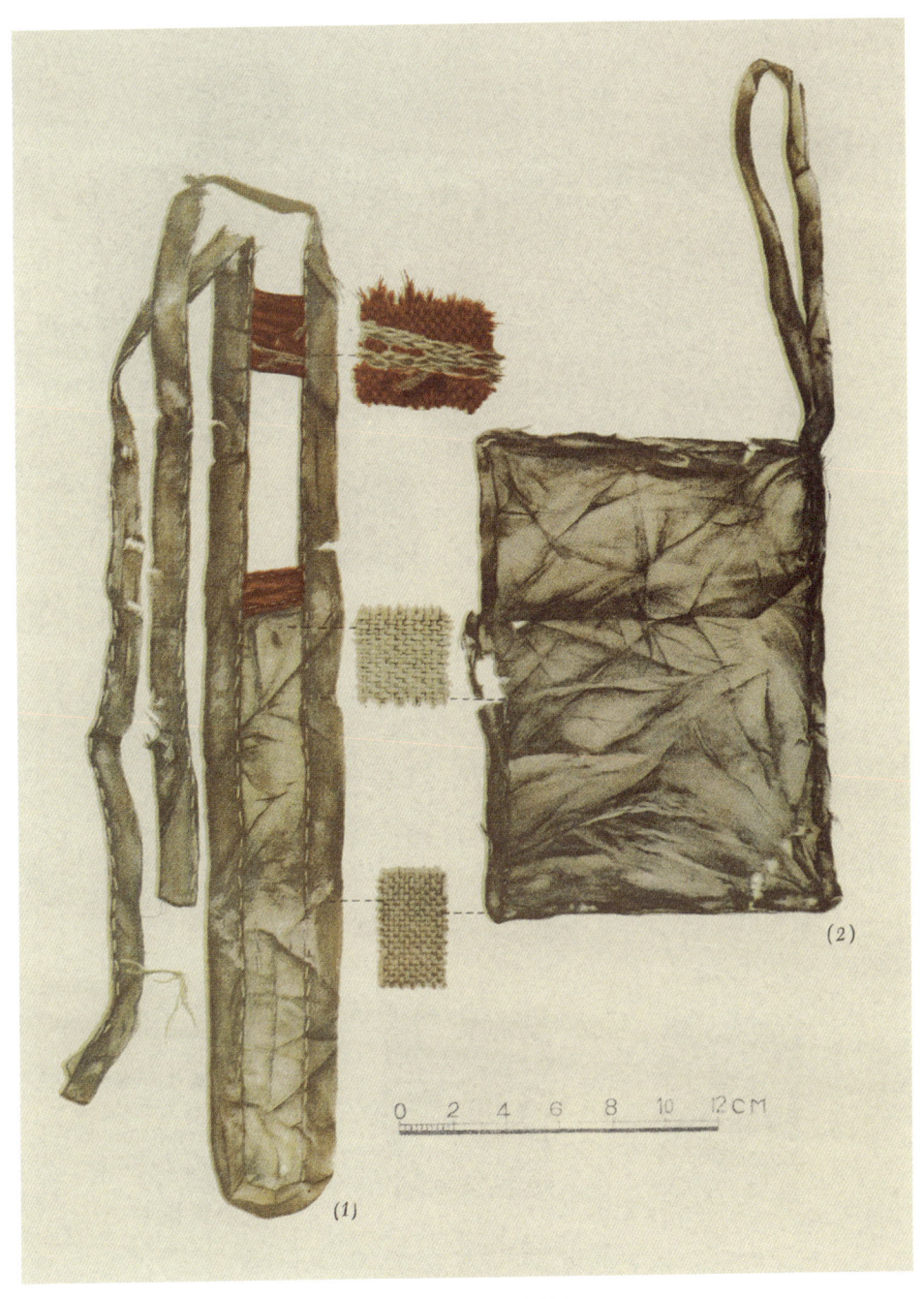

织品类 图版二四 插图 1—2

织品类　图版二五　插图 3—9

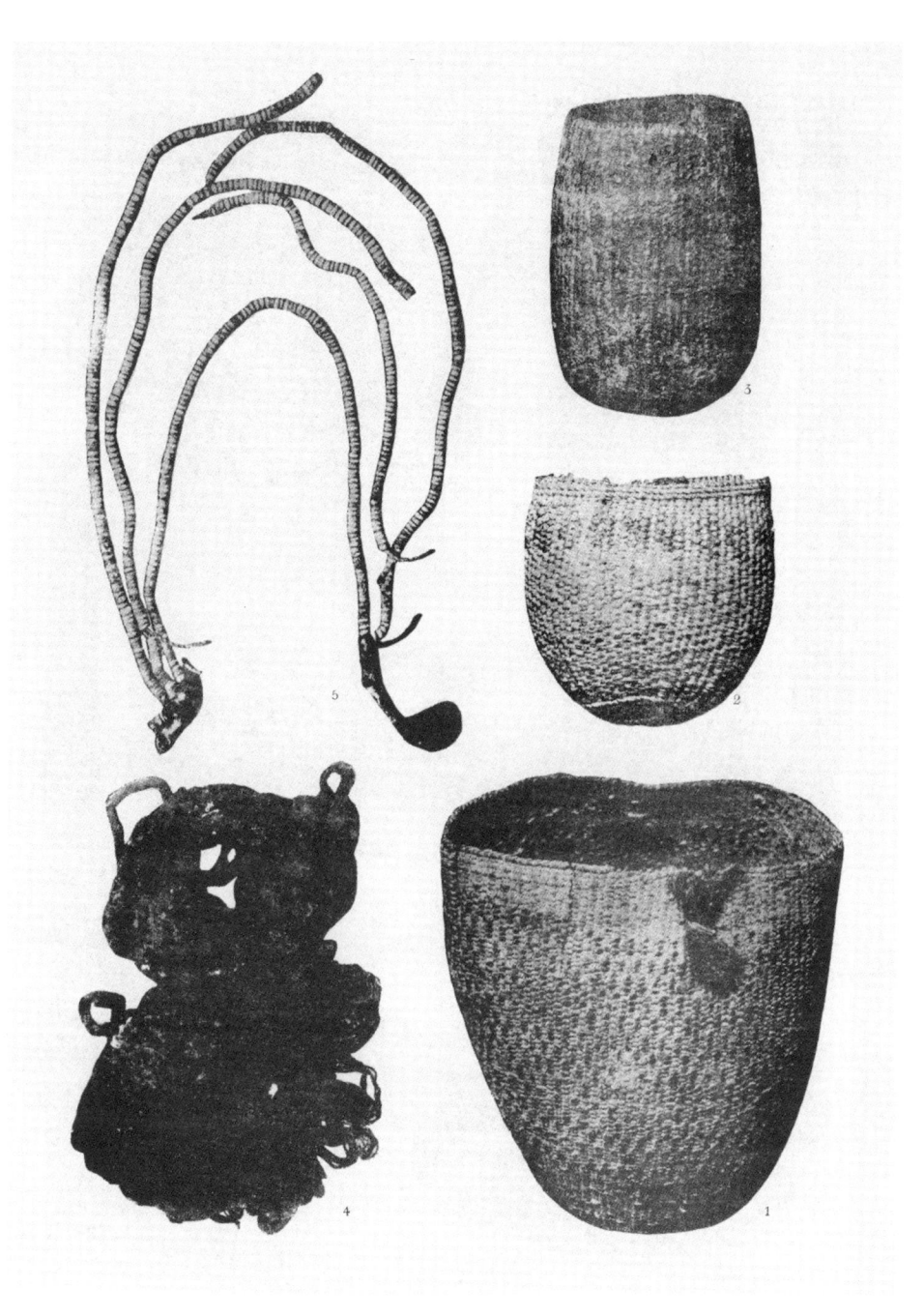

草器类　图版二六　图 1—5

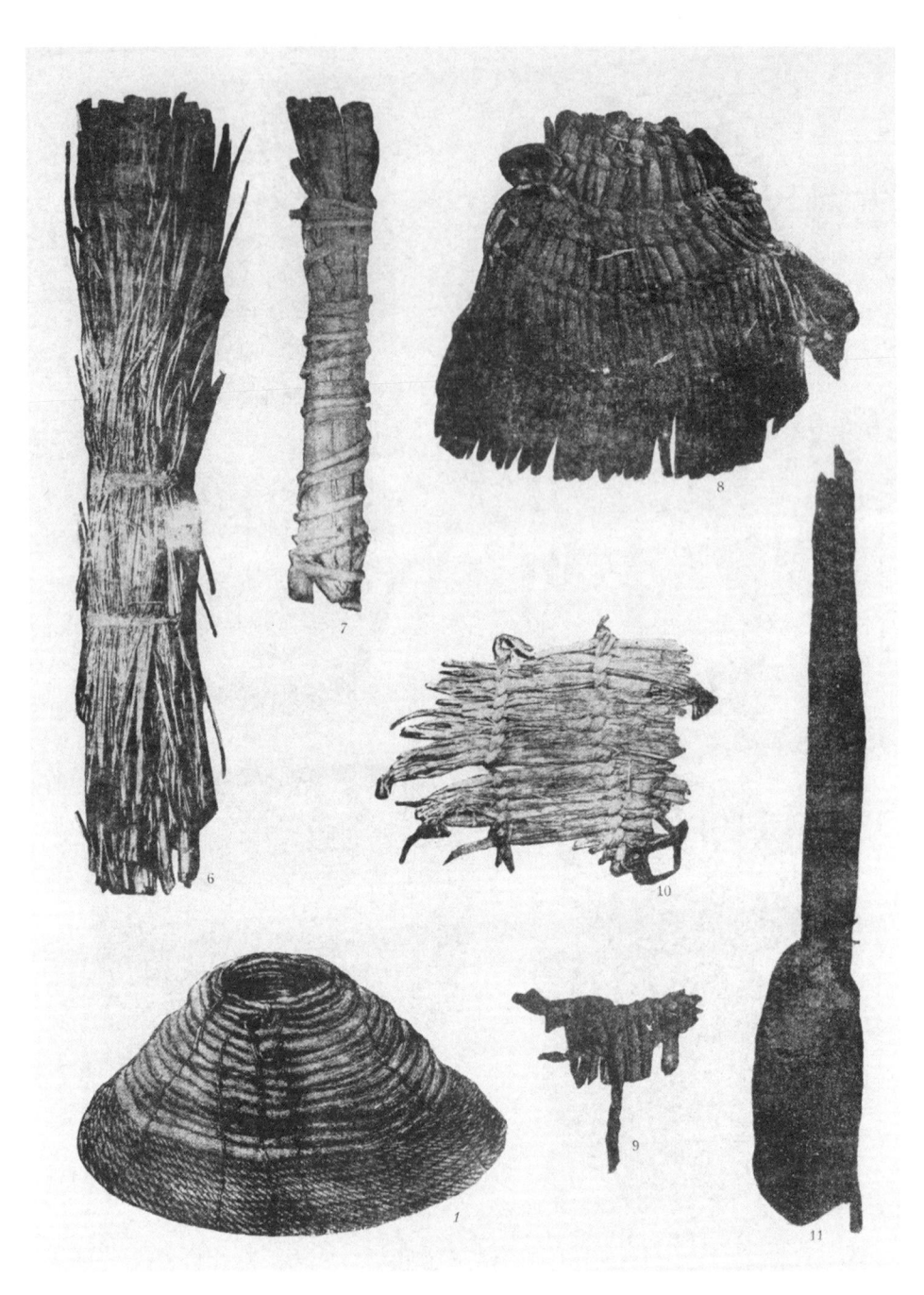

草器类　图版二七　图 6—11　插图 1

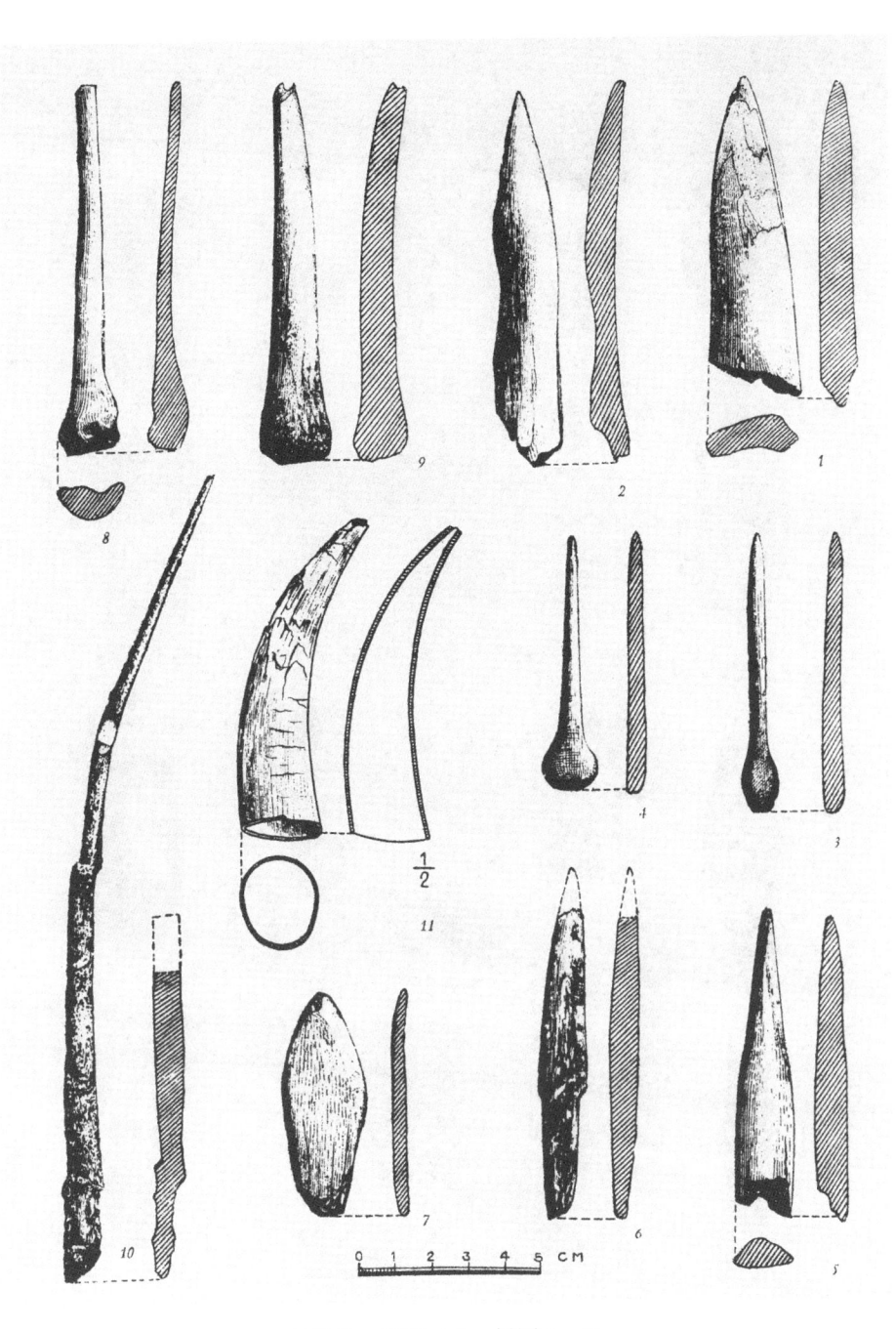

骨器类　图版二八　插图 1—11

图 版

343

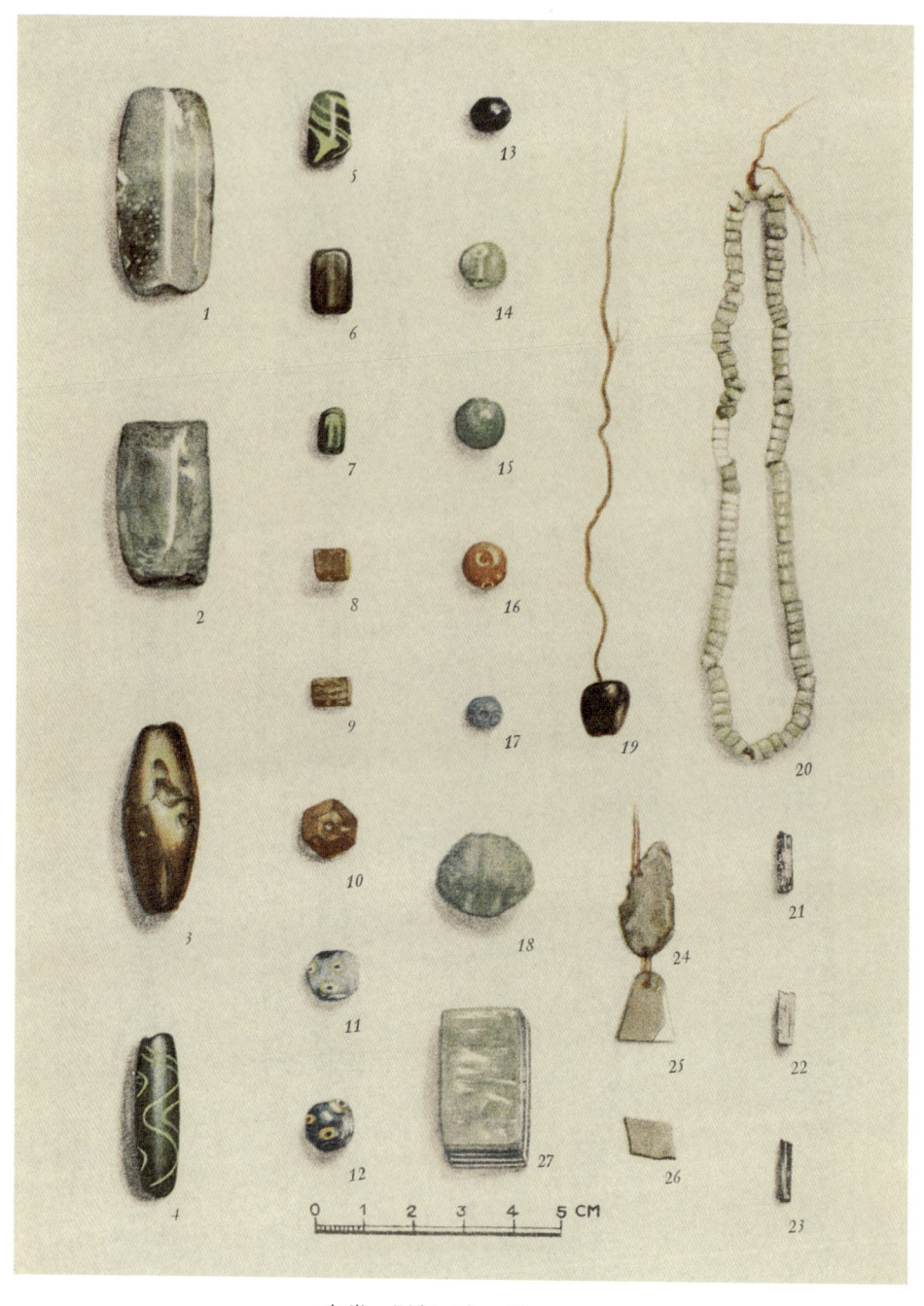

杂类　图版二九　图 1—27

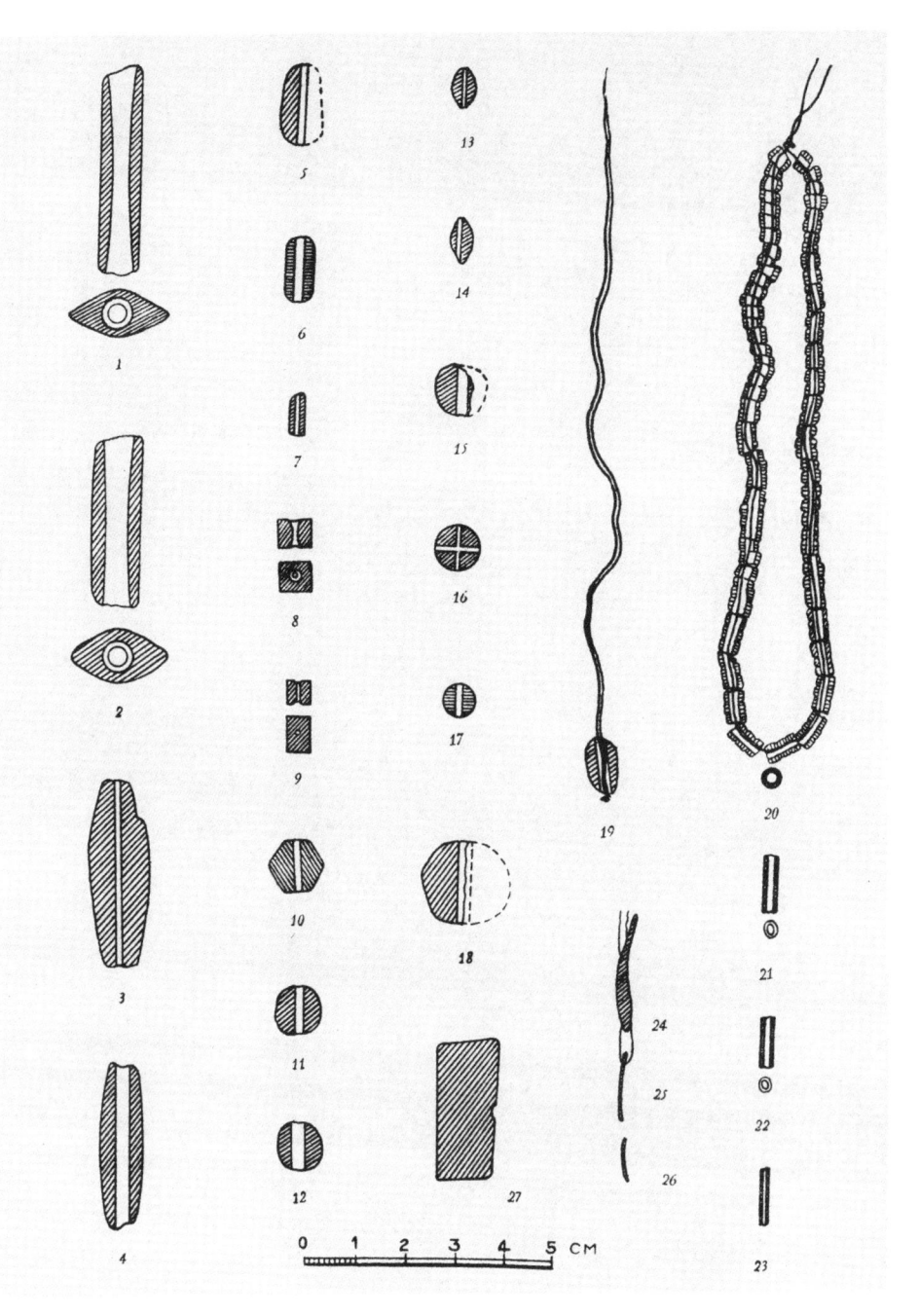

杂类 图版三〇 插图 1—27

图 版

345

简　版

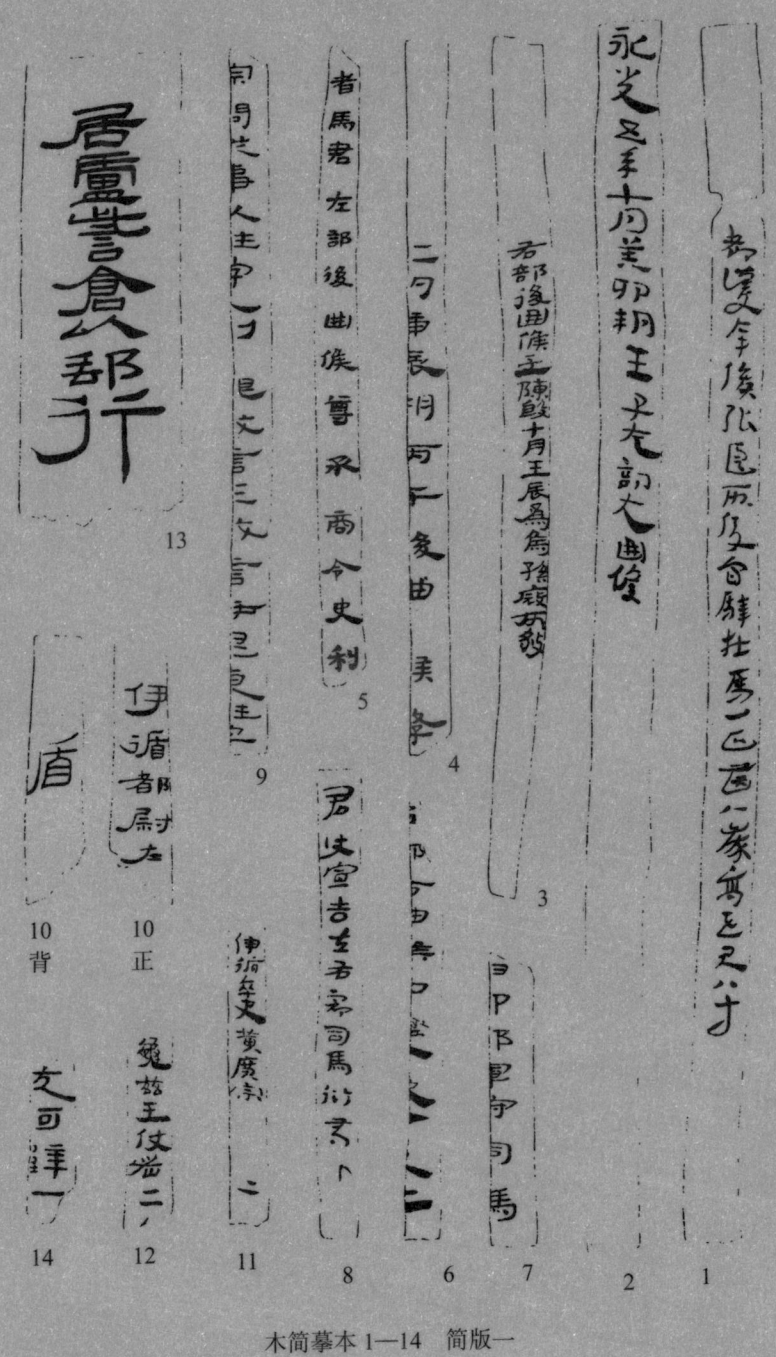

1. 敢言之今侯張□所居會辟拄馬一匹囚八豢高六之八寸
2. 永光五年十月癸卯朔壬辰□候
3. 君部後曲候王陳殷十月壬辰為孫破研裂
4. 二勹事長羽丙卒爰由 羹
5. 者馬君左部後曲候曾承南令史利
6. 君□宣吉左君部司馬衍吉卜
7. □卩卩單守司馬
8. 司馬之身人主守口勹邑文言三文言卅三良主之
9.
10. 正 伊湣者尉左
11. 伊湣矢矢護廣利 二
12. 免故王伎墖二
13. 居盧訾倉印
14. 背 盾
15. 支可羊一

木簡摹本 1—14 簡版一

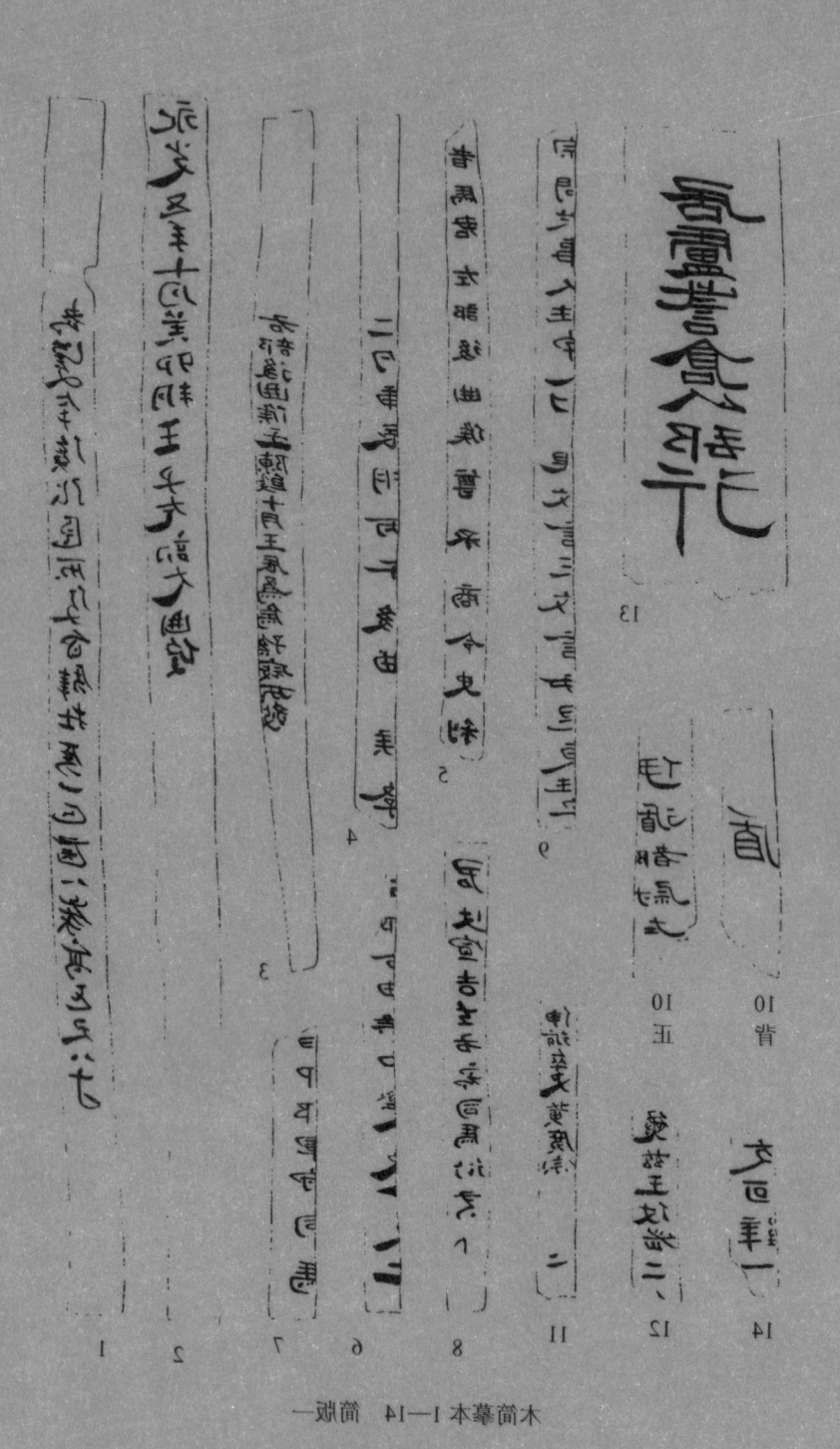

木牍摹本 1—14 简版一

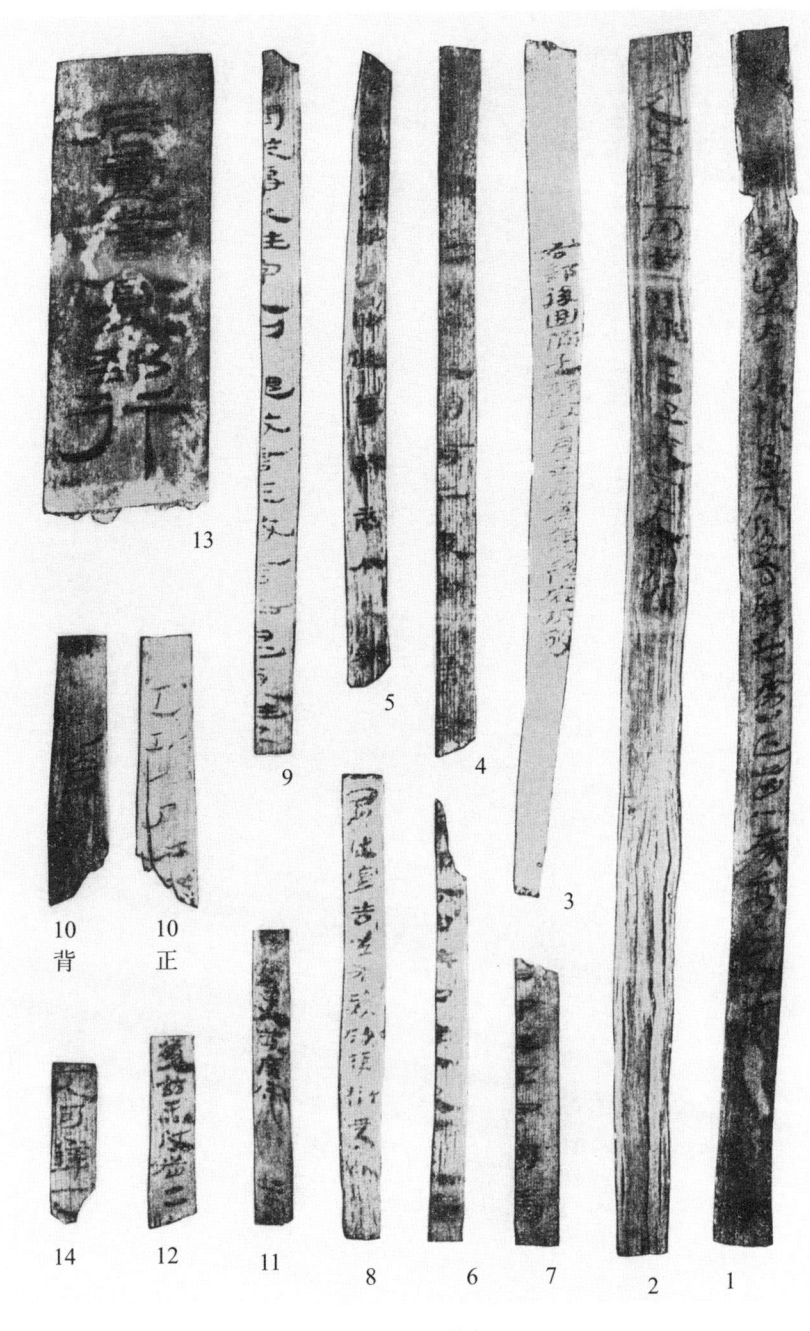

木简 1—14　简版一

简版

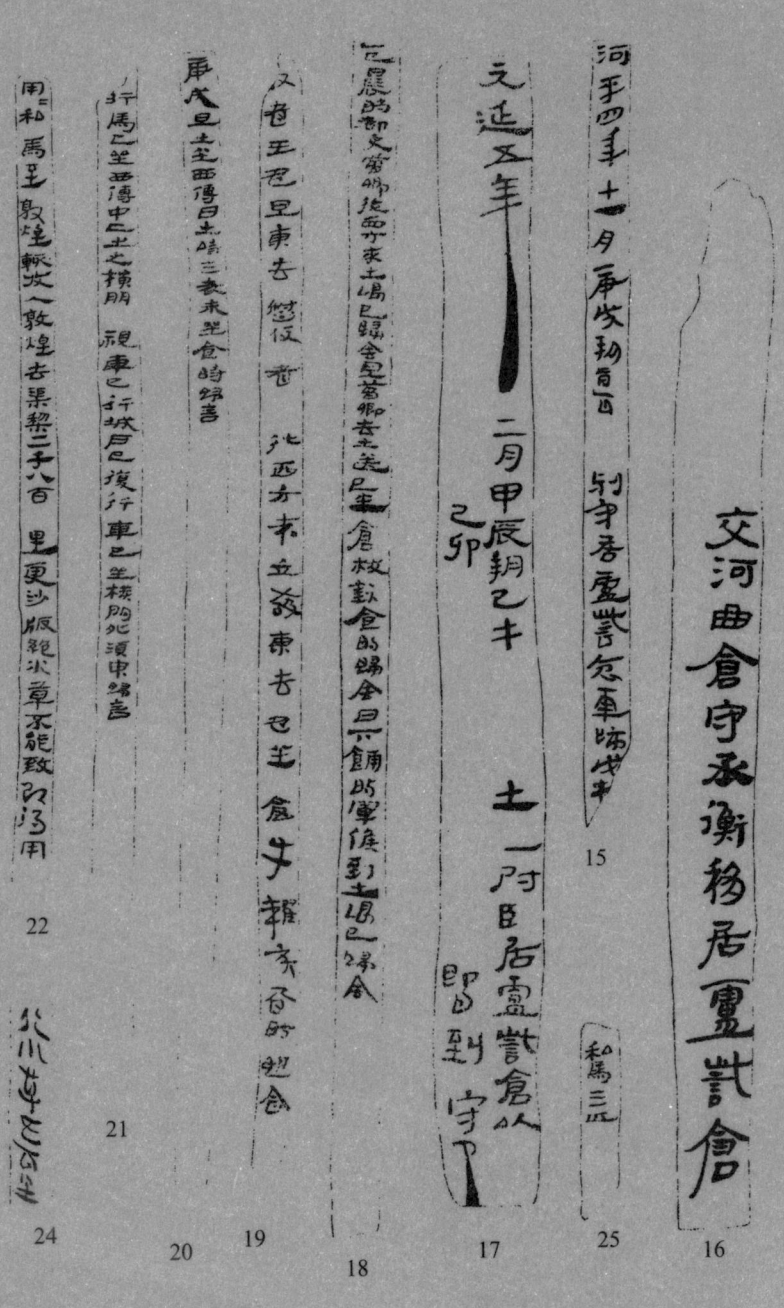

木简摹本 15—24　简版二

木简摹本 15—24 简版二

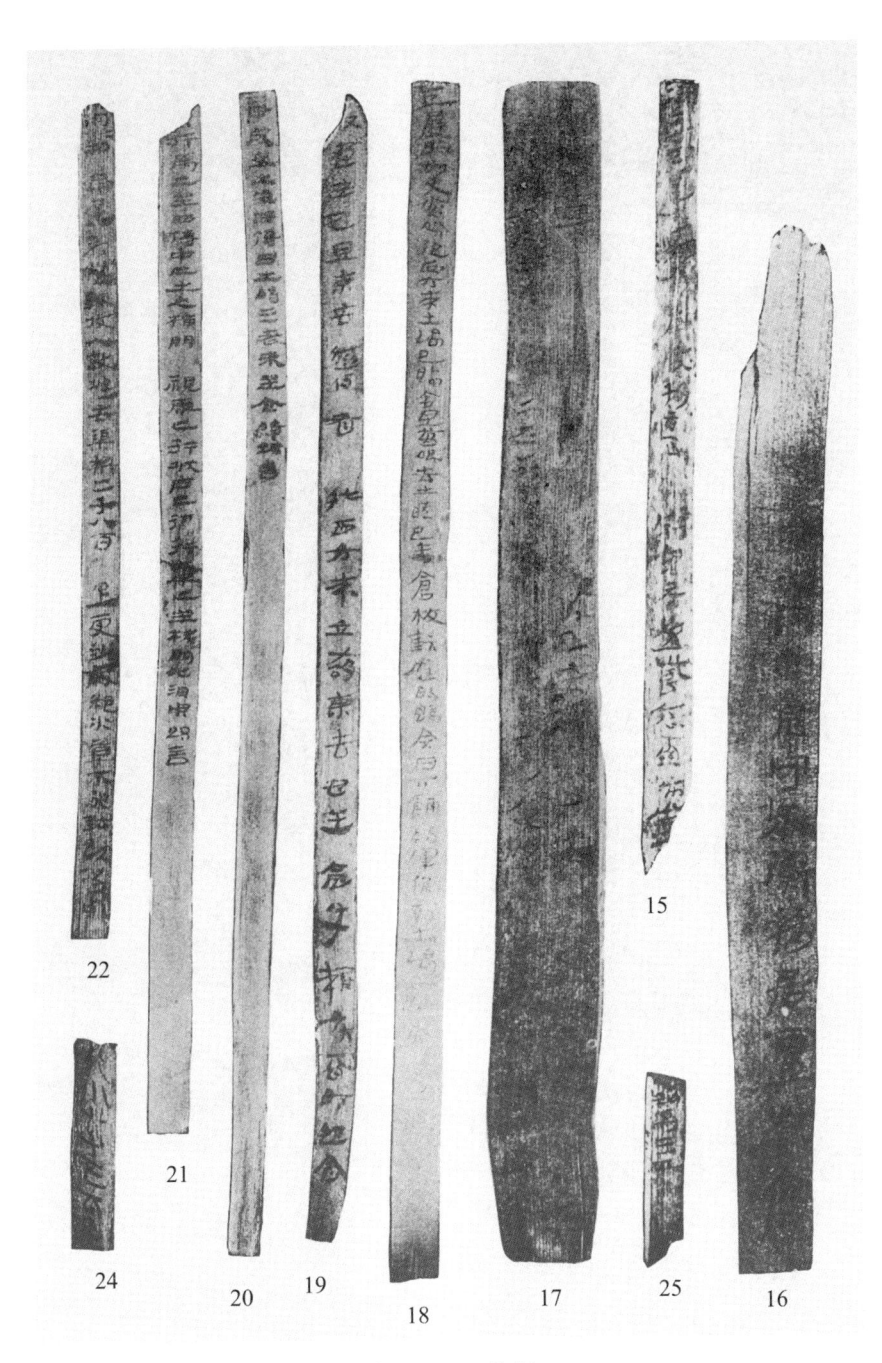

木简 15—24　简版二

简版

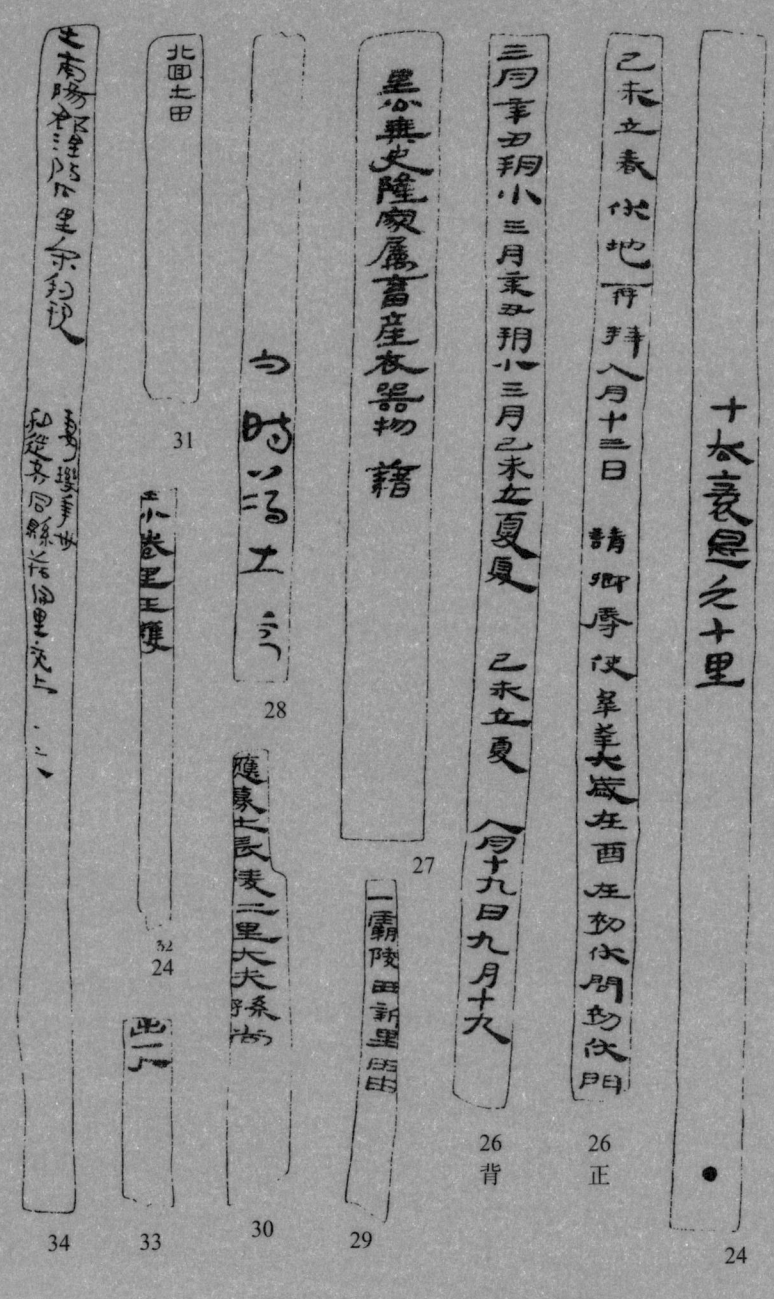

木简摹本 25—34　简版三

木簡摹本 25—34 簡版三

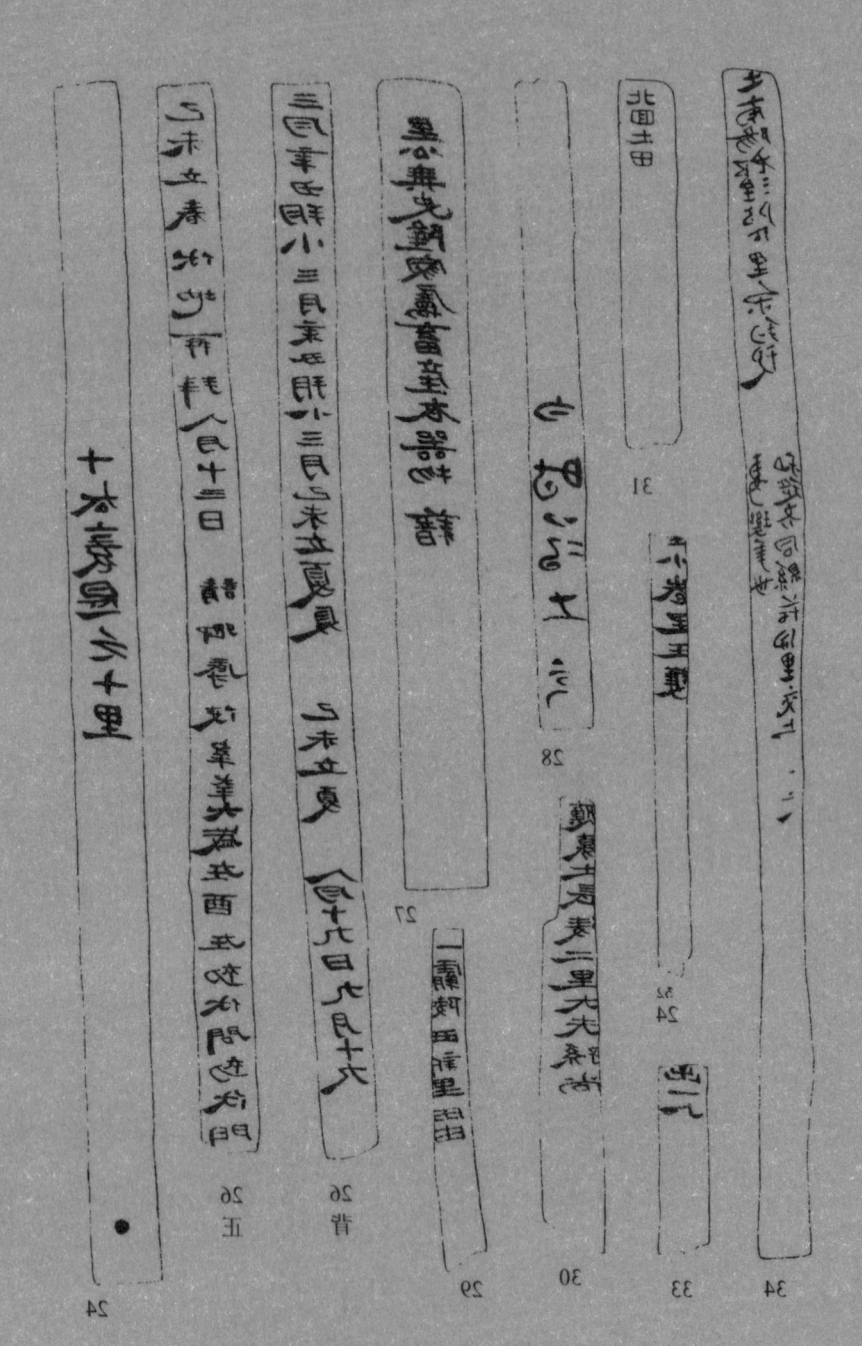

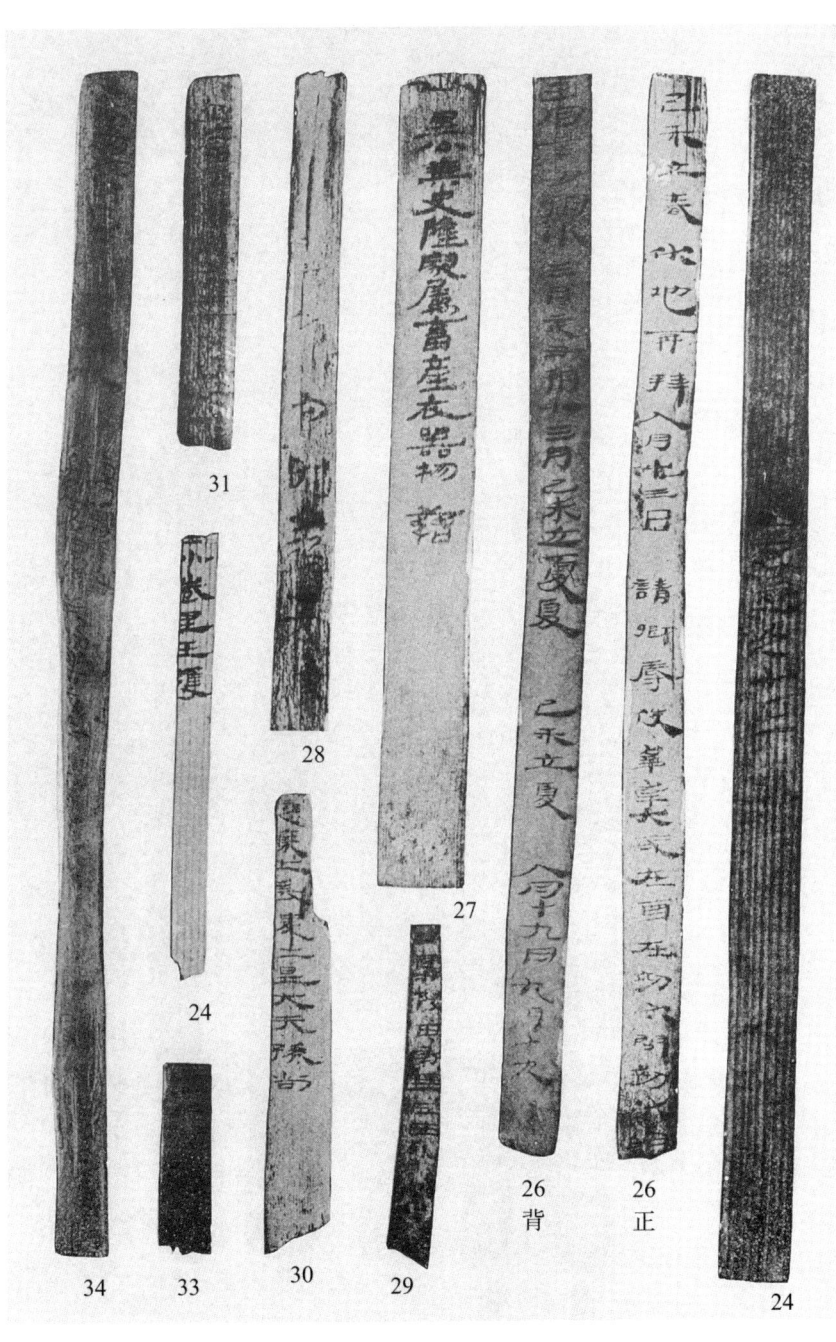

木简 25—34　简版三

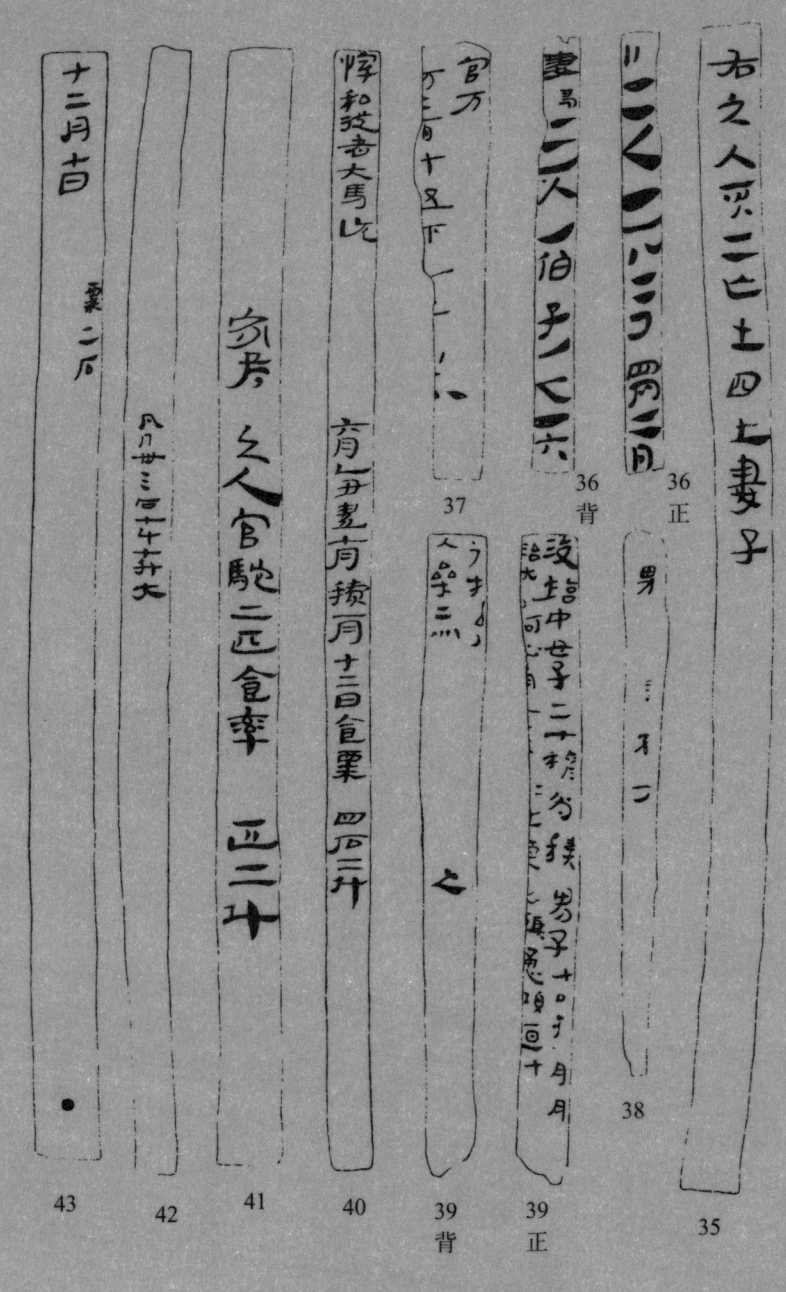

木简摹本 35—43 简版四

木牘摹本 35—43 簡版四

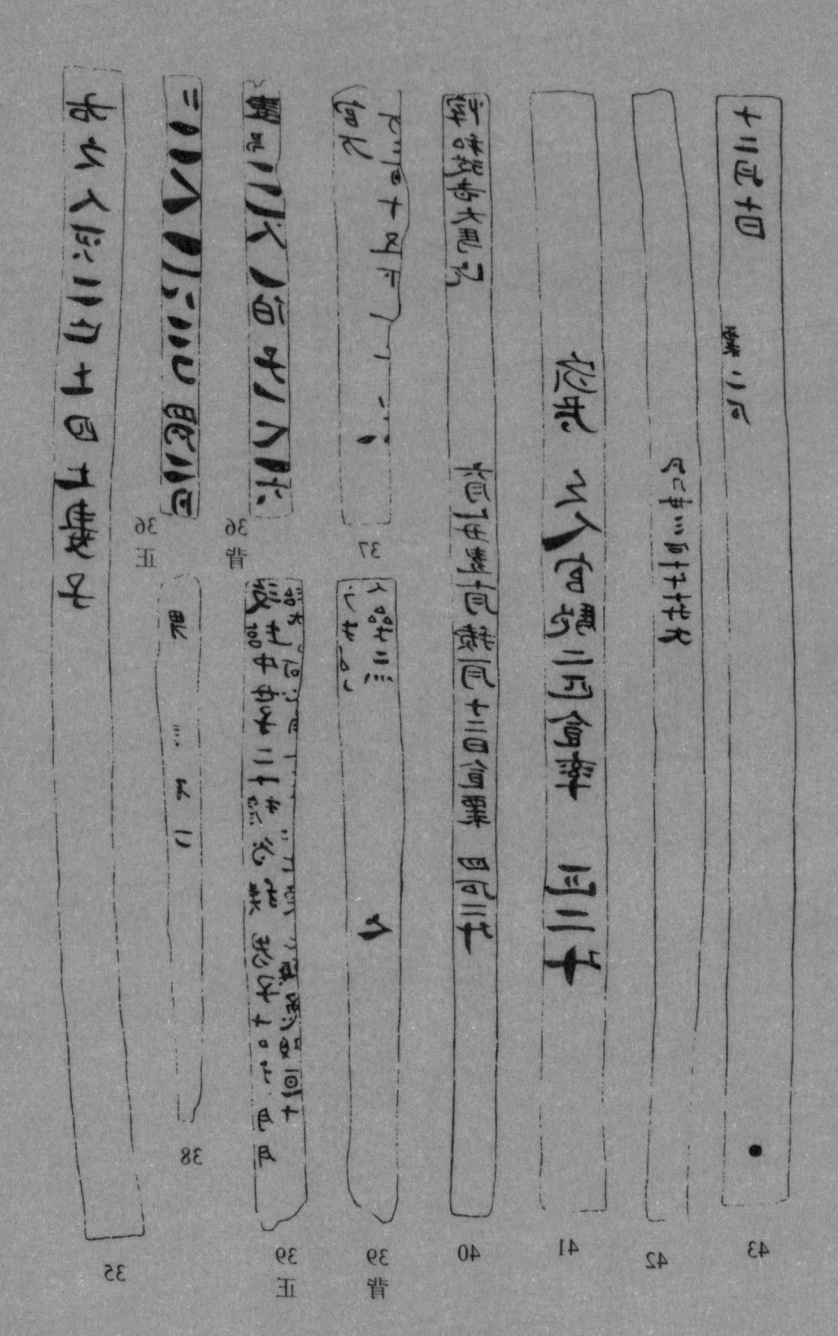

木简 35—43　简版四

十月丁丑徙者給取 46

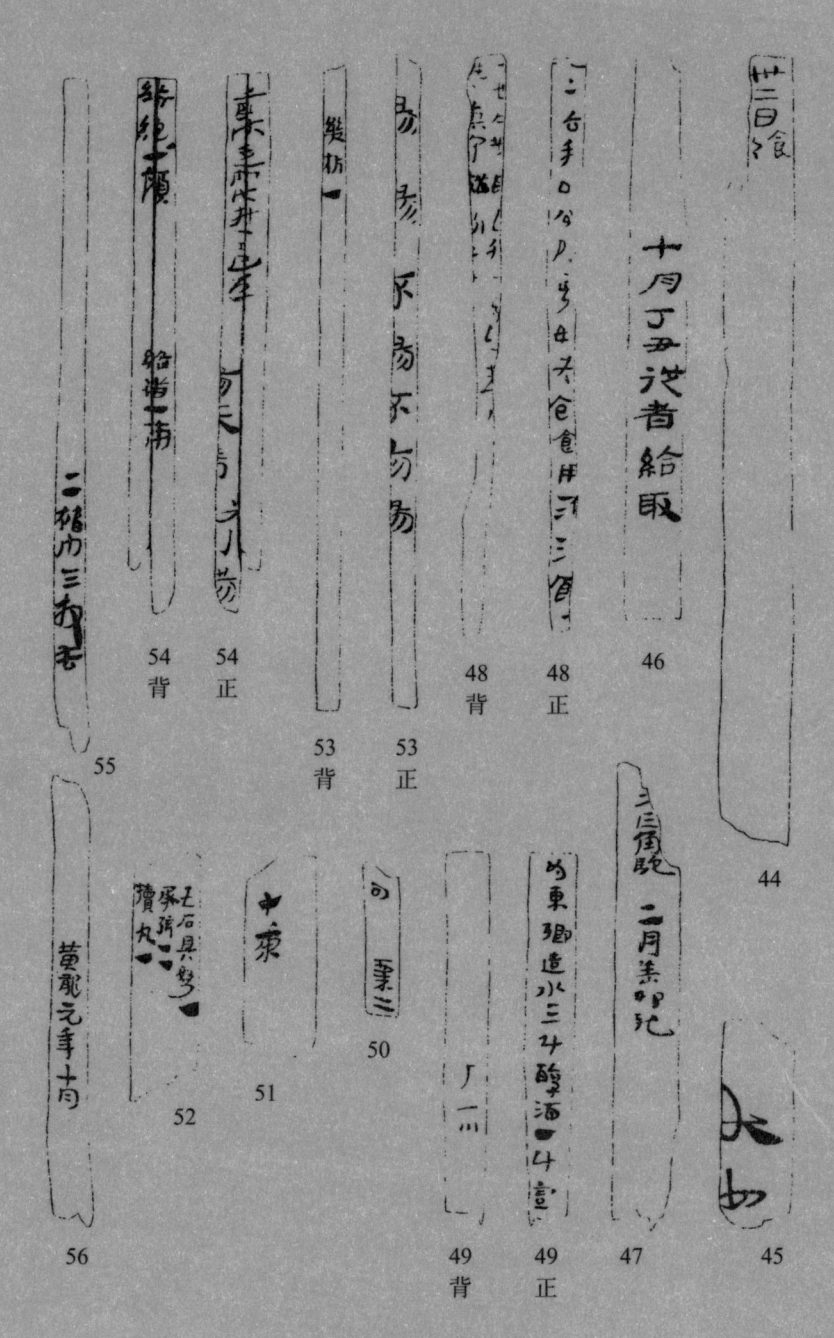

卌三日食 44

三三負販 二月集呷記 47

㡴 45

□台手□分□岁廿天倉倉用泻三官□ 48正
集□□□□□ 48背

易彩 不易不易 53正
髪枋一 53背

東□亦廾半 □三弓 54正
給幣一布 54背
絲絶十顷 55

以東鄉造水三斗醇酒□斗壹 49正
丿一川 49背

苟 棐二 50

中棗 51

□□具□ 棐滿 續丸 52

二□办三□□ 萤龍元年十月 56

木简摹本 44—56 简版五

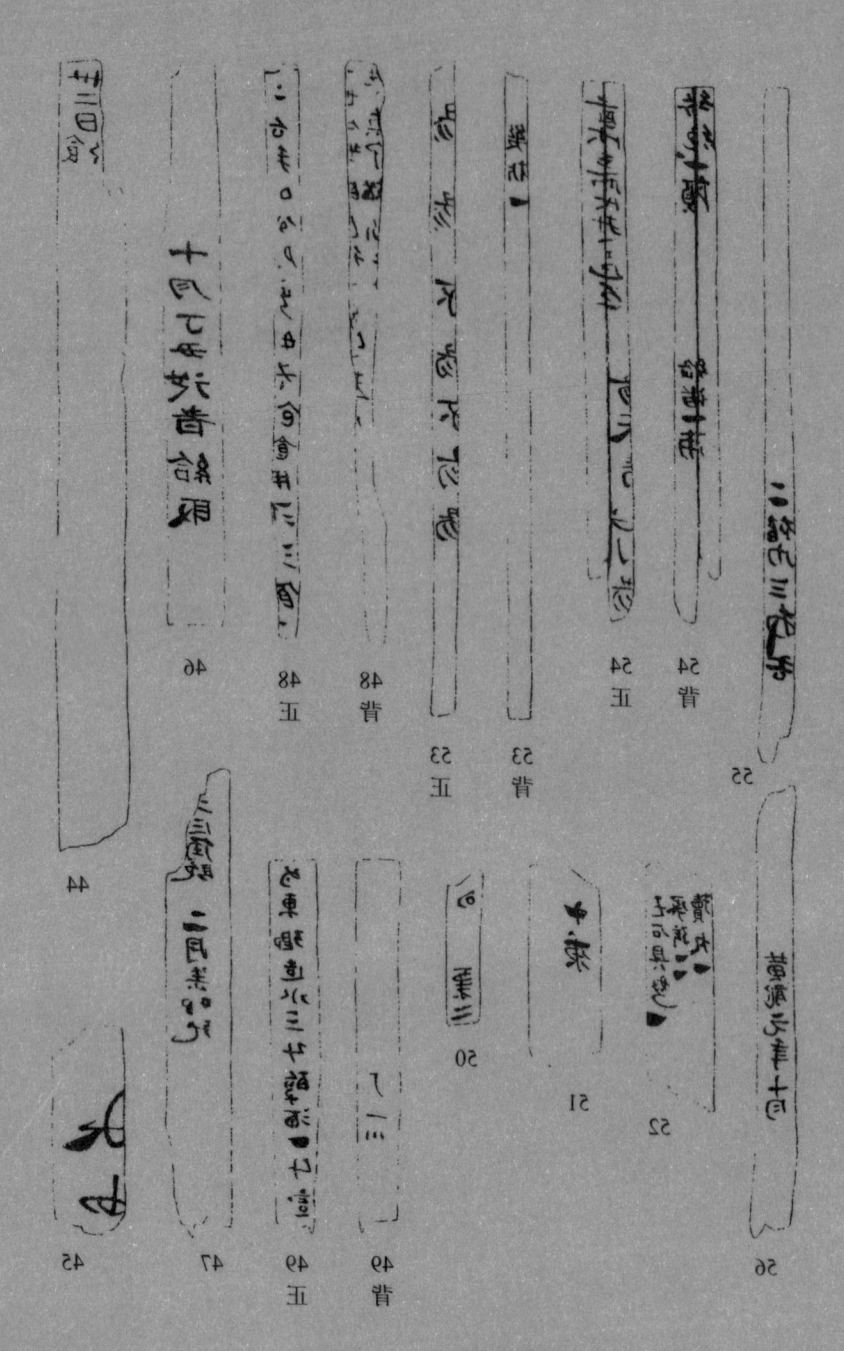

木简摹本 44—56 简版正

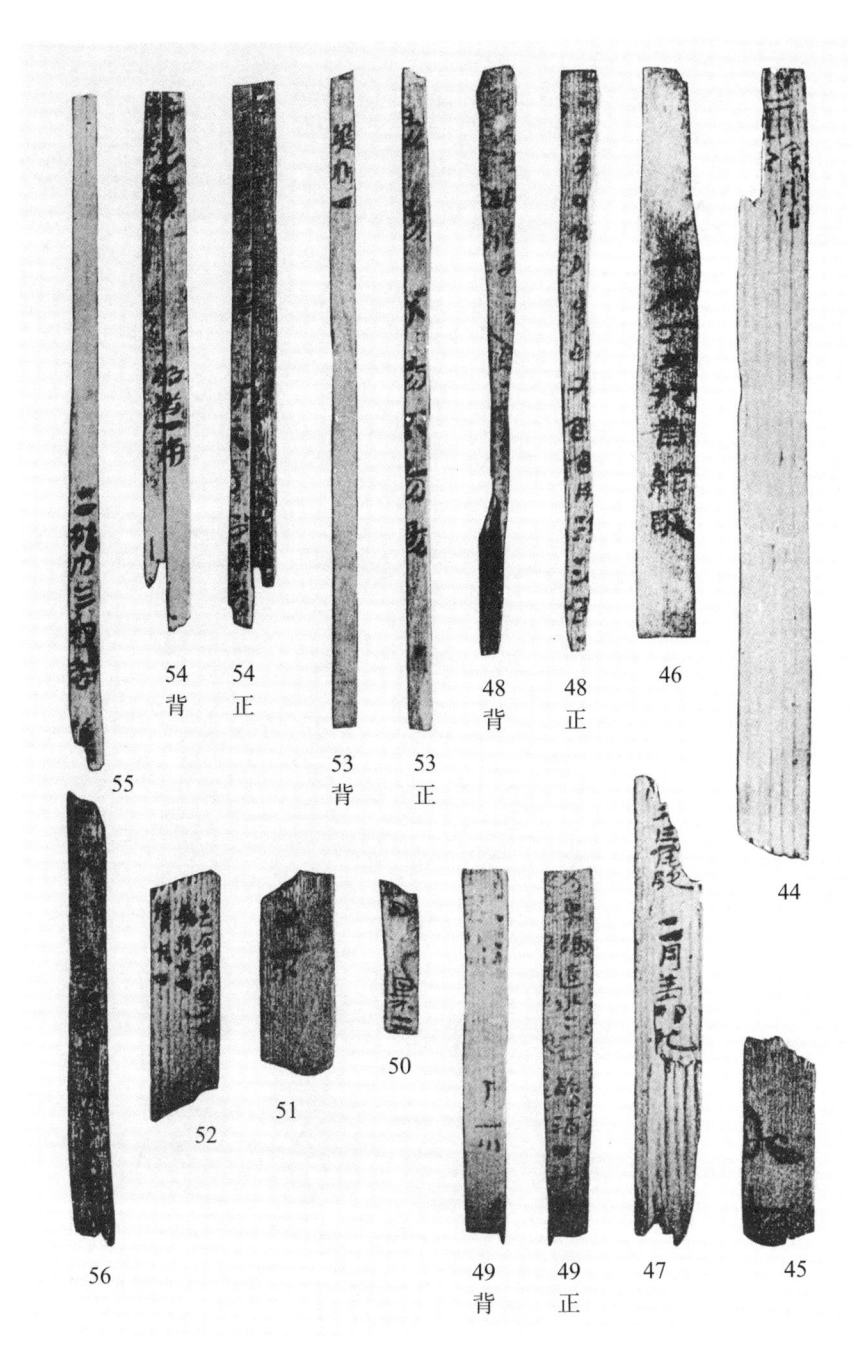

木简 44—56　简版五

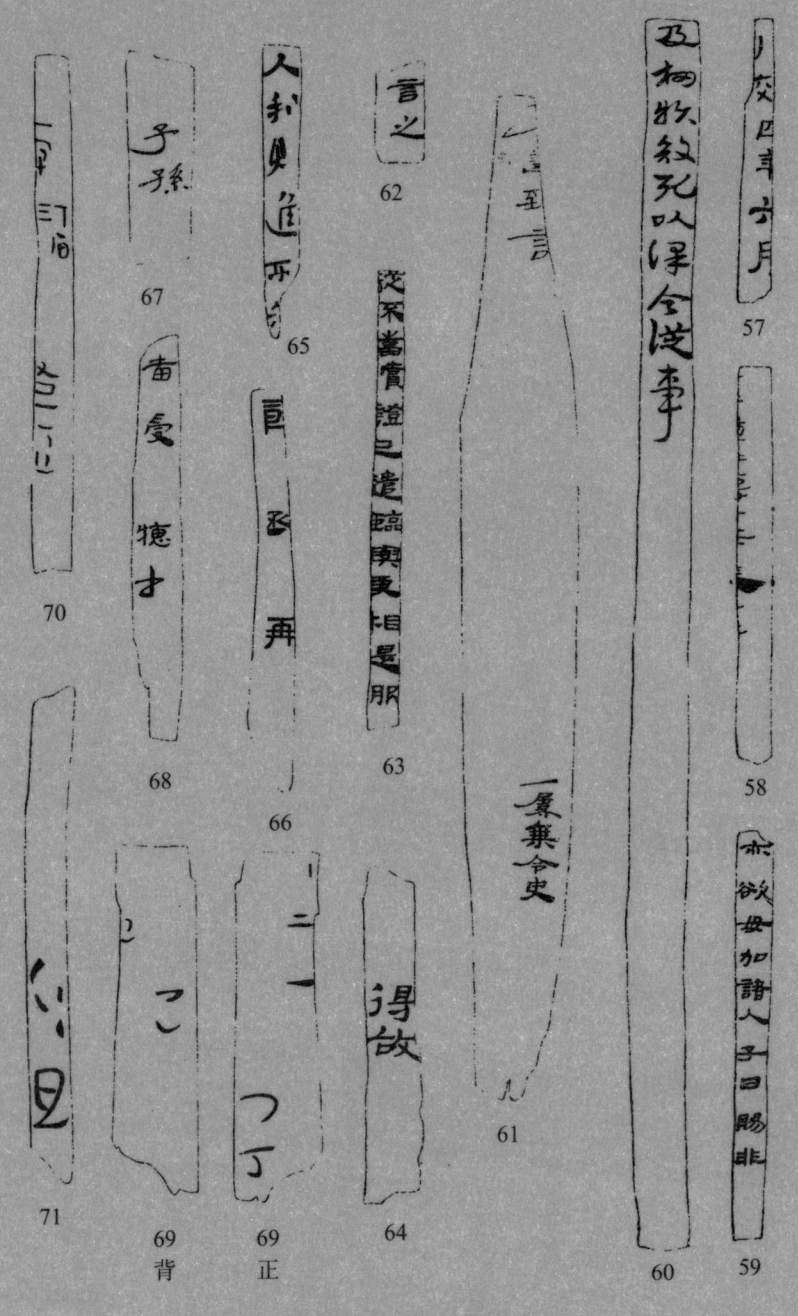

戊巳年六月		求欲毋加諸人子曰賜非		五桐枚紋死以深今淺事	一彔棄令史	言之	淺不當實證已遣蘇吏相是服	得故

57　58　59　60　61　62　63　64

人刦臾進丐	直至再	子孫	畜食犢十	乙丁	乙	廣門倍 知[?]	八旦

65　66　67　68　69正　69背　70　71

木简摹本 57—71　简版六

369

木簡摹本 52—71 簡版六

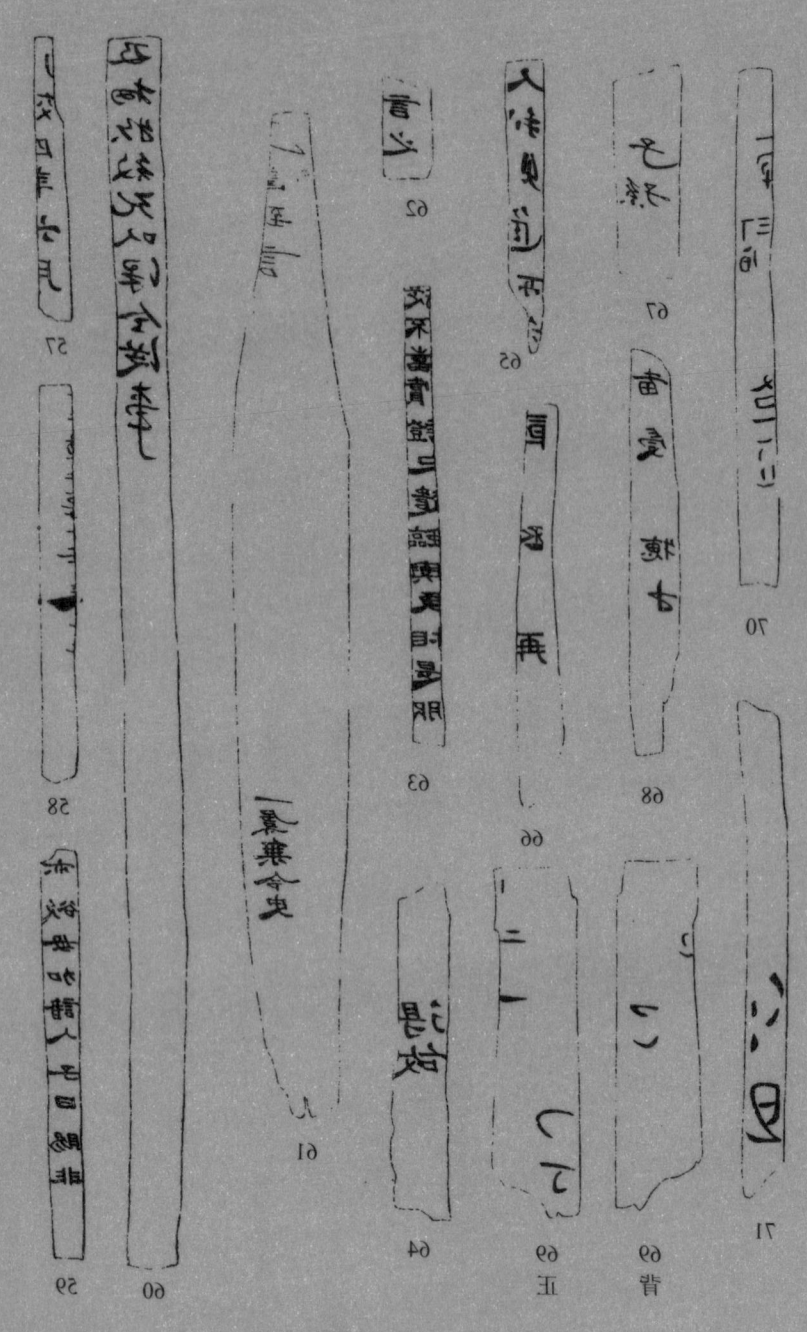

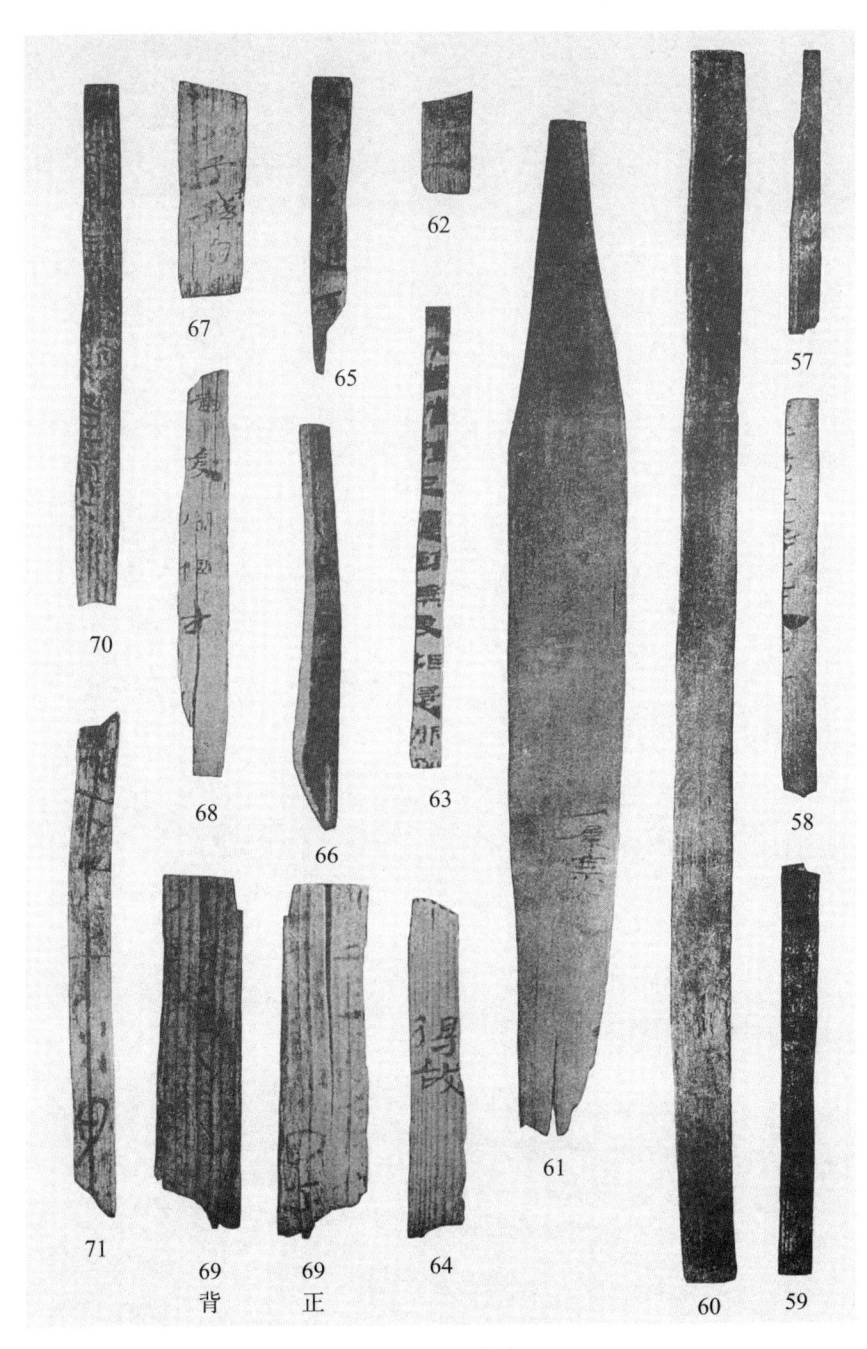

木简 57—71　简版六

原版英文序言及
目录

THE EXPLORATION AROUND LOB NOR

BY

PROFESSOR HUANG WEN-PI

A report on the exploratory work during 1930 and 1934

Published By
THE BOARD OF DIRECTORS OF THE MISSION OF THE
NORTHWESTERN EXPEDITION OF CHINA
and
INSTITUTE OF HISTORICAL STUDIES AND ARCHAEOLOGY
NATIONAL ACADEMY OF PEIPING

Printed in Peiping by
The University Press, National Peking University
1948

PREFACE

In 1931 the author published a monograph on Kao chang[1], with plates of tomb slabs, annotations and explanations, and also a special paper on Kao-chang[2], with interpretations on the chronology of the Kao-chang Kingdom.[3] Later in the same year an additional volume[4] was published in which the author laid out a programme to publish the results of his archaeological researches in Sinkiang[5] in six series of monographs in the following order: Kao-Chang, Pu-Chang[6], Yen-Chi[7], Ku-Cha[8], Khotan[9] and Chiu-Sha.[10] By the autumn of 1933, through a grant from the China Foundation, a second volume of Kao-Chang was published dealing with pottery wares.[11]

According to my program, the next monograph should be that on Pu-Chang, viz. Lob Nor.[12] But the author was then ordered by the Ministry of Education to proceed to Sinkiang to study its cultural history, with special attention to archaeology. While I was on my way toward Tihua[13] (Urumchi), unexpected developments in Sinkiang closed the route, but I was able to visit the Lob Nor region a second time, with gratifying results.

After returning to Peiping in the autumn of 1934, preparation of a monograph on Lob Nor was immediately started. During the preliminary stage a few papers were published for those interested in my work or the archaeological problems involved. In the winter of 1935 the author was in Si-an, Shensi,[14] being sent there by the Commission for the Preservation of Antiquities[15] to supervise the repairing of old stone tablets known as the "Forest of Tablets."[16] The Chinese Committee of the Scientific Expedition to the Northwest was kind enough to afford me a separate laboratory for the classification of a part of my Sinkiang collections, which were removed to Si-an with me.

For the two years between autumn of 1934 and summer of 1936, the preliminary draft of my monograph on Lop Nor together with the drawing of figures and photographing of objects had been gradually completed.

In the fatal fall of 1937 Sian was often bombed. For the safety of my collections they were sent to Hankow[17] by the aid of Dr. Y. C. Mei, Chancellor of Tsing Hua University[18]. But my research work had to stop at once. By the spring of 1938, when the repairs on the "Forest of Tablets" were completed, the author joined the faculty of the Northwestern Associated University[19] at Chengku,[20] south Shensi. Next autumn the author went to Chengtu[21] to carry on further researches in the National Szechwan University.[22] At the end of 1939 the editorial work on Part II of the present volume was completed.

After another term of teaching in Chengku in 1940, I returned to Szechwan, staying in Chung-Ching Hsien[23] where I wrote some seventy thousand more words, which forms Part I of the present volume.

---

1. 高昌專集   2. 高昌第一分本   3. 高昌圖   4. 高昌專集贅言   5. 新疆   6. 蒲昌   7. 焉耆
8. 車師   9. 和闐   10. 佉沙   11. 高昌陶集   12. 羅布淖爾   13. 迪化 (烏魯木齊)   14. 陝西西安 (長安)   15. 中央古物保管委員會   16. 碑林 (在陝西西安)   17. 漢口   18. 清華大學梅貽琦校長
19. 西北聯合大學   20. 城固   21. 成都   22. 國立四川大學   23. 崇慶縣

The printing of a fairly large-sized work was impossible during wartime. Last summer I joined the National Academy of Peiping[24] as a research fellow in its Institute of History.[25] With the financial aid of the Ministry of Education and the China Foundation, the printing of this monograph was made possible. Thus, the present volume represents a work that has been, off and on, some fourteen years in preparation.

This monograph, aside from the plates, is divided into four parts. Part I, the Introduction, is composed of five chapters. It treats of the hydrographical changes of Lob Nor, the history and culture of Lou-Lan,[26] the early routes of communication, the contact with the Chinese during the Han dynasty,[27] the spread of Chinese culture to the Hsi-yü[28] region, and the spread of Buddhism from both the east and the west.

In Chapter I, Part I, basing on my first observations during 1930 and my discoveries of archaeological evidences around Lob Nor and records of Chinese annals and arguments advanced by scientists of both hemispheres, I draw my conclusion on the causes and dates of the changes of the Lob Nor and its tributary, the Tarim.[29] As it has been a problem known to the Chinese for the last two thousand years, such changes can be traced from the old records, as well as from topographic evidences.

Chapter II treats of the history of the Kingdom of Lou-lan. Since the Annals of the Han Dynasty had a special chapter on Shan-shan[30] in the section on the historical geography of Hsi-yü, the annals of subsequent dynasties all dwelt upon this subject. But their records are rather sketchy, because there had been no comprehensive understanding of the region as a whole. From my archaeological finds, however, I can trace a continuous series of events and relations between Hsi-yü and China from the Han dynasty to the present, at least in a general way, more systematic than hithertofore.

Lou-Lan has long been known to hold the key of communication between the east and the west. In Chapter III, Part I, it is pointed out that the Han-shu[31] recorded only those routes after Hsuan-yuan[32] (49-33 B.C.) namely the "north" and the "south" routes from Shan-shan and Chieh-shih[33] respectively. But the earliest contact and the first trail of reconnaissance have never been touched upon, because of a lack of records and archaeological evidences that could converge to solve these problems. It is from my discovery of the writings on the wooden slabs of an ancient watch-tower at a place which since has been commonly known as Tuken[34], that the dating and tracing of the routtes can be done with some assurance as in the first year of *Huang-Lung* of Hsuanti of the former Han Dynasty, i.e; 49 B.C.[35]

Chapter IV, Part I, recounts the administration and establishment of different stations along the various routes and the diffusion of Chinese culture to Hsi-yü, while Chapter V recounts the diffusion of Buddhism and its acompanying civilization. As the link of communication between the east and the west, it was unavoidable that the Lob Nor region should receive the culture of the Chinese, as well as the western culture when the wave from that direction passed through there. But recent researchers into Sinkiang were unanimous in stating that the culture of Hsi-yü had originally reached a very high plane and could not have received any cultural influence from the east. Chinese scholars who have not carried any field investigation there also approved

---

24. 國立北平研究院　　25. 史學研究所　　26. 樓蘭　　27. 漢朝　　28. 西域　　29. 塔里木河　　30. 鄯善
31. 漢書　　32. 宣 (帝) (Hsuan-ti, 73—49 B.C.)元 (帝) (Yuan-ti, 48—33 B.C.)　　33. 車師　　34. 土垠
35. 前漢宣帝黃龍元年, 49 B.C.

2

the same. Thus Chinese efforts in Hsi-yu would appear to have had no effect at all, leaving no trace there. The author made some refutation of that theory in the monograph on the pottery wares of Kao-Chang. In this volume more stress is laid on the subject, basing the conclusions boing pased on my own field observations and discoverie. Readers of the complete text can grasp clearly the phenomena of a mixed culture derived both from the west and the east.

Part II deals with my field explorations, which were carried out in the early spring of 1930 and the autumn of 1934. Though there was a lapse of four years, the areas covered are generally the same and the nature of collections is also without much difference. Therefore a synthetic study is made on all the objects and classifications are mainly according to groups instead of collecting dates and localities, though the latter are recorded in several tables for cross-reference. There are three chapters: Chapter I deals with the sites of stone implements at Indurkush,[36] and various localities around Lob Nor. Besides detailed description of such localities, a study of their mutual relationship is presented. Chapter II describes the sites of burial places, which are all located north of Conche-darya.[37] According to the forms of burial and the associated artifacts, two kinds of burial customs are recognized: one burial with clothings, and the other, with bare bodies alone. The former is an indication of Chinese influence, and the latter is a relic of local customs. Chanpter III treats the historical sites, including watch-towers, dwelling sites, and irrigation canals. Especially important are the watchtowers. Besides the wooden slabs with records written on them, which give the dates and political as well as military details of the administration, the other finds associated with them give a fair view of the art and industry of early China. Thanks to the dry climate of Central Asia, objects made of bronze, iron, laquer, wood and silk made two thousand years ago, were found in a state of good preservation. The lining of willow branches along the artificial canals are indications of construction and reclamation works of Chinese garrisons. Both their magnitude and the strenuous efforts can be imagined. As to the dwelling sites, for example, as in localities L.T. etc., the relics are of every day kinds, indicating generally a frugal standard of living.

Part III is composed of explanations of text-figures and plates. There are ten chapters according to the materials: such as those of stone, clay, bronze, lacquer, wood, grass, bone, textiles and miscellaneous. Out of some 1800 pieces collected during the two expeditions, about 590 have been selected for reproduction. But errors must have crept in, for on account of isolation during most of the time when the intensive studies were made, references were out of my reach, and it was also difficult to consult my teachers and friends.

Part IV is a series of transcription and interpretation of Han writings on wooden slabs and on two rare cases on bamboo slips. It is divided into nine chapters, each on a certain subject, such as on official ranks, locations of established official stations, the calendar, the garrisons and soldiers, the salaries and other pay-rolls, the implements and tools, old records, and miscellaneous. These studies are based on some seventy slabs that I had collected from the Tuken area during my two trips. On account of the various dates: Huang-lung, *Ho-ping*,[58] *Yuan-yien*,[59] they cover the reign of Hsuanti, Yuanti, Chengti[40] (32-7 B.C.) of the Former Han dynasty. By that time Lou-Lan had already moved to the south. But what became of the deserted older sites of Lou-Lan established in han dynasty very little is recorded in the Annals of the Han and later dynas-

---

36. 英都爾庫什　37. 孔雀河, 或稱沅溪河, 及宣柴河　38. 河平 (漢成帝年號, 28—25 B.C.)　39. 元延 (漢成帝年號, 12—9 B.C.)　40. 成帝 (32—7 B.C.)

ties. Now with these slab-records a more comprehensive picture can be obtained of the political, military, and other conditions in Hsi-yu.

Dr. Sven Hedin and Sir Aurel Stein also discovered at the old site of Lou-Lan slabs of similar kind but bearing the dates of *Hsian-hsi*[41] *Tai-shih*,[42] etc. which are and indicating that site of Lou-Lan is the city of *Hsi yu-Chang shih*[43] of the Wei and Chin dynasties.[44] Compared with my latest and their earliest dates theirs are late by some 272 years. Thus for the study of the northern part of Lob Nor in the early part of the Han dynasty my material is especially appropriate. Therefore I have done my best to transcribe and interpret them, which serve to fill up gaps that are left by the old chronicles.

The writings are in archaic forms known as *Tsao-Li*[45] and sometimes also in a loose style hard to decipher. I consulted many calligraphic experts concerning my interpretations, but many are still in doubt. By presenting to reader the original manuscripts in photographic reproduction, I mean to ask for their opinions, so that corrections can be made in a future edition.

A few remarks are necessary in regard to plates and text-figures. They are of three categories. The first kind are the maps which I compiled from works of modern cartographers and historical geographerf to illustrate my interpretation of hydrographic changes as noted in Chapter I, Part I, on the drainage of Lob Nor, and the routes of east-west communication noted in Chapter III, which are subject to change as our knowledge of this region is more and more widened. Of the second category are the maps which were drawn by myself as route maps in my diaries and were directly drawn in the field during my travels. The maps published in this volume are only a very small percentage of what I had drawn. The panorama sketches were mostly made from photos taken by me in the field; the original photos were either badly exposed or not well developed and not suitable for direct reproduction. Of the third category are the figures in the plates or in the texts. There are 393 figures in the 56 plates, and 108 text-figures, of which 34 are coloured, and the rest, profiles and restorations.

The arrangement of figures according to kinds and types has been adopted to facilitate comparative morphological studies. In the description of localities in the chapters of Part II their horizon and state of preservation have been noted. It is hoped that with attached tables and the index for the plate figures, cross references can be easily established.

For more details, readers are kindly asked to read the original text. As this work was prepared during the war, life was precarious, and living insecure. But the dangers of those years only served to stimulate me to complete my present volume. It is indeed my good fortune that in spite of world shaking events, the book has at last appeared.

The six years that were consumed in writing up the manuscript and the long years that it has waited for publication have put me under obligation to many individuals and organizations, some of whom have been mentioned in this translation of my prefacem but many more are mentioned in the original text. Without their help and encouragement this monograph would not have been possible.

Peiping　　　　　　　　　　　　　　　　　　　　　　　　　　　　　　　　Huang Wen-pi
September 18, 1948.

---

41. 咸熙（魏元帝奐年號, 264—265 A. D.）　42. 泰始（晉武帝年號, 265—270 A.D.）　43. 西域長史
（魏晉時在西域所設之行政首領, 等於漢朝西域都護）　44. 自魏咸熙元年至晉泰始宋年 (264—270 A. D.)
45. 草隸（不規則隸書）

CONTENTS

Preface.
List of Contents.
Part I. Introduction.
 Chapter I. Hydrographic Changes of Lob Nor and the Shifting of Sand-Dunes.   1-21
  1. The Derivation of Names and Location of Lob Nor.   1-3
  2. The History of Exploration of Hydrographic Changes of Lob Nor.   3-4
  3. The Tentative Determination of the Dates of Hydrographic Changes.   4-10
  4. The Shifting of Sand-Dunes near Lob Nor.   10-13
  5. Supplementary Remarks on the Early Hypotheses on the Source of Yellow River.   13-21
  Figure 1. Lob Nor Today after the Return to Its Old Site.
  Figure 2. The Tentative Restoration of the Changes of Lob Nor after the Wei and Chin Dynasties.
  Figure 3. The Tentative Restoration of Pu-Chang Hai during the T'ang Dynasty.
  Figure 4. The Conditions of Lob Nor in the Early Ch'ing Dynasty.
 Chapter II. A Brief History of the Lou-Lan Kingdom.   22-38
  1. The Rise and Zenith of Power of Shan-Shan.   22-23
  2. The Revival of the Old Site of Lou-Lan and Its Final Abandonment.   23-27
  3. The Relation between Shan-Shan and China and the Decline of Shan-Shan.   27-28
  Attached: Addendum Remarks on the Site of the Capital of Lou-Lan and Shan-Shan.   28-31
  4. The Invasion of T'u-Yü-Huen and the establishment of the Chinese in the Sui and T'ang Dynasties.   31-33
  5. The Eastward Penetration of Kang-Yen-Tien and the Invasion of T'u-Fan.   33-35
  6. The Ruination of the Lob Region and the Postal Stations of Lob.   36-37
  7. The Establishment of Hsien (County) Magistry in the Ch'ing Dynasty.   37-38
 Chapter III. The Position of Lou-Lan and Shan-Shan in the Communication between China and the West.   39-53
  1. The Northern, the Southern and the New Routes during the Han, Wei, and Chin Dynasties.   39-44
  2. The Route through T'u-Yü-Huen during Northern Wei, Sui and T'ang Times.   44-47
  3. The Kao-Chang Route of the Sung, and the Great Northern and the Southern Routes of the Yüan Dynasties.   47-51
  4. The Route through Chia-Yü-Kuan during Ming and Ch'ing Times.   51-53
  Figure 5. Map Showing the Different Routes of Communication.

5

Chapter IV. The Culture of Lou-Lan and the Establishments of the Chinese.   54-72
   1. Some Remarks on the Indigenous People of Lou-Lan and Their Culture.   54-57
   2. The Development of Hsi-Yü by the Chinese during the Han Dynasty.   57-63
      Attached: Tables of Chinese Offices in Kingdoms of Hsi-Yü.   64-66
   3. The Penetration of Chinese Civilization into Hsi-Yü.   66-72

Chapter V. The Prevalence of Buddhism and Its Civilization.   73-90
   1. The Prevalence of Buddhism.   75-80
   2. The Introduction of Western Civilization.   80-90

Part II. The Results of Field Investigations.

Chapter I. The Sites of Stone Implements.   91-96
   1. The Site at Indurkush.   91-92
   2. The Sites on the Northern Bank of Lob Nor.   92-96
   Figure 6. Route Map of My First Trip to the Lob Nor.
   Figure 7. Route Map of My Second Trip to the Lob Nor.

Chapter II. Burial Sites on the Bank of the Lake.   97-104
   1. Graves at Site L 丁.   97
   2. Graves at Site L 匚.   97-98
   3. Graves at Site L 戊.   98-99
   4. Graves at Site L 巳.   99-101
   5. Graves at Site L 曰.   101-104
   Figure 8. Layers of Clay on the Northern Bank of Lob Nor.
   Figure 9. Ta-Lao-Bah on the Northern Bank of Lob Nor.
   Figure 10. Flood along Kuluk River.
   Figure 11. A Long View of Lob Nor.
   Figure 12. Graves at Site L 戊.
   Figure 13. Graves at Site L 巳.
   Figure 14. A Corpse in the Grave at Site L 巳.

Chapter III. Other Ancient Sites.   105-112
   1. Sites of Ancient Watch Towers from Han Dynasty.   105-110
   2. The Ancient Routes and Dwelling Sites from Han Dynasty.   110-112
   Figure 15. The Ancient Watch Tower at Tu-Ken.
   Figure 16. The Excavation at Tu-Ken.
   Figure 17. The Topography of the Old Sites at Tu-Ken.
   Figure 18. Field Work at Watch Tower, North of Lob Nor.
   Figure 19. Working at Ancient Site, North of Lob Nor.

Part III. Description of the Artifacts.

Chapter I. The Stone Implements.   115-128
   A. Large Tools Made by Percussion Process: Adzes, Knives, Hammers, Stones for Polishing Purpose.   113-114

6

    B. Fine Implements Made by Chipping Process: Points, Curved Blades, Flakes, Pendants. ... 114-121
    C. Cores or Nucleus: Cylinders, Choppers. ... 121-124
    D. Arrow-Heads: 4-Edged, Flat, 3-Edged. ... 124-127
    E. Polished Stone Implements: Jade Knives, Jade Axes. ... 127-128

Chapter II. Pottery and Clay Wares. ... 129-130
    Potsherds, Cups of Clay, Spindle Whorls of Clay.

Chapter III. Bronzes. ... 131-147
    A. Mirrors: With Flowers and Branches, With Zodiac Symbols, Fragments. ... 131-132
    B. Seals: Seal of Han Ch'an (韓產); a Hook-Formed Seal. ... 132-133
    C. Coins: Wu Chu (五銖), Latticed Coins, Tubes. ... 133-134
    D. Arrow-Heads: Solid Forms, Hollow Forms, Winged, Thistled, Long-Shafted, Doubled-Lined, Flat, Cylindrical. ... 134-137
    E. Decorative Pieces: Bells, Masks, Buckles, Earrings, Rings, Nails, Buttons. ... 138-143
    F. Miscellaneous: Daggers, Crossbows, Sword Tips, Spear-Heads, Fragments, Cupolas, Steel Anvils. ... 143-147

Chapter IV. Iron Implements. ... 148-149
    Knives, Nails, Buckles, Rings, Pendants, Miscellaneous, Pieces of Lead (Sub-item).

Chapter V. Lacquered Objects. ... 150-154
    A Two-Handled Cup, High Cups, A Pressed Oblong Box, A Lacquered Shaft, Fragments.

Chapter VI. Wooden Utensils. ... 155-160
    Tzu (俎), Chi (几), Ladles, Food Containers, Combs, Hair Pins, Etc.

Chapter VII. Textiles. ... 161-168
    Shoes, Trousers, Sleeve-Cuffs, Coats, Rim-Decoratives, Shawls, Pillow with Raw Silk Padding, Cloth-Bag, Fragment of Hemp Cloth, Fragments of Silk, Fragment of Hemp with Paints of Lacquer, Falt, Woolen Cloth, Chiffon with Square Lattice Work, Silk Pads, Hemp Paper.

Chapter VIII. Reed and Straw Materials. ... 169-172
    Cylindrical Baskets, Woolen Headwear, Hat Tassels, Bundles of Reed, Spindle Rod, Reed Raincoat, Bundles.

Chapter IX. Bone Implements. ... 173-174
    Long Pins, Etc.

Chapter X. Miscellaneous. ... 175-178
    A. Ear Pendants: Flat-Shaped, Oblong-Shaped, Square-Shaped, Beads, Rod-Forms.
    B. Head-Dress Decoratives: Tassels.
    C. Miscellaneous: Mother-of-Pearl Pendants, Square Stone Beads.

7

Part IV. Description and Transcription of Writings on Wooden Slabs.
   Chapter I.   On Official Ranks   179-191
   Chapter II.   On Locality Names.   192-198
   Chapter III.   On the Calendar.   199-200
   Chapter IV.   On Reclamation and Garrisons.   201-203
   Chapter V.   On Salaries (Paid in Grains).   204-206
   Chapter VI.   On Utensils.   207-208
   Chapter VII.   On Documents.   209-210
   Chapter VIII.   On Miscellaneous Materials.   211-213
   Chapter IX.   Analytical Study of the System of Written Slabs and Calligraphy: 214-220
      1. Notches and Drilled Holes at the Ends of Slabs.   214-215
      2. Vacant Spaces in the Midst of Writings.   215
      3. Court Decisions Written on the Slabs.   215-216
      4. Dimensions of Different Slabs.   216-218
      5. Types of Calligraphy and Number of Words per Line.   218-220

Table of the Distribution of Artifacts from Lob Nor.   221-224
Summary Table of Distribution of the Above.   225-226
Index to the Figures and Plates of This Volume.   227-238

地名索引

例　言

一、本索引收入《罗布淖尔考古记》正文所及地名，包括自然与行政地理名词，如国家、城镇、村庄、关门、山水、沟渠等；地名并称、俗称如"陕甘""小南路"等，给予列入；职官、书名中的地名，如"贰师将军"《沙州图经》中"贰师""沙州"等，给予列入；古族名兼有地名义者，如"回鹘""伊兰"等，也予列入。

二、同名异地分别立目，于地名后括注其不同的地名特征，如"南湖（哈密属）""南湖（敦煌属）"；同地异名分别立目，各自括注其异称，如"阿姆河（即妫水）""吐火罗（又作故都逻、覩货逻、覩货逻故国）"；同一地名有详略、古今、同义之称，以其简称为条目，余皆括注，如"北庭（北庭都护府、北庭端府）"；不能完全分别异同的地名如"南山"等，并为一条。

三、地图、图表、注语中的地名，不入索引；常见地名如亚洲、中国、新疆、西域、黄河等，不入索引；地名泛指如"沙堆"等，不入索引。

四、本索引采用拼音排序。地名下所列页码，为该地在《罗布淖尔考古记》中的页数。若地名跨页，标注前页页码。

A

阿不旦　13、57

阿不罕山　65

阿丹（阿丹城，即罕东）　71

阿德克　74、135、136、211、212、224、225、226

阿端　68

阿尔卑斯　73

阿尔金山　4、43、56、60、62

阿尔品　75

阿尔泰山　66、78

阿非利加　167、171

阿富汗　104、105

阿克苏河　21、27

阿克塔齐沁　23

阿拉竿（阿拉竿驿、阿拉干驿）　11、12、13、14、17、18

阿拉克库尔　12、14

阿拉善　64

阿拉善沙碛　64

阿剌脑儿（又作哈剌海、鄂楞淖尔）　24

阿赖高原　98

阿勒坦噶达素齐老　25

阿勒坦郭勒　25、26

阿力马城　65、66

阿力麻里　68

阿姆河（即妫水）　20、103、116

阿木奈玛勒占木逊山（即伊拉玛博罗、大积石山）　24

阿耨达大山　42

阿耨达大水　9

阿斯丁布拉克　189

阿斯塔拉　57

阿所出山　20

阿提米西（阿提米西布拉克）　5、119、120、121、122

阿瓦鲁库尔　12

艾丁湖　58

埃及　167

安定（安定郡）　68、89

安得烈（安得悦、安多罗）　66、67、104

安息（安息国）　52、53、77、88、90、91、92、93、102、105、107、110、111、116、146、147

安西（安西州）　57、71、79、80

安西（安西都护府）　47、48

安西四镇（即四镇）　48、62

安阳　183

安众县　265

泑泽（即罗布淖尔）　3、9、19、30、150

B

巴尔布哈山　23

巴尔克　20

巴哈噶逊弩奇图色钦　12

巴克脱里亚（巴克脱利亚）　76、97、98

巴里坤　64

巴什托乎拉克（即小盐湖）　80

巴颜喀喇山（巴颜喀拉山）　23、25、26、59

八九股水（即九度河）　24

拔汗那　47

跋希　132

霸陵　263、264

白骨甸　65

白兰　43

白龙堆（即龙堆）　3、32、33、36、41、54、55、57、60、88、254、255、260

白沙瓦　96

白题（白题西）　132、133

白屋　19、149

白玉河　174

柏海　22、62

百泄波里城　108

拜什托胡拉克　255

拜占庭　107

包头　123、175

宝庄　64

卑鞮侯井　88、254

北地　239

北河　9、42、150

北欧罗巴　167、171

北山　53、57

北塔山　173

北天竺　96、97

北庭（北庭都护府、北庭端府）　49、62、65、66

贝勒庙　123、173、175

贝勒庙盆地　173

避风驿　64

鳖思马大城　65、66

别失八里　68

拨换城　48

钵和（钵和国）　97、98

钵盂城　97

波路　98

波斯（波斯国）　47、50、63、66、76、97、105、107、108、109、111、112、113、115、116、132、133、167

波斯海湾　101

播仙（播仙镇）　66

博斯腾淖尔 4、58

卜拉克干河 67

布哈拉 106

布隆吉尔（布隆吉城） 51、71

布喀河 60、61

C

察罕得勒苏水 26

察罕托辉水 26

柴达木（柴达木盆地） 43、60、62

昌八剌城 65

长安（长安城） 3、37、95、251

长城 71、79、90、111、173、188、192、195、281

长松岭 65

朝鲜 145、188、195

策勒 66

策特尔 259

车尔成（车尔成州） 49、50、66、67

车尔成河（即且末河、卡墙河） 3、4、8、9、11、13、14、17、27、39、249

车师（车师国） 15、17、20、32、33、34、37、53、56、57、58、81、82、83、88、89、150、238、240、243、245、247、253、254、257、258、274、275

车师后（车师后部、车师后部候城） 82、84、244

车师前庭（车师前国、车师前部、车师前王庭） 37、53、55、83、84、244、245、257、258

城固 109

赤宾河 24

赤海 61

赤斤（赤斤城） 67、68、71

赤金峡（赤金峡驿） 71

赤岭 60

赤水（赤水源） 43、59、60、61

赤水城 22

赤威里克库尔 12

处月（即沙陀） 49

葱岭（葱岭山） 9、20、21、33、49、52、53、54、55、76、78、88、90、96、97、98、102、103、105、116、132、245、259

葱岭河 3、9、20、21

翠帡口 65

地名索引 387

D

达布逊泊（达布逊淖尔） 26、27、61

达第斯坦 96

达剌克岭 98

达摩戈之干河（即媲摩川） 66

达宛库木 173、175

达许库尔干 96、97、98、99

达雅克库尔 12

大草滩 68

大方盘城 56、57、259

大患鬼魅碛 64

大积石山（即阿木奈玛勒占木逊山、伊拉玛博罗） 22、24

大老坝 5、147

大纳布城 2、39、48

大秦 92、116

大青山 171

大泉 56

大沙陀 65

大鄯善 10

大食 50

大同江 201

大头痛山 96

大屯城（即七屯城、屯城） 49、63

大夏 20、52、77、102、110

大雪山 24、97、99

大羊同国 23

大益 77

大宛 3、15、19、20、30、31、32、42、52、53、54、55、56、77、78、79、80、82、88、89、90、94、98、190、239、245、249、251

大月氏（大月氏国） 33、52、53、55、77、91、92、98、101、102、104、105、241、267

大月氏道（又作月氏道） 98

旦当乌利克 93

丹噶尔厅 61

党河 13、56

得格尔 57、58、118、119、141

德门堡 9

德若 96、97

地中海 53、105、107、115

典合城 40、46

叠州 43、59

丁零 132

东城 38、39、40

东都 205

东故城（即扜泥城） 9、10、

39、40

东国　93

东罗马　107、109、111、116

东胜　64

东伊兰　100

兜訾城　254

都督山　64

都护井　54、254、255、259

都兰　60、62

都勒泊　61

都乡河　63

覩货逻（覩货逻故国，又作吐火罗、故都逻）　66、104

端木乌拉山　61

朵甘思　23、24

敦薨水（敦薨之水，即焉耆河）　3、42

敦煌（敦煌塞、敦煌府）　10、13、16、31、33、34、35、36、37、38、39、45、50、52、55、56、57、58、59、62、68、71、76、78、79、80、95、96、149、186、216、249、254、258、259、260、264、277、281

敦煌千佛洞　46、111

E

俄罗斯　111、112

额德凌特淖尔　24

额济纳（额济纳旗）　67、79、277

额济纳河　79、80、123、186、277

额济纳河古堡　79

鄂登他腊（即星宿海）　24

鄂都克　111

鄂都斯　189、192

鄂尔沟海图　12

鄂楞淖尔（又作哈剌海、阿剌脑儿）　24

鄂凌　22、27

贰师　32、53、54、55、78、88、246

F

芬兰　195

风戈壁　57、64

伏罗川　44

伏戎　44

伏俟城　44、60

枹罕　43、59

欢潜 77

浣溪河（即孔雀河、宽柴河）11、14、120

湟（湟水）22、48

黄羊平 64

回纥城 65

回鹘 49、50、62、63、64

回回墓 68、71

惠回驿 71

火敦腊儿（即星宿海）24

J

积石（积石山、积石之山）3、19、21、22、24、25

吉利吉思 68

几尔几特河 96

几尔几特河谷 98

罽宾 47、91、96、99、102、146

迦毕试国 102

迦婆缚那伽蓝 204

迦湿弥罗（迦湿弥罗国）98、99、100、103

嘉峪关 68、71

嘉峪关道 68

交河（交河城、交河曲、交河壁）82、84、253、257

交河曲仓 84、253、257、253、258

犍陀罗（又作乾陀罗国）98、99、105、109、110、112、113、116

江汉 215、221、226、228

姜赖国（姜赖之墟）16、30、76、254、255、256

竭叉（竭叉国）96、97

金城 78

金城河关 21

金婆山 49

金沙江 61

金山 65

金塔 80

近东 115

晋昌 36

精绝（精绝国）32、33、104、132、133

京兆 264

荆州 265

九度河（又作八九股水、歧裂八九股水、也孙斡伦）24

酒泉（酒泉郡、酒泉府、酒泉县）31、35、64、77、78、79、149

旧达摩戈 66

旧孔雀河　120

居卢仓　54、55、136、250、254、255、259

居卢訾　254

居卢訾仓　253、254、255、256、257、258、281

居延（居延塞、居延塞城）　67、78、79、80、249、256、281

居延海（居延泽）　79、210、277

拘弥（又作扜冞、汗弥、扜弥、杅弥）　77

左冯翊　247、249

K

喀达克沁　149

喀拉布朗库尔（喀喇布朗库尔）　4、11、12、13、14、27、249

喀拉达格　27

喀拉库尔　12、14

喀拉库顺（喀拉库顺湖）　4、7、11、12、13、14、16、17、27、125、249

喀喇库顺沙漠　189

喀喇昆仑山　20、23、26

喀喇哈什河　174

喀喇提金　98

喀什噶尔　96、97、98

喀什噶尔河　21、27

喀巽淖尔　79

卡尔克里（卡尔克里克、卡尔克里克县）　10、11、18、39、40、43、44、51、61

卡墙河（即车尔成河、且末河）　13

康（康国、康居、康居国）　34、40、45、46、47、52、53、77、82、88、98、105、106、241、242

科伊　109

渴盘陀（即汉盘陀国）　98

克里米亚　109

克里雅　67

克里雅河　27、104

克鲁伦河　65

克什米尔　99

克子尔河　98

可失合儿　50、66

孔达格　55

孔雀海　14

孔雀河（又作浣溪河、宽柴河）　3、4、6、7、8、9、11、14、15、17、18、42、54、55、57、58、78、80、83、89、90、

地名索引　393

92、93、120、121、133、142、148、177、178、179、180、183、190、191、196、197、200、203、218、219、229、255

枯尔坤（枯尔坤山，即昆仑，又作闷摩黎山、紫山） 23

苦砦 68

苦峪（苦峪城） 68、71

库车 90、91、106、113、116、173、175、185、190

库车河 21、27

库尔勒 17、58

库尔伦 27

库尔哦巴古坟 75

库库塞水 26

库鲁克河（库鲁克达里雅） 5、42、118、120、121、122、125、135、136、148、149、150

库鲁克山 4、5、6、15、17、58、118、119、120、121、123、124、125、158、159、160、166、167、171、172、174、175、199、200

库木胡图克（库穆胡图克、库木胡都克） 57、255、260

库木什 58

库木什山 58

库山 61

宽柴河（即孔雀河、浣溪河） 120

昆仑（昆仑山、昆仑墟、昆仑山冈，又作亦耳麻不莫剌山） 19、20、21、23、24、25、26、27、60、76、133、174

L

拉布拉克岭 26

牢兰（即楼兰） 4

牢兰海（即罗布淖尔） 3、9、13、42

阆风 27

乐浪（乐浪郡） 91、145、201、203

乐浪古坟 195、201

黎靬 52、77、116

黎靬县 116

里海 53、76、105、111

里萨诺夫加 109

李仆射城（即托边城） 64

醴泉县 89

力济阿特麻扎 67

凉州 37、38、254

临海（即罗布淖尔）3、4

临羌 44

陵仁里 263、264

灵州 49

龙城（又作雅尔当）9、10、16、17、76、254、255、256

龙堆（即白龙堆）54、57、78、136、250、255、259

龙门石窟 114

龙泉（龙泉谷）22

陇西 60

柳中（即六种）34、35、58、275

六稞沙 64

六种（又作柳中，即鲁克沁）64

楼兰（楼兰国）2、3、4、7、9、10、15、16、17、19、30、31、32、33、34、35、36、39、40、41、42、46、48、52、53、54、55、56、57、58、71、72、73、74、75、76、77、78、79、81、82、84、88、89、90、92、93、104、106、107、108、109、110、111、112、113、116、123、125、128、132、133、134、135、136、149、150、186、190、192、196、210、213、233、249、250、254、255、256、259、275、277

楼兰城（楼兰旧都、楼兰故城、楼兰故都）7、9、39、41、42、56、150、255

楼兰海（楼兰潴海、楼兰故海）17、18

楼兰遗址（楼兰故址、楼兰古址、楼兰故墟、楼兰故地、楼兰国故地、楼兰国遗址、楼兰古墓）4、5、7、8、10、15、17、18、30、32、34、35、36、37、54、73、81、83、84、93、95、104、106、107、108、109、111、112、121、125、128、182、183、184、188、190、192、194、195、196、197、233、251、254、255、284

楼子山 64

芦草沟 56

芦花海子 13、57

鲁戈斯特 6、121、133

鲁克沁（即六种、柳中）5、34、57、58、64、118、119

陆局河 65

罗不（罗不城） 3、4、66、67

罗布（罗布淖尔、罗布泊、罗布海、罗布海子、罗布淖尔海、罗布湖，又作辅日海、临海、牢兰海、蒲昌海、泑泽、盐泽、盐水） 2、3、4、5、6、8、9、10、11、12、13、14、15、16、17、18、19、20、21、25、26、27、32、33、34、35、39、41、42、48、50、51、52、53、54、55、56、57、58、59、60、61、63、73、74、76、79、80、83、89、90、92、94、104、105、116、118、119、120、121、122、124、125、128、133、141、144、147、148、150、158、159、160、166、167、171、172、173、174、175、178、179、181、182、183、185、186、190、191、194、196、198、201、203、207、208、209、211、212、215、216、217、222、224、225、226、227、229、230、233、238、244、246、248、249、253、255、259、260、264、271、281

罗布古址（罗布淖尔古墓、罗布淖尔遗址、罗布淖尔古坟、罗布古坟） 7、39、75、89、90、91、215、218、220

罗布涸海（罗布淖尔涸海、罗布淖尔古海） 41、42、57、167

罗布里克 74、136

罗布区域（罗布盆地、罗布洼地、罗布低地、罗布淖尔盆地、罗布淖尔低地） 4、5、15、16、26-27、30、48、49、50、51、57、60、61、73、105、122、124

罗布沙漠 11、15、18、50、73、255

罗布镇（罗布城、罗布大城） 11、18、50

罗布庄（罗布村、罗布驿站） 4、11、13、15、48

罗马 93、105、106、107、108、109、113、114、115、116、147

洛阳 60、97、99

轮台（即仑头） 88、89、90、150、251

轮台县 65

仑头（即轮台） 53、54、55、78

绿玉河 174

M

马连井　57、71

马弩关　239、269

马鬃山　64

玛拉斯　175

迈赛群　54

曼都山　61

毛目　79、80

牦牛河　23

美索不达米亚（美索卜达米亚）　107、113

闷摩黎山（又作紫山、枯尔坤山）　23

蒙谷　22

蒙古　2、13、25、50、60、67、71、128

蒙古利亚　75

蒙新（蒙新边区）　171、277

孟都尔拜尔金　278

密远（密远县，即伊循城）　10、13、16、17、39、40、42、48、53、57、60、62、104、150

密远古堡（密远旧址、密远遗址、密远古废寺院遗址、密远废院、密远废寺、密远寺院、密远废墟）　2、4、39、40、42、104、108、113、115、116、249

明昌　65

明水　184

抹必力赤巴山　23

莫贺城　49

莫贺延碛（莫贺延碛尾，即碛尾）　23、49、56、60、63

墨山国　42

穆　47

木头沟　113

N

纳缚波（纳缚波故国）　2、4、10、48

纳怜河　24

纳职（纳职城、纳职县）　46、64

南俄罗斯　109

南河　3、9、39、42、150、249

南湖（哈密属）　57、71

南湖（敦煌属）　259

南疆　51

南山　3、9、20、26、53、57、65、78、174

南庭　47

南阳郡　264、265

南阳县　265

难兜　96

内蒙古　31、60、65、90、111、122、123、124、125、158、170、171、173、175、183、184、185、188、192、195、196、231、277

尼雅　33、67、104、105、106、110、111、112、277

尼雅古址（尼雅遗址、尼雅故墟、尼雅废墟）　104、105、109、110、111、276

涅水（即照河）　265

涅阳（涅阳县）　264、265

宁夏　64、65

牛心堆　61

弩奇图杭阿　12

弩支城　45、46

P

帕米尔　73、75

帕提亚　111

培因（培因州、培因城）　50、66、67

皮山　33、96、104

媲摩城　66、67

媲摩川（即达摩戈之干河）　66

辟展　46、50、67

平壤　201

婆罗门　48、115

蒲昌海（即罗布淖尔）　3、4、7、9、10、11、13、15、18、20、22、26、31、39、45、46、51、54、76、120、196、251、254、255

蒲犁（蒲犁国）　96、98

蒲犁县　96

蒲类海　49

蒲桃城　46

濮达　102

Q

七克里克庄　13

七克腾木　64

七屯城（即大屯城、屯城）　10、39、40、49、63

岐棘山　265

歧裂八九股水（即九度河）　24

歧沙谷　9

奇台　254

碛尾（即莫贺延碛）　23、60

祁连　31、44

祁漫达格　60

谦谦州　68

千泉　47

乾陀罗国（即犍陀罗）　103、

伽倍　98

且末（且末国、且末城）　2、
33、38、39、42、43、44、46、
47、48、50、61、63、66、67、
76、96、104、116、132、133、
134、249

且末河（即卡墙河、车尔成河）　21、39、42、49、63、249

钦察　68

秦岭　43、59

沁城（即塔剌纳沁城）　67

青海　12、20、22、25、26、
59、60、61、62

青海湖　61

青藏　22

清水沟　56

龟兹（龟兹国、龟兹城）　17、
32、33、34、47、48、54、55、
56、57、78、82、83、84、88、
89、91、94、100、103、136、
147、149、182、243、244、
249、250、259、275

龟兹西川　244

龟兹县　89

佉沙国　97

曲先　68

渠勒　33、104

渠犁　16、32、55、58、78、88、
89、150、251、257、258、259

瞿萨旦那（瞿萨旦那国）　100、
204

R

日本　108、145、173、201

日月山　60

戎卢　33、34、104

瑞典　186、189、211、218、
220、224、225、254、277

瑞士　167

婼羌（婼羌县）　4、13、14、
18、39、51、55、56、60、62、
93、94、134、249

S

萨达克图　51

萨毗城　46

萨毗泽　46

撒马尔罕　45、46、66、106

赛卡兴　115

三堡（即哈拉和卓）　64

三颗树　68、71

三陇沙　16、54、57、254、255、259

三弥山　47

三沙　16、255

三危山　63

沙（沙州、沙州卫、沙州城，即唐古忒州）　3、10、11、18、23、36、39、40、42、45、46、47、49、50、51、63、66、67、68、71

沙尔泊　61

沙沟　56、57

沙河　10、17

沙井　57

沙陀　49

沙西井　54、56、57、250、255、259

沙雅　190

莎车（莎车国，即鸭儿看州）　53、55、66、88、90、92、96、98、99、100、103、150

杀胡川　22

山东　211、277

山陕　37

陕北　64

陕甘（陕甘区域）　171、192

陕西　60、91、109、181、196、211、277

扇马城　68、71

鄯善（鄯善国）　3、9、10、16、17、18、19、31、32、33、34、37、38、39、40、41、42、43、44、45、46、47、48、50、52、53、55、56、57、58、59、60、62、67、71、75、76、81、82、89、93、94、95、96、98、101、104、105、106、116、133、134、146、149、245、249、251、254、255、267、275、277

鄯善大城　10、40

鄯善镇　44、61

上党　264

上谷　31

上郡　31、89

上陇　43、59

赊弥国　97

涉南碛　63

身毒　20、52、77、101、103

师比（即鲜卑）　189

石（石国）　45、47

400　罗布淖尔考古记

石城镇　10、11、39、40、41、45、46

石俄堡　259

石里　264

石门　19

十三间房　50、57、64

史　47

寿昌县　10、39

疏勒（疏勒国）　9、33、34、53、55、66、92、97、98、102、103、182、244

疏勒河　71、79、80

鼠坟（鼠壤坟）　100

蜀郡　（201）

私渠海　21

寺洼山遗址　229

四十八桥　65

四镇（即安西四镇）　48

松茂　48

苏儿格卜溪谷　98

苏薤　77

肃宁　44

肃州　50、66、67、78、79

粟特　45

虽合水　47

索果淖尔　79

T

塔刺纳沁城（即沁城）　67

塔里木池　12

塔里木河　3、4、8、9、11、13、14、15、17、18、21、25、26、27、32、39、103、249

塔里木盆地　4、9、93、98

塔奇克　76

太仆寺　204

洮河　211

唐古忒州（即沙州）　50、66、67

条支（条枝）　52、77、91、146

天仓　79

天池　25、65

天山　33、66、77、78、81、90、174、175

天山北路　174、175

天水　60

天竺　63、95、101、102

甜水泉　56

庭州　49

铁干里克　4、8、9、11、14、15、17

铁勒　44、47

潼关　48

图和拉克布拉克　121

地名索引　401

图伦碛　44、61

图木舒克　90

土耳其　67

土垠（土垠遗址、土垠古烽燧亭）　6、15、141、180

土拉河　65

土梁子　57

土山台　57

吐蕃　22、23、43、45、46、47、48、49、50、60、62、63

吐火罗（又作故都逻、覩货逻）　47

吐鲁番　5、15、33、51、57、59、64、75、88、110、113、116、118、123、185、203、209、219、220、254

吐鲁番旧城　50

吐鲁番盆地　124

吐谷浑（吐谷浑国、吐谷浑城、吐谷浑牙帐）　22、23、43、44、46、47、48、59、60、61、62

吐谷浑道　59、61、62、64

湍水　265

托边城（即李仆射城）　64

托和齐　64

托胡拉克布拉克　57

托克逊　13、88

陀历　96

屯城（即七屯城、大屯城）　10、40、41

W

瓦格萨溪谷　97、98

外蒙　78、79

万岁里　264

望乡岭　64

危须　32、82

渭河　195

畏兀儿　92

温宿国　89

温宿岭　89

蚊山　57

窝里朵　65

乌苌（乌苌国）　96、98

乌场国　97

乌海　22

乌兰木伦河 5　9

乌兰乌苏河　61

乌垒（乌垒城）　83、244、250、259

乌沙他拉　58

乌孙　30、31、32、34、52、77、78、82、83、88、240、241、

242、243、244、245、246、249

乌秅 96、97

乌丸 34、54、254

乌弋（乌弋山离、乌弋山离国） 91、96、146

乌玉河 174

乌杂特（乌杂提、乌杂特巴） 96、97

伖夷（夷国） 96

兀宗塔迪（兀宗塔迪遗址） 66、67

五船 57

五棵树（五颗树） 55、56

五天竺 98

武威 31、254

物搦齐亚 18、50

勿炭（即忽炭） 50

X

西阿丹城 71

西安 183、188、195

西班牙 167

西伯利亚 106、111、167、192、195

西番 23

西工（西工镇） 201

西海 3、20

西湖 56、79

西海郡 44

西宁（西宁县） 24、61、166

西平 44

西羌 20、48

西倾山 60

西戎 24、33、38、43、55、57、59、132、190、217、254、255、259

西提亚 75

西新里 263、264

西藏 39、48、60、61、62、93、99、100、101、132、231

西藏堡垒（西藏古堡） 39、46、48、62

西州 18、47、49、62、64

希腊 33、75、92、103、105、106、107、108、109、110、111、112、113、114、115

细黄河 24

犀比（即鲜卑） 189

犀毗（即鲜卑） 189

夏州 64

鲜卑（又作犀比、犀毗、师比） 59、189

咸碛　63

咸泉　56

咸水泉　57

陷河　49、63

萧关　239

小方盘城　56

小卷里　263、264

小积石　22

小纳布城　2、39、48

小南路　57

小帕米尔（小帕米尔山）　97

小鄯善　10、40

小石川　64

小头痛　96

小宛　32、33、104、132

小盐湖（即巴什托乎拉克）　80

小月支　49

孝堂山　116

辛店　178

辛吉尔　133

欣斤塔剌思（欣斤塔剌思州）　66、67

新瓜州　71

新疆南路　27、48

新开泉　56

新秦中　239

新头河　96

新野　265

星宿海（星宿川）　12、22、23、24、25、62

星星峡　57、71

星子山　56

兴都库什（兴都库什山）　73、75

兴盛里　264

休屠　78、79

揭次　254

叙利亚（叙里亚）　113、116

玄圃　27

悬度　55、96、102

雪山　44

Y

鸭儿看州（鸭儿看得，即莎车）　50、66

雅尔当（即龙城）　16

雅尔崖（雅尔崖沟）　203、209

雅尔崖古坟（雅尔岩古坟）　185、229

雅玛图　61

亚述　107

焉耆　32、33、34、38、42、46、47、58、63、82、96、100、110、116、149、243、251、

275

焉耆河（即敦薨水） 3、42

焉耆山 42

奄蔡 52、53、77

盐水（即罗布淖尔） 15、53、54、78

盐泽（即罗布淖尔） 3、15、18、20、26、30、31、32、40、42、54、78、80、120

嚈哒（嚈哒国） 97、98

药杀河 76

阳达胡都克 55

阳关（阳关故城） 4、10、17、20、39、53、55、56、59、63、67、68、71、146、259

也里术 24

也孙斡伦（即九度河） 24

野牲泉 57

叶城 96

叶尔羌河 21、26、27、175

伊胡卢碛（即胡卢碛） 49

伊克斯塔木 98

伊拉玛博罗（即阿木奈玛勒占木逊山、大积石山） 24

伊兰 45、46、75、76、88、109、110、111、112、113、114、115、116、132、133、186

伊犁 66

伊犁河 47

伊吾（伊吾卢） 33、34、49、57、58、63、67

伊吾道 62

伊循（伊循城、伊循城遗址） 9、10、16、32、39、40、42、53、81、88、89、104、134、150、248、249

伊州 64

亦耳麻不莫剌山（即昆仑山） 24

亦集 67

亦集乃城 66

益都 64

益兰州 68

意大利 167

易州 183

阴山 31、65、123、175、183

银庚 173、185

银山道 58

印度 53、96、97、98、103、104、105、110、112、113、114、115、116、132、133、277

印度河 20、103、116

英都尔库什 118、119、121、

索引字头笔画检索表

二画

八　386
卜　387
丁　388
几　392
九　392
力　394
七　398
十　401

三画

大　388
广　390
马　397
千　399
三　400
山　400
上　400
土　402
万　402

兀　403
小　404
也　405
于　406
子　407

四画

巴　386
贝　386
长　387
车　387
丹　388
风　389
火　392
孔　393
六　395
仑　396
毛　397
木　397
内　398
牛　398

日　399
太　401
天　401
屯　402
瓦　402
五　403
勿　403
乌　402、403
月　406
云　406
中　407

五画

艾　385
白　386
包　386
北　386
布　387
处　387
旦　388
东　388、389

甘　390
古　390
瓜　390
汉　391
旧　392、393
卡　393
可　393
乐　394
龙　395
尼　398
宁　398
皮　398
平　398
且　399
史　401
石　400、401
四　401
外　402
玄　404
叶　405
印　405
玉　406

札 407	吐 402	罕 391	希 403
召 407	托 402	何 391	孝 404
左 407	危 402	护 391	辛 404
	伪 403	近 392	远 406

六画

	西 403	克 393	杆 406
	兴 404	库 394	张 407
安 385	休 404	牢 394	
百 386	亚 404	李 394	## 八画
达 388	阳 405	里 394	
地 388	伊 405	灵 395	渤 385
朵 389	亦 405	陇 395	拔 386
伏 389	阴 405	芦 395	宝 386
汗 391	扝 406	陆 395	卑 386
合 391	约 406	玛 397	波 386
后 391	仲 407	闷 397	拨 386
欢 392	朱 407	纳 397	昌 387
回 392		岐 398	典 388
吉 392	## 七画	伽 399	绀 390
江 392		沁 399	姑 390
交 392	阿 385	佉 399	杭 391
迈 392	别 386	沙 400	和 391
祁 398、399	赤 387	身 400	河 391
曲 399	芬 389	寿 401	忽 391
戎 399	孚 390	私 401	呼 391
杀 400	抚 390	苏 401	迦 392
师 400	妫 390	条 401	金 392
寺 401	龟 399	陀 402	京 392

地名索引 409

居	394	英	405、406	美	397	酒	392
拘	394	鱼	406	南	397、398	宽	394
苦	394	泽	406	钦	399	阆	394
昆	394	周	407	虽	401	凉	395
拉	394	注	407	洮	401	陵	395
轮	396			庭	401	莫	397
罗	396	**九画**		畏	402	难	398
牦	397			咸	404	涅	398
孟	397	柏	386	星	404	秦	399
明	397	拜	386	叙	404	莎	400
抹	397	城	387	药	405	扇	400
弩	398	俄	389	昭	407	涉	400
帕	398	贰	389	斫	407	索	401
奇	398	枹	389			唐	401
歧	398	故	390	**十画**		铁	401
青	399	鬼	390			蚊	402
陕	400	贵	390	埃	385	夏	403
松	401	哈	390、391	钵	386	陷	404
肃	401	洪	391	柴	387	鸭	404
图	401、402	胡	391	党	388	盐	405
宛	406	姜	392	都	389	益	405
武	403	荆	392	高	390	准	407
物	403	科	393	格	390		
细	403	枯	394	海	391	**十一画**	
欣	404	临	395	浣	392		
奄	405	柳	395	积	392	得	388
易	405	洛	396	晋	392	兜	389

鄂	389	十二画		紫	407	嘉	392
辅	390					竭	392
涸	391	跋	386	十三画		精	392
黄	392	博	387			赛	400
康	393	策	387	叠	388	鄯	400
绿	396	朝	387	缚	390	鲜	403
曼	397	葱	387	楼	395		
密	397	敦	389	蒙	397	十五画	
培	398	黑	391	辟	398		
婆	398	湟	392	媲	398	播	386
乾	399	惠	392	蒲	398	德	388
清	399	犍	392	碛	398	靚	389
渠	399	喀	393	瑞	399	额	389
婼	399	渴	393	鼠	401	噶	390
萨	399	鲁	395	蜀	401	横	391
赊	400	谦	399	新	404	黎	394
甜	401	疏	401	意	405	墨	397
望	402	粟	401	颖	406	撒	399
萧	404	塔	401	雍	406	潼	401
悬	404	湍	402	榆	406	镇	407
雪	404	渭	402	照	407		
焉	404、405	温	402			十六画	
野	405	窝	402	十四画			
银	405	犀	403			避	386
营	406	揩	404	察	387	穆	397
尉	406	雅	404	翠	387	赞	406
		颍	406	端	389		

十七画

阚 392
濮 398
嚯 405

十八画

瞿 399

十九画

蹩 386

二十画

醴 394

二十一画

霸 386